北京文物与考古

（第7辑）

北京市文物研究所　编

科学出版社
北　京

内 容 简 介

本书为北京市文物研究所的论文集，收录了近年该所员工撰写的考古发现、考古研究、历史与文物研究、科技考古与文物保护方面的文章，内容以北京考古、文物、史地研究为主，展示了该所近年的工作成果。

本书可供从事考古、文物、历史等学科研究的学者及高等院校相关专业师生阅读、参考。

图书在版编目（CIP）数据

北京文物与考古. 第7辑 / 北京市文物研究所编. —北京：科学出版社，2019. 12

ISBN 978-7-03-063849-6

Ⅰ. ①北… Ⅱ. ①北… Ⅲ. ①考古–北京–文集 Ⅳ. ①K872.104-53

中国版本图书馆CIP数据核字（2019）第288890号

责任编辑：王光明 / 责任校对：邹慧卿

责任印制：肖 兴 / 封面设计：美光设计

科 学 出 版 社 出版

北京东黄城根北街16号

邮政编码：100717

http://www.sciencep.com

中国科学院印刷厂 印刷

科学出版社发行 各地新华书店经销

*

2019年12月第 一 版 开本：889 × 1194 1/16

2019年12月第一次印刷 印张：18 1/4 插页：27

字数：623 000

定价：228.00元

（如有印装质量问题，我社负责调换）

目　　录

考古发现

考古研究

历史与文物研究

科技考古与文物保护

考古发现

北京大兴北臧村汉、辽金墓葬发掘简报

北京市文物研究所

2014年12月，北京市文物研究所于北京大兴北臧村对北京市中关村科技园区大兴生物医药产业基地DX00-0502-6005-1、DX00-0502-6006、DX00-0502-6007、DX00-0502-6012、DX00-0502-6013地块开发项目工程占地范围内发现的古代墓葬进行了抢救性考古发掘。发掘区位于北京市大兴区新城北臧村镇，东邻芦求路，南邻魏永路，西邻明川大街，北侧为北臧村中学（图一）。此次发掘共清理墓葬20座，其中汉代墓葬19座、辽金墓葬1座（图二）。现将发掘墓葬情况简报如下。

一、汉代墓葬

共发掘19座，编号M1、M2、M4～M20，见有竖穴土圹墓和竖穴土圹砖室墓，以M1、M4、M6、M13、M14、M17、M18为例。

（一）M1

位于发掘区的东南部，北邻Y1和H1，方向87°。长方形竖穴土圹墓。墓口距地表3.3米。墓口长3.6、宽1.26米，墓底长3.72、宽1.26米，墓底距墓口深2米。葬具已腐朽，残留少量棺痕。骨架保存较完整，头向东，面向下，仰身直肢。随葬品位于墓室东北角（图三；图版一，1）。

随葬品如下。

陶壶　2件。形制相近，均为泥质红陶。轮制。盘口较浅，长束颈，溜肩，鼓腹，下腹弧收，矮圈足，足底外展；博山式盖，盖口部外展。身下腹近底处饰交错篮纹，盖顶刻饰瓣状

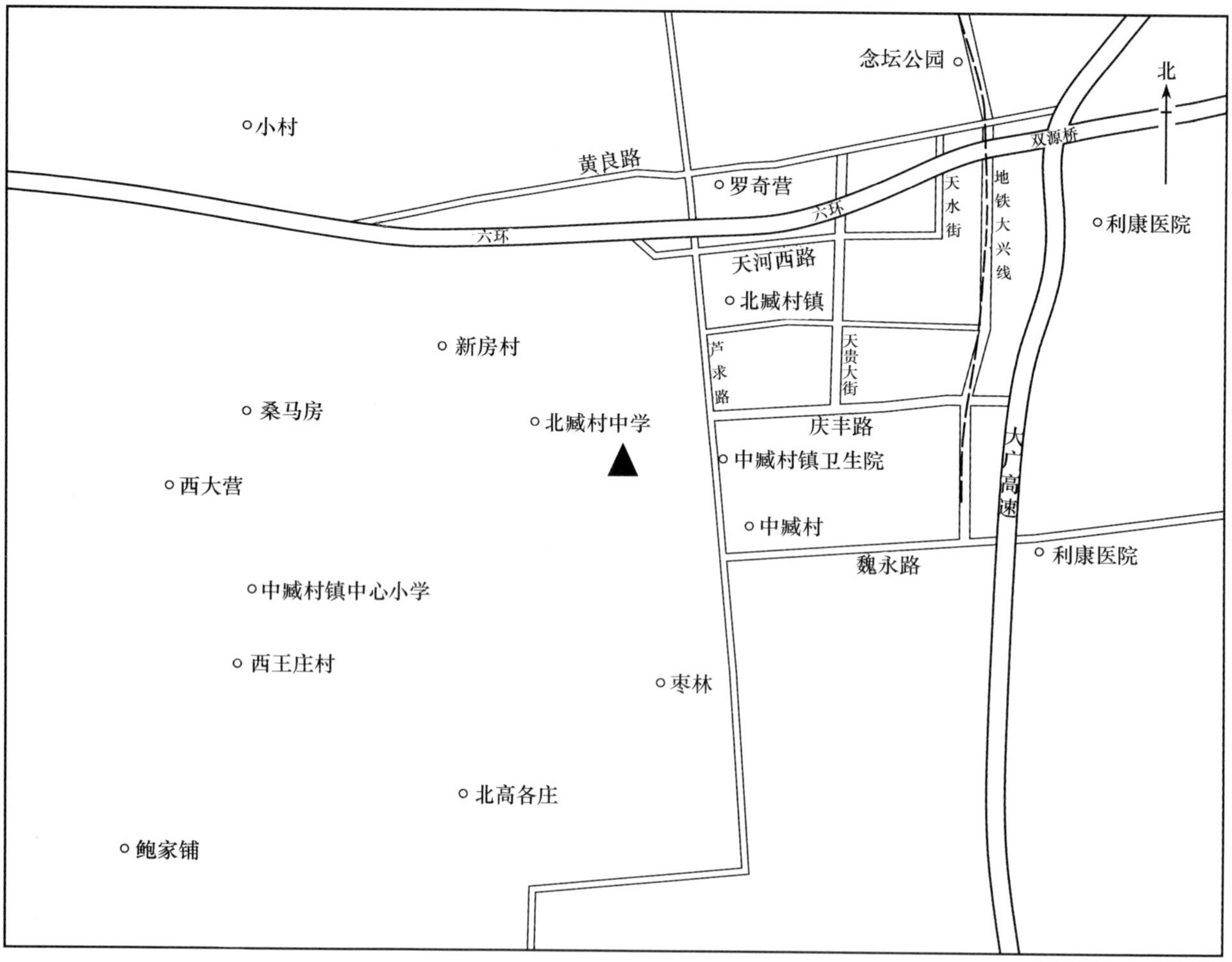

图一　墓葬发掘位置示意图

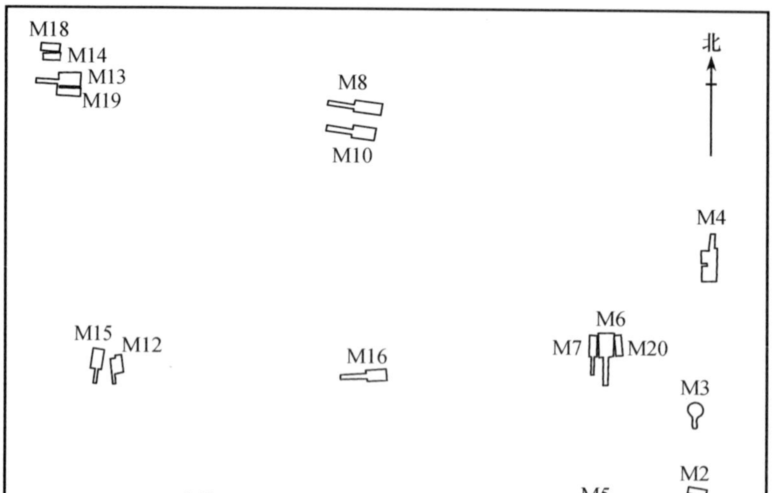

图二　墓葬发掘总平面图

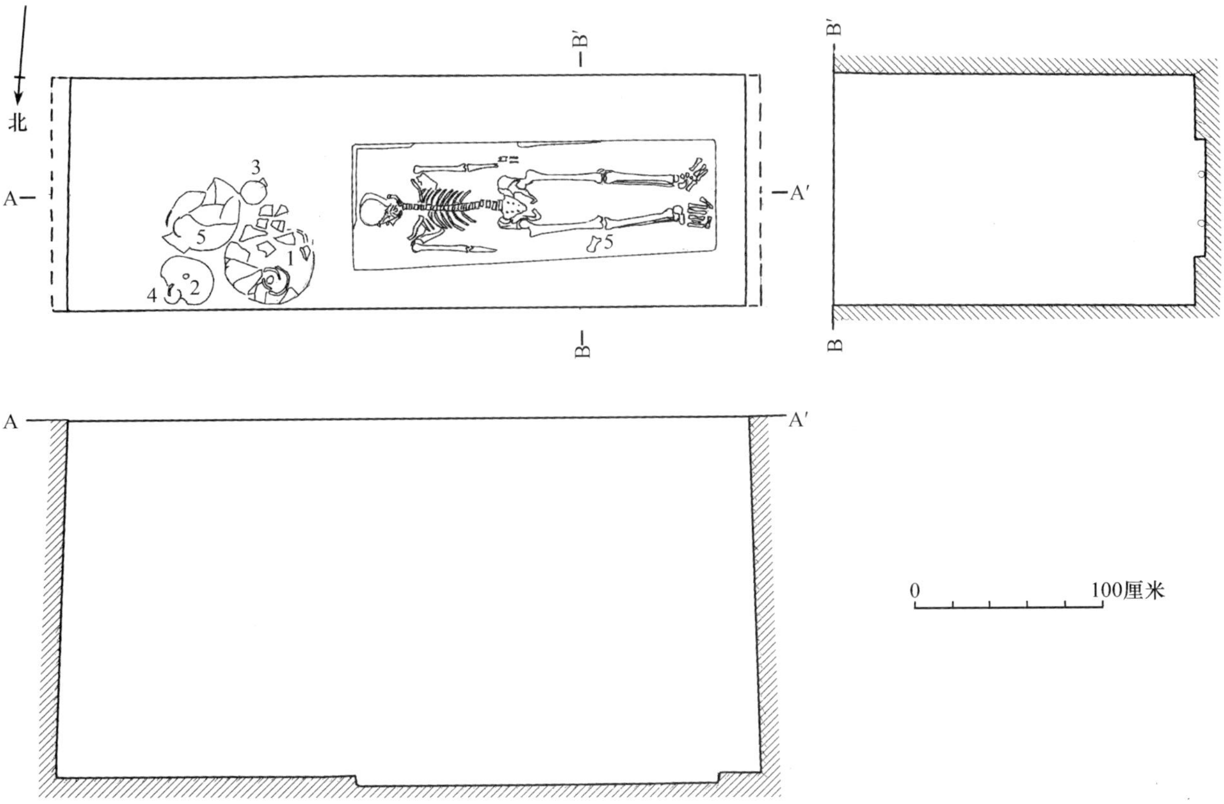

图三 M1平、剖面图
1、2. 陶壶 3. 陶鼎 4. 陶器盖 5. 陶罐

凸起纹饰。M1：1，口径17.2、腹径31、底径17、高45、盖径16、通高55厘米（图四，3；图版六，1）。M1：2，口径18、腹径29.6、底径16.5、盖径16.5、通高55厘米（图四，5；图版六，2）。

陶鼎 1件。M1：3，泥质红陶。手轮兼制。敛口，斜弧腹，圜底，口腹处粘贴对称双耳，底部粘贴三短足，弧形顶盖。器内壁及内底有抹弦纹，盖内壁有抹弦纹痕。口径15.8、盖径16、足高2、通高13厘米（图四，4；图版六，3）。

陶罐 1件。M1：5，泥质灰陶。轮制。敛口，短束颈，溜肩，鼓腹，下腹弧收，平底。沿面凸起一周弦纹，肩、腹有凸弦纹痕，下腹近底处饰旋断交错篮纹。口径20.5、腹径33.6、底径15.5、高30厘米（图四，1；图版六，5）。

陶器盖 1件。M1：4，泥质红陶。弧形顶盖。盖顶有削刮痕迹，盖内壁有抹弦纹痕。口径14、高5厘米（图四，2；图版六，4）。

（二）M4

位于发掘区东北部，南邻M3，方向0°。刀形竖穴土圹砖室墓。墓葬通长10米，墓口距地表3米。由墓道、墓门、前室、甬道和后室组成。

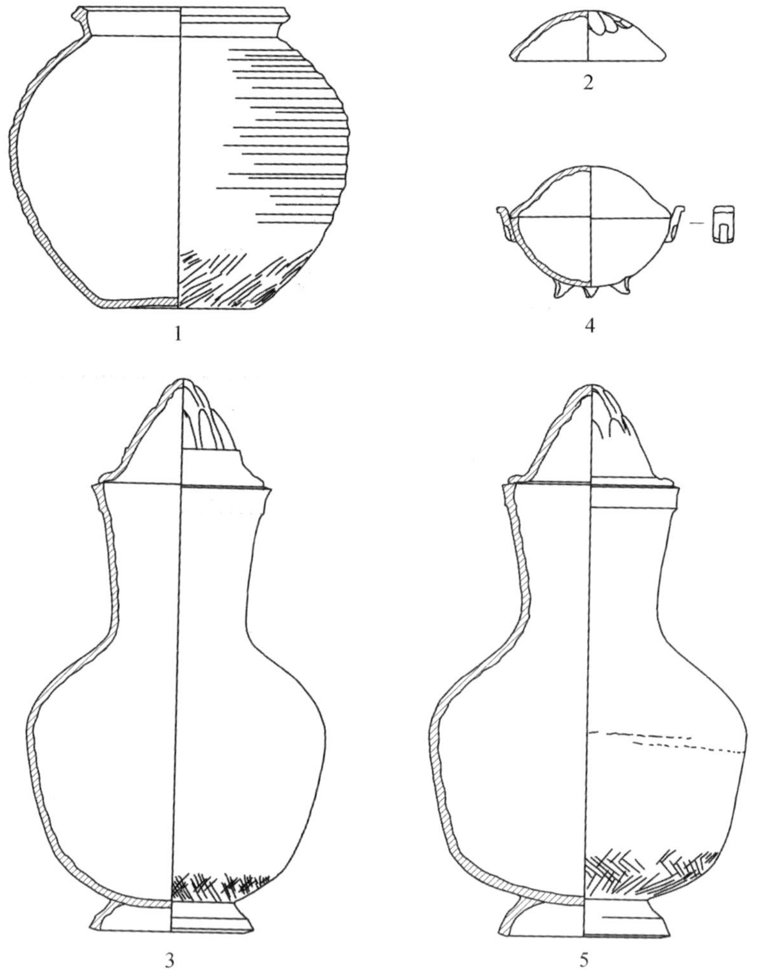

图四　M1出土陶器

1. 罐（M1：5）　2. 器盖（M1：4）　3、5. 壶（M1：1、M1：2）　4. 鼎（M1：3）

墓道位于墓门北部，呈斜坡状，东西两壁垂直平整，坡度11°，南北（残）长2.8、宽0.7～0.8米。墓门位于墓道与前室之间，破坏严重，封门砖已不存。前室位于甬道北部，平面呈方形，长2.76、宽2.86米，墓口距墓底深1.18米，顶部拱券结构已不存，仅残存墓室底部，铺地砖保存完整，用长0.3、宽0.15、厚0.06米的素面砖无序平铺，未发现葬具，仅残存零散碎骨，葬式不明，随葬品位于前室中部和北部。甬道位于前室和后室之间，长1.14、宽0.9米，砖券顶已不存，铺地砖无序平铺，保存完整。后室位于甬道南部，平面呈方形，长3.2、宽2.76米，墓口距墓底深1.18米，顶部拱券结构已不存，仅残存墓室底部，砌法与前室相同，未发现葬具，残存少量肢骨，葬式不明，随葬品散乱分布于后室（图五；图版一，2）。

随葬品如下。

陶罐　2件。形制相近，均为泥质灰陶。轮制。直口，方圆唇，短颈，鼓腹，平底。M4：1，口径18、腹径26、底径19.2、高21.2厘米（图六，3）。M4：2，口径18.8、腹径

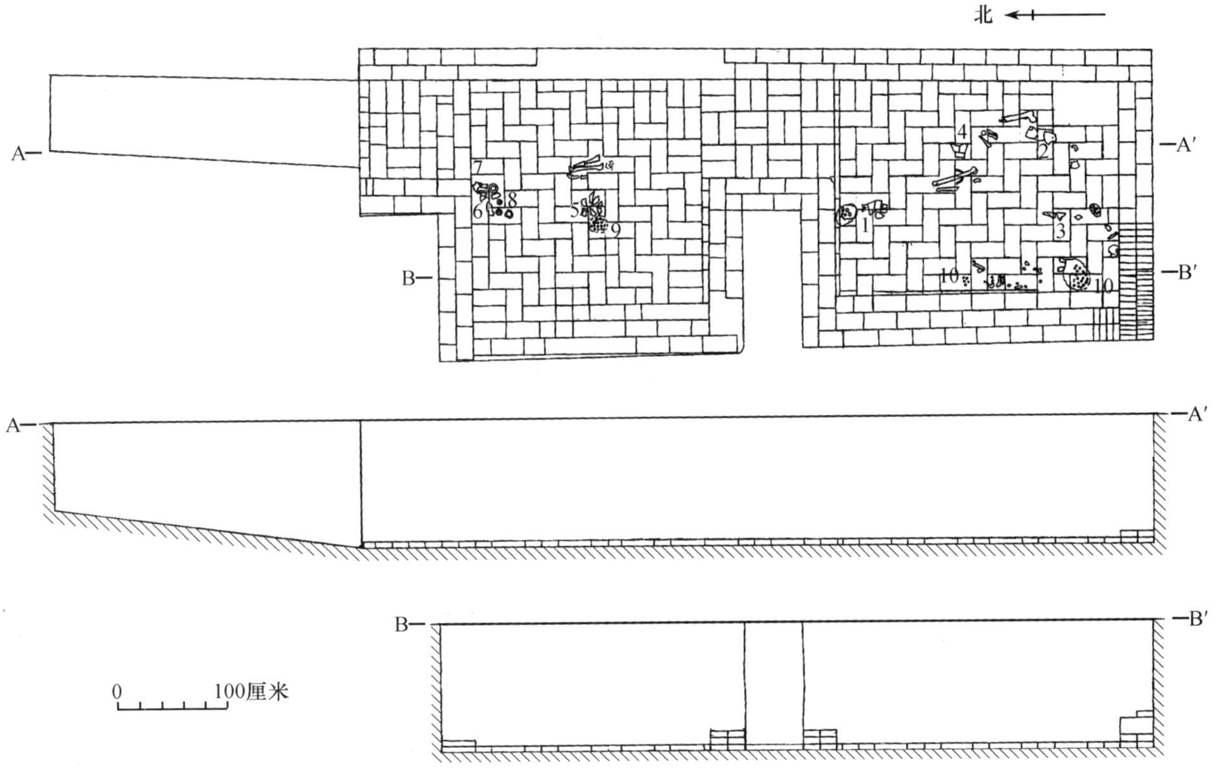

图五　M4平、剖面图

1、2. 陶罐　3. 陶耳杯　4. 陶盆　5. 陶磨　6. 陶灯　7. 陶灶　8. 陶狗　9、10. 铜钱

26.2、底径22、高18.8厘米（图六，1）。

陶盆　1件。M4：4，泥质灰陶。轮制。圆唇，平沿，沿面微凹，敛口，弧壁，平底。口径22.2、底径7、高10厘米（图六，4；图版六，7）。

陶耳杯　1件。M4：3，泥质灰陶。模制。平面呈椭圆形，敞口，口两侧饰月形双耳，浅腹，小平底。口径10.4～14、底径4～7、高4厘米（图六，2；图版六，6）。

陶磨　1件。M4：5，泥质灰陶。模制。仅残留上盘，圆形，盘面中部有圆形凸台，内有一横挡，横挡两边各穿一孔，外侧饰"U"形凸棱。直径8.5、高0.8～1.8厘米（图六，5；图版六，8）。

陶灯　1件。M4：6，泥质灰陶。手轮兼制。盘残，高足内空，足口呈喇叭形，足部有手捏制痕迹。底径8.6、足高11、残通高14厘米（图六，6）。

陶灶　1件。M4：7，泥质灰陶。模制。灶体平面呈梯形，灶面靠前设三釜锅呈"品"字形，与灶连体，落地式灶门。长19.8、宽8～17.5、灶台高7.8、通高10.3厘米（图六，7；图版七，1）。

陶狗　1件。M4：8，泥质灰陶。手制。头上扬，眉目略清，小耳耸立，身体肥壮，四肢蜷曲作俯卧状，尾残，腹空。残长14、宽7、高7厘米（图六，8；图版七，2）。

五铢铜钱　54枚（图七，3）。M4：10-15，平钱，圆形，方穿，正、背面有圆郭，正面篆书"五铢"二字，对读。"五"字两股交笔弯曲，"铢"字的金字旁上部呈三角形，下部四点

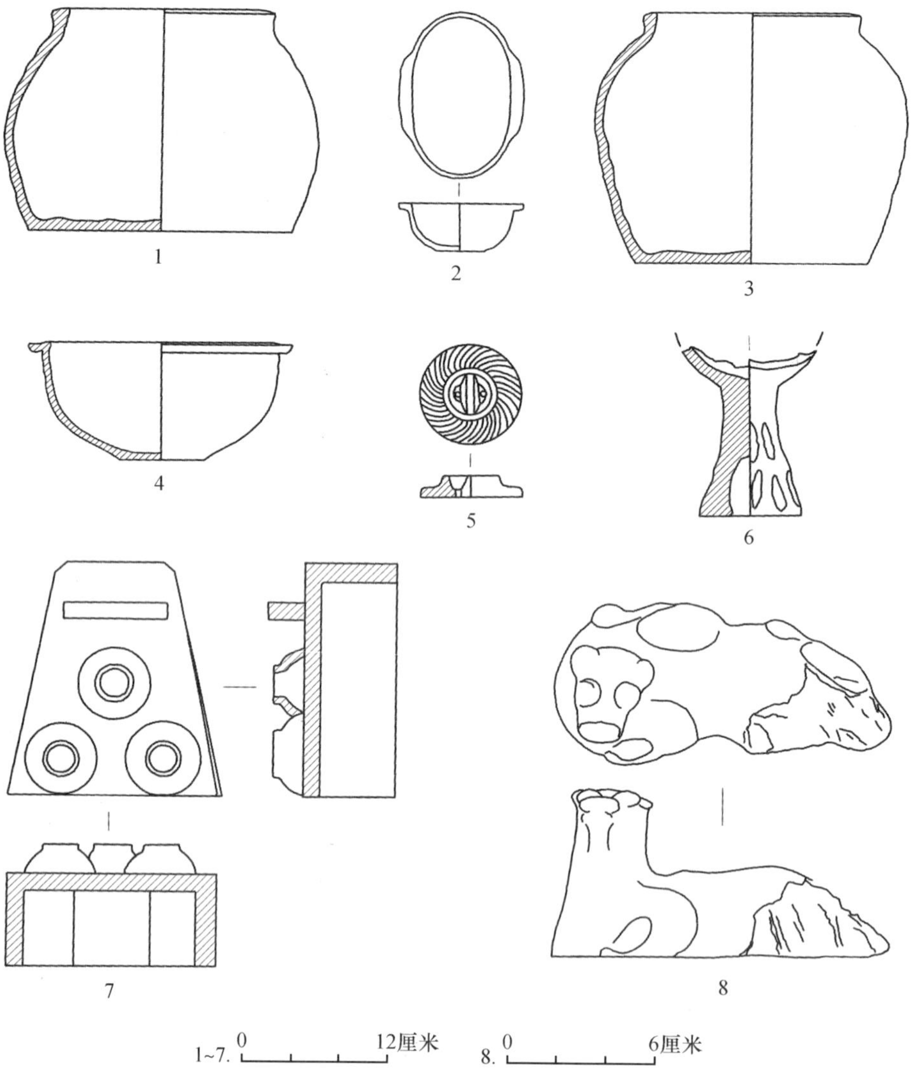

图六　M4出土陶器

1、3. 罐（M4：2、M4：1）　2. 耳杯（M4：3）　4. 盆（M4：4）　5. 磨（M4：5）　6. 灯（M4：6）　7. 灶（M4：7）　8. 狗（M4：8）

竖笔方形，朱字头方折，下画圆折。钱径2.5、穿宽0.9、郭宽0.1厘米，重2.57克（图七，1）。

剪边五铢铜钱　10枚。M4：10-29，平钱，圆形，方穿，剪边，钱体轻薄，略腐蚀，正面铸钱文“五铢”二字，对读，光背素面无纹。“五”字交笔弯曲，“铢”字金字旁上部呈三角形，下部四点竖笔方形，朱字头上、下画圆折。钱径2.1、穿宽0.9厘米，重1.62克（图七，2）。

货泉铜钱　5枚。平钱，圆形，方穿，正、背面有圆郭，正面铸钱文“货泉”二字，篆书，对读，光背素面无纹。“泉”字竖笔中断。M4：10-15，钱径2.2、穿宽0.6、郭宽0.1厘米，重2.25克（图七，4）。M4：9-9，钱径2.3、穿宽0.8、郭宽0.1厘米，重2.43克（图七，5）。

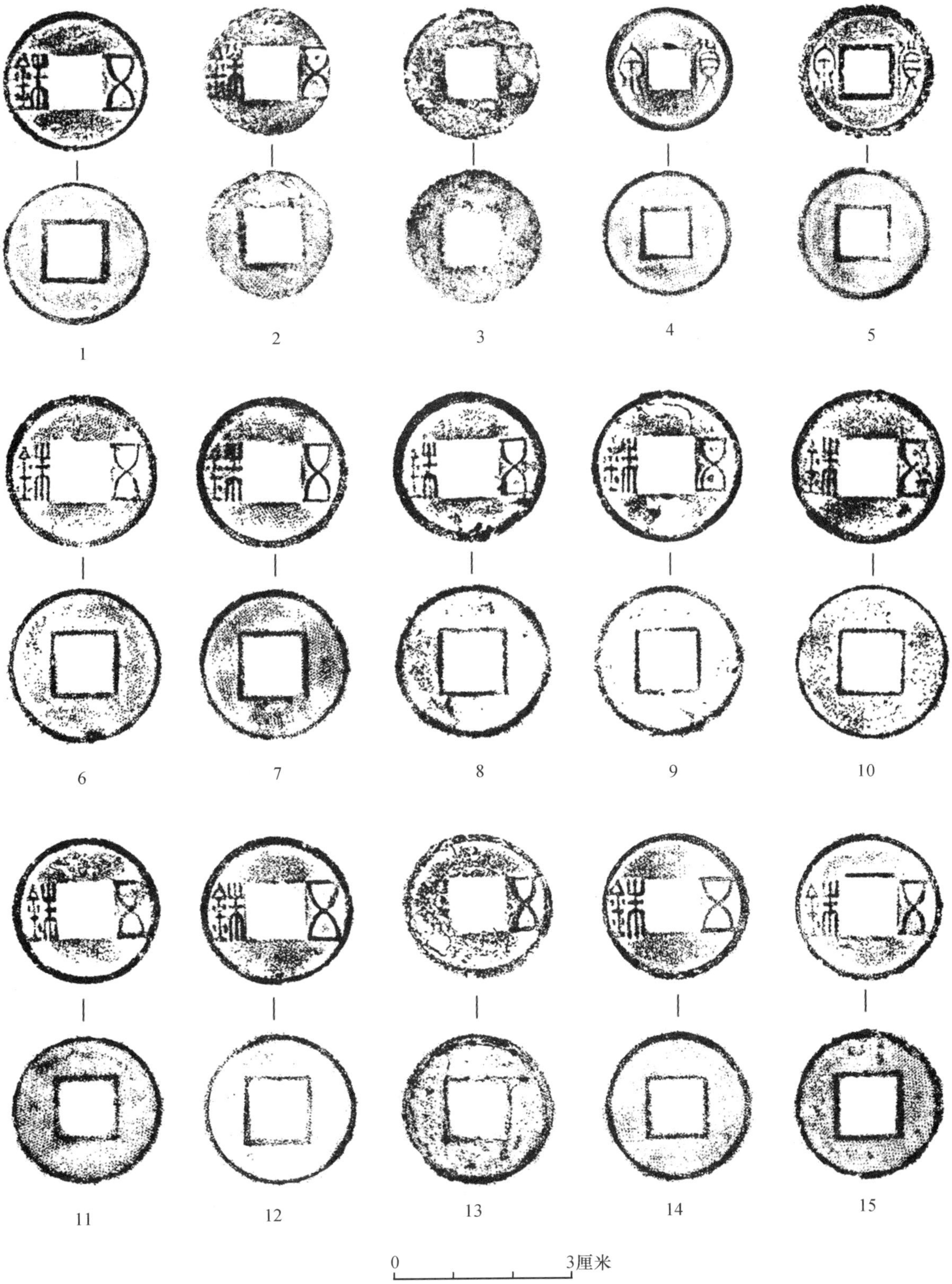

图七 M4、M6、M13、M17、M18出土铜钱

1、3、6～15. 五铢（M4：10-15、M4：10-20、M6：10-3、M6：10-4、M13：6-7、M13：6-10、M13：6-19、M17：25-17、M17：25-21、M17：25-7、M17：25-8、M18：5-2） 2. 剪边五铢（M4：10-29） 4、5. 货泉（M4：10-15、M4：9-9）

（三）M6

位于发掘区的东部，西邻M7，方向180°。“甲”字形竖穴土圹墓。墓葬通长11.6米，墓口距地表2.4米。由墓道和墓室两部分组成。墓道位于墓室的南部，平面呈长方形，南北长6、宽1.14～1.3、深0.5～2.8米。墓室位于墓道北部，和墓道相连，平面呈长方形，墓口长5.6、宽3.42米，墓底长4.5、宽1.4米，墓口距墓底深2.8米。未发现骨架，葬具、葬式不明。随葬品位于墓室北部（图八；图版二，1）。

随葬品如下。

陶壶　3件。根据器形不同可分两类。

陶双系壶　1件。M6：1，泥质灰陶。轮制。尖圆唇，平沿内斜微凹，口微敞，溜肩，鼓腹，下腹斜弧收，矮圈足，平底。肩部附饰对称双耳，上肩饰两周刻划垂帷纹，下饰倒“U”形刻划纹，其间填充成组斜向戳印纹，腹饰两道凹弦纹，下腹有弦纹痕。口径11.2、腹径25.8、底径14.2、高25.4厘米（图九，3；图版七，3）。

陶敞口壶　2件。残，形制相近，均为泥质灰陶。轮制。敞口，长束颈，腹残缺。颈部饰一道凸弦纹。M6：2，口径22、腹径32.4、残高32.8厘米（图九，2）。M6：3，口径25.2、残高19厘米（图九，1）。

五铢铜钱　5枚。平钱，圆形，方穿，正、背面有圆郭，正面篆书“五铢”二字，对读。“五”字两股交笔弯曲，“铢”字金字旁上部呈三角形，下部四点较短，朱字头方折，下画圆折。M6：10-3，钱径2.6、穿宽1.1、郭宽0.1厘米，重2.64克（图七，6）。M6：10-4，钱径2.6、穿宽1、郭宽0.1厘米，重2.61克（图七，7）。

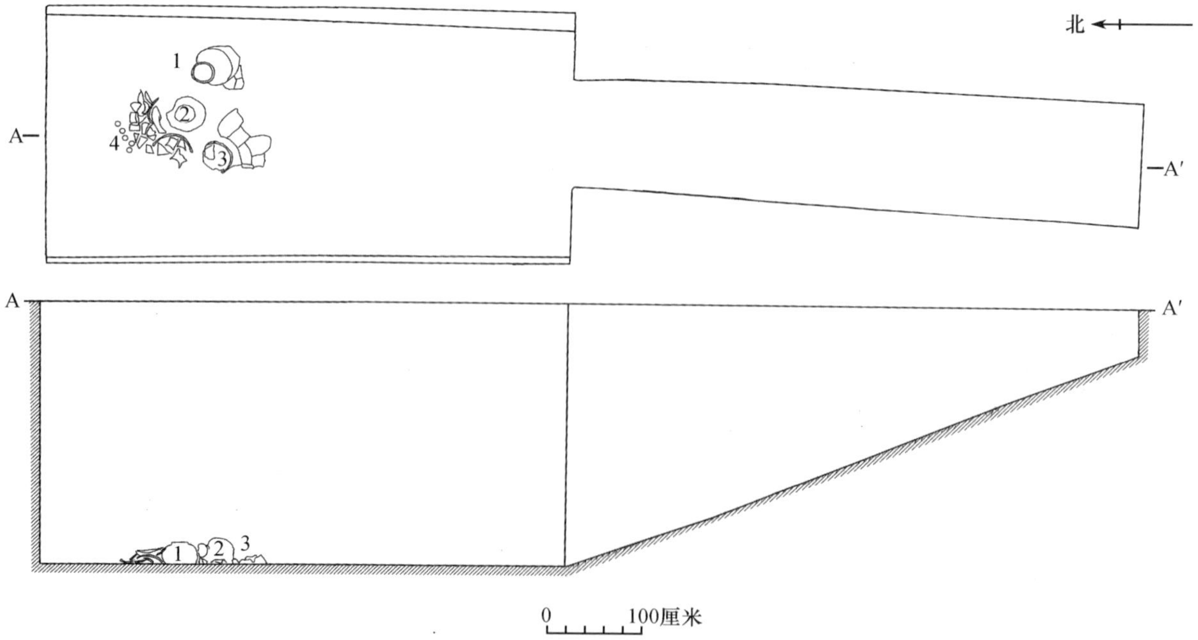

图八　M6平、剖面图

1～3. 陶壶　4. 五铢铜钱

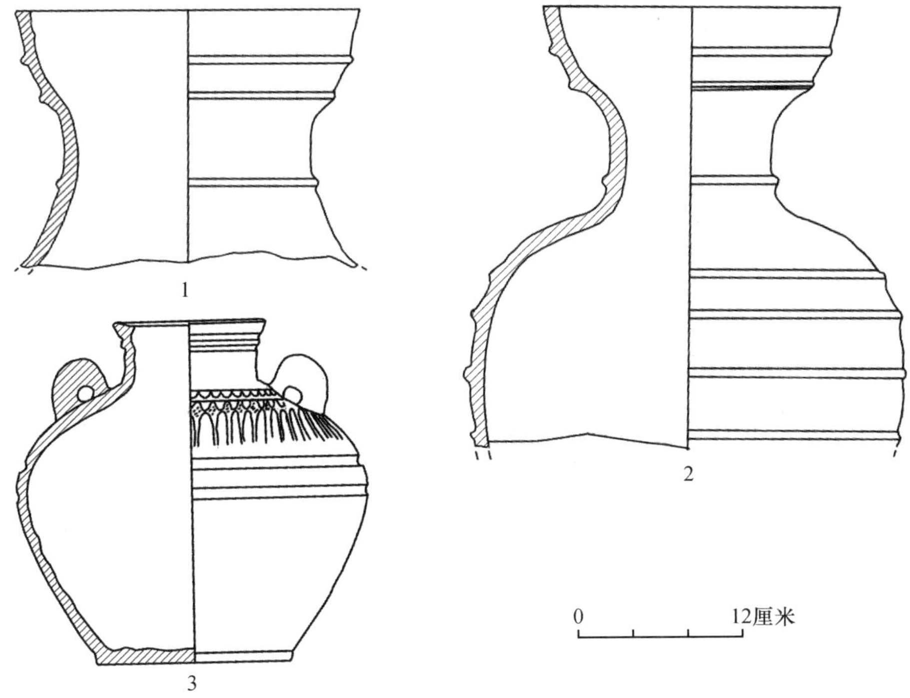

图九　M6出土陶器

1、2. 敞口壶（M6：3、M6：2）　3. 双系壶（M6：1）

（四）M13

位于发掘区的西北部，南邻M19，方向270°。刀形竖穴土圹砖室墓。墓葬通长9.8米，墓口距地表2米。由墓道、墓门、墓室组成。

墓道位于墓门西部，呈斜坡状，东西两壁垂直平整，坡度24°，东西长4.8、南北宽0.82～1.4米。墓门位于墓道与墓室之间，现残存封门砖，封门上残长1.2、底长0.9、残高0.6米。墓室位于墓门东部，平面呈长方形，墓室外圹长5、宽3米，墓底长4.7、宽2.6米，墓底距墓口2.13米，墓室严重破坏，现残剩铺地砖，墓室底部设有棺床，长4.32、宽1.4米，棺床用长28、宽14、厚5厘米的素面青砖平铺一层。未发现葬具，残存少量肢骨，葬式不明。随葬品位于墓室东西两侧（图一〇；图版二，2）。

随葬品如下。

陶釜　1件。M13：1，夹砂夹蚌灰陶。轮制。口微敞，方唇，厚沿微下斜，矮束颈，溜肩，鼓腹，下腹弧收，圜底。颈部饰一道凸弦纹，肩腹饰一组粗绳纹的弦纹带，腹部饰两组细绳纹的弦纹带。口径30、腹径45、高46厘米（图一一，3；图版七，4）。

陶盘　1件。M13：4，残，泥质红陶。轮制。敞口，折沿，方唇，折腹，下腹斜收，矮圈足。盘内壁底部刻饰三尾鱼，头部共用，呈三角形，在鱼的夹角刻饰三只鸟，内壁刻饰鱼，现残剩两尾，外壁下腹模饰一周鱼，现残剩三尾，呈游荡状，另模饰一周三角形，三角形内模饰凸乳丁，盘的底部模饰柿蒂纹，柿蒂纹内模饰小凸乳丁，柿蒂外横饰鸟，现残剩三只。口径

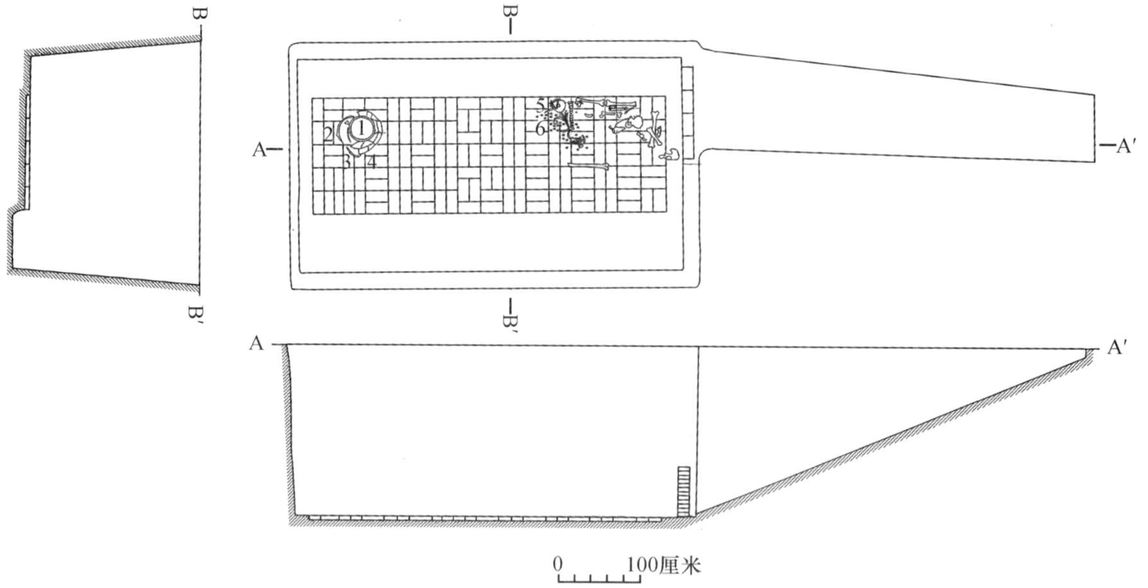

图一〇　M13平、剖面图

1. 陶釜　2. 陶壶口　3. 陶器座　4. 陶盘　5. 铜镜　6. 五铢铜钱

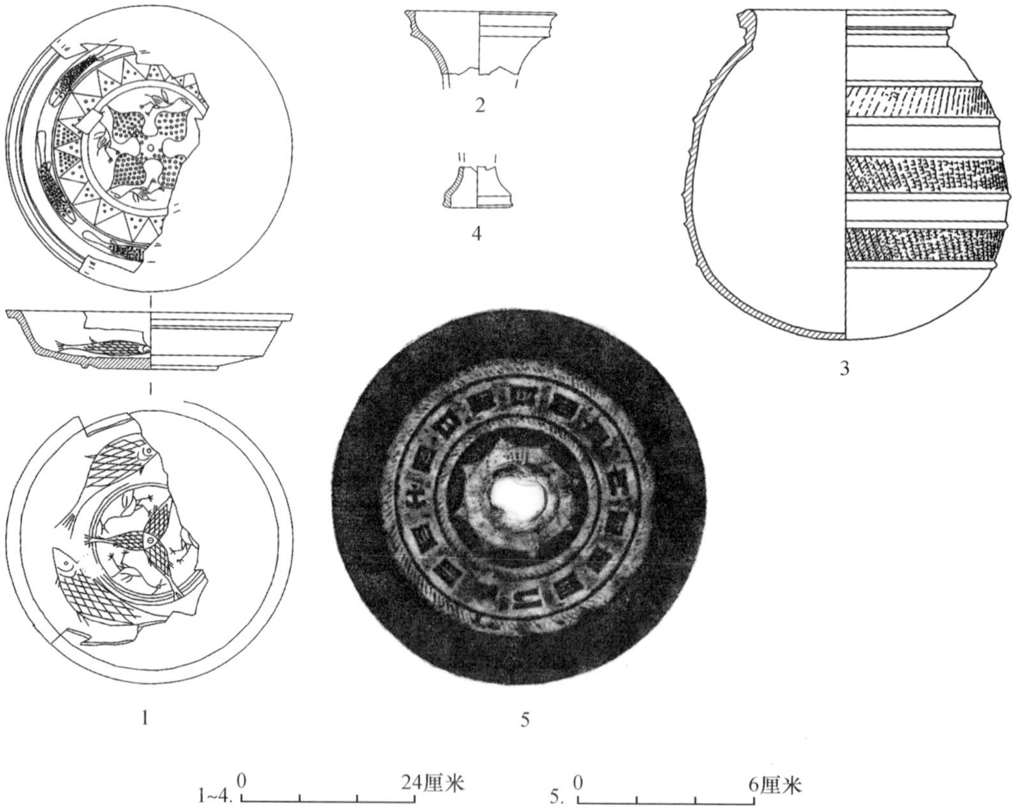

图一一　M13出土器物

1. 陶盘（M13：4）　2. 陶壶口（M13：2）　3. 陶釜（M13：1）　4. 陶器座（M13：3）　5. 铜镜（M13：5）

40、底径19、高8厘米（图一一，1）。

陶壶口　1件。M13：2，残，泥质红陶。轮制。盘口残，尖唇，平沿，束颈。唇下饰一道凸弦纹。口径21、残高8.8厘米（图一一，2）。

陶器座　1件。M13：3，残，泥质红陶。轮制。喇叭口座。近座底处饰一道凹弦纹。底径9.7、残高5.9厘米（图一一，4）。

铜镜　1件。M13：5，铜质。圆形，圆纽，座外有一周内向八连弧纹带，其外两周短斜线纹之间有铭文。宽素缘。正面直径13、纽径1.8、纽高1.1、厚1.3厘米（图一一，5；图版七，5）。

五铢铜钱　22枚。平钱，圆形，方穿，正、背面有圆郭，正面篆书“五铢”二字，对读。“五”字两股交笔弯曲，“铢”字金字旁上部呈三角形，下部四点竖笔方形。M13：6-7，朱字头方折，下画圆折。钱径2.6、穿宽1.1、郭宽0.1厘米，重2.65克（图七，8）。M13：6-10，朱字头方折，下画方折，钱径2.6、穿宽1、郭宽0.1厘米，重2.63克（图七，9）。M13：6-19，朱字头方折，下画方折。钱径2.6、穿宽1、郭宽0.1厘米，重2.66克（图七，10）。

（五）M14

位于发掘区的西北部，北邻M18，被M18打破，方向90°。长方形竖穴土圹砖室墓。墓口距地表2米。墓口长3.26、宽1.26～1.36米，墓底长2.92、宽0.87～0.95米，墓底距墓口深1.78米。墓室破坏严重，现残高0.22～0.65米，墓室四壁用长28、宽15、厚5厘米的素面砖错缝平铺直砌而成，墓底未见铺地砖。葬具已腐朽，人骨仅残存两节下肢骨，葬式不明。随葬品位于墓室东部（图一二；图版三，1）。

随葬品如下。

陶罐　3件。形制相近，均为泥质灰陶。轮制。敞口，方唇，平沿微下斜，沿面微内凹，束颈，溜肩，鼓腹，下腹弧收，平底微凹。肩、腹饰凹弦纹，下腹饰篮纹，底饰交错篮纹。M14：1，口径12.7、腹径22、底径6.8、高29.4厘米（图一三，1；图版七，6）。M14：2，口径14、腹径22.4、底径11.6、高28.8厘米（图一三，2）。M14：3，口径12.8、腹径22.1、底径7、高29.2厘米（图一三，3；图版八，1）。

（六）M17

位于发掘区的南部，西邻M9，方向275°。“甲”字形竖穴土圹砖室墓。墓葬通长8.32米，墓口距地表2.8米。由墓道、墓门、墓室组成。

墓道位于墓门西部，呈斜坡状，东西两壁垂直平整，坡度30°，东西长3.84、开口宽0.62～1.02、底宽0.66米。墓门位于墓道与墓室之间，顶部被破坏，现残存封门高0.58、宽0.42米，砌法呈“人”字形。墓室位于墓门东部，平面呈长方形，墓室外圹长4.48、宽2.9～3.04

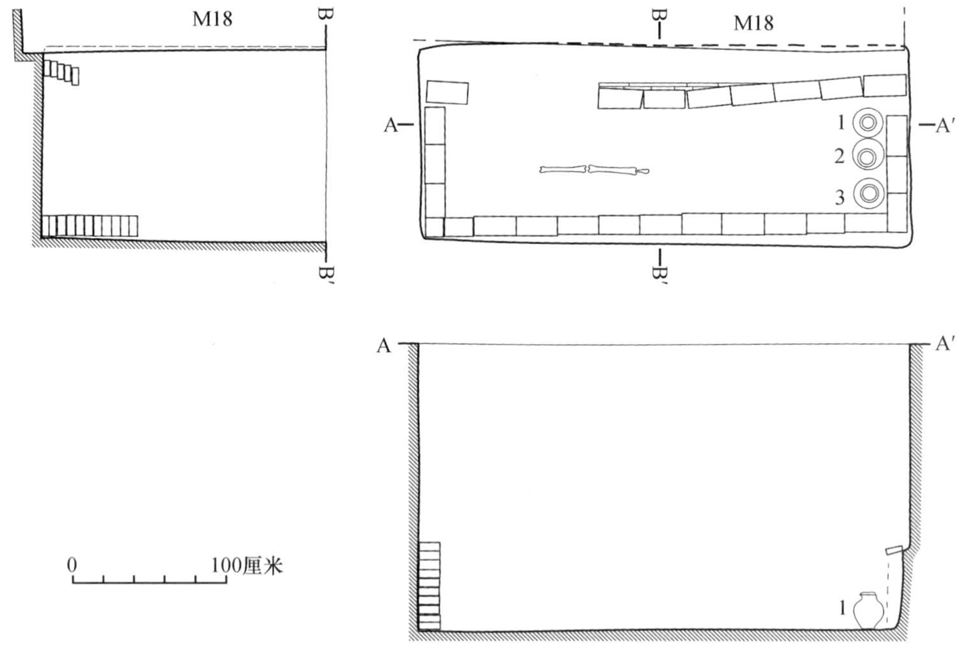

图一二　M14平、剖面图

1～3. 陶罐

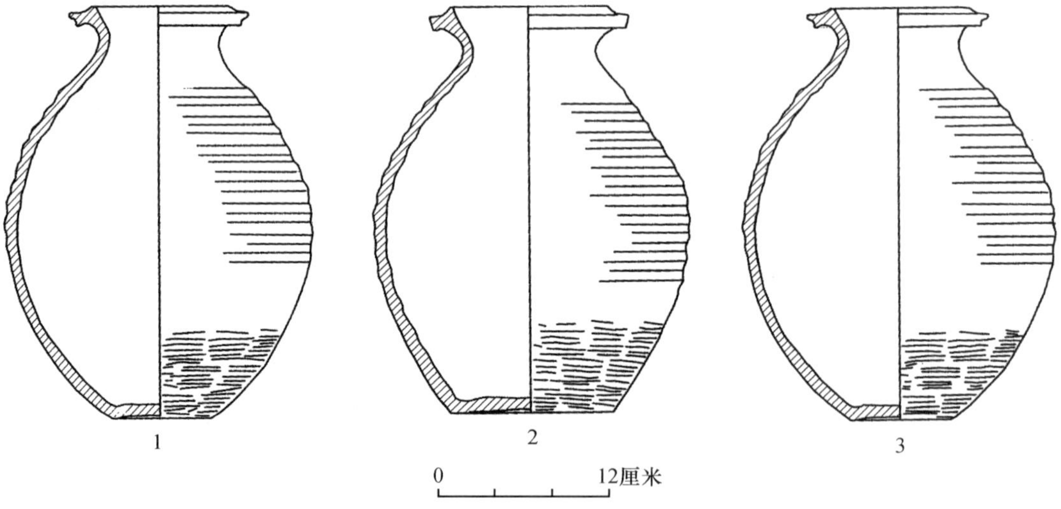

图一三　M14出土陶罐

1. M14：1　2. M14：2　3. M14：3

米，墓底长4.14、宽2.26米，墓口距墓底深2.51米，墓室破坏严重，用长28、宽14、厚5厘米的素面砖一平一侧垒砌而成，墓室设有两个棺床，位于墓室中部北侧和东部，北侧棺床垒砌呈长方形，长2.16、宽1.58、高0.2米，东部棺床长2.14、宽0.72、高0.36米，两个棺床平铺有铺地砖。未发现葬具，两个棺床上分别残存少量肢骨。随葬品位于墓室的西北部和东南部（图一四；图版四，1、2）。

随葬品如下。

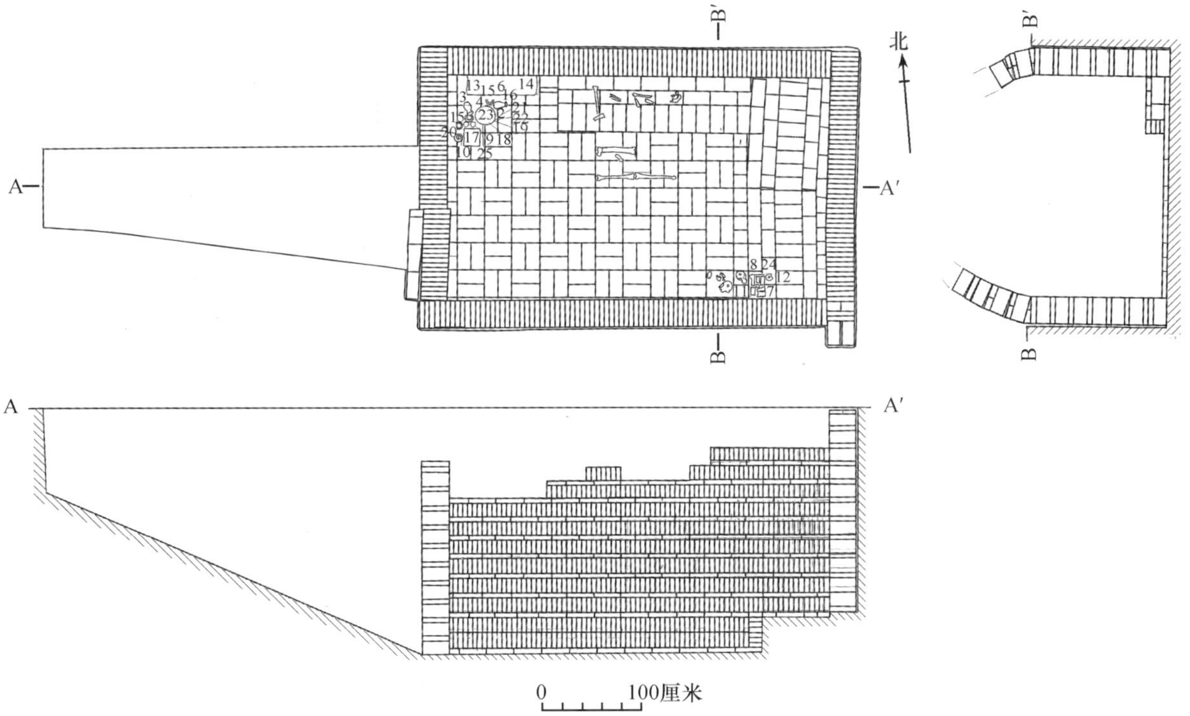

图一四 M17平、剖面图

1～5. 陶罐 6. 陶楼 7. 陶灯座 8. 陶灯 9、10. 陶甑 11. 陶灶 12. 陶耳杯 13～16. 陶鸡 17. 陶圈 18、19. 陶猪 20. 陶磨 21、22. 陶狗 23. 陶案 24. 陶器盖 25. 五铢铜钱

陶罐 5件。根据器形不同可分两类。

陶鼓腹罐 1件。M17：1，泥质灰陶。轮制。侈口，尖唇，束颈，鼓肩，圆鼓腹，下腹弧收，小平底。颈部饰一道凸弦纹，肩饰两道凸弦纹夹绳纹带，腹饰两道凸弦纹夹绳纹带，下腹饰篮纹。口径12.8、腹径25.6、底径7.5、高25.6厘米（图一六，4）。

陶弧腹罐 4件。形制相近，均为泥质灰陶。轮制。方唇，侈口内敛，束颈，瘦肩，腹微鼓，下腹斜收，平底。腹饰凹弦纹。M17：2，口径12.5、腹径14.8、底径8、高21厘米（图一六，8；图版八，2）。M17：3，口径12.4、腹径14.4、底径10、高18.9厘米（图一六，7）。M17：4，口径12、腹径14.8、底径8、高22厘米（图一六，6）。M17：5，口径13、腹径14.4、底径8.9、高19.2厘米（图一六，5）。

陶楼 1件。M17：6，泥质灰陶。模制。顶部为一托，托底部及陶楼两侧均有圆形孔，托与房沿连接处有三组斗拱结构，房沿勾勒出瓦顶形状，正面左侧有开窗，窗沿倚靠一人，人物目视下方，栩栩如生，正面右侧有楼梯，梯上有一人，正在上楼状，着装为男式汉服，形态、动作生动。通高55.2厘米（图一五，3；图版八，3）。

陶灯座 1件。M17：7，泥质灰陶。手模兼制。撇口，方唇，折肩，腹部有两个阶梯状台，分两层，上层为六名人物贴塑，其中有一人头戴帽饰不同，宝剑斜抱于胸前，体量略大，面部表情较其余人物丰富，其左侧人物帽顶尖圆，衣着与前者类似，剩余四名人物双手置于嘴部，似吹奏状，且衣着相同；下层为人物及驾车贴塑，车上乘有一人，车前有两人回身面向车

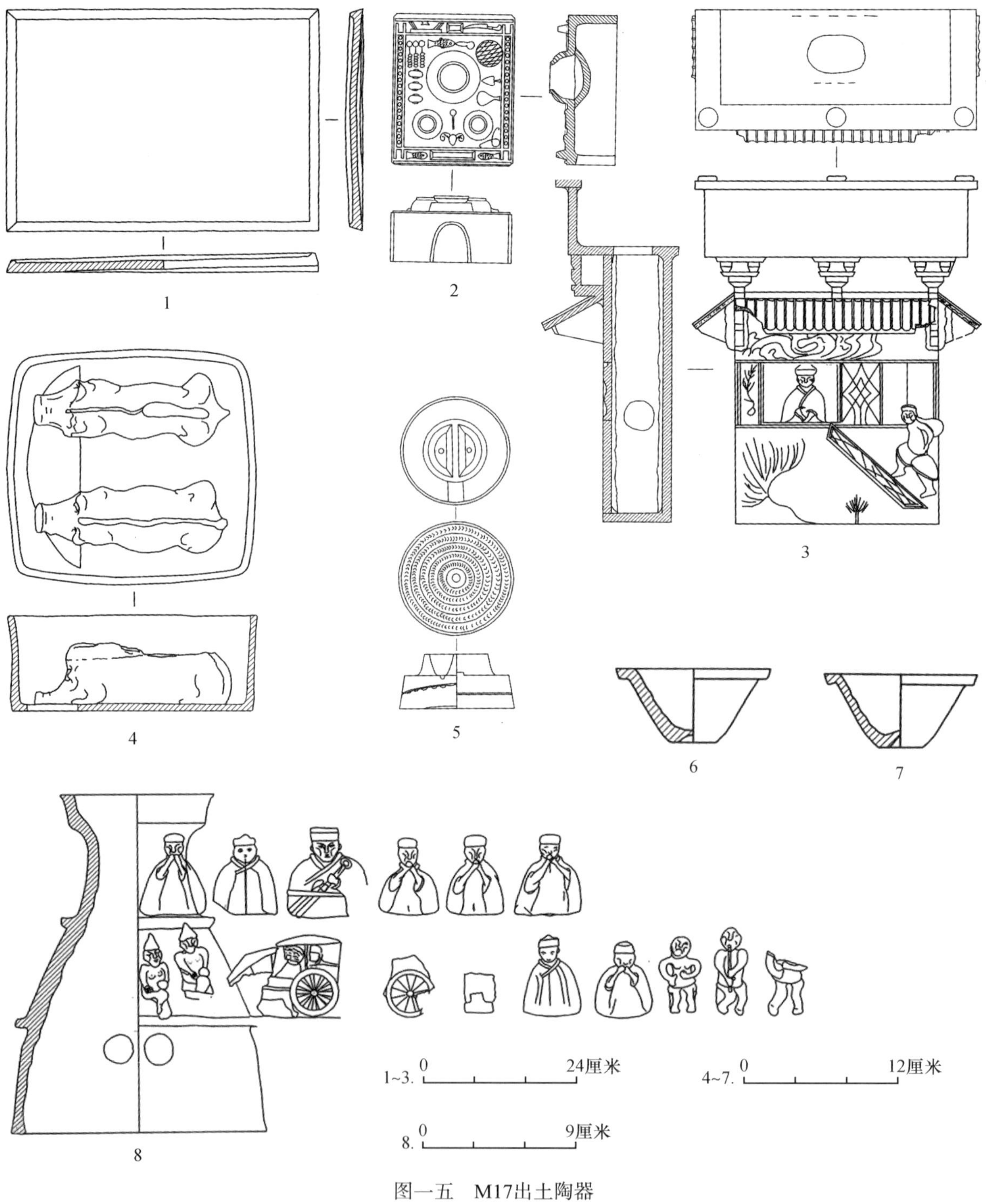

图一五　M17出土陶器

1. 案（M17：23）　2. 灶（M17：11）　3. 楼（M17：6）　4. 圈、猪（M17：17、M17：18、M17：19）
5. 磨（M17：20）　6、7. 甑（M17：10、M17：9）　8. 灯座（M17：7）

似驾马状，车后原应另有一乘车，但已残损仅可见车轮，其后两人与上层类似，右侧三人为奏乐师；腹部有两相通圆形穿，平底，内空。口径9、腹径14.3、底径15、高20.1厘米（图一五，8；图版八，4）。

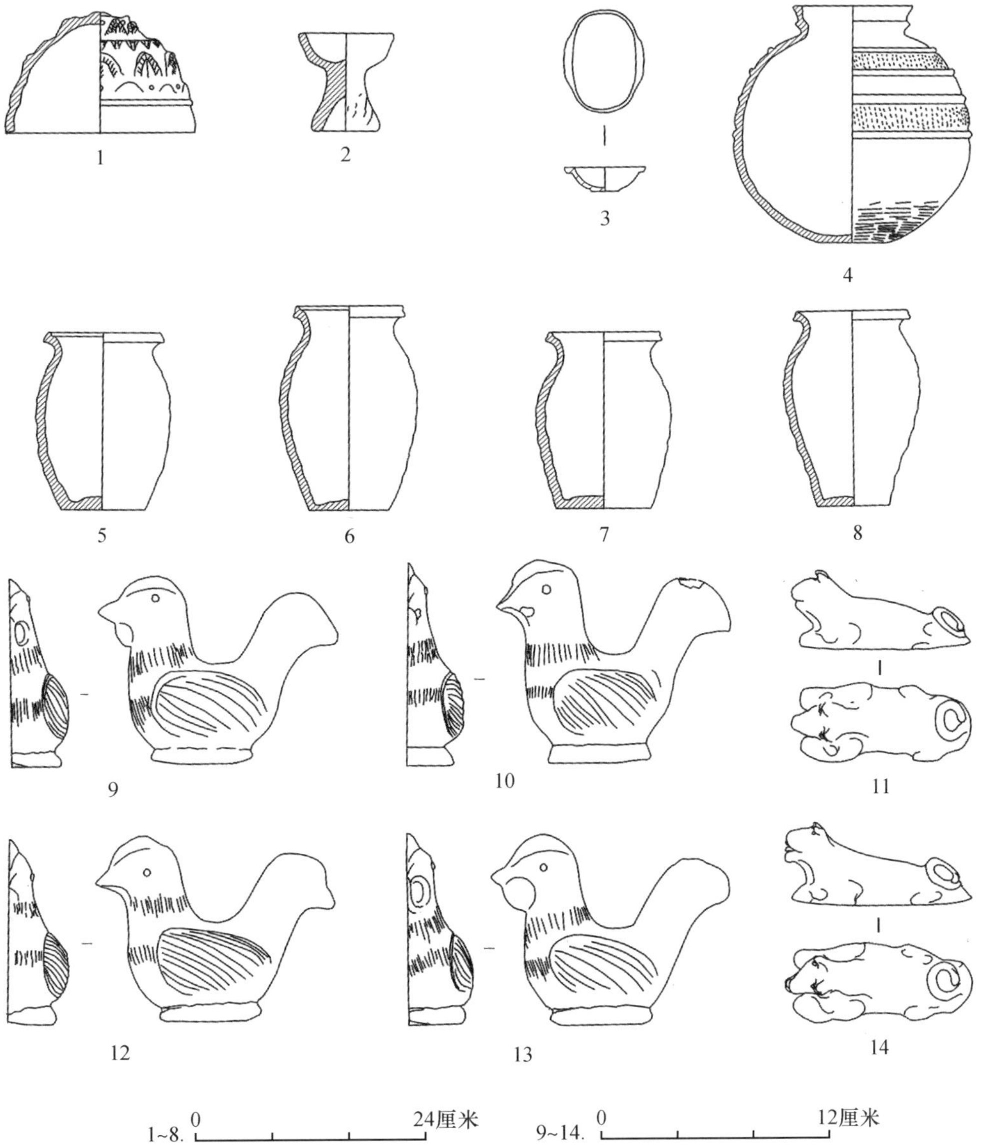

图一六　M17出土陶器

1. 器盖（M17：24）　2. 灯（M17：8）　3. 耳杯（M17：12）　4～8. 罐（M17：1、M17：5、M17：4、M17：3、M17：2）
9、10、12、13. 鸡（M17：13、M17：14、M17：15、M17：16）　11、14. 狗（M17：21、M17：22）

陶灯　1件。M17：8，泥质灰陶。手轮兼制。碗状灯盘，圆唇，敞口，斜壁曲收成圜底，足喇叭口，粗柄，中空。素面，柄足有手捏印痕。口径10、足径7、高10.5厘米（图一六，2；图版九，1）。

陶甑　2件。形制相近，均为泥质灰陶。轮制。敞口，折沿，方唇，斜腹，平底内凹，底部中心有一穿孔，内壁有手压印痕。M17：9，口径12、底径2.8、高5.8厘米（图一五，7；图版九，2）。M17：10，口径12、底径2.8、高5.8厘米（图一五，6）。

陶灶　1件。M17：11，泥质灰陶。手模兼制。灶体平面呈长方形，正面为拱形落地式灶门，灶面中部模饰三釜锅，呈“品”字形，平面四周边模饰凸弦纹，内模饰“井”字形凸弦纹，灶面模饰的有耳杯、案、凳子、刀、肉串、鱼、虾、箅子、瓢、勺等，灶的后面设有方形烟囱。长24、宽19、通高5.5厘米（图一五，2；图版九，3）。

陶耳杯　1件。M17：12，泥质灰陶。模制。平面呈椭圆形，敞口，口沿两侧附对称月形双耳，浅腹斜弧收，平底。口长11.2、宽8厘米，底长5.5、宽3厘米，高2.8厘米（图一六，3）。

陶鸡　4件。形制相近，均为泥质灰陶。手制。作站立状，尖啄，羽翼，翘尾，末端下垂，腹下圆形底座。M17：13，长12.6、通高10.1厘米（图一六，9；图版九，4）。M17：14，长12.4、通高11厘米（图一六，10）。M17：15，长12.6、高10厘米（图一六，12）。M17：16，长12.6、高10.2厘米（图一六，13）。

陶圈　1件。M17：17，泥质灰陶。轮制。平面为近方形，圆角，直口微敞，方沿，直腹，平底，底一端有一半圆形穿底。底边长18.8、高7.7厘米（图一五，4；图版九，5）。

陶猪　2件。形制相近，均为泥质灰陶。手制。卧姿，耸耳贴于颈部，双目圆凸，嘴粗短，鬃毛短立，体壮实，尾下垂。M17：18，长15.5、高4.8厘米（图一五，4；图版九，5）。M17：19，长15、高5厘米（图一五，4；图版九，5）。

陶磨　1件。M17：20，泥质灰陶。模制。上下扇，上扇圆形，盘面中部有圆形凸台，内有一横挡；下扇圆形，盘面饰方圆形戳窝，中部凸一小乳丁。上扇直径8.6、下扇直径9、通高4.3厘米（图一五，5；图版九，6）。

陶狗　2件。形制相近，均为泥质灰陶。手制。卧姿，面目不清，双耳尖竖，体壮，尾卷曲。M17：21，长9.6、宽4.2、高4.2厘米（图一六，11；图版九，7）。M17：22，长10、宽4.2、高4.4厘米（图一六，14）。

陶案　1件。M17：23，泥质灰陶。手模兼制。平面呈长方形，平面微凸，正面四周边缘凸起。长49、宽35.2、厚2厘米（图一五，1；图版五，2）。

陶器盖　1件。M17：24，泥质灰陶。模轮兼制。博山式盖，顶模饰凸起叶瓣状纹饰，口内敛。盖径20.1、高13厘米（图一六，1）。

五铢铜钱　39枚。平钱，圆形，方穿，正、背面有圆郭，正面篆书“五铢”二字，对读。“五”字两股交笔弯曲，“铢”字金字旁上部呈三角形，下部四点竖笔方形，朱字头方折，下画圆折。M17：25-17，钱径2.6、穿宽1、郭宽0.1厘米，重2.63克（图七，11）。M17：25-21，钱径2.6、穿宽1.1、郭宽0.1厘米，重2.62克（图七，12）。M17：25-7，钱径2.5、穿宽1、郭宽0.1厘米，重2.64克（图七，13）。M17：25-8，钱径2.6、穿宽1.1、郭宽0.1厘米，重2.66克（图七，14）。

（七）M18

位于发掘区的西北部，南邻M14，方向273°。长方形竖穴土圹墓。墓口距地表2米。墓口长4.05、宽1.3～1.5米，墓底长4.05、宽1.3～1.5米，深2.1米。骨架位于墓室的西部，判断是二次葬。葬具、葬式不明。随葬品位于墓室东南部（图一七；图版三，2）。

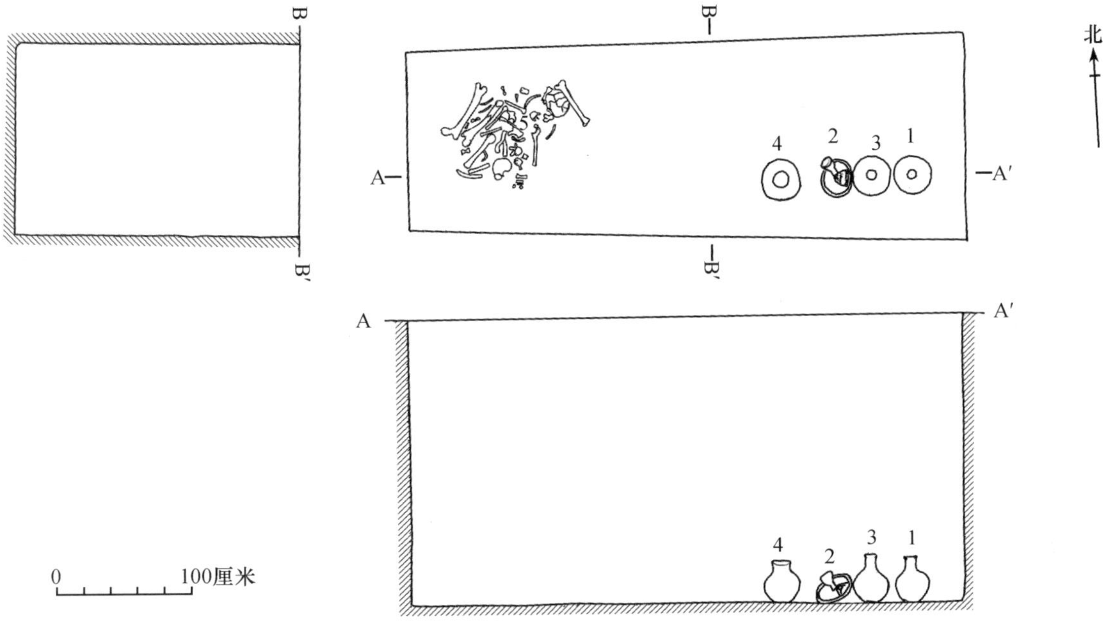

图一七　M18平、剖面图

1. 陶罐　2. 陶博山炉　3、4. 陶壶　5. 五铢铜钱

随葬品如下。

陶壶　2件。形制相近，均为泥质灰陶。轮制。盘口，尖圆唇，长束颈，溜肩，鼓腹，下腹弧收，圈足。肩、腹处模饰对称兽面铺首，博山式盖。颈、肩、腹饰凸弦纹。M18：4，口径18.4、腹径30.4、足径18.4、盖径19.4、通高60.4厘米（图一八，4）。M18：3，口径20、腹径28.8、足径19.2、盖径20.4、通高57.4厘米（图一八，3；图版一〇，2）。

陶罐　1件。M18：1，泥质灰陶。轮制。尖圆唇，平沿微下斜，敛口，束颈，溜肩，鼓腹，下腹弧收，平底。肩腹饰弦断篮纹，下腹饰篮纹。口径17.9、腹径28.1、底径15、高27厘米（图一八，1；图版九，8）。

陶博山炉　1件。M18：2，泥质灰陶。手轮兼制。盘为敞口，折沿，方唇，浅弧腹，平底，盘外壁有轮制刮削痕，炉身为子母口，鼓腹弧收，高柄下展置于盘中，博山形盖，顶部凸出呈珠峰状，盖身有数个透气小孔。上口径12、下口径27.1、底径15、盖径12.6、通高23.7厘米（图一八，2；图版一〇，1）。

五铢铜钱　2枚。M18：5-2，平钱，圆形，方穿，正、背面有圆郭，正面篆书“五铢”二字，对读。“五”字两股交笔弯曲，“铢”字金字旁上部呈三角形，下部四点较短，朱字头方折，下画圆折。钱径2.5、穿宽1、郭宽0.1厘米，重2.65克（图七，15）。

二、辽金时期墓葬

辽金时期墓葬共发掘1座，编号M3，介绍如下。

M3　位于发掘区的东部，北邻M4，南邻M2，方向175°　。“甲”字形竖穴土圹砖室墓。

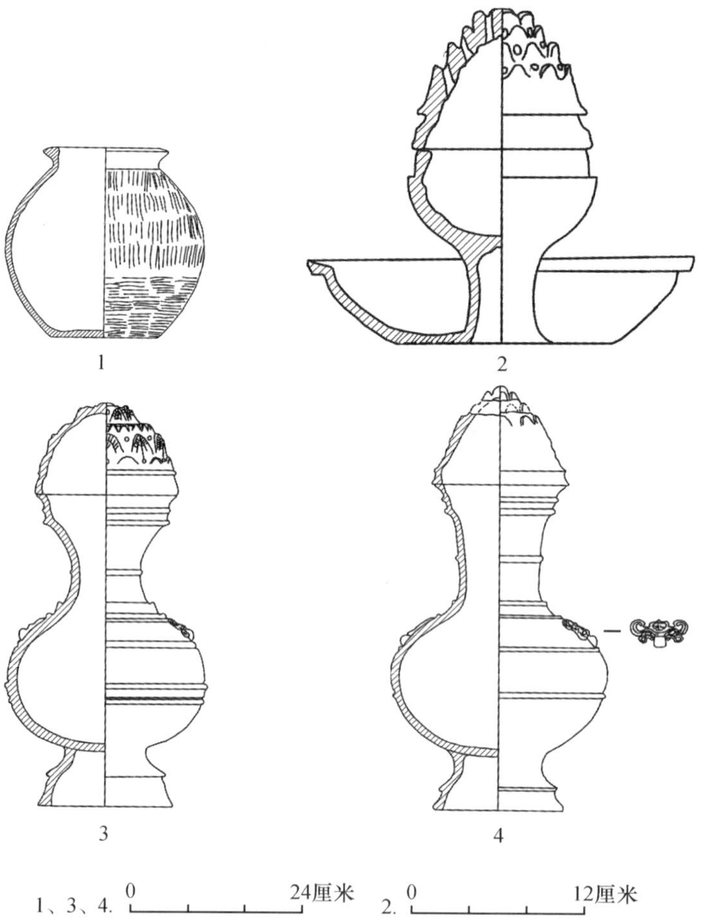

图一八　M18出土陶器

1. 罐（M18：1）　2. 博山炉（M18：2）　3、4. 壶（M18：3、M18：4）

墓葬通长5.76米，墓口距地表2.2米。由墓道、墓门、墓室组成。

墓道位于墓门南部，呈斜坡状，东西两壁垂直平整，坡度33°，长2.6、宽0.6～1.37米。墓门位于墓道与墓室之间，青砖垒砌，砖单面有细沟纹，墓门长0.68、宽0.24～0.34、通高1.42米，墓门从高0.88米处起券，券高0.54米，呈扇形，券顶仅垒砌1层，其上错缝平砌7层，墓门现仅残存两排封门，“人”字形垒砌。墓室位于墓门北部，平面呈圆形，外圹直径3.1米，内径2.6米，墓室上部破坏严重，残高0.44米，墓底距墓口1.54米，墓室用长30、宽16、厚5厘米的细沟纹砖错缝平铺垒砌而成，墓室南部东西两侧留有生土二层台，外侧由残砖错缝平铺垒砌，平面呈扇形，台高0.28米，墓室内设有棺床，位于墓室北半部，高于墓底0.58米，现仅见棺床上平铺的残砖。未发现葬具和人骨。随葬品位于南部西侧二层台上（图一九；图版五，1）。

随葬品如下。

陶罐　5件。形制相近，均为泥质灰陶。轮制。侈口，尖圆唇，束颈，溜肩，鼓腹，下腹斜弧收，平底微凹。器身有轮制痕，下腹近底处有一周刮凹痕，底部有轮制切割痕。M3：1，口径11、腹径15.6、底径8.3、高17厘米（图二〇，3）。M3：2，口径10.05、腹径15.6、底径

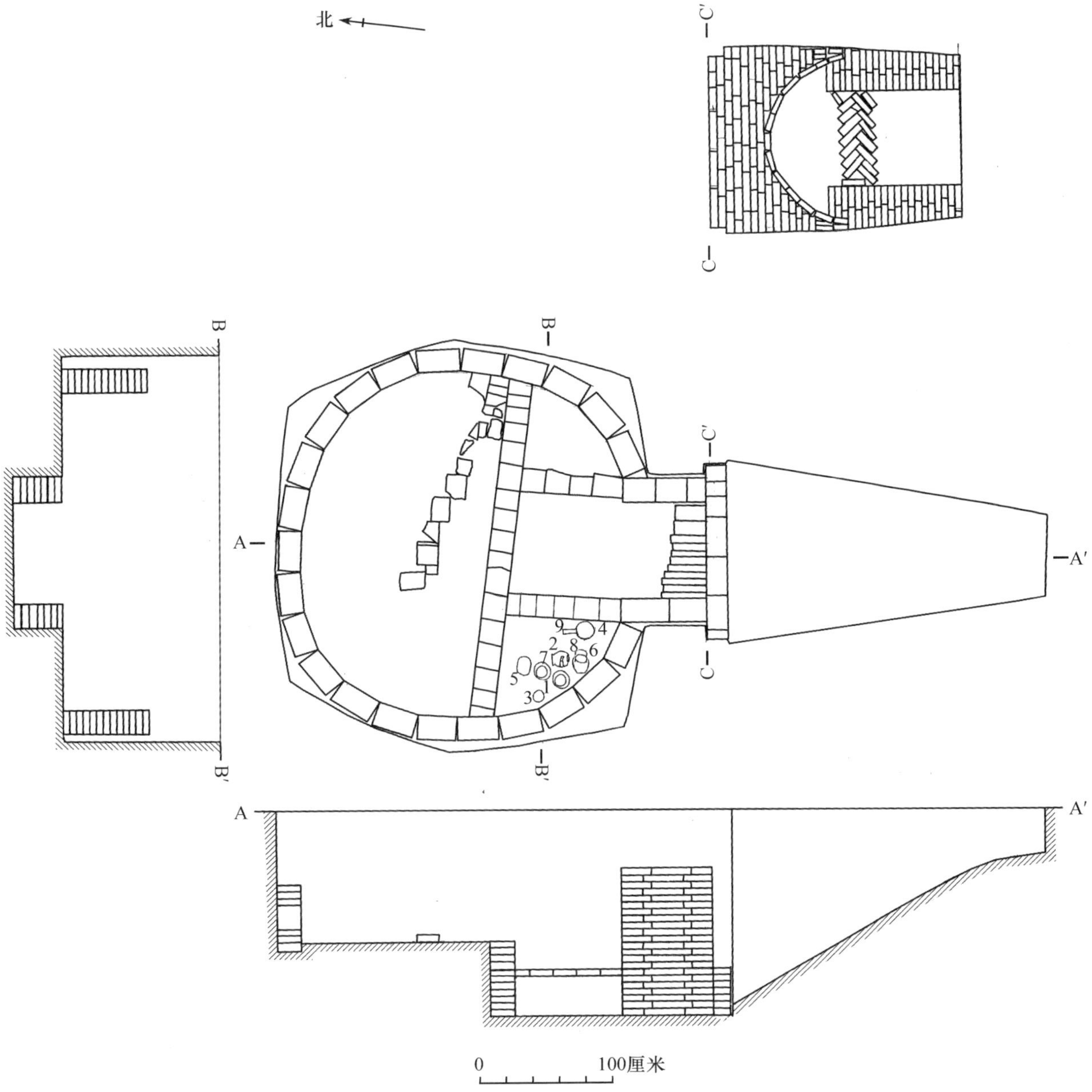

图一九　M3平、剖面图

1、2、6～8. 陶罐　3. 瓷罐　4. 瓷盏　5. 陶砚台　9. 铁炉

9、高15.5厘米（图二〇，4）。M3：6，口径11.2、腹径17、底径8.6、残高19厘米（图二〇，1）。M3：7，口径11.2、腹径16.4、底径9、残高18.5厘米（图二〇，2）。M3：8，口径15.6、腹径17、底径12.6、残高29厘米（图二〇，7）。

瓷罐　1件。M3：3，酱釉，下腹及底未施釉。轮制。侈口，尖圆唇，矮领，圆鼓腹，假圈足，平底微凹。口径9.6、腹径13.8、底径7.8、高10.6厘米（图二〇，5；图版一〇，3）。

瓷盏　1件。M3：4，酱釉，外沿下未施釉，沿面有两处叠烧粘连痕。轮制。敞口，圆唇，曲腹，平底。口径10.7、底径4、高3～3.7厘米（图二〇，6；图版一〇，4）。

陶砚台　1件。M3：5，泥质灰陶，夹砂夹蚌。以器物的腹片磨制，椭圆形。长13.4、宽

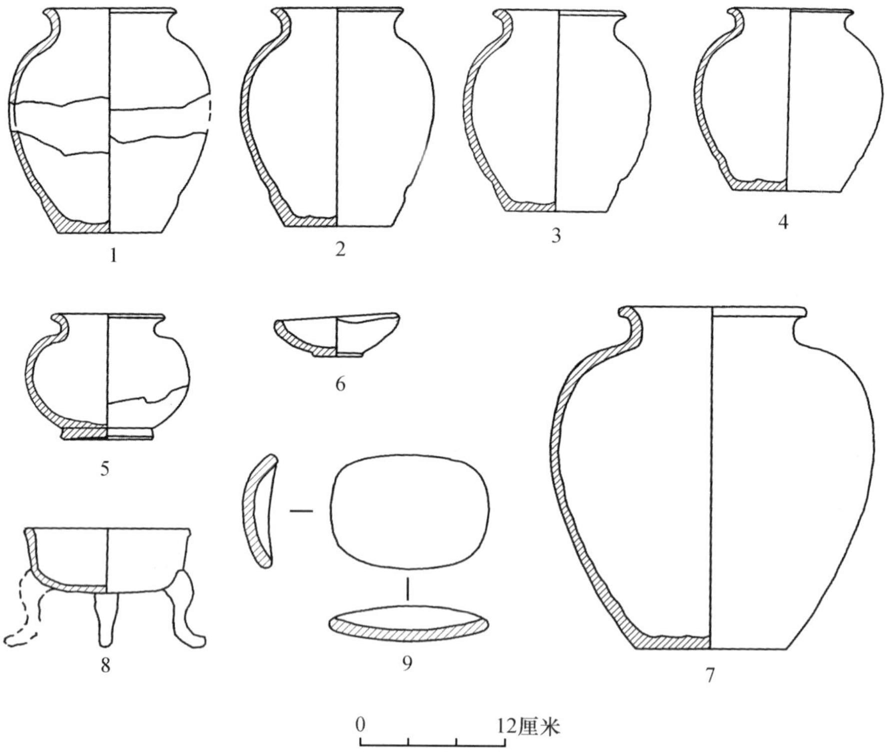

图二〇　M3出土器物

1~4、7. 陶罐（M3：6、M3：7、M3：1、M3：2、M3：8）　5. 瓷罐（M3：3）　6. 瓷盏（M3：4）　8. 铁炉（M3：9）　9. 陶砚台（M3：5）

9.8、高2.5~3厘米（图二〇，9；图版一〇，5）。

铁炉　1件。M3：9，铁质。锈蚀残损严重。敞口，圆唇，直弧腹，圜底，底有三足。口径14、高10厘米（图二〇，8）。

三、结　语

以上所介绍的8座墓葬中，除M3为辽金时期墓葬外，其余皆为汉墓。从墓葬的形制结构、随葬器物的组合来看，这些墓葬的年代存在着明显的早晚差异。

M1、M18为长方形竖穴土圹墓，M6为“甲”字形竖穴土圹墓。墓葬形制与燕下都“6”号遗址M1①、怀来官庄M17~M19②、东城西革新里③等地西汉土坑墓形制相近。器物组合为鼎、罐、壶或罐、壶。M1陶鼎与邢台曹演庄M18④陶鼎器形具有相似特点，M18陶壶与燕下

① 河北省文物研究所：《燕下都“6”号遗址汉墓发掘简报》，《文物春秋》1990年第3期。

② 河北省文物研究所、张家口市文物管理处、怀来县博物馆：《河北省怀来县官庄遗址发掘报告》，《河北省考古文集》（二），北京燕山出版社，2001年。

③ 北京市文物研究所：《北京市东城区西革新里西汉墓2013年发掘简报》，《北方文物》2015年第2期。

④ 河北省文物研究所、邢台市文物管理处：《邢台曹演庄汉墓群发掘报告》，《文物春秋》1998年第4期。

都D6T26②M2陶壶、昌平史家桥Ⅳ式陶壶[①]类似，M1陶壶与昌平史家桥Ⅰ式陶壶相近，M1陶罐、M18陶罐与平谷东高村所出矮直领陶罐M2：1[②]基本一致，M18陶博山炉与邢台曹演庄M22陶博山炉相同。器物中不见西汉早期常见的高领鼓腹罐，多为西汉中晚期墓葬中常见的随葬器类，由此判断M1、M6、M18的年代应为西汉中晚期。

M13、M14、M17分别为平面呈刀形、长方形、“甲”字形的竖穴土圹单室砖墓，M4为竖穴土圹双室砖墓，上述墓葬形制在大兴亦庄[③]、房山窦店[④]等地也有发现，是北京地区东汉墓葬常见的形制。出土随葬品的时代特征也较为明显，随葬陶器中陶壶、陶罐等日用陶器减少，陶灶、陶灯、陶楼、陶圈、陶鸡、陶狗、陶猪等模型明器大量增多，均为东汉中晚期墓葬中常见器形。出土的五铢钱也具有东汉五铢钱的显著特征，剪边五铢钱、货泉伴出，也反映出东汉中晚期货币混乱的局面。另外，所出器物中M17：6陶楼与石家庄城角庄M1：34[⑤]陶楼器形类似，M17：8陶灯与顺义临河汉墓[⑥]陶灯具有相似特点。由此判断M4、M13、M14、M17的年代应为东汉中晚期。

M3是“甲”字形竖穴土圹单砖室墓，墓葬形制及其出土器物具有北京地区辽末金初的特点[⑦]，与华能北京热电厂[⑧]、北京通州次渠[⑨]发现的金代墓葬类似。

本次发掘区北约8千米即为芦城村，北京市文物研究所曾在2001年对该村周边进行过调查，发现一处城址，并推测该城址为西汉广阳国所属四县之一的阴乡县县治所在[⑩]。而本次发掘汉墓根据形制及出土器物判断时代应为西汉中晚期至东汉中晚期，从时间、空间上判断可能与该处城址存在一定联系。

大兴北臧村汉、辽金墓葬的发掘，为研究本地区不同历史时期墓葬特点、丧葬习俗、历史文化、经济社会发展等提供了新的实物资料，也为研究汉代城址提供了重要线索。

领队：刘乃涛
发掘：魏　然
器物修复：董少清
绘图：董少清
摄影：王殿平　魏　然
执笔：魏　然　曾祥江

---

① 北京市文物研究所：《北京昌平史家桥汉墓发掘》，《考古》1963年第3期。
② 北京市文物研究所：《北京平谷东高村汉唐墓葬发掘简报》，《北方文物》2015年第2期。
③ 北京市文物研究所：《北京亦庄考古发掘报告（2003～2005年）》，科学出版社，2009年。
④ 北京市文物研究所：《窦店与长阳》，科学出版社，2013年。
⑤ 石家庄市文物保护研究所：《石家庄市城角庄汉墓》，《文物春秋》2007年第6期。
⑥ 北京市文物研究所：《北京顺义临河村东汉墓发掘简报》，《考古》1977年第6期。
⑦ 丁利娜：《北京地区金代墓葬概述》，《文物春秋》2009年第4期。
⑧ 北京市文物研究所：《北京华能热电厂墓葬考古发掘简报》，《北京文博文丛》二〇一七年第四辑。
⑨ 北京市文物研究所：《北京通州次渠唐金墓发掘简报》，《文物春秋》2015年第1期。
⑩ 朱志刚：《大兴芦城遗址调查记》，《北京文物与考古》（第五辑），北京燕山出版社，2002年。

附表　墓葬登记表

墓号	方向	形制	墓圹（米）						葬具	葬式	随葬品
			墓道			墓室					
			长	宽	深	长	宽	深			
M1	87°	长方形竖穴土圹墓				3.6	1.26	2	单棺	仰身直肢	陶壶2、陶鼎1、陶器盖1、陶罐1
M2	85°	长方形竖穴土圹墓				3.6	1 ~ 1.2	2.2	单棺	不详	陶盒2、陶壶（带盖）2、陶器盖1、陶罐1
M3	175°	“甲”字形竖穴土圹砖室墓	2.6	0.6 ~ 1.37	0.34 ~ 1.54	3.24	1.14 ~ 3.1	1.54	不详	不详	陶罐5、瓷盏1、瓷罐1、陶砚台1、铁炉1
M4	0°	刀形竖穴土圹砖室墓	2.8	0.7 ~ 0.8	0.8 ~ 1.18	7.2	1.53 ~ 2.76	1.18	不详	不详	陶罐2、陶耳杯1、陶盆1、陶灶1、陶磨1、陶灯1、陶狗1、铜钱69（五铢、货泉）
M5	265°	长方形竖穴土圹墓				4.88 ~ 4.95	2.5 ~ 2.7	1.7	不详	不详	陶罐8
M6	180°	“甲”字形竖穴土圹墓	6	1.14 ~ 1.3	0.5 ~ 2.8	5.6	3.42	2.8	不详	不详	陶壶3、五铢铜钱5
M7	178°	“甲”字形竖穴土圹砖室墓	4.1	0.8 ~ 0.86	0.4 ~ 1.5	4.6	1.58 ~ 1.8	1.67	不详	不详	陶罐5、铜镜1、五铢铜钱3
M8	263°	刀形竖穴土圹砖室墓	5.5	0.8 ~ 1	0.26 ~ 2.41	5.64	2.2 ~ 2.34	2.41	不详	不详	陶盘1、陶耳杯1、陶豆3、陶勺1、陶狗2、陶猪1、陶俑3、陶灶1、陶器座1、陶罐底2、陶房1、五铢铜钱40
M9	180°	“甲”字形竖穴土圹砖室墓	4.92 ~ 4.96	0.75 ~ 0.81	0.2 ~ 2.85	6.44 ~ 6.48	2.9 ~ 3.05	2.85	不详	不详	陶奁1、陶井1、陶盘1、陶耳杯2、陶勺1、陶鸡1、陶狗1、陶猪1、陶套盒2、五铢铜钱10
M10	265°	“甲”字形竖穴土圹砖室墓	5.86	0.68 ~ 1.08	0.2 ~ 2.74	5.04	2.3 ~ 2.35	2.74	不详	不详	陶罐2、陶壶（带盖）4、陶壶1
M11	172°	“甲”字形竖穴土圹砖室墓	4.4	0.7 ~ 0.74	0 ~ 1.82	4.6	2.11 ~ 2.2	1.95	不详	不详	陶釜2、陶甑3、陶耳杯2、陶灶1、陶猪1、陶盘1、陶奁1
M12	5°	刀形竖穴土圹墓	2.19	0.58 ~ 0.61	0.42 ~ 2.04	3.44 ~ 3.64	2.39 ~ 2.44	2.04	不详	不详	无
M13	270°	刀形竖穴土圹砖室墓	4.8	0.82 ~ 1.4	0.1 ~ 2.04	5	3	2.13	不详	不详	陶盘1、陶壶口1、陶器座1、铜镜1、陶釜1、五铢铜钱22

续表

墓号	方向	形制	墓圹（米）						葬具	葬式	随葬品
			墓道			墓室					
			长	宽	深	长	宽	深			
M14	90°	长方形竖穴土圹砖室墓				3.26	1.26~1.36	1.78	不详	不详	陶罐3
M15	175°	"甲"字形竖穴土圹墓	3	0.8~0.84	0.76~1.9	4.6	2.53~2.6	2	两棺	东棺：不详西棺：仰身直肢	货泉铜钱5
M16	265°	"甲"字形竖穴土圹砖室墓	5.3	0.94~1.2	0.7~2.85	4.38	2.6~2.7	2.88	不详	不详	五铢铜钱13
M17	265°	"甲"字形竖穴土圹砖室墓	3.84	0.8~1.26	0.36~2.51	4.48	2.9~3.04	2.51	不详	不详	陶罐5、陶楼1、陶灯座1、陶灯1、陶甑2、陶灶1、陶耳杯1、陶鸡4、陶圈1、陶猪2、陶磨1、陶狗2、陶器盖1、陶案1、五铢铜钱39
M18	273°	长方形竖穴土圹墓				4.05	1.3~1.5	2.1	不详	不详	陶罐1、陶博山炉1、陶壶2、五铢铜钱2
M19	268°	"甲"字形竖穴土圹砖室墓	3.22	1	0.5~2.74	5.26	1.57~1.65	2.74	不详	不详	陶鼎1、陶盒1、陶仓5、陶盆1、陶罐1、陶器盖1、陶器座1
M20	3°	长方形竖穴土圹墓				4.3	1.4	3.1	单棺	仰身直肢	陶罐1、陶鼎1、陶盒1、陶器盖1、陶盆1、陶壶（带盖）2

北京通州潞城镇胡各庄村西晋、北朝墓葬发掘简报

北京市文物研究所

2017年5月26日～9月6日，为配合工程项目建设，北京市文物研究所在前期勘探的基础上，对通州区潞城镇胡各庄村占地范围发现的古代墓葬进行了抢救性考古发掘。其中发掘清理西晋墓葬2座、北朝墓葬3座。现将5座墓葬的发掘情况报告如下。

一、墓地概况

发掘区位于北京市通州区潞城镇胡各庄村西侧、古城村东侧，东邻宋梁路，北邻通胡大街（图一）。根据发掘区内土质、土色及包含物，地层堆积可分为4层。第1层为表土层，厚约0.8米，浅灰褐色土，较松散，含砖块、混凝土块等建筑垃圾。第2层为黄褐色土层，厚约0.6米，较致密，含大量黑灰点。第3层为深褐色土层，厚约0.7米，较致密，含细沙、铁锈斑点。第4层为黑褐色土层，厚约0.6米，较致密，含细沙、铁锈斑点（图二）。5座墓葬均开口于第4层下，打破生土，墓葬编号分别为M47、M48、M51、M56、M68（图三）。

二、墓葬形制及出土器物

M47　位于发掘区的西北部，西邻M48，方向为205°。刀形竖穴土圹砖砌单室墓，用砖规格为长30、宽14、厚6厘米。墓葬通长9.8米，墓口距地表2.18米，由墓道、墓门、甬道及墓室组成。

墓道　位于墓门南部，呈长方形斜坡状，东西两壁垂直，内填花土，坡度26°。长4.32～4.38、宽0.82～0.92、深0.78～2.8米。

墓门　位于墓道北部，与甬道相连。封门高1.56、宽1.36米，拱形券顶，由内外两层砖砌筑，券内残高0.86～0.94米，进深0.6米。券上用砖错缝平砌，墓门两壁用砖错缝平砌，砌至第10层处开始起券。墓门内用青砖呈“人”字形错缝砌筑至封门顶部。

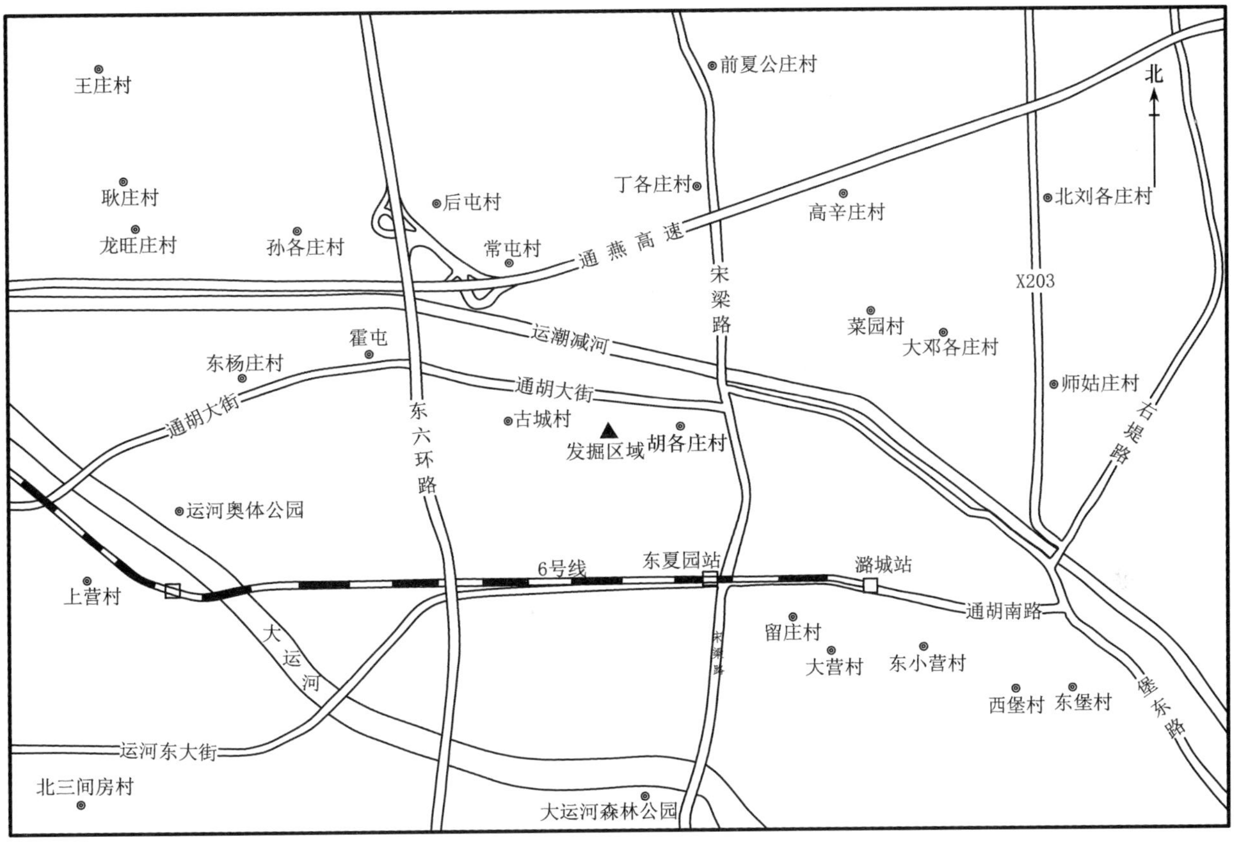

图一 发掘区位置示意图

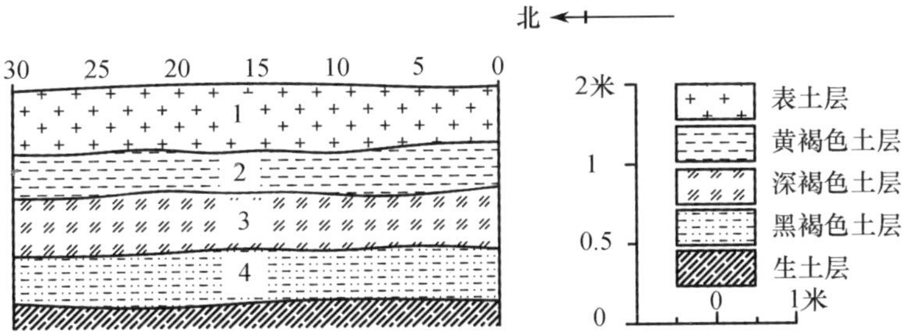

图二 地层图

甬道 位于墓室南部。平面呈长方形，宽1.52～1.56、进深1.6米。甬道东西两壁沿土圹砌砖直上，二平一丁砌法，错缝平砌及券顶而成，砖墙残高1.8米。甬道内径宽0.8米，北部用砖错缝铺底。

墓室 位于甬道北部。平面呈长方形，土圹长3.9、宽2.4米，墓室内长3.04～3.08、宽1.38、高2.06米。墓室东、西、北三壁沿土圹砌砖直上，二平一丁砌法，砌至第9层处开始从四壁向上内收错缝平砌起券，墓室上部为四面结顶结构，顶部用立砖斜置交叉封顶，保存较好。墓室铺地砖南半部为一平一丁砌法，北半部为二平二丁砌法。墓室内置单棺，棺木已朽，从棺痕判断棺长2、宽0.85米，南北向。清理人骨1具，骨架保存较差，腐朽严重，骨骼凌乱，头向北，仰身直肢，为男性（图四；图版一一，1）。

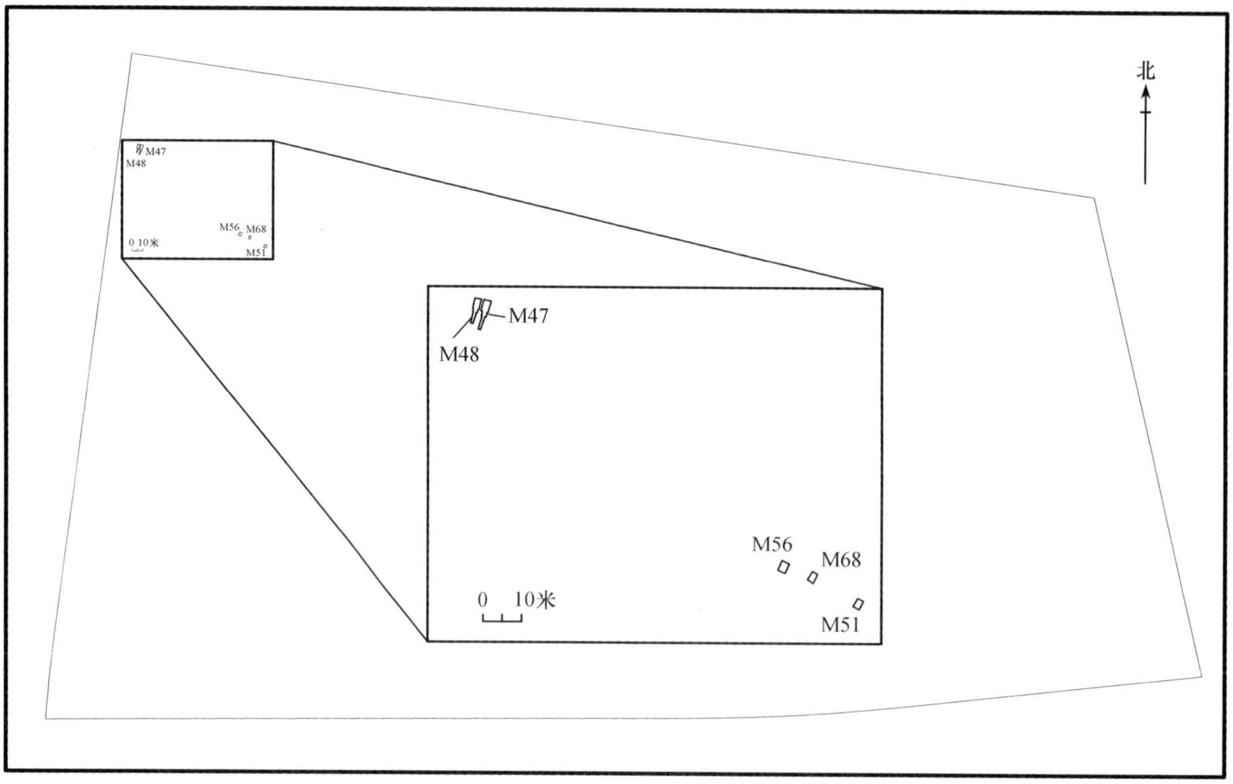

图三　发掘墓葬分布图

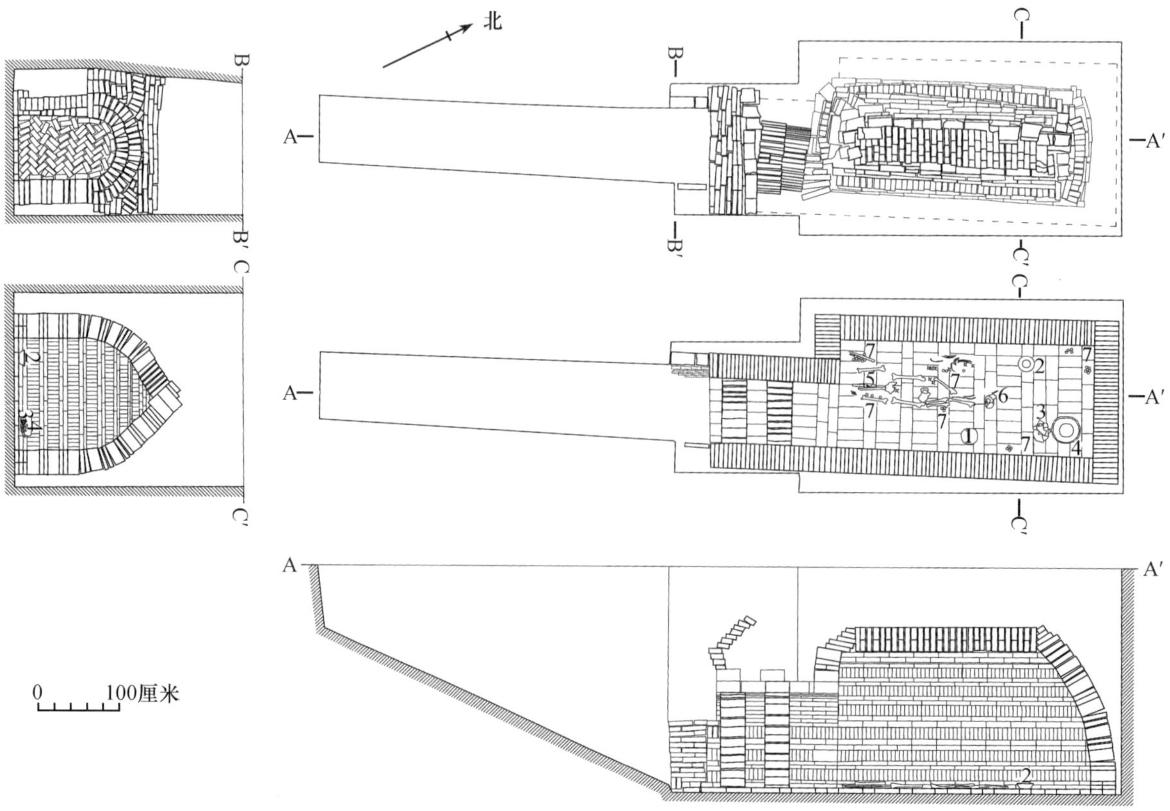

图四　M47平、剖面图

1. 陶器盖　2. 陶钵　3. 陶罐　4. 陶盆　5. 石器　6. 铜簪　7. 铜钱

随葬品如下。

陶罐　1件。标本M47：3，泥质灰陶，残。轮制。敞口，束颈，溜肩，鼓腹，下腹弧收，平底。底饰十周凹弦纹，器表见修坯凸弦纹八周。口径9.5、最大腹径18.2、底径8.6、通高18.2、厚1厘米（图五，4；图版一四，3）。

陶盆　1件。标本M47：4，泥质灰陶。轮制。敞口，双唇，弧腹，平底。腹部饰一周凹弦纹，内底饰一周凸弦纹。最大口径30、最小口径24.5、底径16、通高11.2、厚0.7厘米（图五，10；图版一四，4）。

陶钵　1件。标本M47：2，夹云母泥质灰陶。轮制。敞口微敛，斜沿，尖圆唇，斜弧腹，平底。口径20、底径12.5、高6.9、厚1厘米（图五，9；图版一四，2）。

陶器盖　1件。标本M47：1，泥质灰陶。轮制。弧形顶盖，盖内壁有抹弦痕。顶径4、底径20、高6.4、厚0.7厘米（图五，5；图版一四，1）。

石器　1件。标本M47：5，青石质，青灰色。平面呈长方形，四块拼接，每块边缘残余成齿状。残长15.2、宽12.7、厚0.7厘米（图七，2；图版一五，5）。

铜簪　1件。标本M47：6，铜质，残。双股“U”形，圆柱状，尾尖。残长12.6、直径0.3厘米（图七，4；图版一五，6）。

五铢　5枚。标本M47：7-2，范铸，圆形，方穿，正、背面有圆郭，正面铸有篆书“五

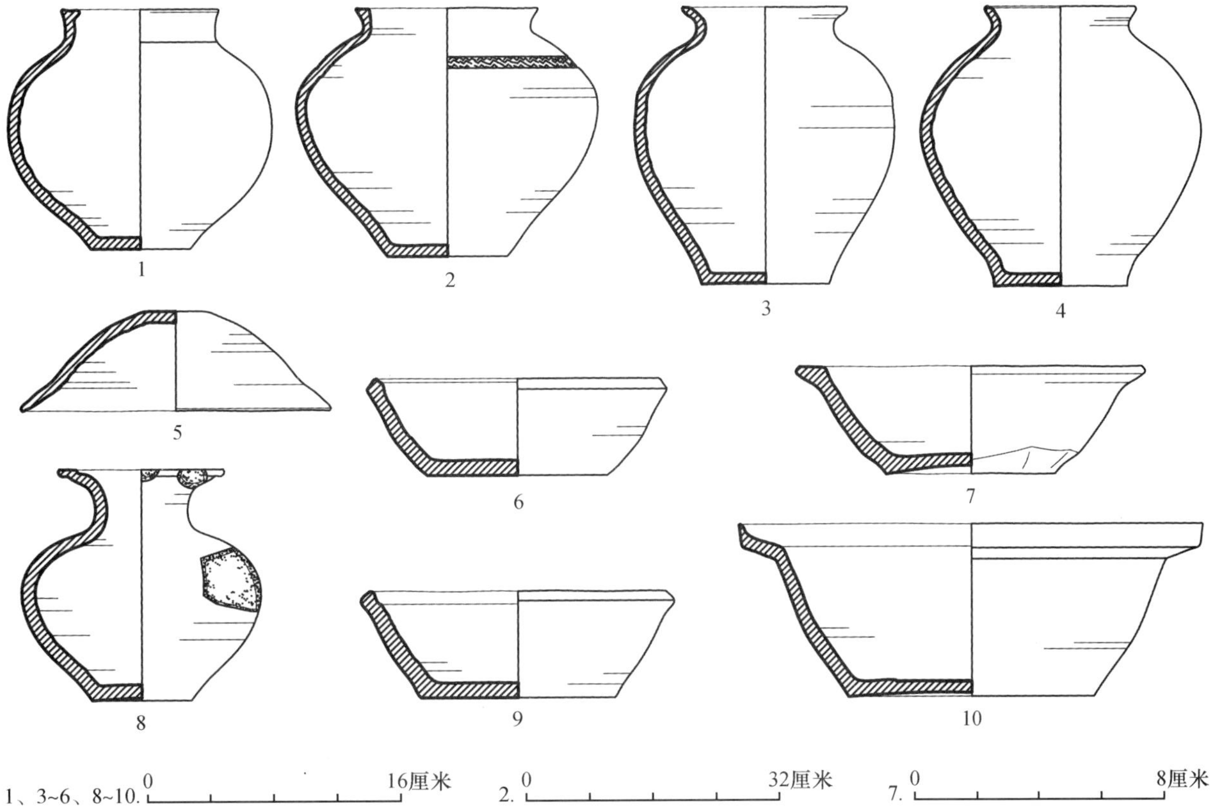

图五　M47、M48、M56、M68出土陶器

1～4、8. 罐（M56：1、M48：2、M51：1、M47：3、M68：1）　5. 器盖（M47：1）　6、9. 钵（M48：1、M47：2）　7. 碗（M48：4）　10. 盆（M47：4）

铢”二字，对读。钱径2.5、穿长0.9、郭宽0.1、郭厚0.1厘米（图一〇，3）。

货泉　5枚。标本M47：7-1，范铸，圆形，方穿，正、背面有圆郭。正面铸有篆书“货泉”二字，对读。钱直径2.4、穿边长0.9、郭宽0.1、郭厚0.1厘米（图一〇，2）。

M48　位于发掘区的西北部，东邻M47，方向为200°。刀形竖穴土圹砖砌单室墓，用砖规格为长30、宽14、厚6厘米。墓葬通长8.3米，墓口距地表2.18米，由墓道、墓门、甬道及墓室组成（图六）。

墓道　位于墓门南部，呈梯形斜坡状，东西两壁垂直，内填花土，坡度20°。长3.8、宽0.8～1.06、深0.74～2.4米。

墓门　位于墓道北部，与甬道相连。封门高1.28、宽1米，拱形券顶，由内外两层砖砌筑，顶部保存较好。券上用砖错缝平砌，墓门两壁用砖错缝平砌，砌至0.8米处起券。墓门内中间底部用砖错缝平铺砌筑而成，上部垒砌无规律。

甬道　位于墓室南部。平面呈长方形，宽1.54、进深0.96米。甬道东西两壁沿土圹砌砖直上，二平一丁砌法，砌至高1.52米处起券，错缝平砌及券顶而成，砖墙残高2.26米。用砖错缝铺底。

墓室　位于甬道北部。平面呈长方形，土圹长3.44、宽2.1米，墓室内长1.7、宽1.1、高2.4米。墓室东、西、北三壁沿土圹砌砖直上，两横两竖砌法，砌至第6层处开始从四壁向上内收

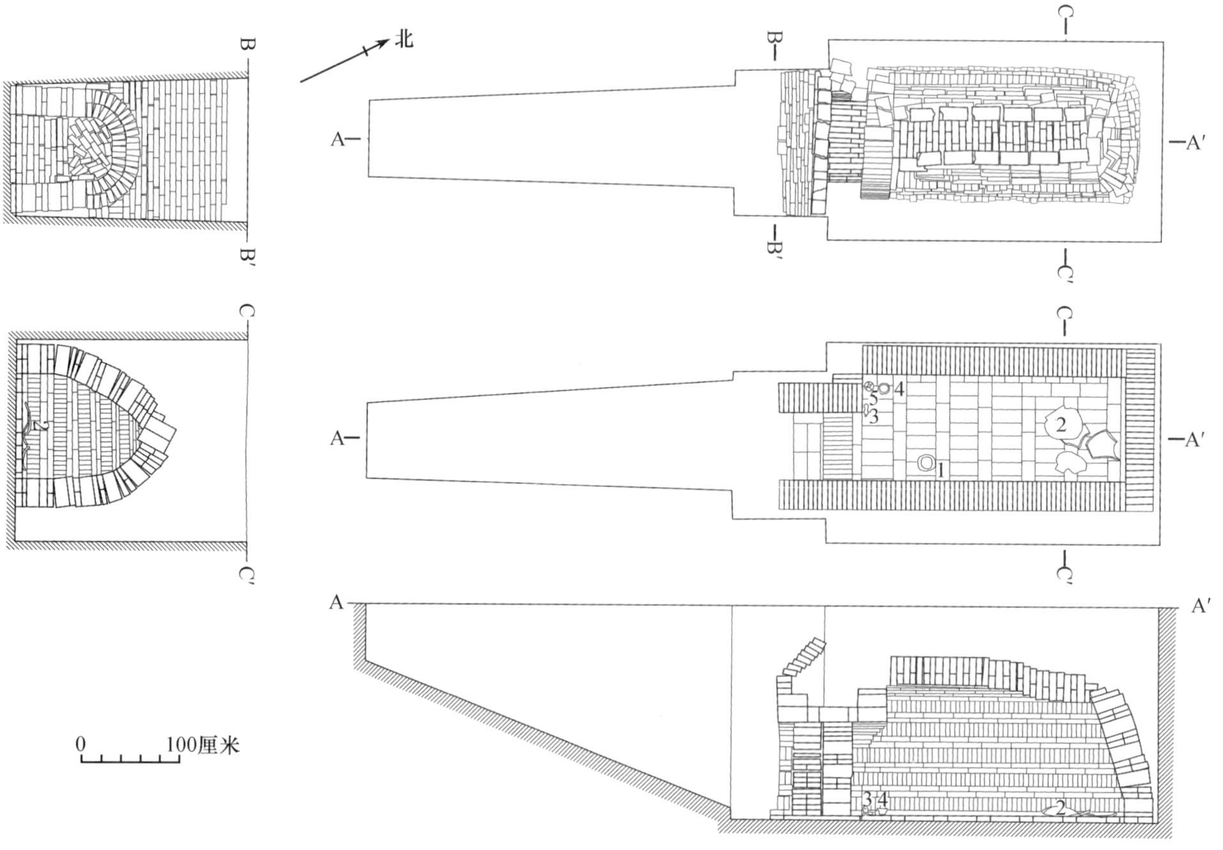

图六　M48平、剖面图

1. 陶钵　2. 陶罐　3. 陶狗　4. 陶碗　5. 陶磨

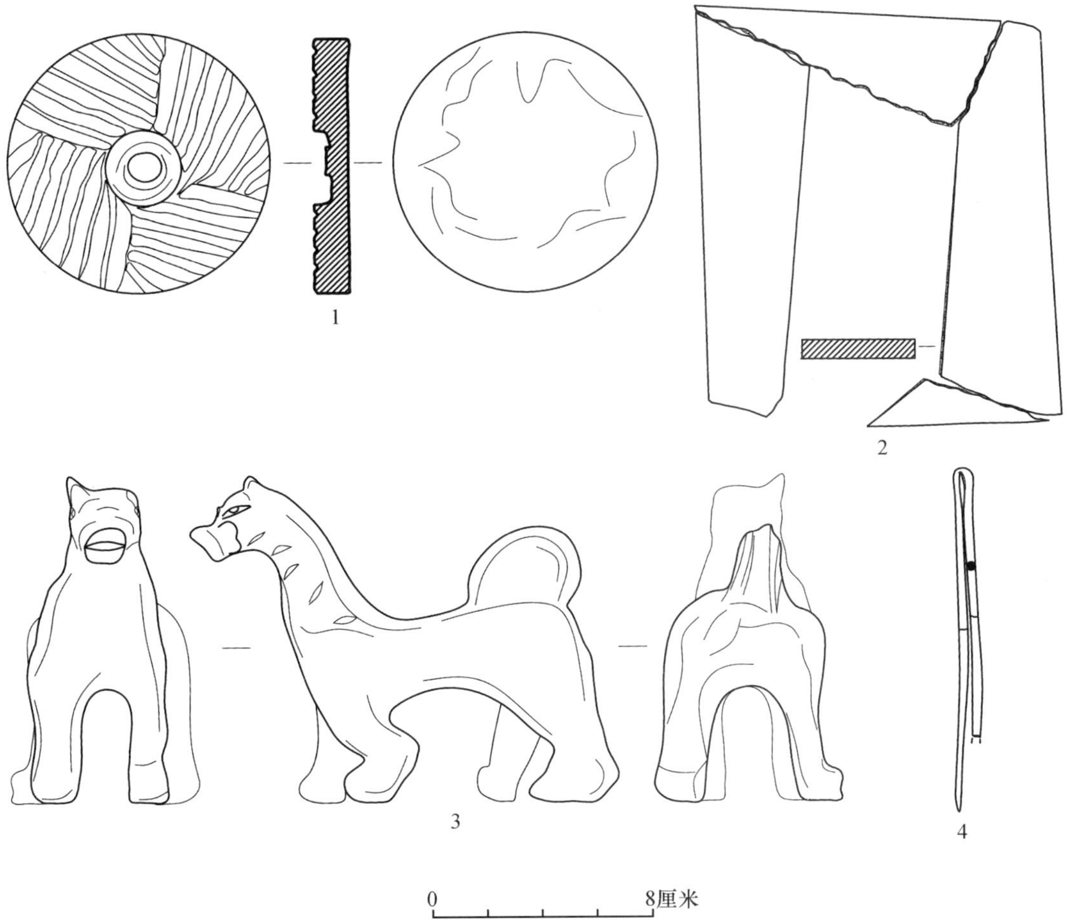

图七 M47、M48出土器物

1. 陶磨（M48：5） 2. 石器（M47：5） 3. 陶狗（M48：3） 4. 铜簪（M47：6）

错缝平砌起券，墓室上部为四面结顶结构，顶部用立砖斜置交叉封顶，保存较好。铺地砖保存较完整，一平一丁砌法。未发现葬具及人骨（图六；图版一一，2）。

随葬品如下。

陶罐 1件。标本M48：2，泥质灰陶，残。轮制。口微敞，平沿，短颈，溜肩，鼓腹，下腹弧收，平底。肩部饰两道细弦纹间装饰波浪纹一周，近底处饰竖向粗绳纹一周，通体见修坯旋痕。最大口径23、底径15.2、最大腹径38.5、通高32.3、厚1.4厘米（图五，2；图版一四，6）。

陶碗 1件。标本M48：4，泥质灰陶。轮制。敞口，斜弧沿，浅腹，平底略凹。口径11.3、底径5.5、高3.5、厚0.4厘米（图五，7；图版一四，8）。

陶钵 1件。标本M48：1，夹云母泥质灰陶。轮制。敞口，微敛，斜弧沿，尖圆唇，斜弧腹，平底。口径19.1、底径11.5、高6.3、厚1厘米（图五，6；图版一四，5）。

陶磨 1件。标本M48：5，泥质红褐陶。手模兼制。圆形饼状，正面布有斜向凸棱四组。其中前三组每组七道，第四组六道。中部有一残乳突。背面光素无纹。直径9.6、厚1.3厘米（图七，1；图版一五，1）。

陶狗　1件。标本M48：3，泥质灰陶，残。手制。站立式，耳耸立，一耳残缺，双目圆鼓，嘴微张，身躯瘦长，尾巴上卷一周，形态生动。长16、宽1～5.6、高6～11.3厘米（图七，3；图版一四，7）。

M51　位于发掘区的东南部，北邻M68，方向为215°。长方形竖穴土圹砖砌单室墓。墓圹长3.1、宽2.2、深2.25米。墓坑内填五花土。

墓室平面呈梯形，南宽北窄，南北长2.06、东西宽0.6～0.9米。墓室顶部已被破坏，仅残存墓壁，墓壁为残砖错缝平砌而成，残存9～17层，残高0.56～1.04米。墓室南端底部17层为垂直平砌，从距墓底第12层开始起券。在南侧墓壁顶部侧立3块长条砖，其下发现1块墓志砖。墓室内发现人骨一具，骨架保存较差，仅残存少量人骨，性别、葬式不详。未发现葬具。墓室南侧顶部东端放置1件陶罐。墓室受地震破坏，出现0.04米的地裂缝，东西横穿墓室（图八；图版一二，1）。

随葬品如下。

陶罐　1件。标本M51：1，泥质灰陶。轮制。口部残，敞口，短颈，溜肩，弧腹，下腹弧收，小平底。通体见修坯旋痕。最大口径10.5、底径8.2、最大腹径16.5、通高18、厚0.6厘米（图五，3；图版一五，2）。

铭文砖　1块。标本M51：2，泥质灰陶。出土于墓南壁顶部。平面呈长方形，砖铭的读法从右到左、从上到下，正面竖向阴刻“天保四年□□十一月三日渔阳郡路县张车”，楷书，背面光素无纹。长29、宽15、厚5厘米（图版一三，2）。

M56　位于发掘区的东南部，东邻M68，方向为215°。长方形竖穴土圹砖砌单室墓。墓

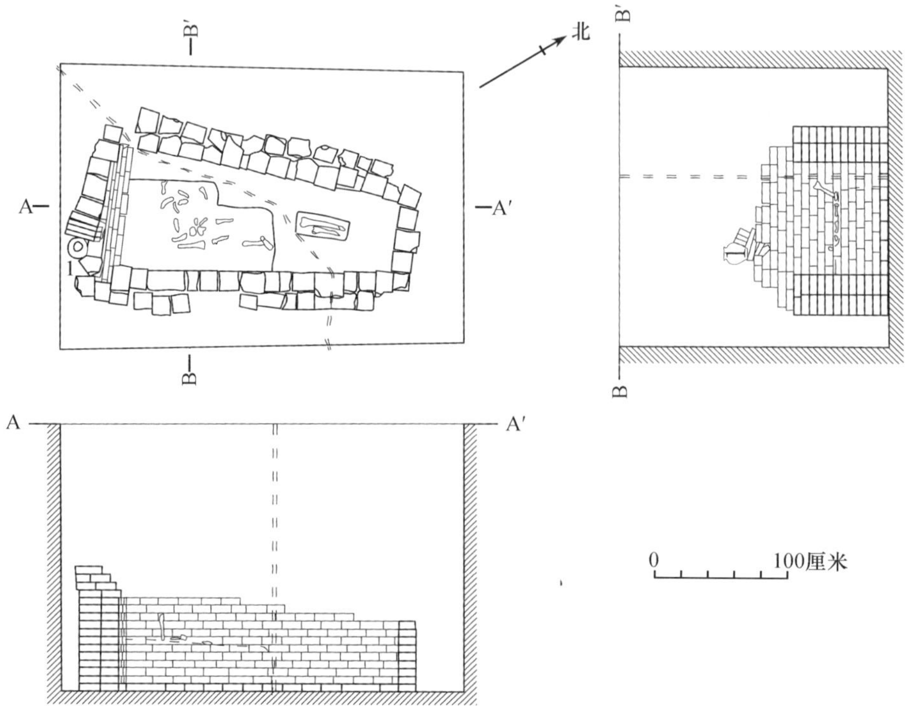

图八　M51平、剖面图
1. 陶罐

圹长3.2、宽2.1、深1.54米。墓坑内填五花土。

墓室平面呈梯形，南宽北窄，南北长2.8、东西宽0.9～1.46米。顶部保存较好，为砖券的拱券形。墓壁墙体为残长条砖错缝平砌而成，墓室南端底部21层为垂直垒砌，从距墓底第12层开始起券，高约1.34米。用砖规格为长0.28、宽0.14、厚0.6米。头端东墙顶部发现一块墓志砖。墓室内置木棺一具，仅残存棺痕，残长约1.9、残宽0.4～0.64、残高0.1米，木板约厚0.04米。棺内葬人骨一具，骨架约长1.7米，保存差，头骨残，仰身直肢，头西南足东北，性别不详。木棺头端外侧正中放置1件陶罐（图九；图版一二，2）。

随葬品如下。

陶罐　1件。标本M56：1，泥质灰陶，残。轮制。直口微敛，方唇微凹，直颈，溜肩，圆鼓腹，下腹弧收，小平底。下腹近底部饰一周绳纹。最大口径10、最小口径7.6、最大腹径

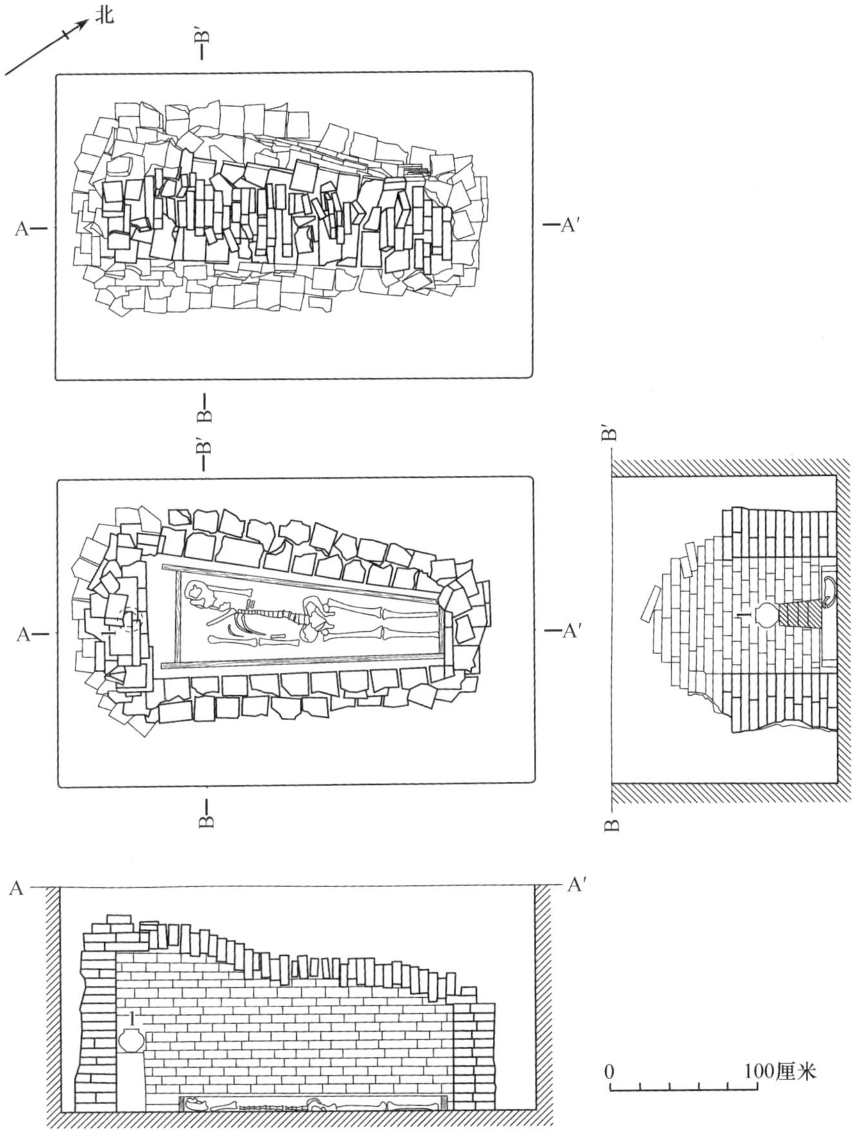

图九　M56平、剖面图

1. 陶罐

17、底径6.4、通高15.6、厚0.6厘米（图五，1；图版一五，3）。

铭文砖　1块。标本M56：2，泥质灰陶。出土于头端东墙顶部。平面呈长方形，砖铭的读法从右到左、从上到下，正面竖向阴刻“正光五年八月一日路县人张道顺”，楷书，背面光素无纹。长30、宽14、厚5厘米（图一〇，1；图版一三，3）。

M68　位于发掘区的东南部，西邻M56，南邻M51，方向为226°。长方形竖穴土圹砖砌单室墓。墓圹南北长3.2、东西宽1.8～2.2、深1.98米。墓坑内填五花土。

墓室平面呈梯形，南宽北窄，南北长2.95、东西宽0.96～1.4米。顶部塌陷，为砖券的拱券形。墓壁墙体为青砖错缝平砌，墓室南端底部20层为垂直垒砌，从距墓底第13层开始起券，高约1.34米。青砖规格大小不一，用砖规格为长0.26～0.29、宽0.13～0.15、厚0.06米。墓室内置木棺一具，仅残存棺痕，残长1.52、宽0.32～0.5、残高0.15米。棺内葬人骨一具，骨架约长1.7米，人骨保存较差，残缺移位，头西南足东北，面向、葬式、性别皆不详（图一一；图版一三，1）。

随葬品如下。

陶罐　1件。标本M68：1，泥质灰陶。轮制。口残。敞口，平沿略弧，束颈，丰肩，鼓腹，下腹弧收，平底。底饰十道凹弦纹，肩腹部残缺。最大口径10.6、最小口径6.4、最大腹径15.4、底径6.4、通高15、厚0.8厘米（图五，8；图版一五，4）。

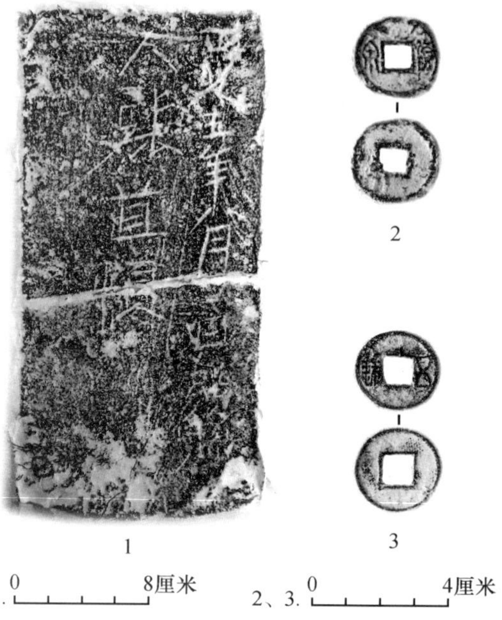

图一〇　M47、M56出土铜钱及铭文砖拓片

1. 铭文砖（M56：2）　2. 货泉（M47：7-1）　3. 五铢（M47：7-2）

三、结　　语

北京地区发现的魏晋、北朝时期的墓葬较少，据已发表的资料统计有20余处。本次发掘的5座墓葬均为竖穴土圹砖砌单室墓，其中有2座纪年墓，从墓葬的形制结构、随葬器物来看，这

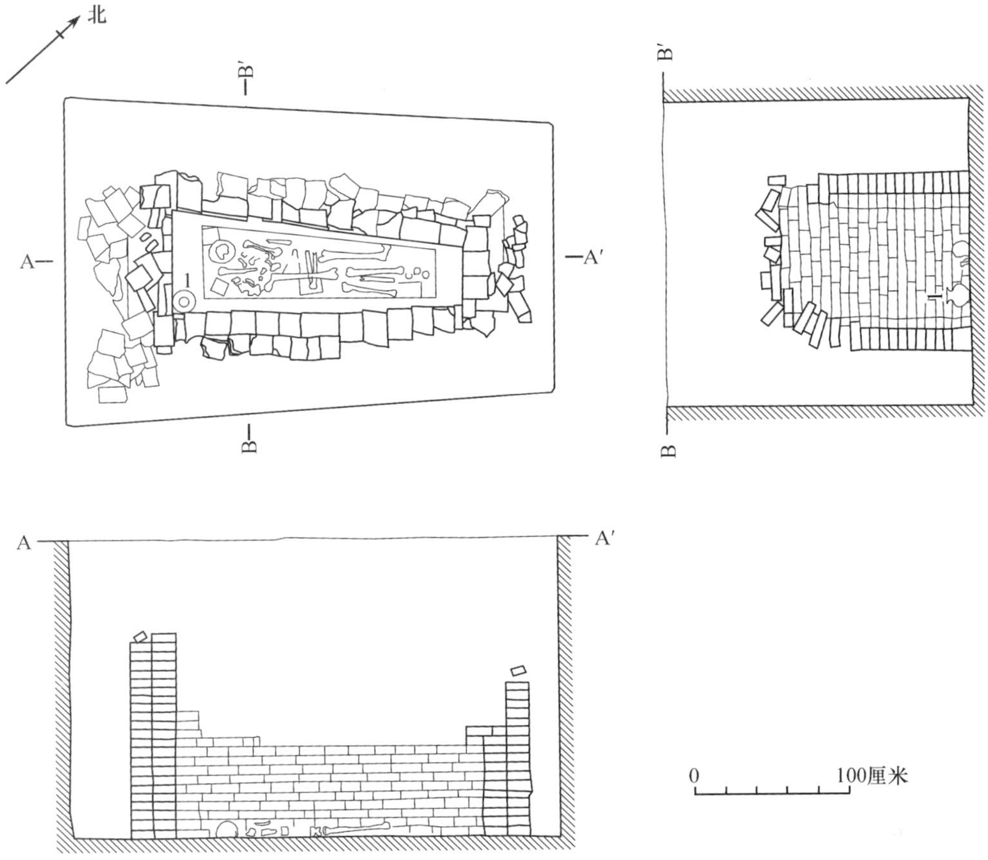

图一一 M68平、剖面图
1. 陶罐

批墓葬的年代存在着早晚差异。

M47、M48均为刀形竖穴土圹砖砌单室墓，长斜坡墓道，拱券形墓门，墓室前有甬道，墓室上部为四面结顶结构，墓道及墓室偏向一侧，与顺义大营西晋墓M8①、房山水碾屯西晋墓M13②墓葬形制基本一致，这与东汉墓葬形制存在明显差异。与东汉时期相比，这一时期墓葬建筑形式呈现出从复杂到简单、由多室墓向单室墓发展的趋势③，西晋中晚期单室墓成为主流形制，墓葬建筑结构形式开始变得简单而单一④。

从随葬器物上看，M47、M48两座墓葬出土的随葬品有陶罐、陶钵、陶盆、陶碗、陶磨、陶狗、铜簪等，未发现西晋早期墓中常沿用的东汉的奁、盘、勺、耳杯、灶、猪圈等器形，也不见西晋墓中特有的牛车、镇墓兽、武士俑、帐座等典型器物，很可能摆脱了东汉的影响和西晋早期随葬器物数量、种类繁多的情况⑤。M47：2陶钵与房山水碾屯M12：6陶钵类似，

① 北京市文物工作队：《北京市顺义县大营村西晋墓葬发掘简报》，《文物》1983年第10期。

② 北京市文物研究所：《北京房山水碾屯西晋墓发掘简报》，《文物》2017年第1期。

③ 张小舟：《北方地区魏晋十六国墓葬的分区与分期》，《考古学报》1987年第1期。

④ 胡传耸：《北京地区魏晋北朝墓葬述论》，《文物春秋》2010年第3期。

⑤ 洛阳市第二文物工作队：《洛阳谷水晋墓（FM38）发掘简报》，《文物》2002年第9期。

M47：4陶盆与偃师杏园村M34：6陶盆[①]、洛阳利民南街西晋墓C3M723：1陶盆[②]相近似，M47：6铜簪与顺义大营M7：1铜簪、密云西晋墓M1：7银簪[③]相似，铜簪等装饰品的出现也是魏晋墓葬区别于东汉墓葬的重要特征。M47、M48虽然未出土纪年资料，但基于以上情况，我们认为M47、M48的年代定为西晋中晚期应大致不误。

北京地区发现有明确纪年的北朝墓葬极少，仅发现有房山南正北魏墓[④]、石景山熙平元年墓、北齐傅隆显墓[⑤]等少数几座。本次发掘的M51、M56分别出土了带有明确纪年的墓志砖，为两座墓葬的断代提供了准确的依据。M51墓志内容为“天保四年□□十一月三日渔阳郡路县张车”，天保是北齐文宣帝高洋的年号，据志文墓主人之名应为张车，渔阳郡路县人，死于北齐天保四年（553）。M56墓志内容为“正光五年八月一日路县人张道顺”，正光是北魏孝明帝元诩的年号，据志文墓主人之名应为张道顺，路县人，死于北魏正光五年（524）。本次发掘的3座北朝墓葬与房山南正北魏墓M1、M2形制相近，墓室平面均呈梯形。此外，M56、M68墓室内各内置梯形木棺一具，南宽北窄，与房山水碾屯M1、M12、房山南正北魏墓M1、M2木棺相似，梯形墓葬形制及梯形木棺的使用或是受鲜卑文化因素影响，此类形制在北京唐代砖室墓中常见，对于研究梯形墓的源流提供了新线索。

本次发掘的M47、M48东西并排分布，相距不到1米，墓葬形制及出土器物相近。另外，M68与M56形制基本一致，且并排分布，相距不到5米，M68与M51相距仅10米，M51、M56、M68三座墓方位完全一致、形制相近。由此推断M47、M48，M51、M56、M68分别为西晋时期、北朝时期两个家族聚族而葬的家族墓地。

本次发掘的5座墓葬，为研究北京地区魏晋、北朝墓葬的分期和断代提供了重要的考古资料，也为研究通州乃至北京地区魏晋、北朝时期的墓葬特点、丧葬习俗、历史文化面貌及经济社会发展等提供了新材料，具有重要的学术价值。

领队：孙　勐
发掘：孙　勐
器物修复：古艳兵
绘图：刘晓贺
摄影：古艳兵
执笔：曾祥江　孙　勐

① 中国社会科学院考古研究所河南第二工作队：《河南偃师杏园村的两座魏晋墓》，《考古》1985年第8期。
② 洛阳市文物工作队：《洛阳瀍河区利民南街西晋墓发掘简报》，《文物》2011年第8期。
③ 北京市文物研究所、密云县文物管理所：《北京密云西晋墓发掘简报》，《文物春秋》2012年第6期。
④ 北京市文物研究所：《岩上墓葬区考古发掘报告》，《北京段考古发掘报告集》，科学出版社，2008年。
⑤ 郭存仁：《北京郊区出土一块北齐墓志》，《文物》1964年第12期。

唐文德元年张玄堂墓发掘简报

北京市文物研究所

留庄村位于北京市通州区潞城镇，2017年2月13日～4月15日，为配合北京市通州区潞城镇棚户区改造土地开发B区B-03地块项目（北京城市副中心综合管廊区）建设，经国家文物局批准，北京市文物研究所在前期勘探的基础上进行抢救性发掘。发掘区位于留庄村北，东邻宋梁路（图一）。发掘清理唐代纪年墓1座（编号：2017THM584）。现将此墓的发掘情况简报如下。

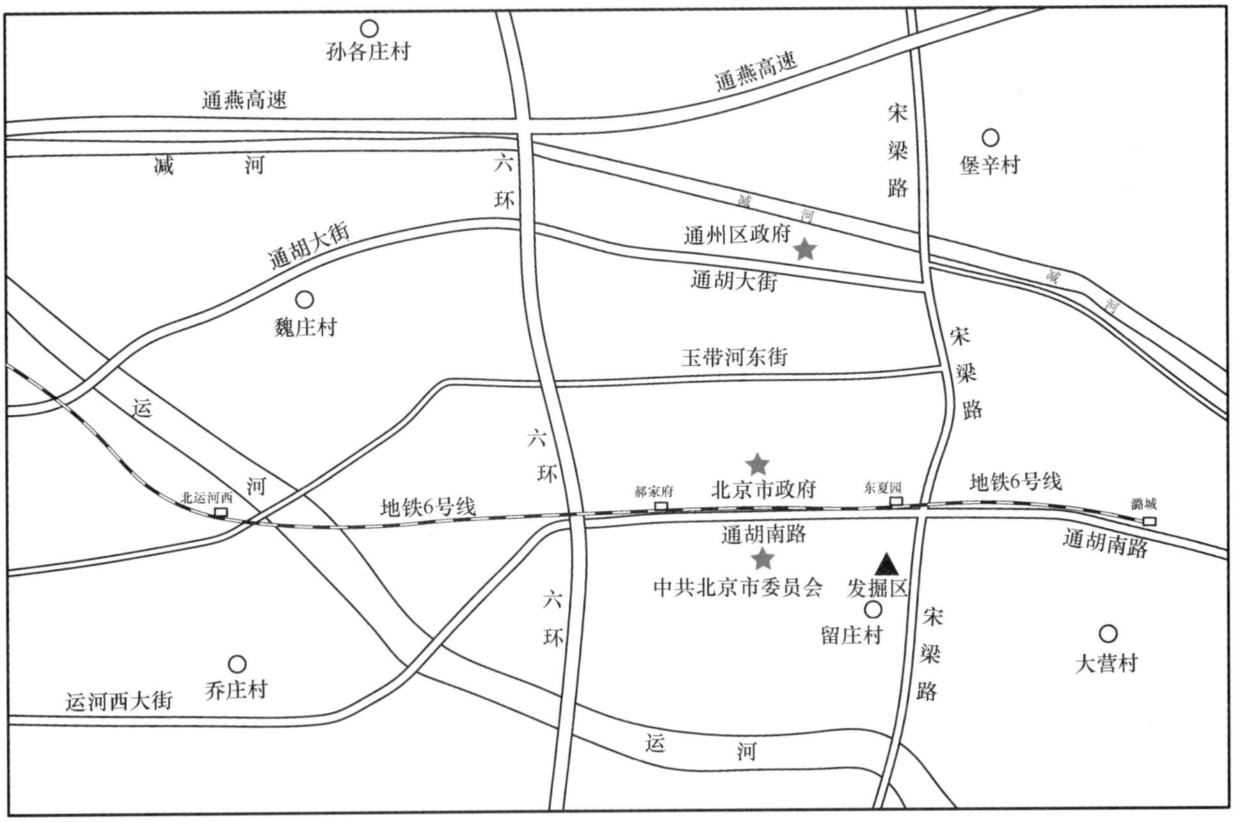

图一　张玄堂墓（M584）位置示意图

一、墓葬形制

图二　M584墓葬全景

墓葬平面呈“甲”字形，竖穴土圹砖室墓（图二）。开口于第3层下，向下打破生土，方向190°。土圹长8.79、宽1.12～3.57米，墓口距地表深1.5米。墓底距墓口深0.26～2.79米。由墓道、墓门、甬道和墓室组成（图三），分述如下。

墓道　平面呈近长方形，台阶状。南北长3.88、东西宽1.12～1.16米。墓道壁较整齐。南部由南向北置有十二步台阶，台阶南北进深0.2～0.36、高0.06～0.26米，墓道深2.79米。

墓门　砖砌拱券结构，墓门两侧下部用青砖两平一竖逐层交替砌制而成，由底部向上砌制至1.12米处起单层拱券，券顶保存较完整。券顶上部用平砖逐层交替错缝平砌。墓门面阔2.05、残高1.86米。门道宽1.1、进深1、内高1.57、通高1.76米（图四）。墓门正面有砖作仿木构影作两处，分别为檐柱、阑额。檐柱位于券门两侧，宽0.11、残高1.85米。阑额位于券门上部、倚柱内侧，长1.82、高0.13米。

墓室　平面呈弧边方形（图五），土圹长3.7、宽3.57、深2.8米，内长3.14、宽3.08米，顶部破坏无存，残高1.44～2.1米。墓室四壁下部用青砖两平一竖逐层交替砌制而成，上部为五平一竖逐层交替砌制。

墓室周壁饰砖作仿木构影作10处，包括：柱头铺作4处、补间铺作2处、阑额1处、十二辰神台3处（残存）（图六～图八）。东北角柱头铺作总高1.08米，与东南角柱头铺作的间距为2.54米，与西北角柱头铺作的间距为1.8米。东南角柱头铺作总高1.7米，与西南角柱头铺作的间距为2.16米。西北角柱头铺作总高1.08米，与西南角柱头铺作的间距为2.5米。西南角柱头铺作总高1.08米。柱头铺作由倚柱、栌斗、耍头、泥道拱、散斗组成。底部承倚柱，宽0.16、高1.08～1.8米。倚柱上承栌斗，高0.12、宽0.18～0.24米。栌斗上承批竹式耍头，高0～0.16米，伸出0.12米。下昂头两侧承泥道拱，宽0.36、高0.16米。泥道拱上承散斗。补间铺作位于墓室东西两侧、柱头铺作之间、阑额之上，整体破坏严重。补间铺作由栌斗、耍头、泥道拱、散斗组成。栌斗上承批竹式耍头，耍头两侧为泥道拱，泥道拱上承散斗。阑额位于倚柱之间，呈条状，分布于墓室周壁。厚0.12米。十二辰神台位于墓室周壁上半部，大部分已破坏，仅存3处，神台凸出0.08～0.12、宽0.18米。

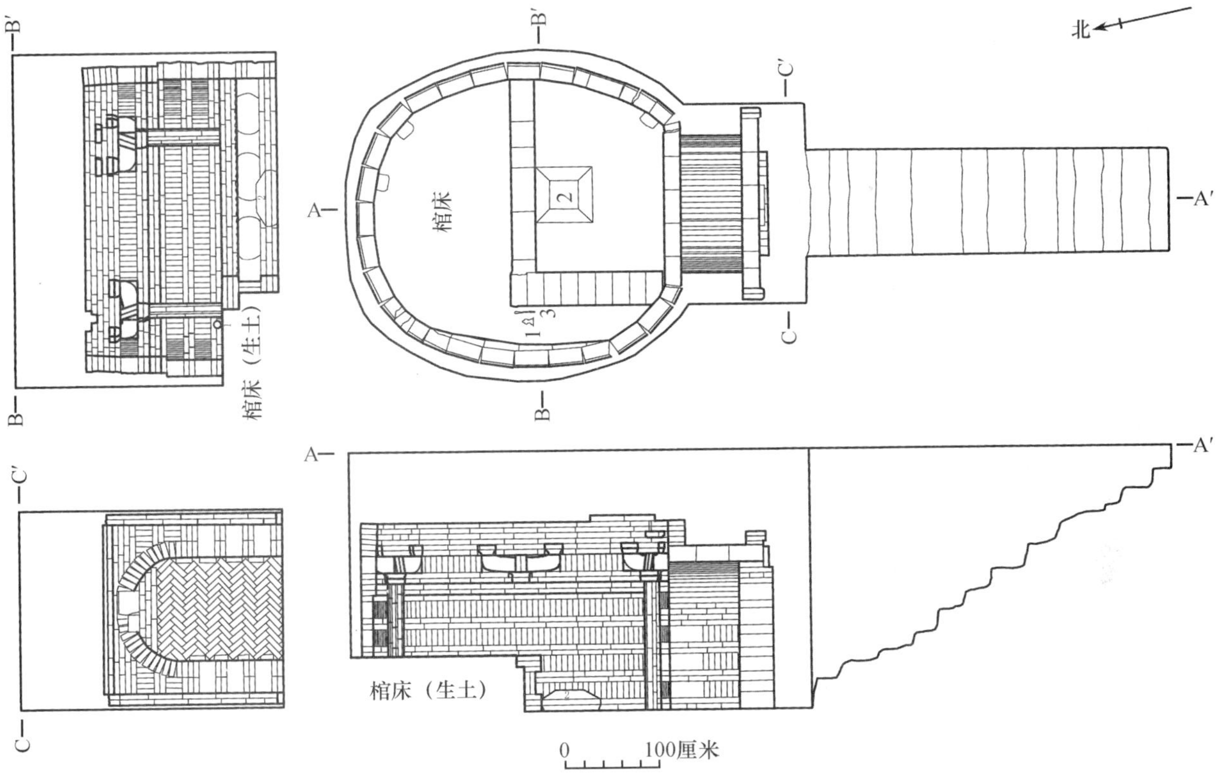

图三　M584平、剖面图
1. 陶器盖　2. 墓志　3. 骨簪

图四　M584墓门

图五　M584墓室

墓室内北部及西部置“L”形棺床，东西长0.84～3.09、南北宽1.7～2.94、高0.6米。棺床边沿用东西向平砖错缝平铺，棺床面为生土，未铺设青砖。棺床西、北侧面均置有壶门，宽0.46～0.5、高0.23、进深0.06米，壶门相互间距为0.16～0.2米。墓室内未发现铺地砖及墓主人遗骸。

墓葬用砖规格为0.36米×0.16米×0.06米，棺床包边砖规格为0.48米×0.26米×0.06米。

图六 墓室内砖作仿木构转角铺作影作

图七 墓室内砖作仿木构转角铺作影作（局部）

图八 墓室内砖作仿木构补间铺作影作

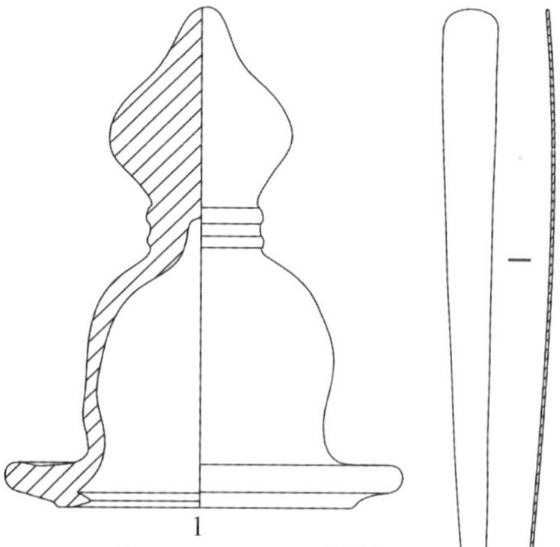

图九 M584出土器物
1. 陶器盖（M584：1） 2. 骨簪（M584：3）

二、出土遗物

该墓早年被盗。出土随葬品共3件，包括陶器盖1件、骨簪1件、墓志1合。

陶器盖 1件（M584：1）。泥质红陶。通体施绿釉，内壁未施釉。轮制。塔形盖，盖身呈宝塔状，盖口略上翘。直径9.8、通高12.5厘米（图九，1）。

骨簪 1件（M584：3）。骨质。磨制。簪体扁平，立面呈锥形，上宽下窄。长30.2、宽0.8～1.4、厚0.15厘米（图九，2）。

墓志 1合（M584：2）。青石质。志盖长59.2、宽

56.5、厚12.3厘米。志盖为盝顶，正中篆书“张公墓铭”4字，2行，行2字。四刹面刻有十二个手捧十二生肖人辰立像，四角刻有牡丹花纹（图一〇）。志身长60.2、宽59.5、厚12.3厘米。志文共28行，行14～42字不等，共896字。文字书写用笔刚劲，字体介于楷、行之间（图一一）。录文如下。

张公」墓铭

唐幽□□随使节度押衙摄瀛州刺史充永宁军营田团练等使银青光禄大夫检校右」散骑常侍兼御史大夫清河张公玄堂志铭乡贡进士张辑撰」□□□□□□□□昔帝鸿氏跨龙于云遗弓在地有弓正仰观悬象知抓矢永以□嗣」寰瀛因授张姓至魏太守岱迁居于清川遂为其郡人也曾祖讳澄皇雄武军马步都将」祖讳□□散兵马使列考讳绍皇卢台军都巡使皆以雄图佐主长略光时头誉佳名」此不□□府君即其嗣子也抱□义道德□生□

图一〇　墓志志盖拓片

图一一　墓志志文拓片

清贞孝友而立貌声神逸□雄气高富郄縠之诗」书□□归之文武至□□战□胜之术九地九天之□□□□雁之奇为鹊为鹅之妙莫不致之术内贮在胸」襟顾□岳以凝情□□云而独步咸通十一年初沾释褐后历序□□□□谋信而有孝顷以朱公犯境」爰□□□□始□□唯公可赖其年改授内衙虞候隔年又授亲事虞候至乾符元年又迁亲事将兼」北衙马步军头元戎倚注寮友推诚所谓谋足济时才周助国后又迁吕头镇都将奏拜监察御史」备坚□锐□平砺兵自古英豪或未之比以和四年殊恩远降追上从军以公□转亲班名高部」伍遂充南衙营马步都军头至光启元年改迁随使节度押衙北衙马军都兼遥摄归顺□刺」史坚芳□□□□无用□和叶端揆之心下训齐士平之志当年又授马军都教练使兼遥摄」檀州刺史衙庭奖赏遐迩钦丞屡奏□衙宜为牧政以光启二年改迁蓟州刺史莫不黎」民浴□□路□谣□□能饱公之德爰经数月伏蒙追上依前充马军都教练使美夫出提□□」入作爪□宽恕为心□□为务所临之处皆此类焉公以荣重当时颇历星纪天纵英□□□」□

奇文□岁又差摄瀛州刺史仁风逐扇甘□随车至廉以奉公深仁而驭物□□」之柱石济□之舟□当年又拜右散骑常侍兼充管内都教练使公以为臣效□□」在白珪□□数穷哲人斯逝以光启三年冬十月廿七日属纩幽都县界平朔坊□□」私弟□春秋四十有一以文德元年夏四月廿九日窆于潞县界甄升乡南张□□」礼也府君前已娶天水赵氏夫人早谢兰质礼葬同时继」夫人□瀛州刺史瑯□□公之弟四女也洁润夙著恭美有诗有子五人长曰□□」次曰□□并为亲事靡终六年次曰敏师犹非□李次曰设郎幼曰惬郎」皆自襁褓有女一人□夭者二长适前内衙副将霍士端亦缙绅茂族両女在室」才临绮年於戏白马奔哀青乌告地悲凉万古冥寞九原宜彰不朽之名永」纪无穷之美铭曰幽□□国兮我里我疆」金柯玉叶兮唯彼陶唐卓立仞名寒四方所折寿亏无久长」天苍苍水茫茫慨悌君子斯也则亡」

三、结　　语

该墓葬形制平面呈“甲”字形，墓室呈圆形，属北方地区唐墓Ⅲ型。棺床呈曲尺形。墓室内四壁有砖仿木影作。这种墓葬形制主要发现于河北北部、北京、辽宁这一环渤海地区，在两京、南方及其他地区的唐墓中极为少见。圆形的墓葬形制，应是直接继承了北朝东北部地区的做法，或许与北方游牧民族生活中住毡帐的传统有关①。

由墓志可知，墓主人为张玄堂，清河县（今河北省邢台市清河县）人。墓志记载了其曾祖、祖、父三代的生平及任职情况，可知其先辈均为世代习武之家，出任武职。志文以回顾张玄堂的生平履历、任职升迁为主，他继承了家族习武的传统，并出任各级武职。张玄堂曾娶两任妻子，首任妻子早逝未育，继任妻子共生育男子5人和女子3人，其中2人夭折。张玄堂于光启三年（887）冬十月在家中逝世，享年四十一岁，文德元年（888）夏四月下葬于潞县界甄升乡。

发掘：尚　珩　张志伟
绘图：张志伟
拓片：李春宇
执笔：尚　珩　金和天

① 齐东方：《中国北方地区唐墓》，《7—8世纪东亚地区历史与考古国际学术讨论会论文集》，科学出版社，2001年。

北京密云第六中学明清墓葬发掘简报

北京市文物研究所

2014年5月26日～6月21日，北京市文物研究所对北京市密云县（今密云区）第六中学改扩建工程占地范围内的古代墓葬进行了考古发掘工作。该项目位于北京市密云区首都师范大学附属密云中学体育馆北侧，地理坐标为北纬40° 22′ 21.52″ 、东经116° 48′ 54.45"，北至果园北街，南至第六中学综合教学楼，西至第六中学操场，东至兴云路（图一）。此次发掘唐代墓葬17座，明清墓葬19座。在明清墓中，明代墓葬12座，清代墓葬1座，时代不明墓葬6座。现将此次考古发掘中发现的明清墓葬（图二）简报如下。

一、明代墓葬

明代墓葬共发掘12座。编号M13、M16、M20～M23、M29～M34。其中M16、M21、M29、M32、M33为梯形竖穴土圹墓，其余均为长方形竖穴土圹墓，可分为单棺墓、双棺墓、三棺墓。其中M22、M23为单棺墓，M13、M16、M20、M21、M29～M31、M34为双棺墓，M32、M33为三棺墓。下面按墓葬类别介绍如下。

（一）单棺墓

2座。长方形竖穴土圹单棺墓。编号M22、M23。

M22　位于发掘区的中南部，北邻M21，南北向，方向为10° ，长方形竖穴土圹单棺墓，开口于第1层下。墓底距地表深1.3米，墓室长2.35、宽0.9～1米，墓口距地表深0.9米。内填红褐色胶泥与黄沙混合成的花土，土质疏松（图三）。

内置单棺，棺木已朽。棺长2.1、宽0.6～0.7、残高0.3米。棺内骨架保存较差，头北足南，面向上，仰身直肢葬。墓主颅骨较大，眉弓发达，故推断为男性。

随葬品如下。

瓷碗　1件。标本M22：1，残。器物内壁施一层稀薄的釉酱水，内底及外底露黄褐色胎。

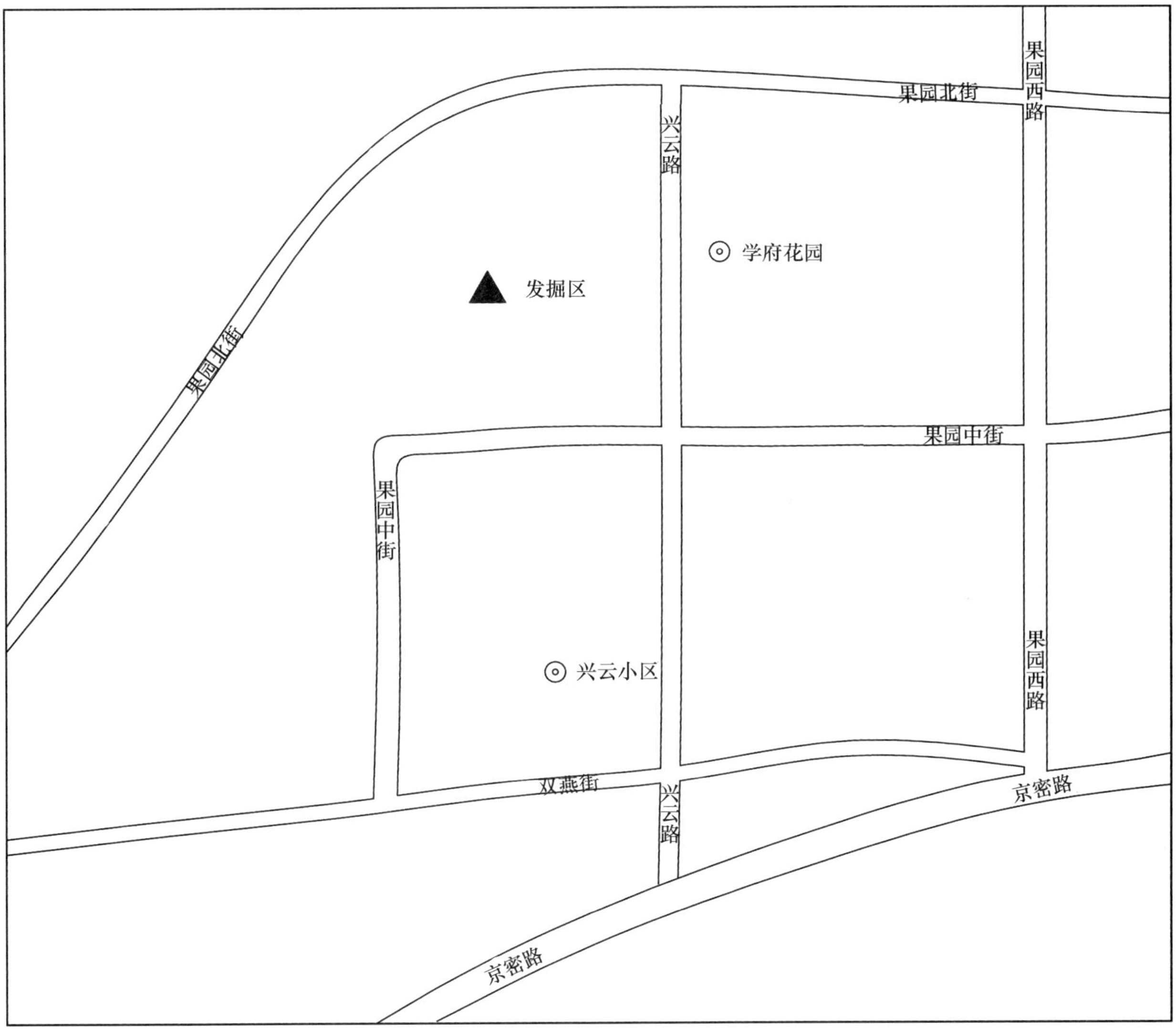

图一 密云第六中学考古发掘位置示意图

轮制。敞口，圆唇，弧腹，下腹急收，矮圈足。内外底皆有垫圈压痕。口径16、底径6、高7厘米（图四，6；图版一七，3）。

铜钱 3枚。标本M22：2，因锈残严重，无法辨识。

M23 位于发掘区的中南部，北邻M22，南北向，方向为10°，长方形竖穴土圹单棺墓，开口于第1层下。墓底距地表深2.02米，墓室长2.8、宽1.3米，墓口距地表深0.8米。内填红褐色胶泥与黄沙混合成的花土，土质疏松（图五）。

内置单棺，棺木已朽，棺长2.1、宽0.4～0.5、残高0.32米。棺内骨架保存较好，头北足南，面向上，仰身直肢葬，头下枕有一块板瓦。墓主颅骨较大，眉弓发达，故推断为男性。

随葬品如下。

半釉瓷罐 1件。标本M23：1，底部及圈足露胎，黄褐色胎，胎质较粗糙。器通体施一层墨绿色釉，釉层稀薄。口残，直口，方圆唇，短颈，溜肩，弧腹，下腹弧收，矮圈足。器内外壁见明显修坯旋痕。口径 9、最大腹径13.2、底径6.6、高11厘米（图四，5；图版一六，3）。

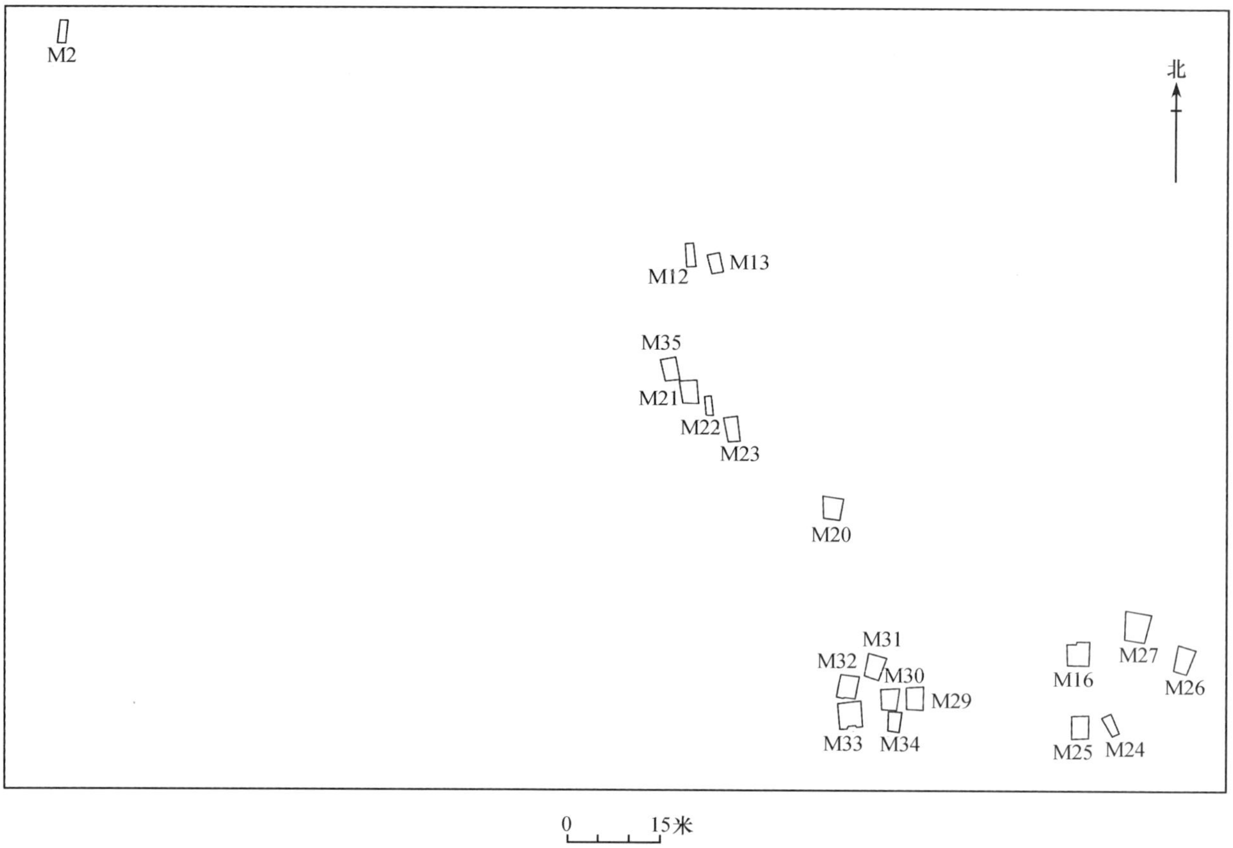

图二　密云第六中学明清墓葬分布图

（二）双棺墓

8座。分长方形竖穴土圹双棺墓和梯形竖穴土圹双棺墓。编号M13、M16、M20、M21、M29～M31、M34。

M13　位于发掘区中部，西邻M12，南北向，方向为340°，长方形竖穴土圹双棺墓，开口于第1层下。墓底距地表深2.12米，墓室长2.37、宽1.5～1.6米，墓口距地表深0.2米。内填红褐色胶泥与黄沙混合成的花土，土质疏松（图六）。

内置双棺，棺木已朽。东棺长1.9、宽0.4～0.5、残高0.6米。棺内骨架保存较完整，头北足南，面向东，仰身直肢葬。墓主颅骨较大，眉弓发达，初步推断为男性。西棺长1.86、宽0.46～0.5、残高0.47米。棺内骨架保存较完整，头北足南，面向上，仰身直肢葬。墓主骨架纤细，颅骨较小，初步推断为女性。

随葬品如下。

景德元宝　1枚。标本M13：1，西棺出土，锈残。圆形，方穿，正、背面有圆郭，正面铸钱文“景德元宝”四字，楷书，旋读，背面无纹。钱径2.5、穿宽0.6、郭宽0.3厘米，重3.66克（图七，1）。

政和通宝　1枚。标本M13：2，东棺出土，锈残。圆形，方穿，正、背面有圆郭，正面铸

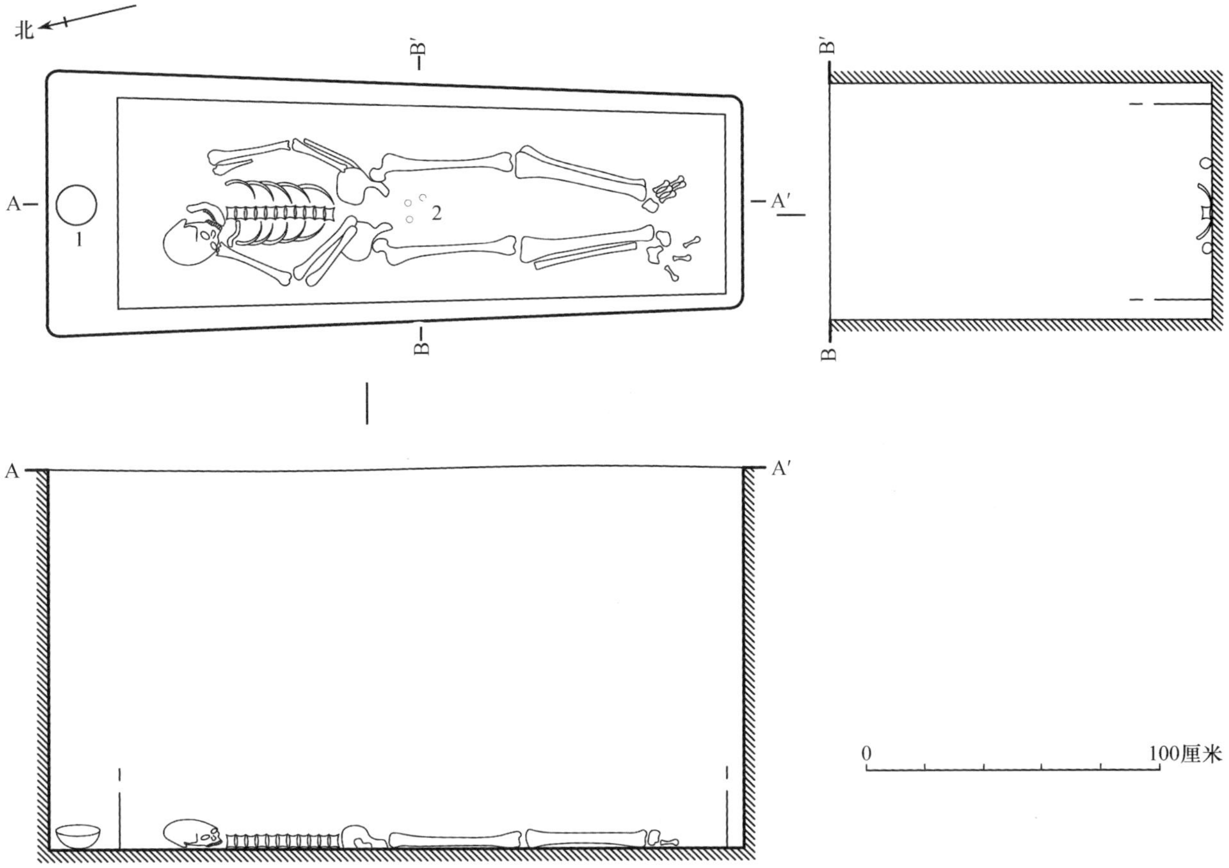

图三　M22平、剖面图
1. 瓷碗　2. 铜钱

钱文“政和通宝”四字，楷书，对读，背面无纹。钱径2.4、穿宽0.7、郭宽0.2厘米，重3.14克（图七，2）。

M16　位于发掘区的东南部，东邻M27，南北向，方向为346°，梯形竖穴土圹双棺墓，开口于第1层下。墓底距地表深2.94米，墓室长2.7、宽2.3～2.35米，墓口距地表深0.55米。内填红褐色胶泥与黄沙混合成的花土，土质疏松（图八）。

内置双棺，棺木已朽。东棺长1.8、宽0.5～0.6、残高0.39米。棺内骨架保存较差，头北足南，面向上，仰身直肢葬。墓主颅骨较大，眉弓发达，初步推断为男性。西棺长1.8、宽0.4～0.5、残高0.33米。棺内骨架保存较完整，头北足南，面向上，仰身直肢葬。墓主骨架纤细，颅骨较小，初步推断为女性。

随葬品如下。

瓷瓶　1件。标本M16：1，西棺出土。胎质较硬，胎体粗糙。口残，子母口，束颈，长圆腹，小平底。器体修坯凸棱较明显，素面无纹。口径7.2、最大腹径16.4、底径7.6、高25.8厘米（图四，1；图版一七，1）。

铜钱　6枚。标本M16：2，西棺出土，因锈残严重，无法辨识。

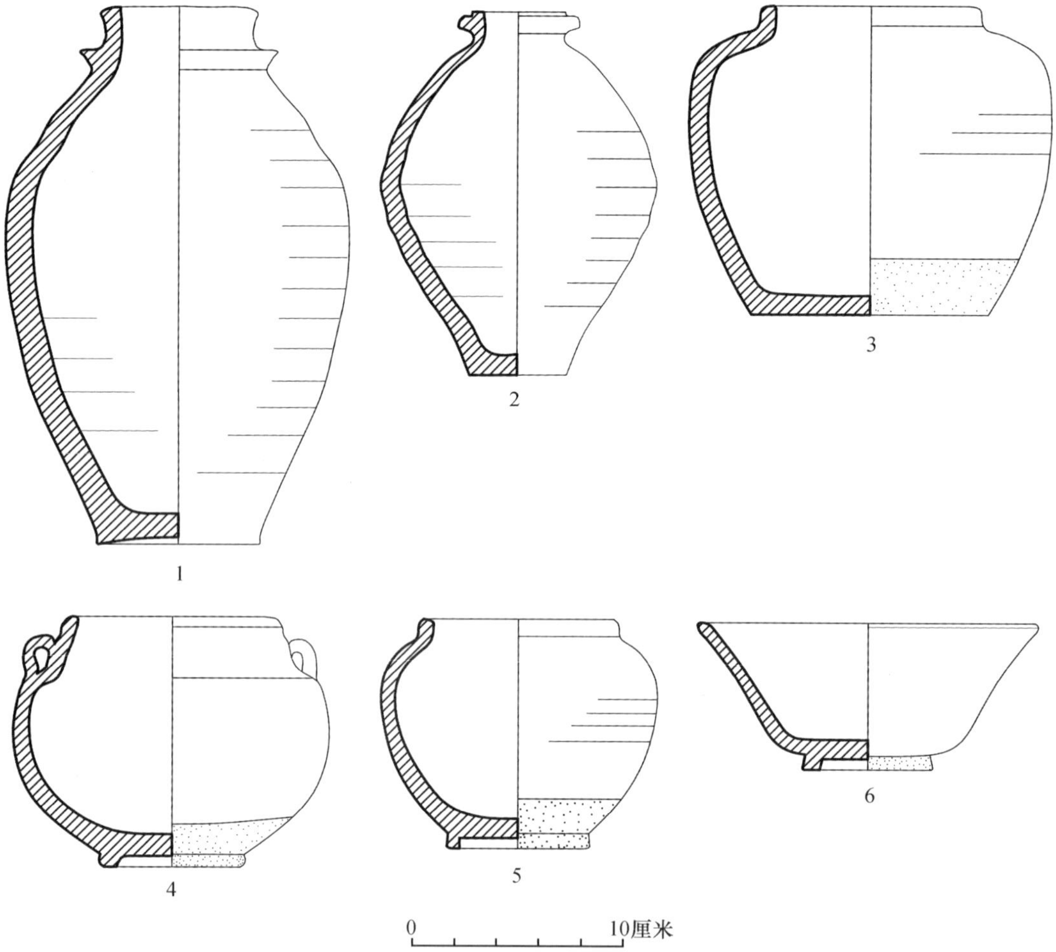

图四　出土瓷器

1、2. 瓷瓶（M16：1、M21：1）　3、5. 半釉瓷罐（M20：3、M23：1）　4. 半釉双系瓷罐（M20：5）　6. 瓷碗（M22：1）

M20　位于发掘区的东南部，东邻M15，南北向，方向为12°，长方形竖穴土圹双棺墓，开口于第1层下。墓底距地表深2.1米，墓室长2.75、宽1.4～1.45米，墓口距地表深0.2米。内填红褐色胶泥与黄沙混合成的花土，土质疏松（图九）。

内置双棺，棺木已朽。东棺长2.05、宽0.4～0.65、残高0.2米。棺内骨架保存较完整，头北足南，面向上，仰身直肢葬。墓主颅骨较大，眉弓发达，初步推断为男性。西棺长2.1、宽0.55～0.6、残高0.2米。棺内骨架保存较完整，头北足南，面向上，仰身直肢葬。墓主骨架纤细，颅骨较小，初步推断为女性。

随葬品如下。

万历通宝　1枚。标本M20：1，西棺出土，锈残。圆形，方穿，正、背面有圆郭，正面铸钱文“万历通宝”四字，楷书，对读，背面无纹。钱径2.4、穿宽0.6、郭宽0.2厘米，重3.55克（图七，3）。

铜簪　2件。标本M20：2，西棺出土，锈残。簪首为五边形花瓣，可分上下两层，纹饰为网格纹。簪首直径1.5、通长8厘米（图一〇，2；图版一七，4）。标本M20：4，东棺出土，

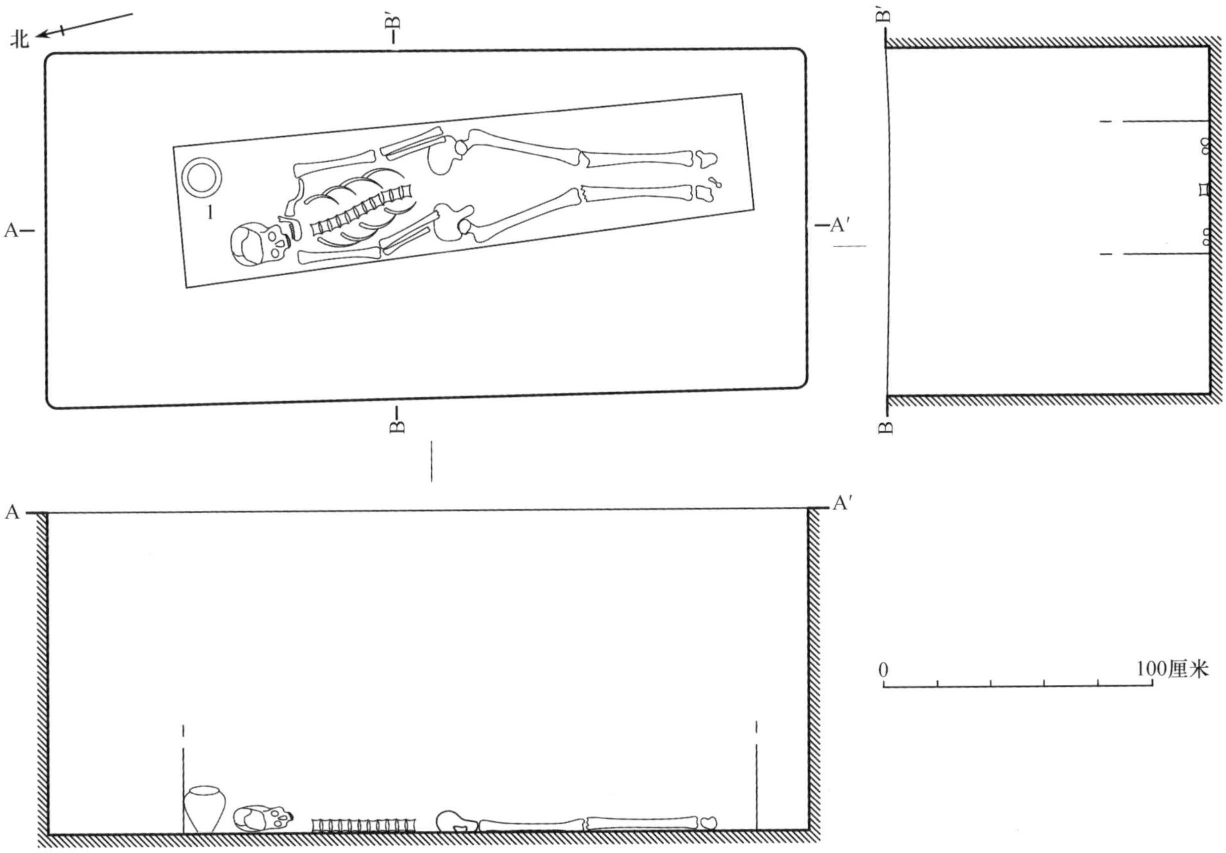

图五 M23平、剖面图
1. 半釉瓷罐

锈残。簪首为花瓣形，可分上下两层，纹饰为网格纹，尾部弯曲，尾尖。簪首直径1.4、通长8.8厘米（图一〇，1）。

半釉瓷罐 1件。标本M20：3，西棺出土，完整。底部及圈足露胎，黄褐色胎，胎质较粗糙。器物通体施一层墨绿色釉，器物腹部一周有滴釉，釉层稀薄。直口，方圆唇，短颈，丰肩，弧腹，下腹弧收，矮圈足。器物内外壁见明显修坯旋痕。口径10.4、最大腹径17.2、底径11.2、高14.8厘米（图四，3；图版一六，1）。

半釉双系瓷罐 1件。标本M20：5，东棺出土，完整。底部及圈足露胎，黄褐色胎，胎质较粗糙。器内外施黑釉，釉层稀薄。敛口，方圆唇，短颈，溜肩，圆鼓腹，下腹弧收，矮圈足，颈部有对称桥形系。器物内外壁见明显修坯旋痕。口径10、最大腹径15.2、底径6.8、高12厘米（图四，4；图版一六，2）。

M21 位于发掘区的东南部，东邻M22，南北向，方向为12°，梯形竖穴土圹双棺墓，开口于第1层下。墓底距地表深2.05米，墓室长2.5、宽1.85～2米，墓口距地表深0.2米。内填红褐色胶泥与黄沙混合成的花土，土质疏松（图一一）。

内置双棺，棺木已朽。东棺长2.08、宽0.44～0.56、残高0.2米。棺内骨架保存较完整，头北足南，面向上，仰身直肢葬，头骨两侧皆有板瓦叠压。墓主颅骨较大，眉弓发达，初步推断

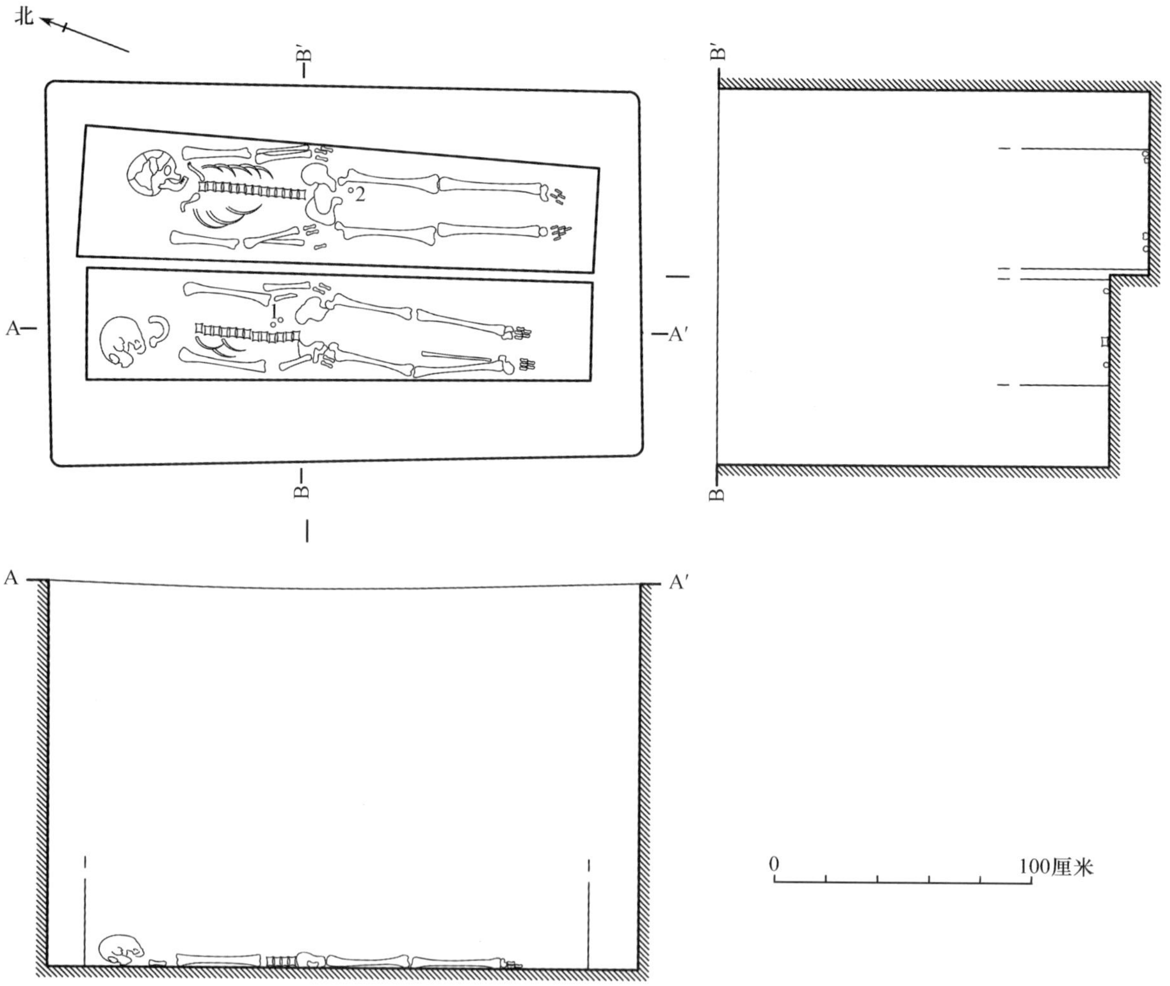

图六　M13平、剖面图
1、2. 铜钱

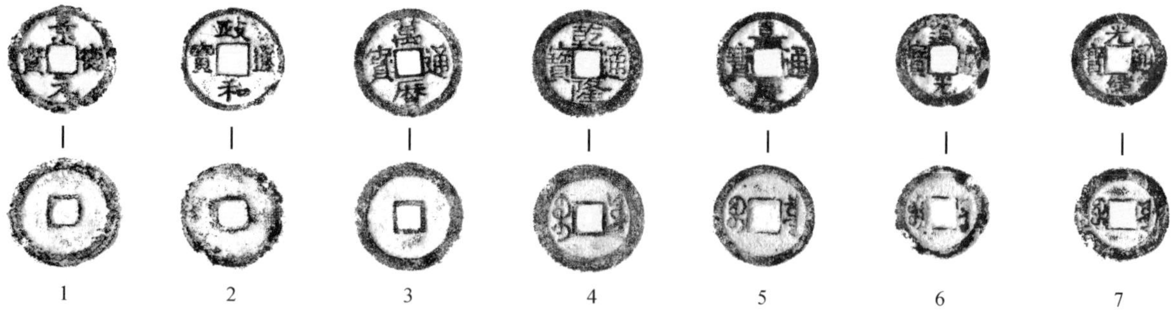

图七　出土铜钱
1. 景德元宝（M13：1）　2. 政和通宝（M13：2）　3. 万历通宝（M20：1）　4. 乾隆通宝（M35：3-1）
5. 嘉庆通宝（M35：3-2）　6. 道光通宝（M35：3-3）　7. 光绪通宝（M35：3-4）

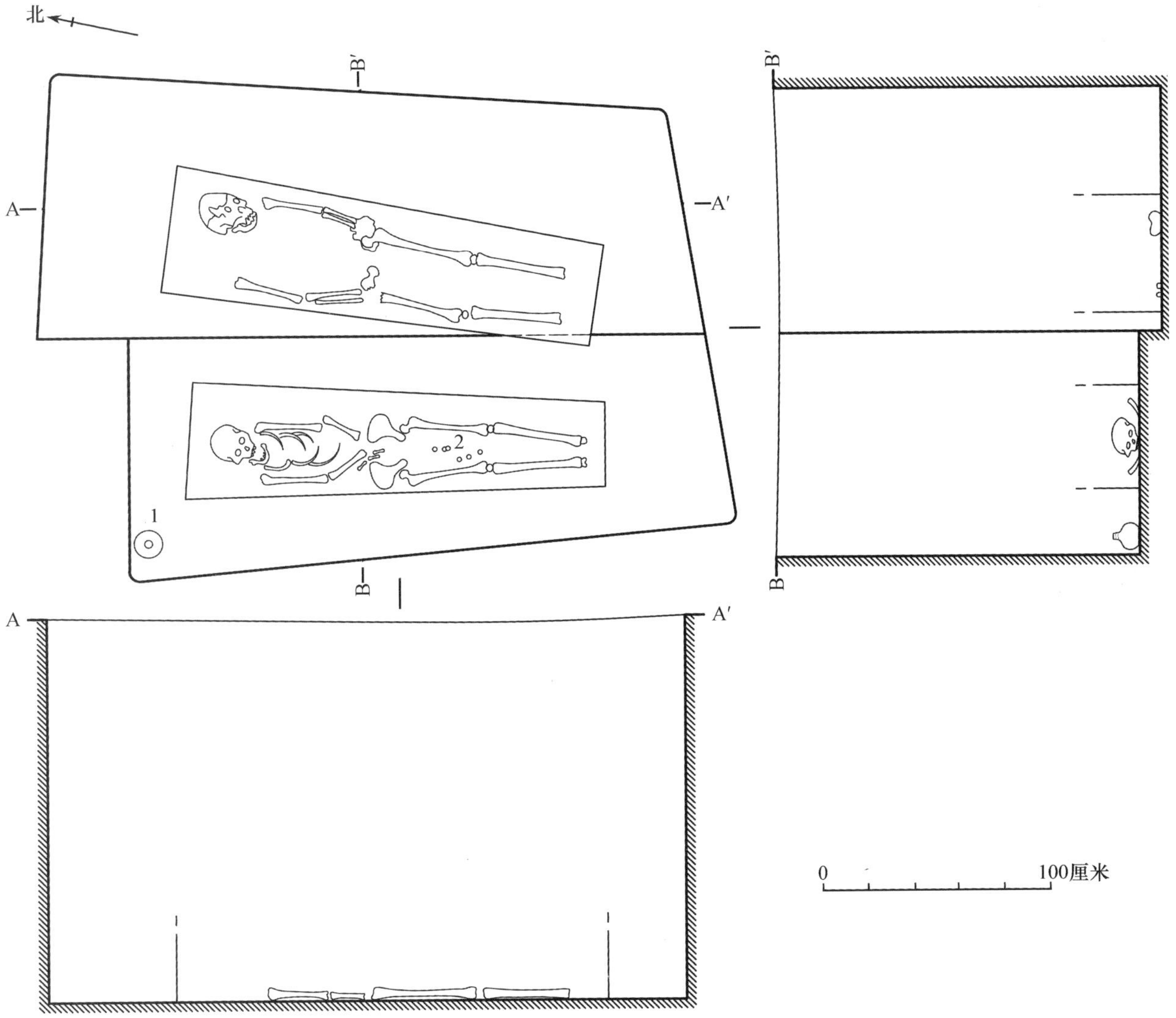

图八 M16平、剖面图
1. 瓷瓶 2. 铜钱

为男性。西棺长2、宽0.43～0.5、残高0.2米。棺内骨架保存较完整，头北足南，面向上，仰身直肢葬，头骨、腹部皆有板瓦。墓主骨架纤细，颅骨较小，初步推断为女性。

随葬品如下。

瓷瓶 1件。标本M21：1，西棺出土，完整。胎质较硬，胎体粗糙。通体施一层茶酱黑釉，釉层稀薄，施釉不匀。子母口，束颈，长圆腹，小平底。器体修坯凸棱较明显，素面无纹。口径5.8、最大腹径13.2、底径4.6、高17.4厘米（图四，2；图版一七，2）。

铜钱 3枚。标本M21：2，东棺出土，因锈残严重，无法辨识。

M29 位于发掘区的东南部，西邻M30，南北向，方向为30°，梯形竖穴土圹双棺墓，开口于第1层下。墓底距地表深1.9米，墓室长2.68、宽1.4～1.8米，墓口距地表深0.2米。内填红褐色胶泥与黄沙混合成的花土，土质疏松（图一二）。

内置双棺，棺木已朽。东棺长1.72、宽0.44～0.48、残高0.2米。棺内骨架保存较差，仅剩

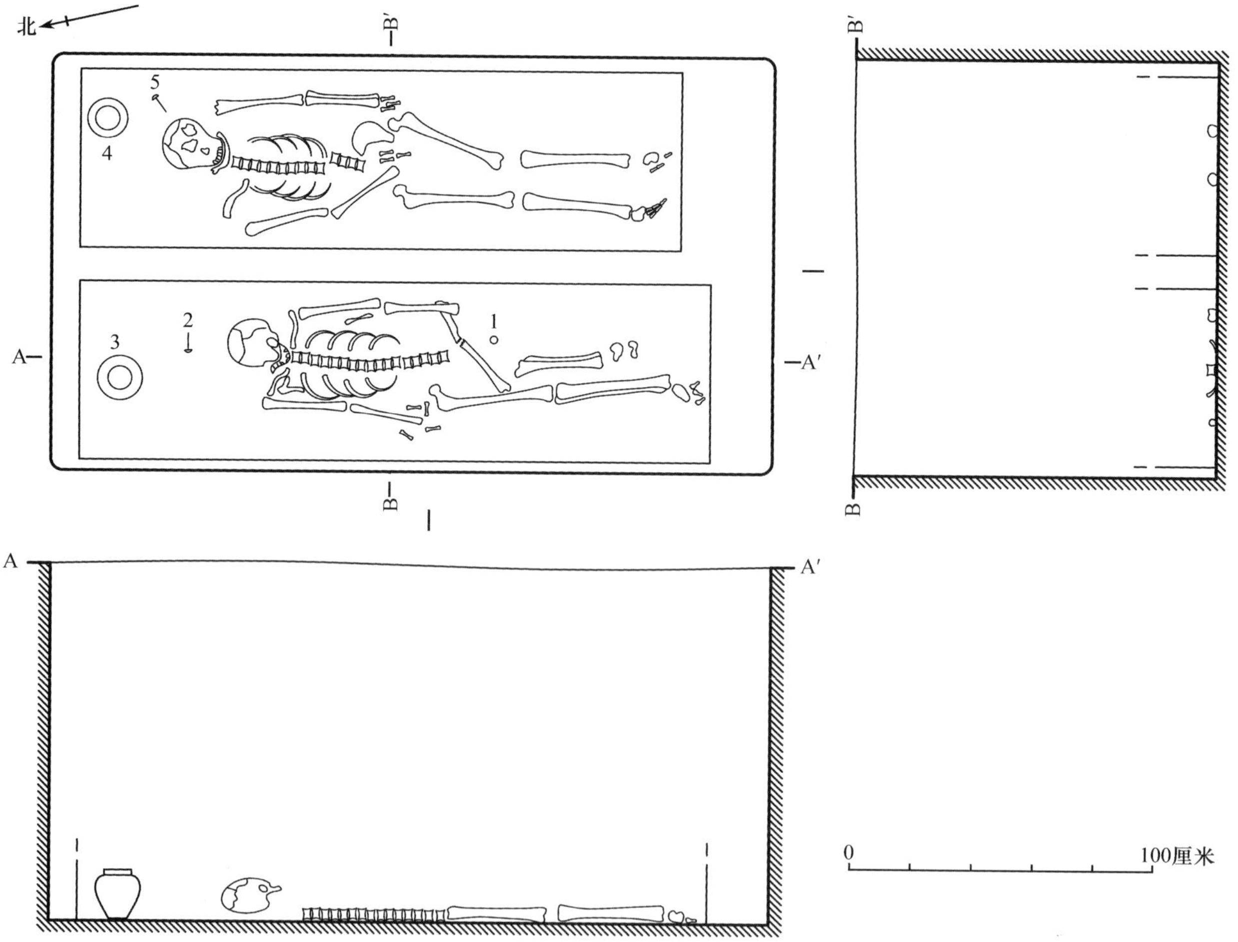

图九　M20平、剖面图

1. 铜钱　2、5. 铜簪　3. 半釉瓷罐　4. 半釉双系瓷罐

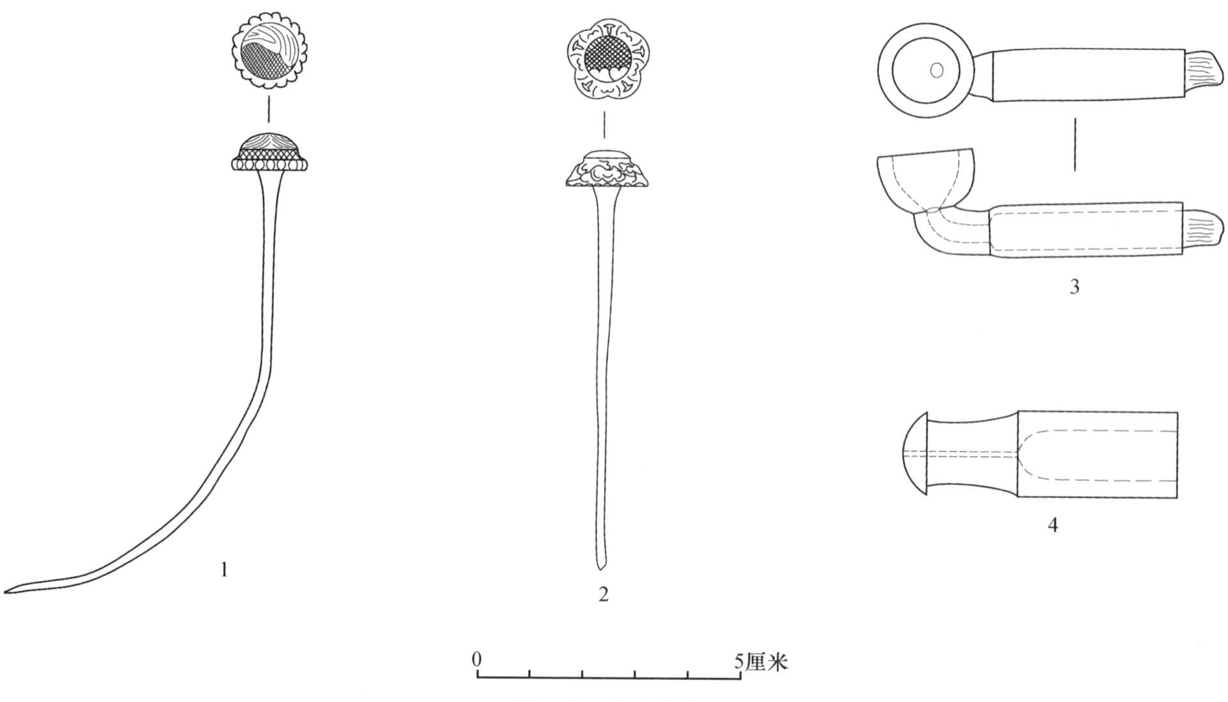

图一〇　出土器物

1、2. 铜簪（M20∶4、M20∶2）　3. 铜烟锅（M35∶1）　4. 玉烟嘴（M35∶2）

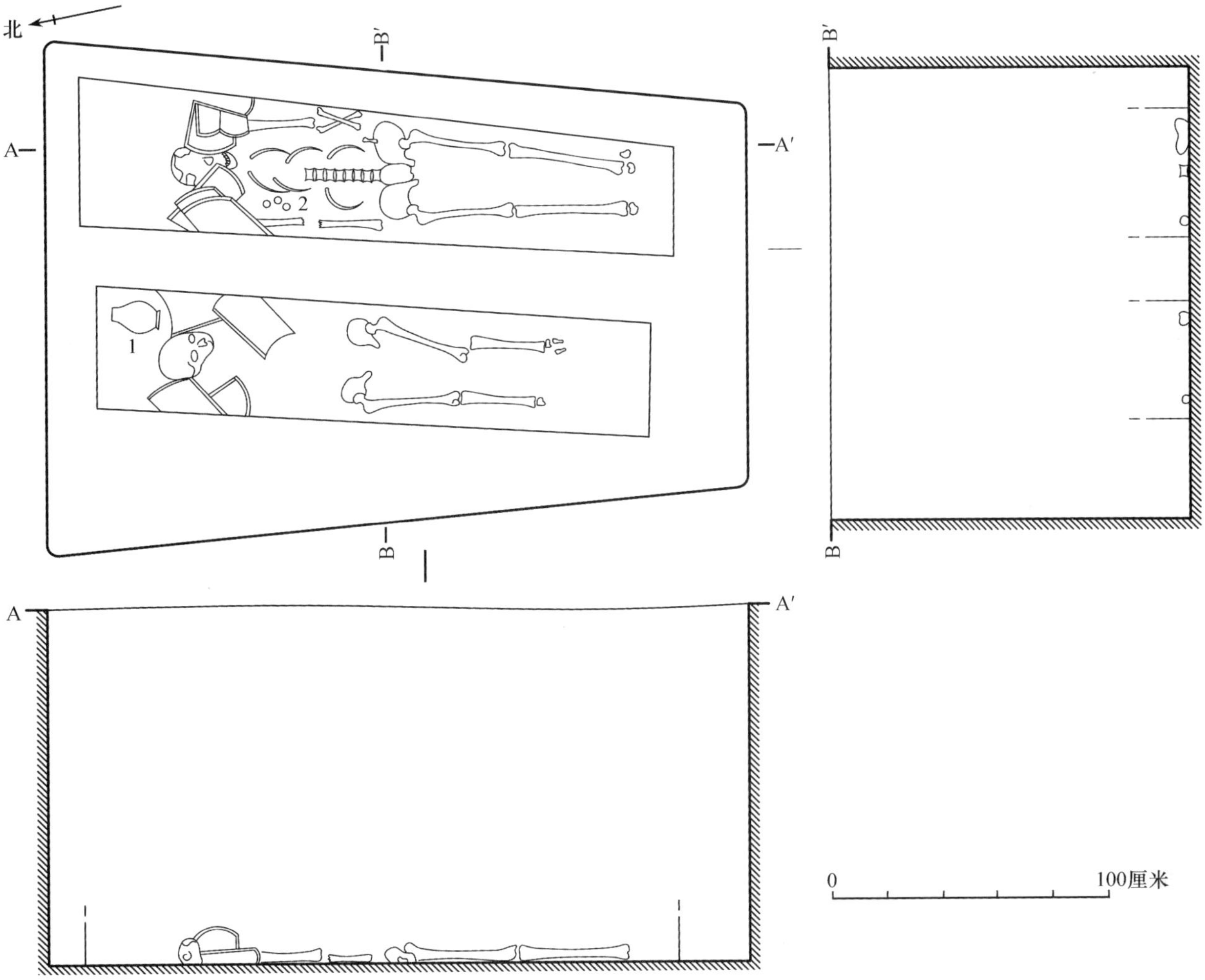

图一一　M21平、剖面图
1. 瓷瓶　2. 铜钱

头骨与肢骨，头北足南，面向上，仰身直肢葬。墓主颅骨较大，眉弓发达，初步推断为男性。西棺长2.02、宽0.36～0.46、残高0.14米。棺内骨架保存较完整，头北足南，面向上，仰身直肢葬。墓主骨架纤细，颅骨较小，初步推断为女性。

随葬品如下。

酱釉瓷罐　1件。标本M29：1，东棺出土，完整。底部露胎，黄褐色胎，胎质较粗糙。器物口部有刮釉，器物通体施一层酱黑色釉，釉层稀薄，器身有滴釉现象。直口，方圆唇，短颈，丰肩，弧腹，下腹弧收，矮圈足。器物内外壁见明显修坯旋痕。口径11.2、最大腹径17.4、底径11、高15厘米（图一三，2；图版一六，6）。

黑釉瓷罐　1件。标本M29：2，西棺出土，完整。底部露胎，黄褐色胎，胎质较粗糙。器物口部有刮釉，器物通体施一层酱黑色釉，釉层稀薄，器身有滴釉现象。直口，方圆唇，短颈，丰肩，弧腹，下腹弧收，矮圈足。器物内外壁见明显修坯旋痕。口径10、最大腹径17.5、底径11.6、高16厘米（图一三，1）。

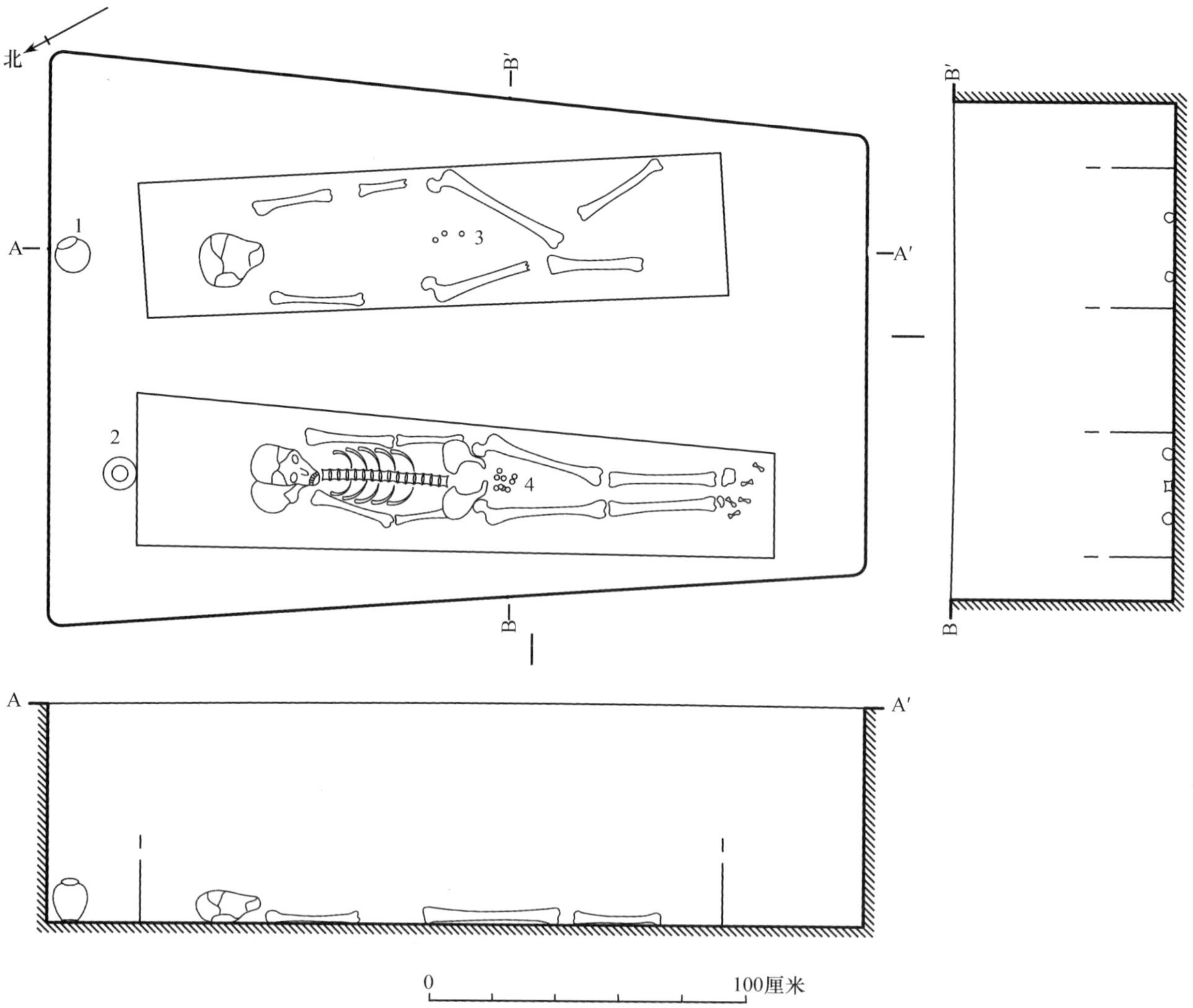

图一二　M29平、剖面图
1. 酱釉瓷罐　2. 黑釉瓷罐　3、4. 铜钱

铜钱　3枚。标本M29：3，东棺出土，因锈残严重，无法辨识。

铜钱　15枚。标本M29：4，西棺出土，因锈残严重，无法辨识。

M30　位于发掘区的东南部，东邻M29，南北向，方向为5°，长方形竖穴土圹双棺墓，开口于第1层下。墓底距地表深1.86米，墓室长2.4、宽1.5～1.8米，墓口距地表深0.9米。内填红褐色胶泥与黄沙混合成的花土，土质疏松（图一四）。

内置双棺，棺木已朽。东棺长1.86、宽0.42～0.58、残高0.3米。棺内骨架保存较差，头北足南，面向上，仰身直肢葬。墓主颅骨较大，眉弓发达，初步推断为男性。西棺长1.96、宽0.56～0.6、残高0.2米。棺内骨架保存较差，头北足南，面向上，仰身直肢葬。墓主骨架纤细，颅骨较小，初步推断为女性。

随葬品如下。

陶罐　1件。标本M30：1，西棺出土，完整。泥质灰陶。胎质较粗糙。直口，方圆唇，短颈，丰肩，鼓腹，小平底，底部略微变形。器体腹部一周修坯旋痕较明显，素面无纹。口径

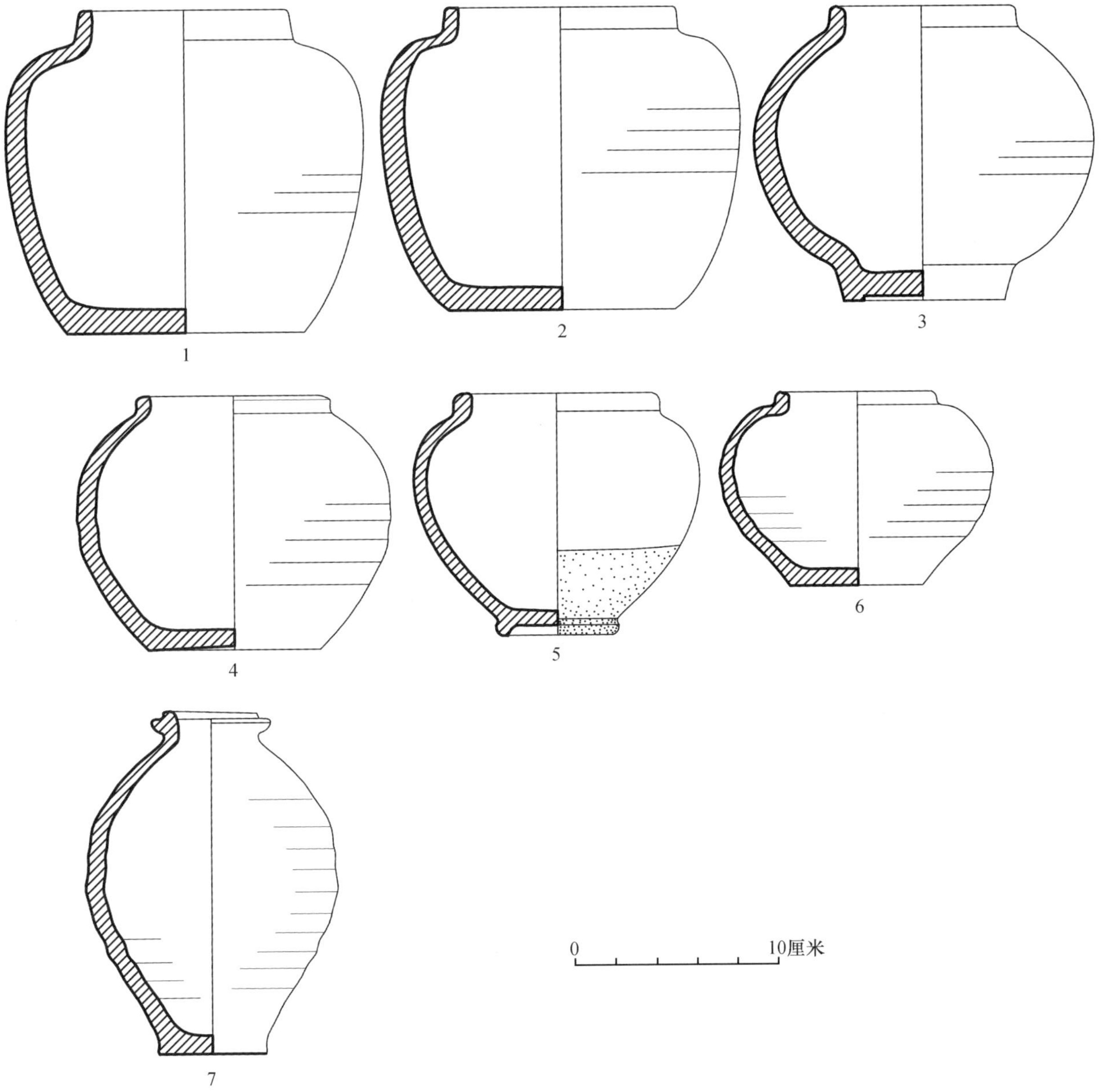

图一三 出土器物

1. 黑釉瓷罐（M29：2） 2. 酱釉瓷罐（M29：1） 3. 半釉陶罐（M31：1） 4、6. 陶罐（M34：2、M30：1）
5. 半釉瓷罐（M34：1） 7. 瓷瓶（M30：2）

7.3、最大腹径13.4、底径6.6、高9.6厘米（图一三，6）。

瓷瓶 1件。标本M30：2，东棺出土，完整。胎质较硬，胎体粗糙。子母口，束颈，长圆腹，小平底，器体略变形。器体修坯凸棱较明显，素面无纹。口径5.4、最大腹径12.2、底径5.2、高17厘米（图一三，7）。

M31 位于发掘区的东南部，东邻M30，南北向，方向为15°，长方形竖穴土圹双棺墓，开口于第1层下。墓底距地表深2.75米，墓室长2.4、宽1.75～1.9米，墓口距地表深1.2米。内填红褐色胶泥与黄沙混合成的花土，土质疏松（图一五）。

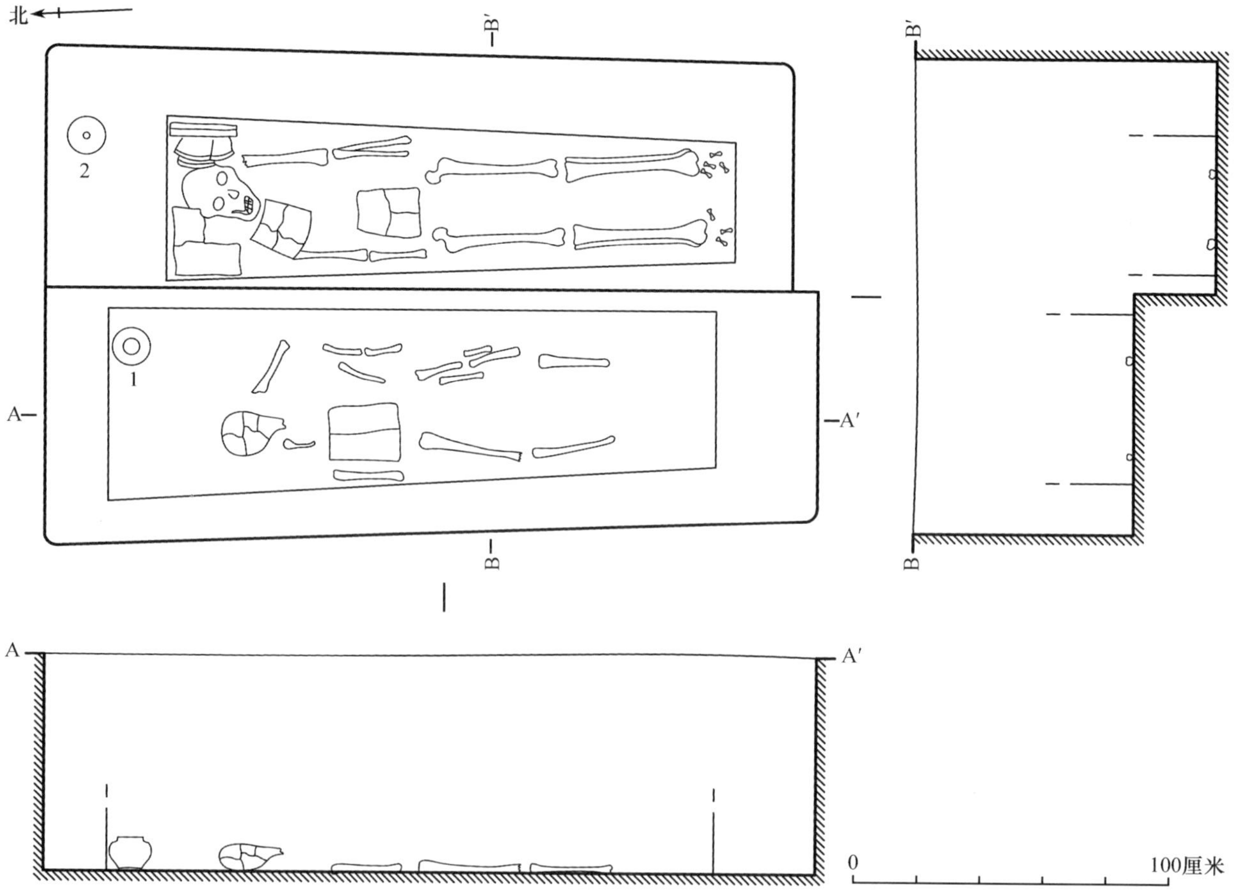

图一四　M30平、剖面图
1. 陶罐　2. 瓷瓶

内置双棺，棺木已朽。东棺长1.8、宽0.4～0.45、残高0.1米。棺内骨架保存较好，头北足南，面向西，仰身直肢葬。墓主颅骨较大，眉弓发达，初步推断为男性。西棺长1.8、宽0.43～0.5、残高0.1米。棺内骨架保存较好，头北足南，面向上，仰身直肢葬。墓主骨架纤细，颅骨较小，初步推断为女性。

随葬品如下。

半釉陶罐　1件。标本M31：1，西棺出土，残。泥质灰陶。黄褐色胎，胎质较粗糙。器物口部有刮釉，器物通体施一层牙黄色釉，釉层稀薄，釉层脱落较严重。敛口，方圆唇，短颈，溜肩，弧腹，下腹弧收，矮圈足。器物内外壁见明显修坯旋痕。口径8.6、最大腹径16.8、底径8、高14.6厘米（图一三，3）。

铜钱　2枚。标本M31：2，东棺出土，因锈残严重，无法辨识。

M34　位于发掘区的南部，北邻M30，南北向，方向为10°，长方形竖穴土圹双棺墓，开口于第1层下。墓底距地表深2.2米，墓室长2.5、宽1.5～1.7米，墓口距地表深1.2米。内填红褐色胶泥与黄沙混合成的花土，土质疏松（图一六）。

内置双棺，棺木已朽。东棺长2.4、宽0.35～0.45、残高0.1米。棺内骨架保存较好，头北足

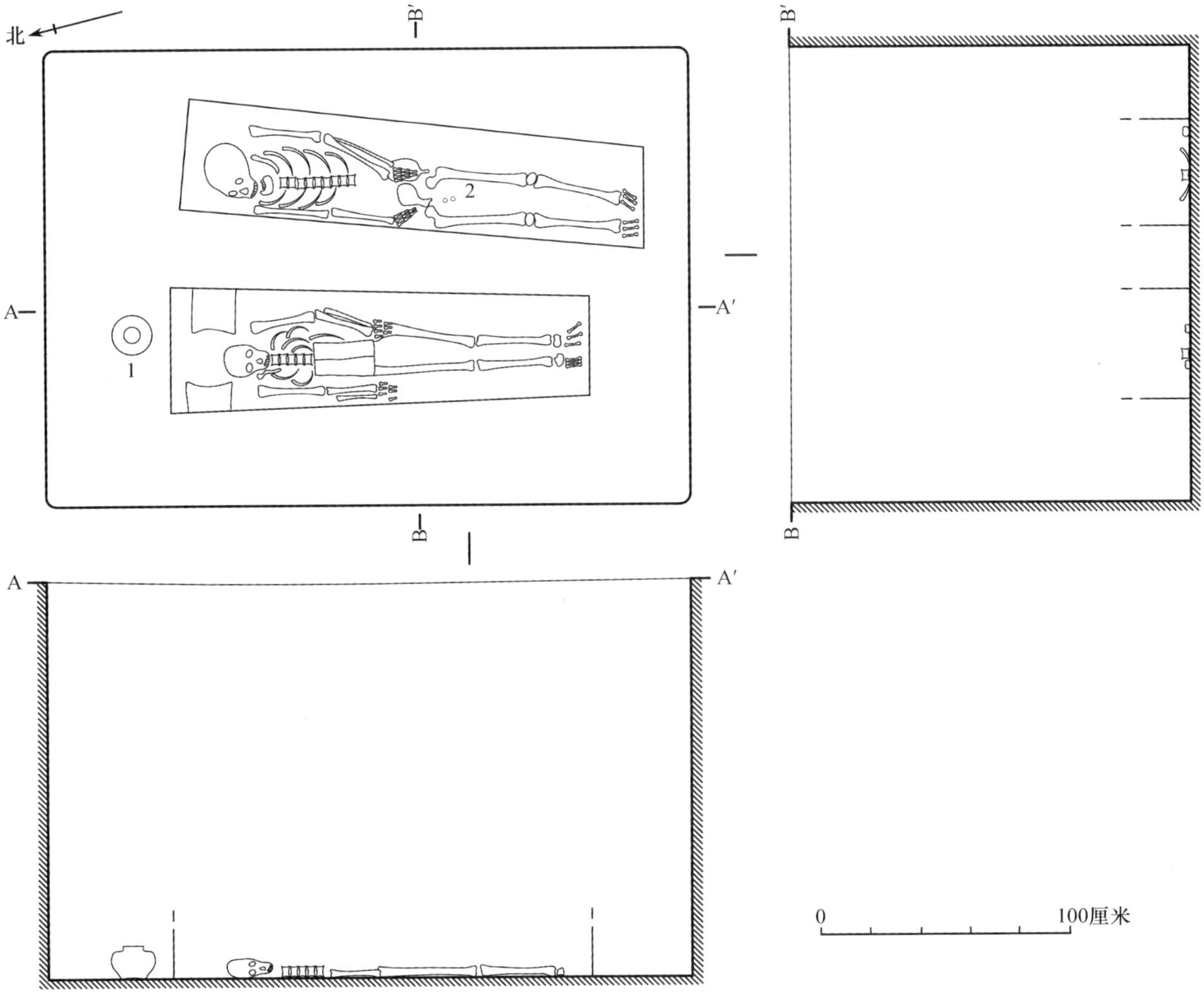

图一五　M31平、剖面图
1. 半釉陶罐　2. 铜钱

南，面向上，仰身直肢葬，头骨和腹部被板瓦挤压。墓主颅骨较大，眉弓发达，初步推断为男性。西棺长1.8、宽0.43～0.5、残高0.1米。棺内骨架保存较好，头北足南，面向上，仰身直肢葬，头骨和腹部被板瓦叠压。墓主骨架纤细，颅骨较小，初步推断为女性。

随葬品如下。

半釉瓷罐　1件。标本M34：1，东棺出土，完整。底部及圈足露胎，黄褐色胎，胎质较粗糙。器物通体施一层黑色釉，腹部一周有滴釉，釉层稀薄。敛口，方圆唇，短颈，丰肩，弧腹，下腹弧收，矮圈足。器物内外壁见明显修坯旋痕。口径10、最大腹径14.2、底径6.1、高12厘米（图一三，5；图版一六，5）。

陶罐　1件。标本M34：2，西棺出土，完整。泥质灰陶。胎质较细腻。直口，方圆唇，短颈，溜肩，鼓腹，平底略凹。器体腹部一周修坯旋痕较明显，素面无纹。口径9.2、最大腹径15.2、底径8.4、高12.4厘米（图一三，4）。

铜钱　2枚。标本M34：3，东棺出土，因锈残严重，无法辨识。

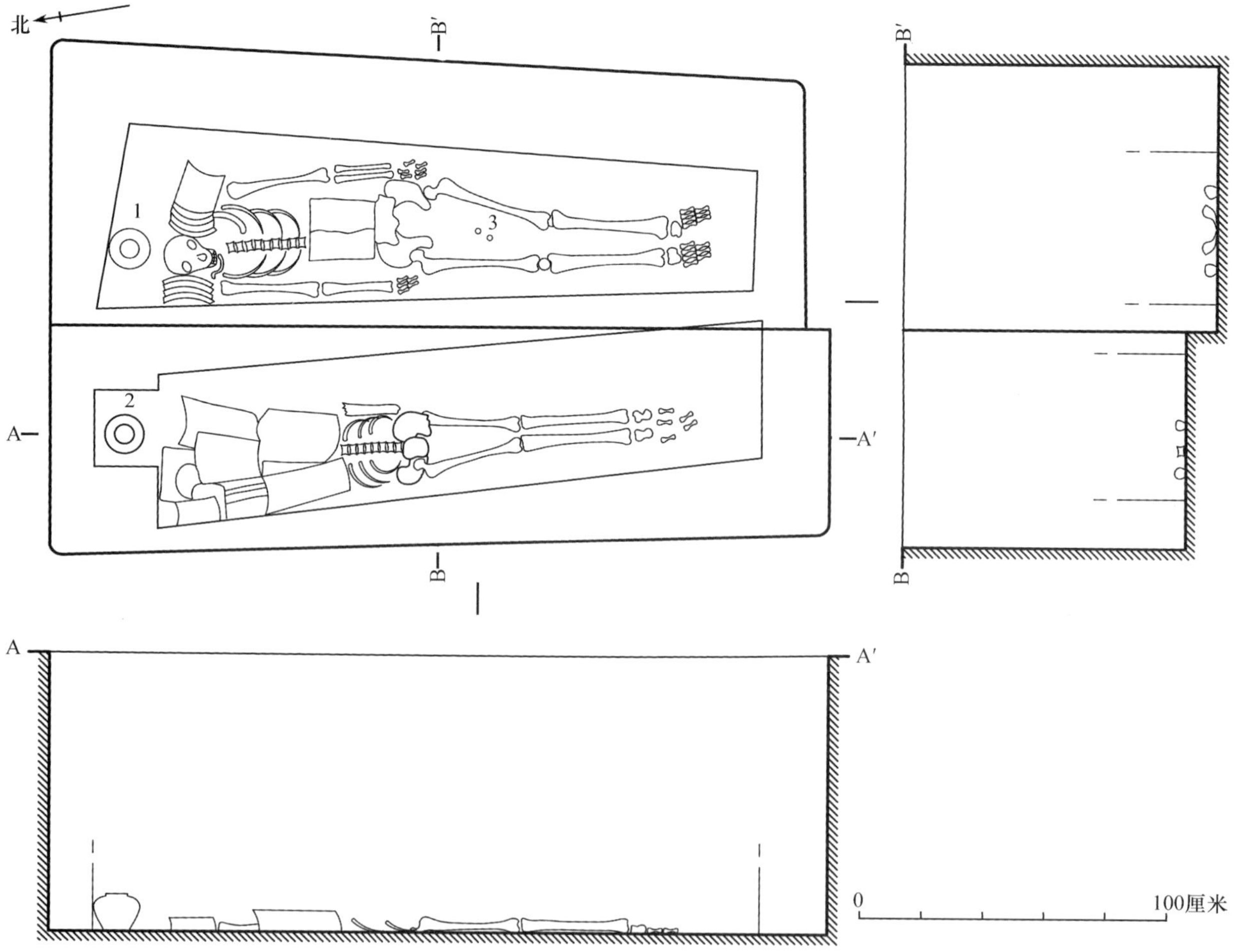

图一六　M34平、剖面图
1. 半釉瓷罐　2. 陶罐　3. 铜钱

（三）三棺墓

2座。梯形竖穴土圹三棺墓。编号M32、M33。

M32　位于发掘区的南部，东邻M30，南邻M33，南北向，方向为20°，梯形竖穴土圹三棺墓，开口于第1层下。墓底距地表深2.8米，墓室长2.94、宽2～2.4米，墓口距地表深1.2米。墓室四壁近直壁，底部较平整。内填红褐色胶泥与黄沙混合成的花土，土质疏松（图一七）。

内置三棺，棺木已朽。东棺长1.9、宽0.34、残高0.2米。棺内骨架保存较完整，头北足南，面向上，仰身直肢葬，棺内底部铺有一层青灰，头骨和腹部两侧放有板瓦。墓主骨架纤细，颅骨较小，初步推断为女性。中棺南北长1.8、宽0.42～0.52、残高0.16米。棺内骨架保存较完整，头北足南，面向上，仰身直肢葬，棺内底部铺有一层青灰，头骨和腹部两侧放有板瓦，且头骨部分被板瓦叠压。墓主骨架纤细，颅骨较小，初步推断为女性。西棺长1.88、宽0.32～0.42、残高0.16米。棺内骨架保存较完整，头北足南，面向上，仰身直肢葬。墓主骨架粗壮，颅骨较大，初步推断为男性。

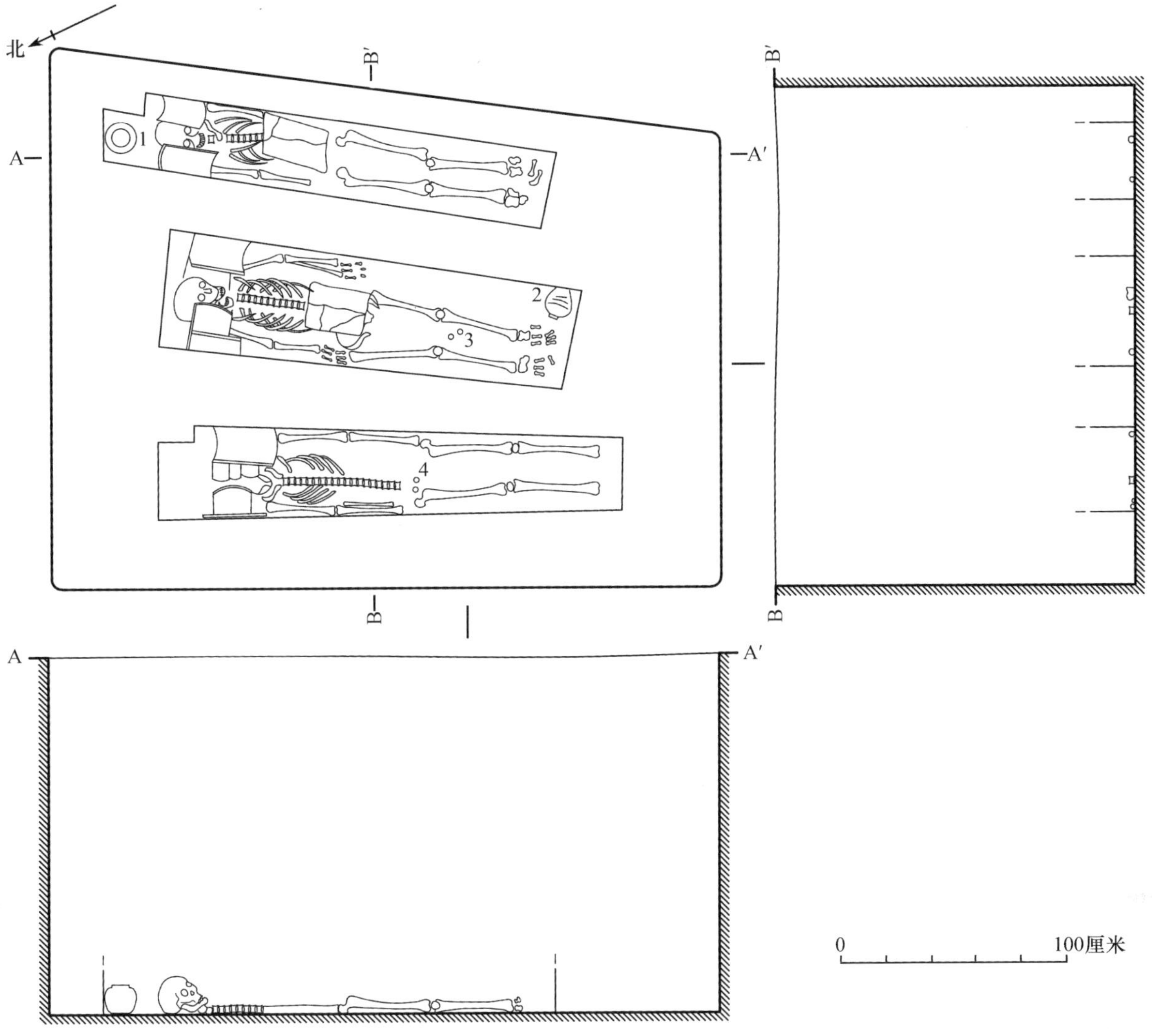

图一七 M32平、剖面图
1、2. 半釉瓷罐 3、4. 铜钱

随葬品如下。

半釉瓷罐 2件。标本M32：1，东棺出土。底部及圈足露胎，黄褐色胎，胎质较细腻。器物通体施一层酱色釉，釉层稀薄，器内仅口部施一层较薄的牙黄色釉。口残，直口，方圆唇，短颈，丰肩，弧腹，下腹弧收，矮圈足。器物内外壁见明显修坯旋痕。口径10.8、最大腹径16.6、底径7.6、高15.6厘米（图一八，1；图版一六，4）。标本M32：2，中棺出土，完整。底部及圈足露胎，黄褐色胎，胎质较细腻。器物通体施一层黑色釉，釉层稀薄，器内仅口部施一层较薄的牙黄色釉。直口，方圆唇，短颈，丰肩，弧腹，下腹渐收，矮圈足。口径10.4、最大腹径14.6、底径11.6、高13.8厘米（图一八，2）。

铜钱 2枚。标本M32：3，中棺出土，因锈残严重，无法辨识。

铜钱 2枚。标本M32：4，西棺出土，因锈残严重，无法辨识。

M33 位于发掘区的南部，东邻M34，北邻M32，南北向，方向为350°，梯形竖穴土圹三

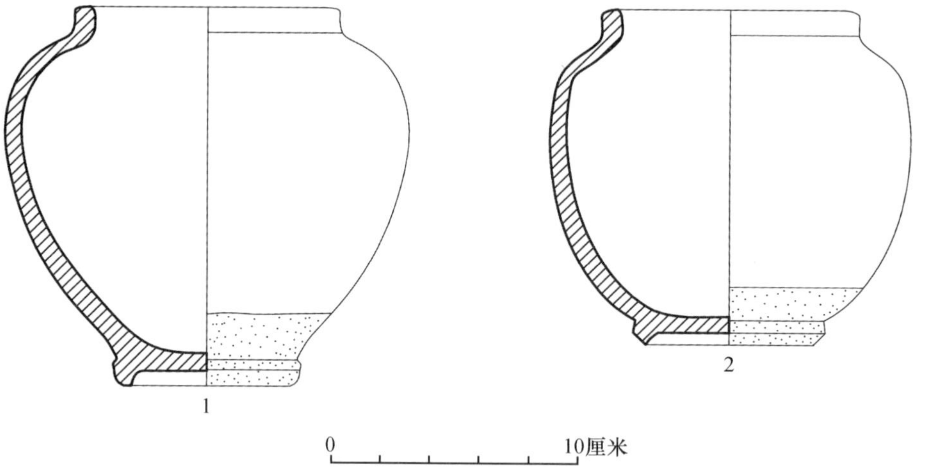

图一八　M32出土半釉瓷罐

1. M32：1　2. M32：2

棺墓，开口于第1层下。墓底距地表深2.4米，墓室长2.32～2.6、宽2.72～2.8米，墓口距地表深1.2米。墓室四壁近直壁，底部较平整。内填红褐色胶泥与黄沙混合成的花土，土质疏松（图一九）。

内置三棺，棺木已朽。东棺长1.75、宽0.38～0.52、残高0.12米。棺内骨架保存较完整，头北足南，面向上，仰身直肢葬，棺内底部铺有一层青灰。墓主骨架纤细，颅骨较小，初步推断为女性。中棺长1.8、宽0.44～0.53、残高0.16米。棺内骨架保存较完整，头北足南，面向上，仰身直肢葬，棺内底部铺有一层青灰，头骨和腹部两侧放有板瓦。墓主骨架纤细，颅骨较小，初步推断为女性。西棺长1.8、宽0.5、残高0.14米。棺内骨架保存较完整，头北足南，面向上，仰身直肢葬，棺内底部铺有一层青灰，头骨和腹部两侧放有板瓦。墓主骨架粗壮，颅骨较大，初步推断为男性。

随葬品如下。

铜钱　2枚。标本M33：1，中棺出土，因锈残严重，无法辨识。

二、清代墓葬

清代墓葬共发掘1座。编号为M35。长方形竖穴土圹双棺墓。仅出土随葬品2件（不含铜钱）：铜烟锅1件，玉烟嘴1件。另出土铜钱4枚。介绍如下。

M35　位于发掘区的中部，东邻M21，南北向，方向为51°，长方形竖穴土圹双棺墓，开口于第1层下。墓底距地表深1.7米，墓室长2.3、宽1.3～1.43米，墓口距地表深0.2米。内填红褐色胶泥与黄沙混合成的花土，土质疏松（图二〇）。

内置双棺，棺木已朽。东棺长2.03、宽0.4～0.5、残高0.2米。棺内骨架保存较差，仅残存肢骨，头向、面向不详，仰身直肢葬，墓主肢骨粗壮。骨质较重，初步推断为男性。西棺长2.08、宽0.4～0.5、残高0.2米。棺内骨架保存较差，头北足南，面向上，仰身直肢葬，头骨被

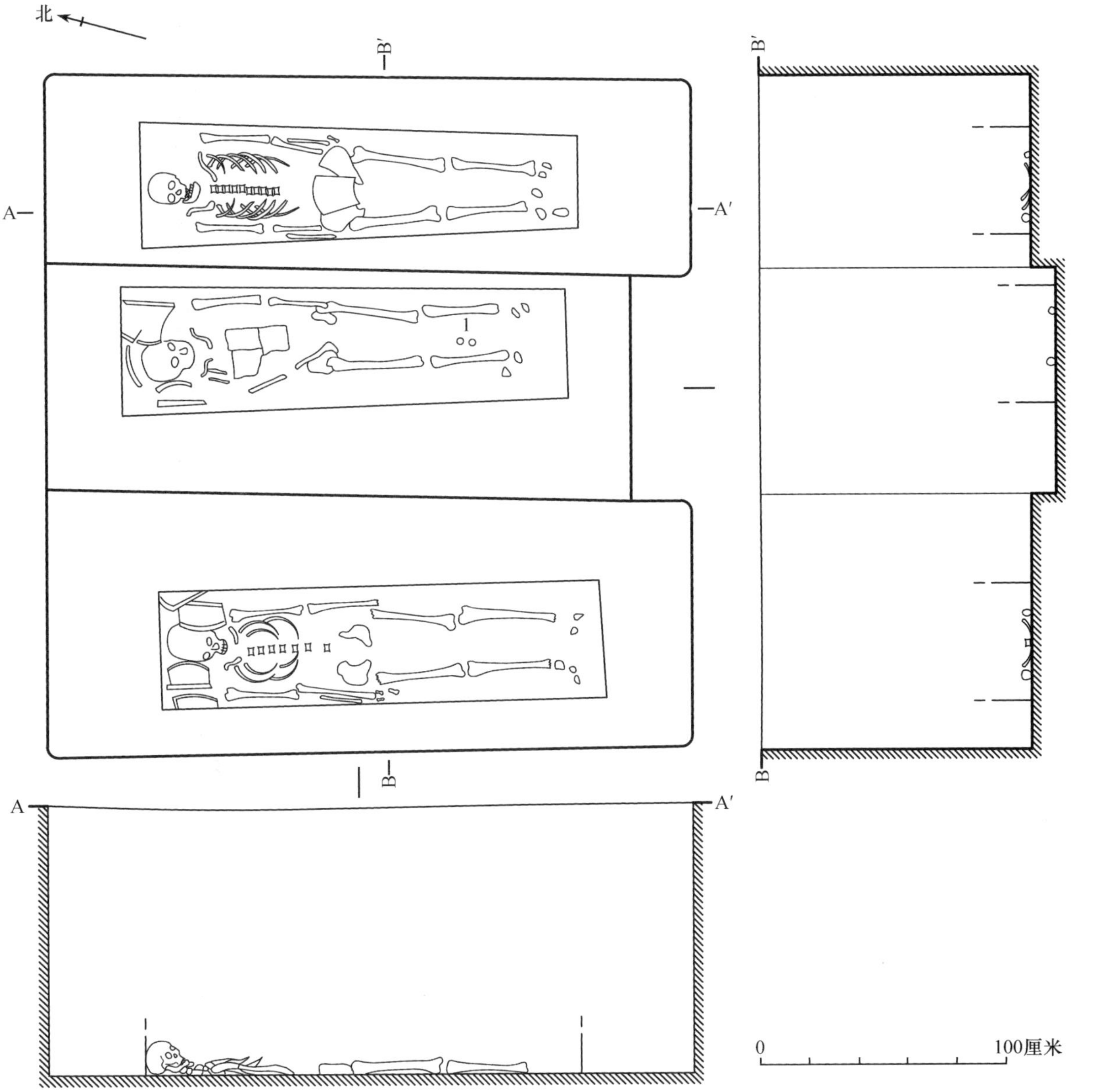

图一九 M33平、剖面图
1. 铜钱

板瓦挤压。墓主骨架纤细，骨质较轻，初步推断为女性。

随葬品如下。

铜烟锅 1件。标本M35∶1，东棺出土，锈残。圆形烟锅，下接铜烟杆，烟杆一侧残剩一段腐蚀木烟杆。通长6.5厘米（图一〇，3；图版一七，5）。

玉烟嘴 1件。标本M35∶2，东棺出土，完整。青白玉质。筒状圆柱体，中间有孔，一段内凹外展，顶端为圆形帽。通长5.2厘米（图一〇，4；图版一七，6）。

铜钱 4枚。

乾隆通宝 1枚。标本M35∶3-1，西棺出土，锈残。圆形，方穿，正、背面有圆郭，正

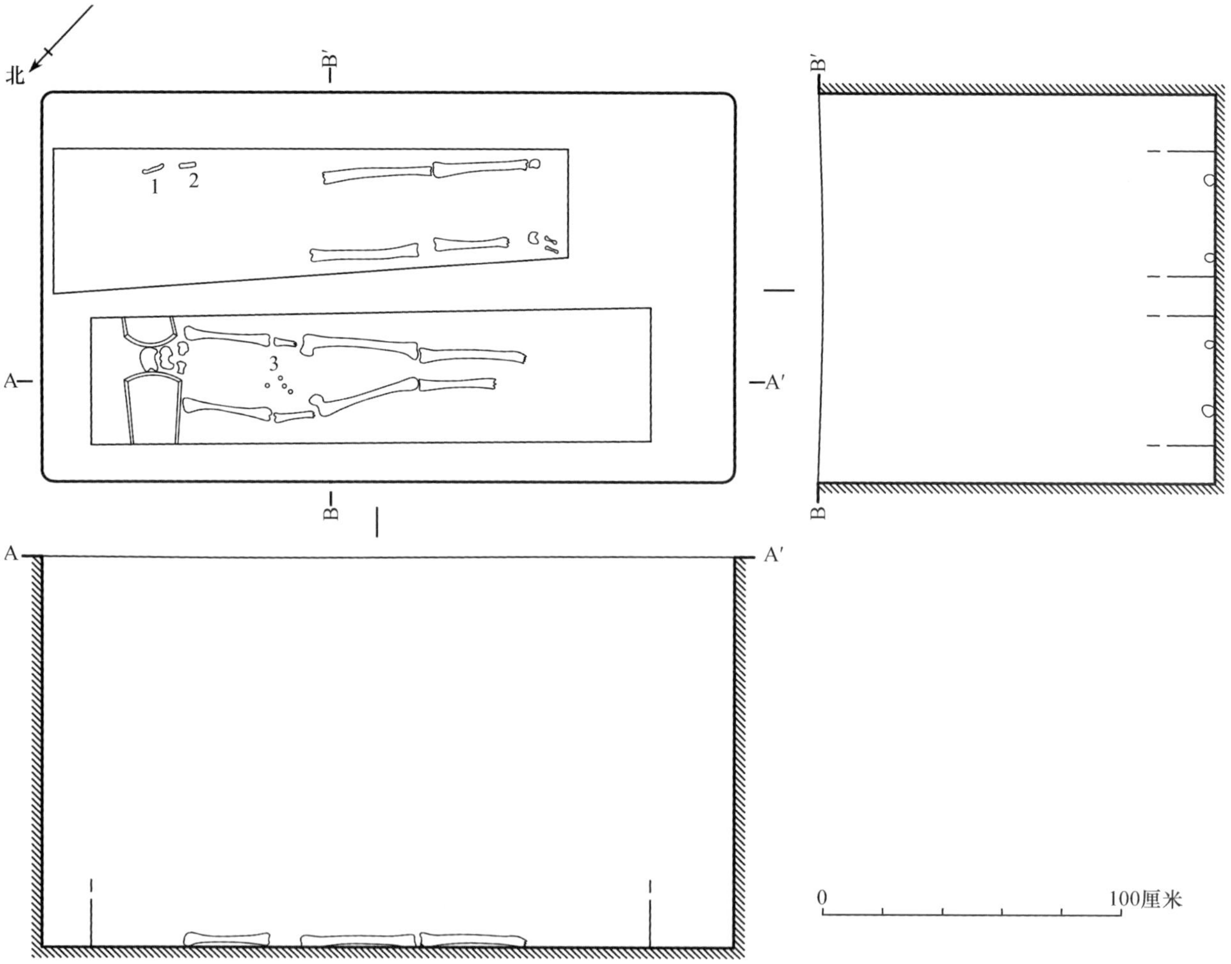

图二〇　M35平、剖面图

1. 铜烟锅　2. 玉烟嘴　3. 铜钱

面铸钱文“乾隆通宝”四字，楷书，对读，背面穿左右铸满文“宝泉”二字，纪局名。钱径2.5、穿宽0.55、郭宽0.3厘米，重3.27克（图七，4）。

嘉庆通宝　1枚。标本M35：3-2，西棺出土，锈残。圆形，方穿，正、背面有圆郭，正面铸钱文“嘉庆通宝”四字，楷书，对读，背面穿左右铸满文“宝泉”二字，纪局名。钱径2.4、穿宽0.6、郭宽0.25厘米，重4.24克（图七，5）。

道光通宝　1枚。标本M35：3-3，西棺出土，锈残。圆形，方穿，正、背面有圆郭，正面铸钱文“道光通宝”四字，楷书，对读，背面穿左右铸满文“宝泉”二字，纪局名。钱径2.1、穿宽0.6、郭宽0.3厘米，重3.14克（图七，6）。

光绪通宝　1枚。标本M35：3-4，西棺出土，锈残。圆形，方穿，正、背面有圆郭，正面铸钱文“光绪通宝”四字，楷书，对读，背面穿左右铸满文“宝泉”二字，纪局名。钱径2.25、穿宽0.5、郭宽0.3厘米，重3.51克（图七，7）。

三、时代不明墓

时代不明墓葬共发掘6座（本文将之归为明清时期）。编号M2、M12、M24～M27。均为竖穴土圹墓，可分为单棺墓、双棺墓，其中M2、M12、M24为单棺墓、M25～M27为双棺墓。仅出土铜钱20枚。下面分类介绍如下。

（一）单棺墓

M2 位于发掘区的西北部，南邻M3，南北向，方向为10°，长方形竖穴土圹单棺墓，开口于第1层下。墓底距地表深0.95米，墓室长2.7、宽1.2～1.25米，墓口距地表深0.35米。内填红褐色胶泥与黄沙混合成的花土，土质疏松。墓室内未发现骨架、葬具。故推断为迁葬墓（图二一）。

无随葬品。

M12 位于发掘区的中部，北邻M9，南北向，方向为33°，长方形竖穴土圹单棺墓，开口

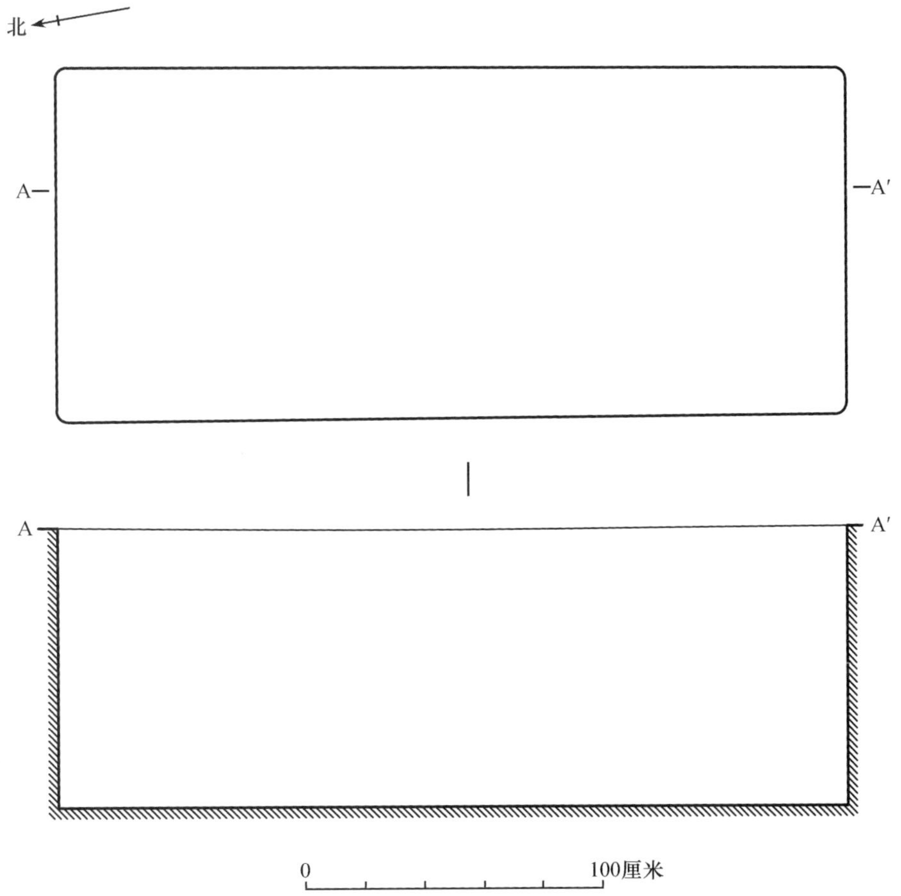

图二一 M2平、剖面图

于第1层下。墓底距地表深2米，墓室长2.55、宽0.9～1米，墓口距地表深0.2米。内填红褐色胶泥与黄沙混合成的花土，土质疏松（图二二）。

内置单棺，棺木已朽。棺长1.8、宽0.5～0.7、残高0.6米。棺内骨架保存较差，头北足南，面向东，仰身直肢葬。墓主颅骨较大，眉弓发达，故推断为男性。

随葬品如下。

铜钱　1枚。标本M12：1，因锈残严重，无法辨识。

M24　位于发掘区的东南部，西邻M25，南北向，方向为10°，长方形竖穴土圹单棺墓，开口于第1层下。墓底距地表深1.35米，墓室长2.8、宽1.3米，墓口距地表深0.2米。内填红褐色胶泥与黄沙混合成的花土，土质疏松（图二三）。

内置单棺，棺木已朽。棺长2、宽0.45～0.6、残高0.2米。棺内骨架保存较好，头北足南，面向上，仰身直肢葬，头下枕有一块板瓦。墓主骨架纤细，颅骨较小，故推断为女性。

随葬品如下。

铜钱　3枚。标本M24：1，因锈残严重，无法辨识。

（二）双棺墓

M25　位于发掘区的东南部，东邻M24，南北向，方向为0°，长方形竖穴土圹双棺墓，开

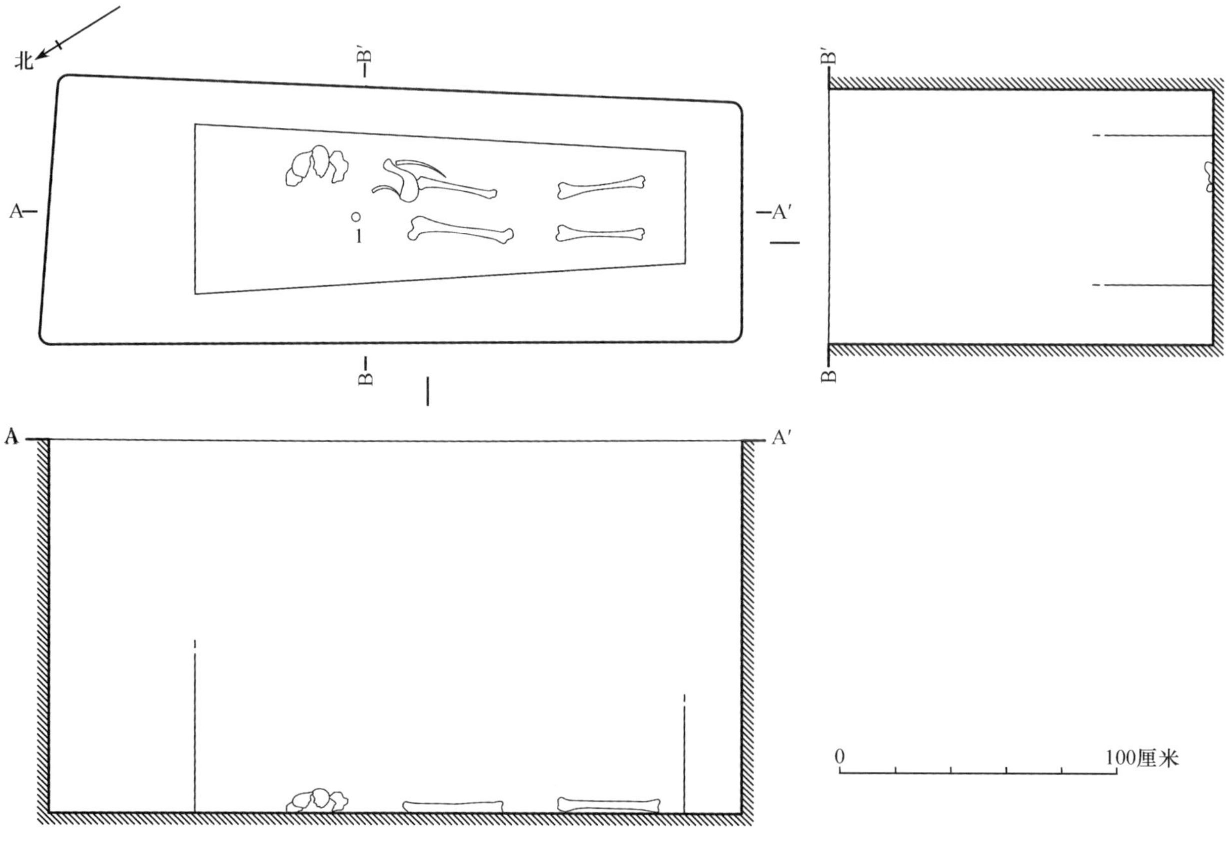

图二二　M12平、剖面图

1. 铜钱

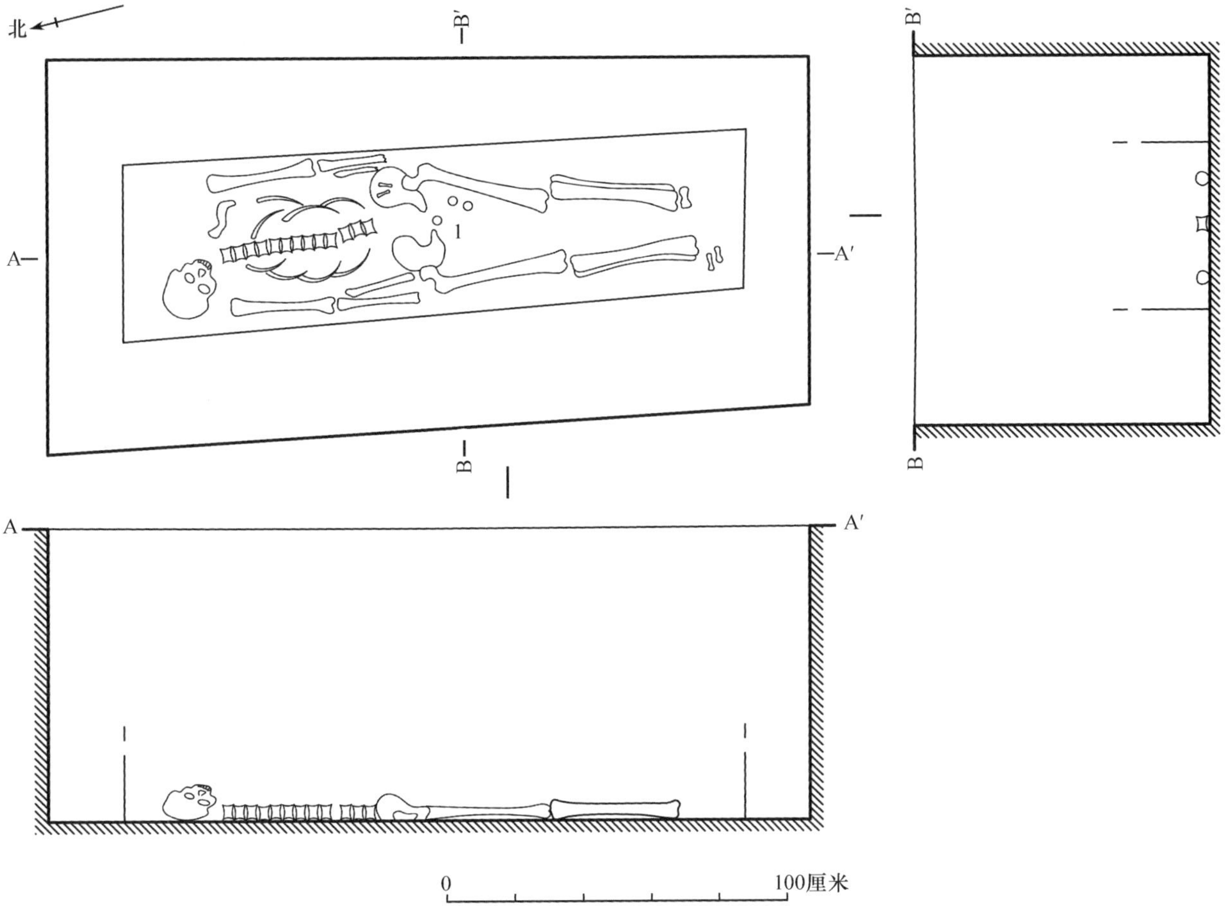

图二三　M24平、剖面图

1. 铜钱

口于第1层。墓底距地表深1.52米，墓室长2.5、宽1.9～2米，墓口距地表深0.2米。内填红褐色胶泥与黄沙混合成的花土，土质疏松（图二四）。

内置双棺，棺木已朽。东棺长1.8、宽0.4～0.45、残高0.25米。棺内骨架保存较完整，头北足南，面向上，仰身直肢葬。墓主颅骨较大，眉弓发达，初步推断为男性。西棺长1.6、宽0.3～0.5、残高0.28米。棺内骨架保存较完整，头北足南，面向上，仰身直肢葬，头部枕有板瓦。主骨架纤细，颅骨较小，初步推断为女性。

随葬品如下。

铜钱　1枚。标本M25：1，西棺出土，因锈残严重，无法辨识。

M26　位于发掘区的东南部，北邻M27，东西向，方向为170°，梯形竖穴土圹双棺墓，开口于第1层下。墓底距地表深2米，墓室长2.8、宽1.3～1.95米，墓口距地表深0.2米。内填红褐色胶泥与黄沙混合成的花土，土质疏松（图二五）。

内置双棺，棺木已朽。北棺长2、宽0.4～0.45、残高0.54米。棺内骨架保存较完整，头南足北，面向上，仰身直肢葬。墓主颅骨较大，眉弓发达，初步推断为男性。南棺长1.85、宽0.4～0.5、残高0.1米。棺内骨架保存较完整，头南足北，面向上，仰身直肢葬。墓主骨架纤

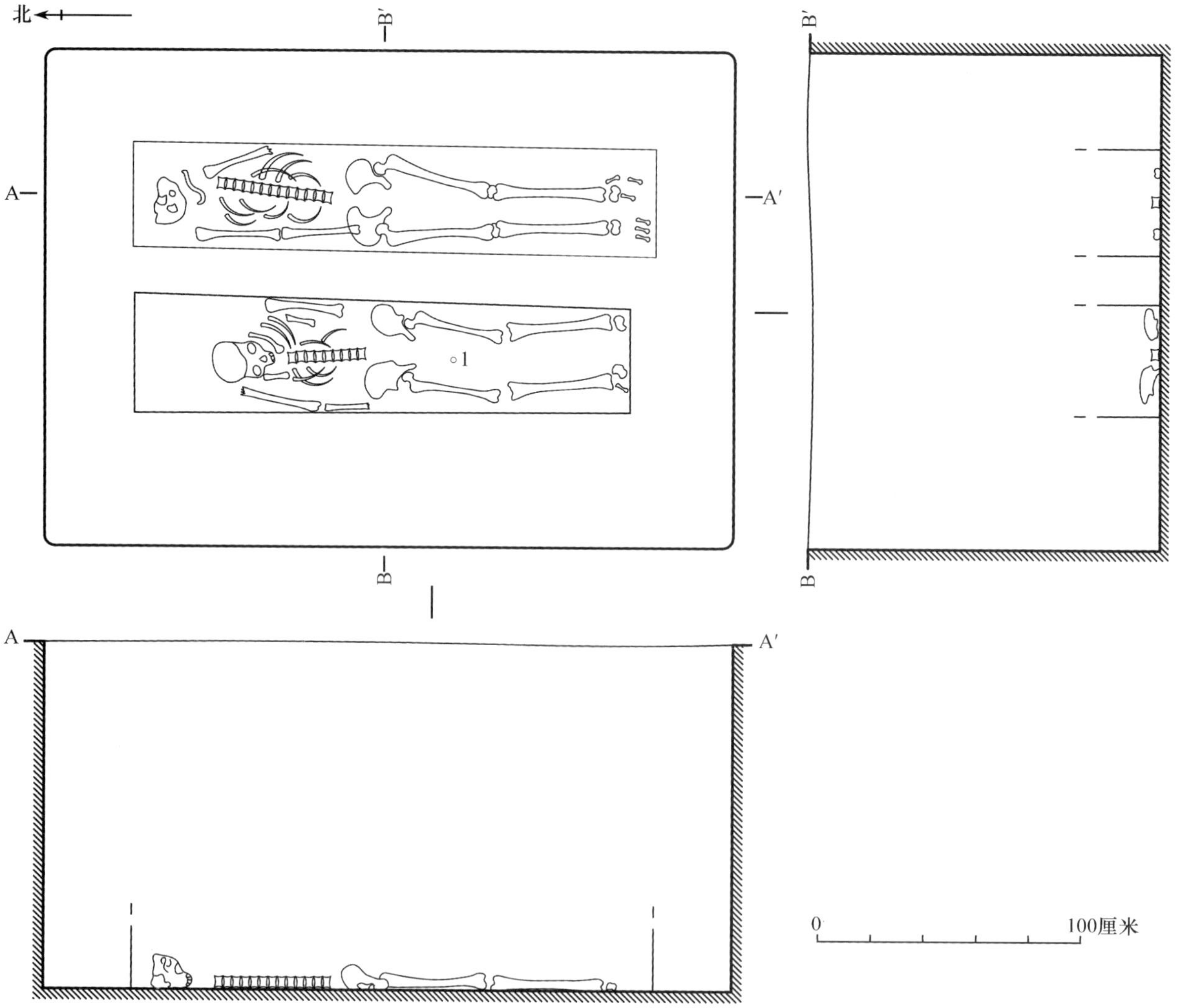

图二四　M25平、剖面图
1. 铜钱

细，颅骨较小，初步推断为女性。

无随葬品。

M27　位于发掘区的东南部，东邻M26，南北向，方向为20°，梯形竖穴土圹双棺墓，开口于第1层下。墓底距地表深1.87米，墓室长3.5、宽3～3.04米，墓口距地表深0.2米。内填红褐色胶泥与黄沙混合成的花土，土质疏松（图二六）。

内置双棺，棺木已朽。东棺长2.3、宽0.46～0.52、残高0.2米。棺内骨架保存较完整，头北足南，面向上，仰身直肢葬。墓主颅骨较大，眉弓发达，初步推断为男性。西棺长2.3、宽0.45～0.54、残高0.2米。棺内骨架保存较完整，头北足南，面向上，仰身直肢葬。墓主骨架纤细，颅骨较小，初步推断为女性。

随葬品如下。

铜钱　15枚。标本M27：1，西棺出土，因锈残严重，无法辨识。

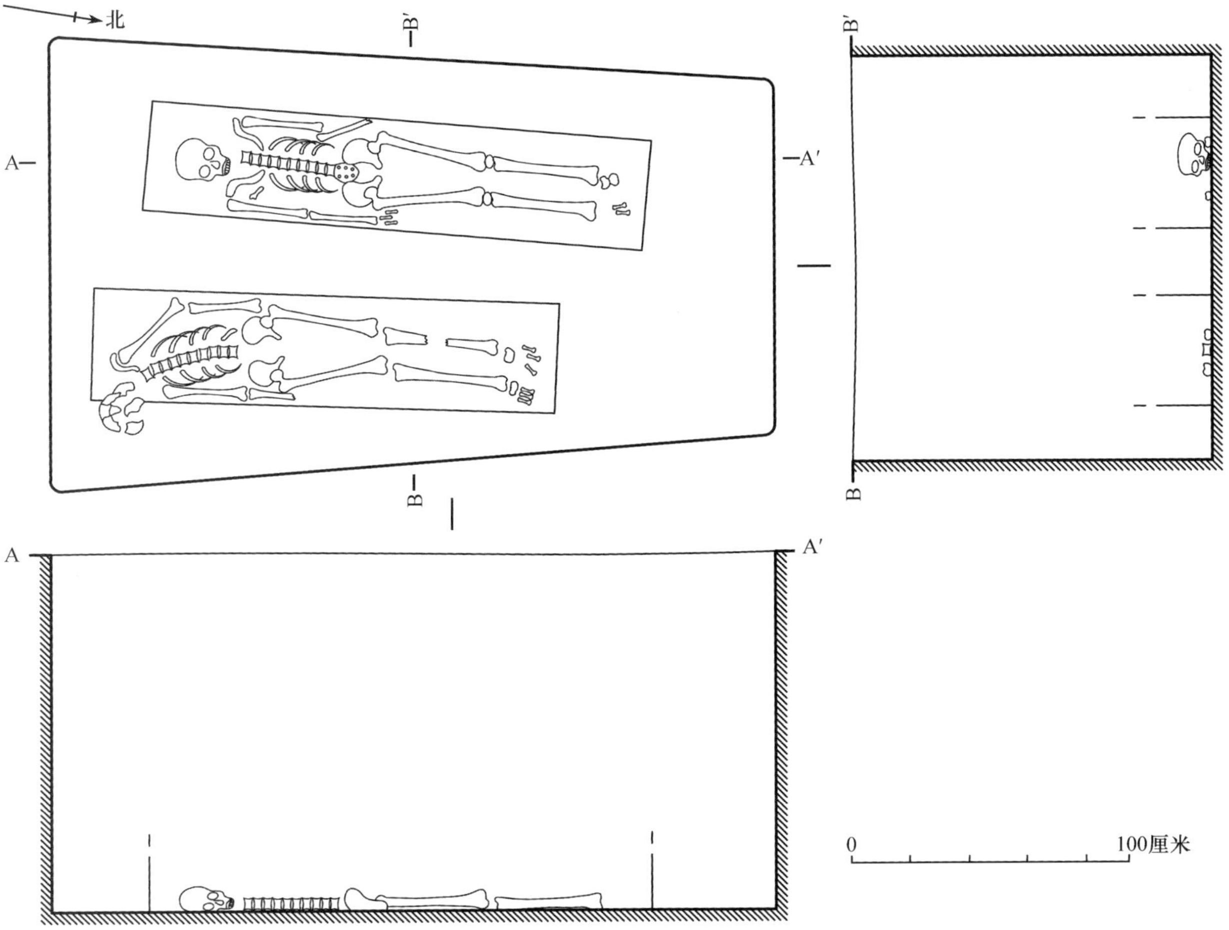

图二五　M26平、剖面图

四、结　　语

北京市密云六中发掘的明清时代墓葬均为竖穴土圹墓，多数平面为长方形，少数平面为梯形，其中以双棺墓为主，单棺墓次之，三棺墓最少。

M20出土的半釉双系瓷罐（M20：5）与昌平沙河明代墓葬M37出土的黑釉罐（M37：1）① 形制相近。M29出土的釉瓷罐与北京亦庄81号地明代墓葬M7出土的瓷罐②（81号地M7：1）形制相似。因此判断，M20、M29为明代墓葬。此外，M13等9座墓葬从出土器物及铜钱进行判断，均可确定为明代墓葬。M33虽未出土具有明确时代特征的器物，但M33周围均为明代墓葬，因此，初步判断其为明代墓葬。

M35出土铜钱最晚为“光绪通宝”，判断其为清代晚期墓葬。M2等6座墓葬由于未出土具有明显时代特征的器物，有的虽出土铜钱但难以辨识，因此暂定为时代不明墓葬，但根据墓葬形制等可判断其为明清时代墓葬。

① 北京市文物研究所：《昌平沙河——汉、西晋、唐、元、明、清代墓葬发掘报告》，科学出版社，2012年，第99页。

② 北京市文物研究所：《北京亦庄考古发掘报告（2003～2005年）》，科学出版社，2010年，第305页。

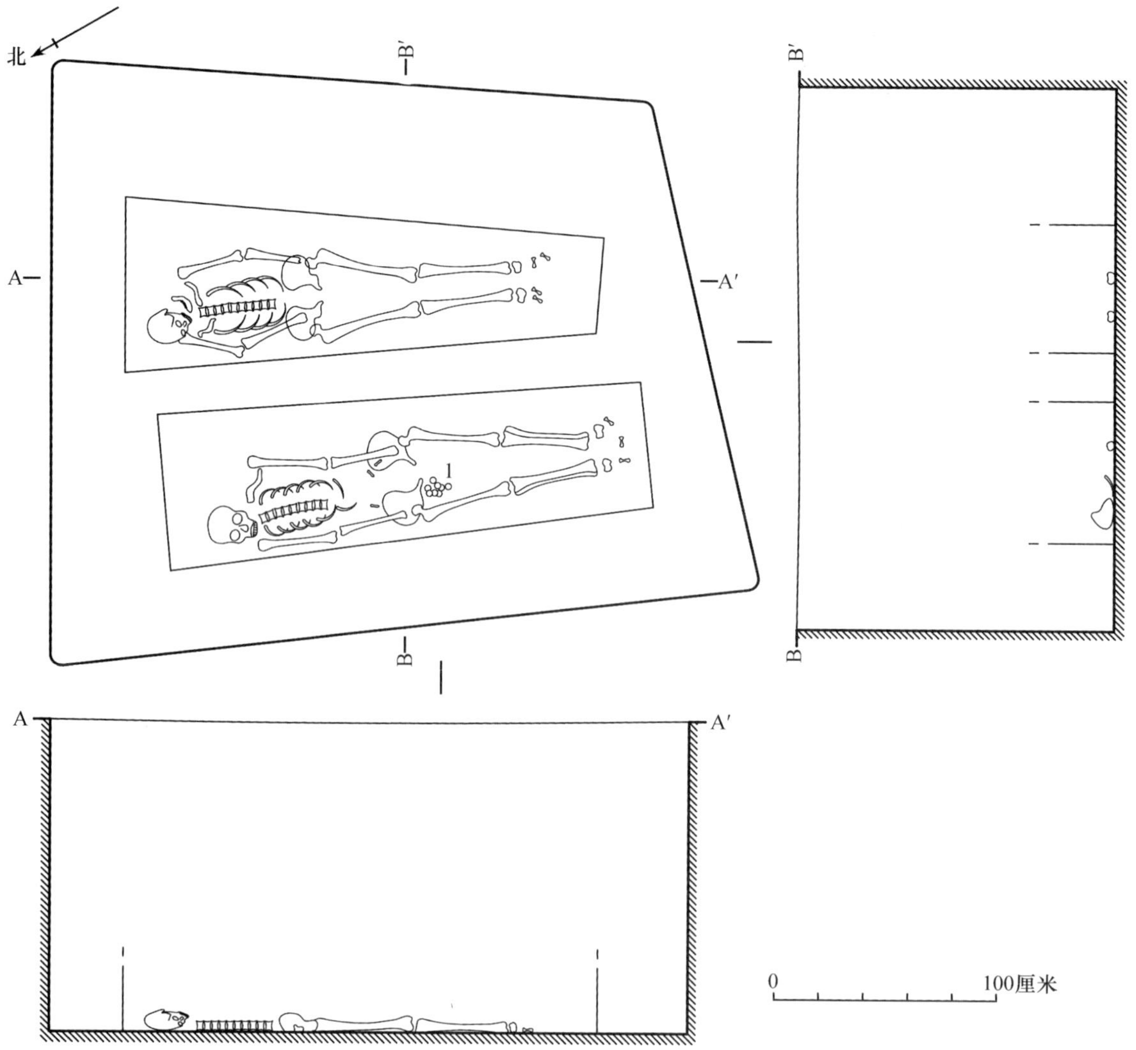

图二六　M27平、剖面图
1. 铜钱

本次发掘清理的19座明清时期古墓葬，墓葬形制较为全面，但随葬品种类不丰富，规格等级较低，应为平民墓葬。

对密云第六中学明清墓葬的发掘，使我们对该地区明清墓葬的形状、结构、特点有了一定的认识，并对该地区丧葬习俗有了一定的了解，为进一步研究该地区的社会发展状况提供了宝贵的实物资料。

发掘：于　璞　李　华　韩鸿业
器物修复：同　新
器物照相：王殿平
绘图：同　新
执笔：于　璞　韩鸿业　杨　菊
王　策　程　利

北京海淀玉渊潭明清墓葬发掘简报

北京市文物研究所

玉渊潭墓葬发掘区位于北京市海淀区东南部，北为紫竹院路，南邻玲珑路，东邻蓝靛厂南路，西为西四环（图一）。为配合海淀区玉渊潭农工商总公司五路商务楼项目工程建设，2014年4月北京市文物研究所对该项目占地范围发现的墓葬进行了抢救性发掘。

此次发掘清理墓葬7座，其中明代墓葬1座、清代墓葬6座（图二），现将此次发掘墓葬简报如下。

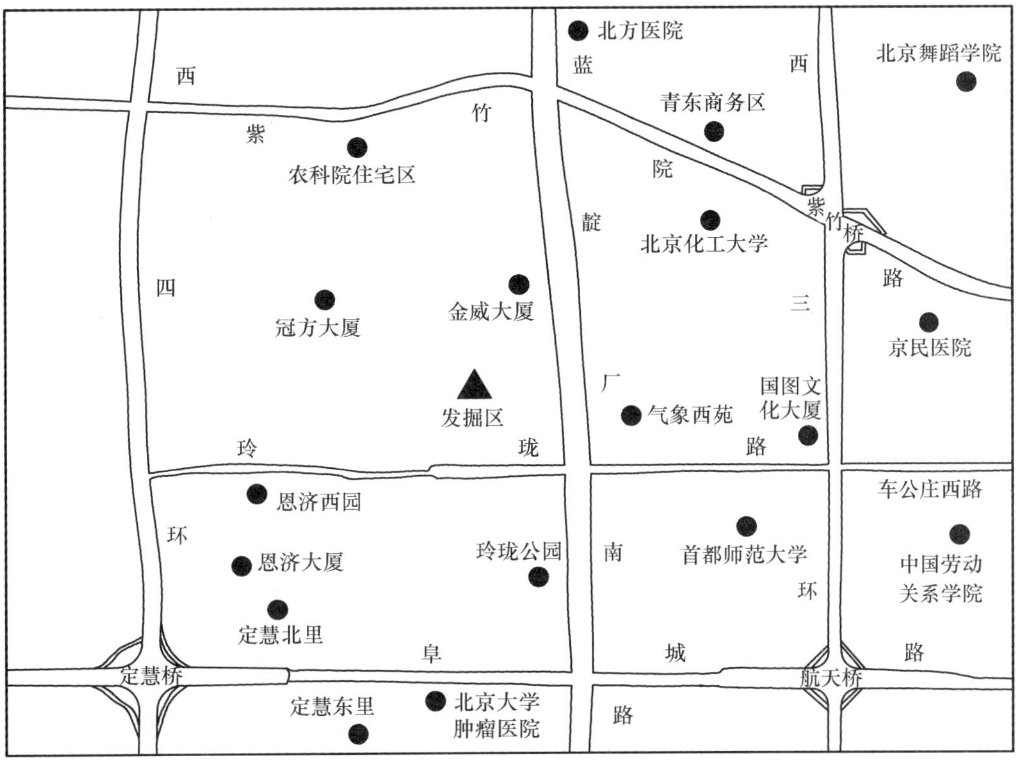

图一　墓葬发掘位置示意图

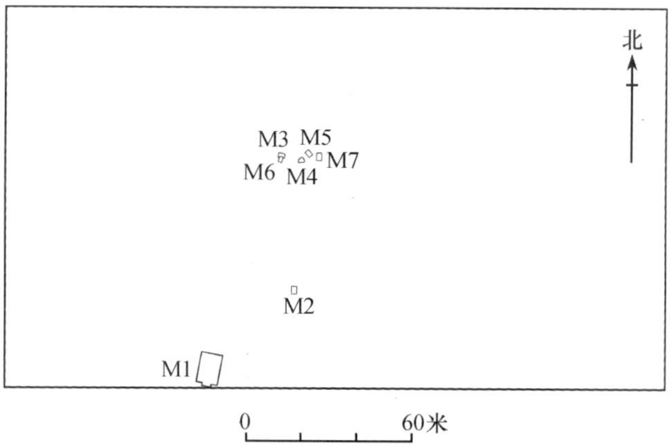

图二　墓葬发掘平面图

一、明代墓葬

1. 墓葬形制

M1　位于发掘区西南部，东邻M2，开口于第2层下，南北向，方向为10°。平面呈“凸”字形，竖穴土圹拱券式砖石墓，墓道南部被破坏。墓圹南北长12.2、东西宽3.35～7.8、深2.6米。由墓道、前室墓门、前室甬道、前室、后室墓门、后室甬道、后室七部分组成（图三；图版一八，1）。

墓道　位于墓门南部，南部已被破坏。平面呈长方形，南北残长0.62、东西宽3.35、深2.6米。内填花土，土质稍硬。

前室墓门　位于墓道北部。平面呈长方形，宽1.7、进深0.72、残高1.9米。用长0.38、宽0.18、厚0.08米的青砖错缝平砌封堵。

前室甬道　位于前室墓门北部。平面呈长方形，宽1.7、进深0.9米，两壁墙用青砖错缝向上平砌。

前室　位于前室甬道北部。平面呈长方形，东西长3.7、南北宽2.2、深2.6米。拱券式顶，用青砖抹白灰斜立三竖三平错缝砌筑起券，墙宽0.25米，券高0.6米。四壁墙底部平砌一层石板，石板宽1、厚0.12米，上用青砖抹白灰错缝向上平砌，墙厚0.4米。墓底用长0.28、宽0.14、厚0.05米的青砖错缝无序平铺。西壁墙中部置一圆形石桌，直径0.8、高0.36米。室内出土瓷瓮1件、瓷碗1件、瓷流1件。

后室墓门　位于前、后室之间，保存完整，石质双扇墓门和顶门石安装于甬道口。墓门东西宽1.74、进深0.8、高1.8米。墓门中部浮雕对称铺首衔环，两侧门框用长条青石砌筑，门框长1.9、宽0.5、厚0.8米，上部门楣用长3.3、宽0.47、厚0.47米的青石平砌，门槛和门转用青石平铺，门槛长1.74、宽0.3、厚0.12米。墓门前方用青石砌筑一长方形凹槽，用长1.5、宽0.2～0.3、厚0.07米的青石倾斜顶在铺首上（图版一八，2）。

后室甬道　位于后室墓门北部。平面呈长方形，宽2.1、进深0.8米，两壁墙用青砖错缝向上平砌，底部用青砖错缝无序平铺。

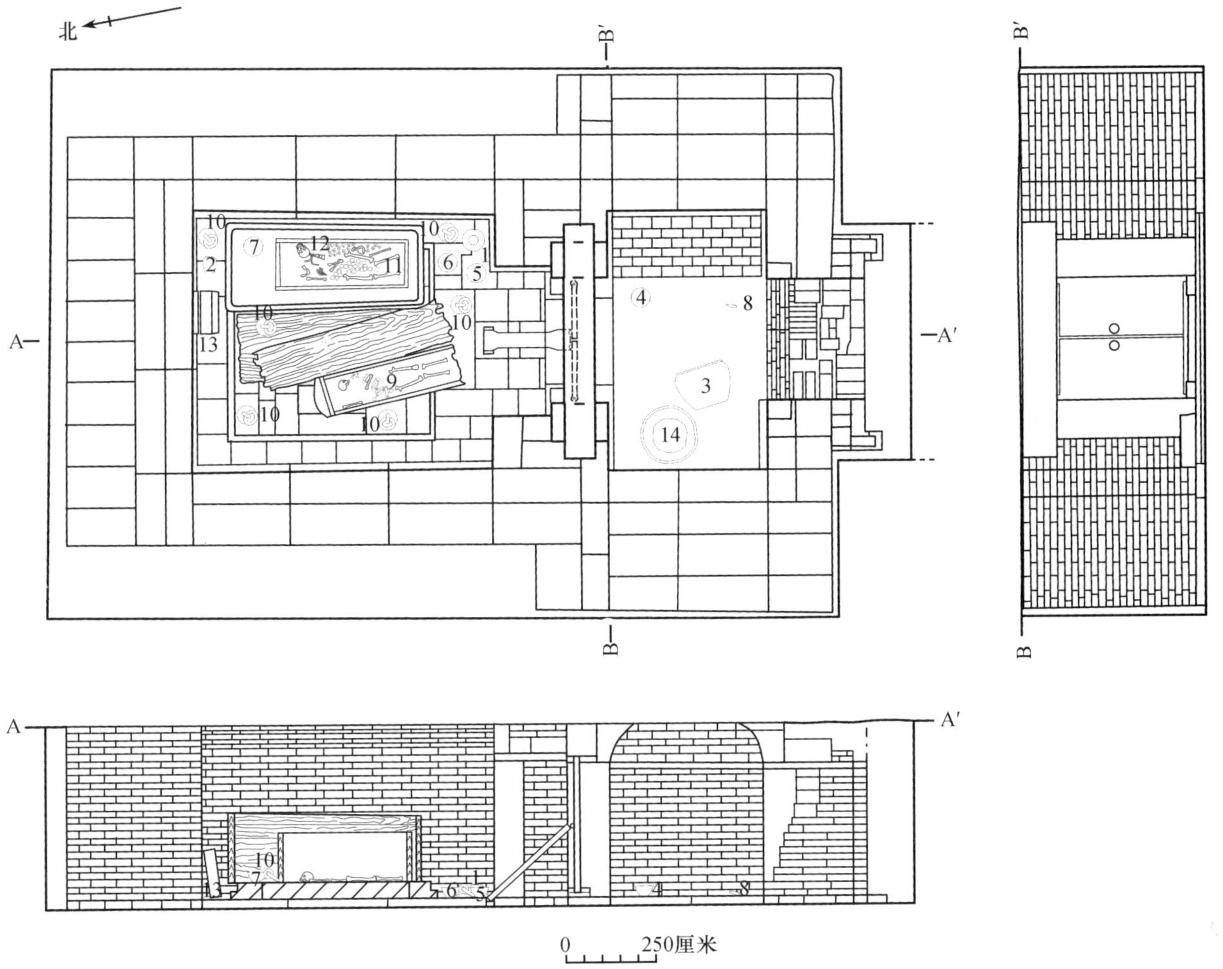

图三 M1平、剖面图

1. 陶器座 2. 瓷罐 3.瓷瓮 4～7. 瓷碗 8. 瓷流 9. 玉带 10. 铁铺首衔环
11. 银钱 12. 铜钱 13. 买地券 14. 石桌

后室 位于后室甬道北部。平面呈梯形，南北长4.2、东西宽3.6～3.7、深2.6米。拱券式顶，用青砖斜立三竖三平错缝砌筑起券，墙宽0.2米，券顶高0.52米。四壁墙底部平砌一层石板，石板长1.4、厚0.12米，上用长0.38、宽0.18、厚0.08米的青砖错缝向上平砌，墙厚1.06～1.75米。墓底用长0.28、宽0.14、厚0.05米的青砖错缝无序平铺。东西墙体外围两侧用青灰土夯制，夯土层长6.8、宽0.96～1.05、厚3.2米。室内北部置一长方形石质棺床（图版一九，1、2），南北长2.9、东西宽2.8、高0.23米。棺床四周用长0.55～1.3、宽0.38、厚0.26米的长条石板平砌，上部用长0.48、宽0.48、厚0.08米的青方砖错缝平砌，中部各置一长0.75、宽0.38、深0.1米的长方形腰坑。棺床右前方置买地券1块。内置双椁双棺。东椁长2.7、宽1.12～1.26、高0.92～1米，椁板厚0.07～0.08米。棺长1.85、宽0.68～0.74、高0.7米，棺板厚0.04～0.05米，前、后封板厚0.07米。棺内骨架保存较差，头向西南，面向上，仰身直肢，为女性。西椁长2.7、宽0.57～0.96米，椁板厚0.06米。棺长1.94、宽0.58～0.6、高0.66～0.7米，棺板厚0.05～0.06米，前封板厚0.06米。棺内骨架保存较差，头向东北，面向东，仰身直肢，为男性。室内出土陶器座1件、瓷罐1件、瓷碗3件、玉带1套、银钱24枚、铜钱20枚、铁铺首衔环8件、买地券1块。

2. 随葬器物

陶器座　1件。M1：1，泥质灰陶。手模兼制。圆形，斜坡台状，平底，中部有一圆形漏孔。上口直径6.6、底径15、孔径3.2、高8.4厘米（图四，1；图版二一，1）。

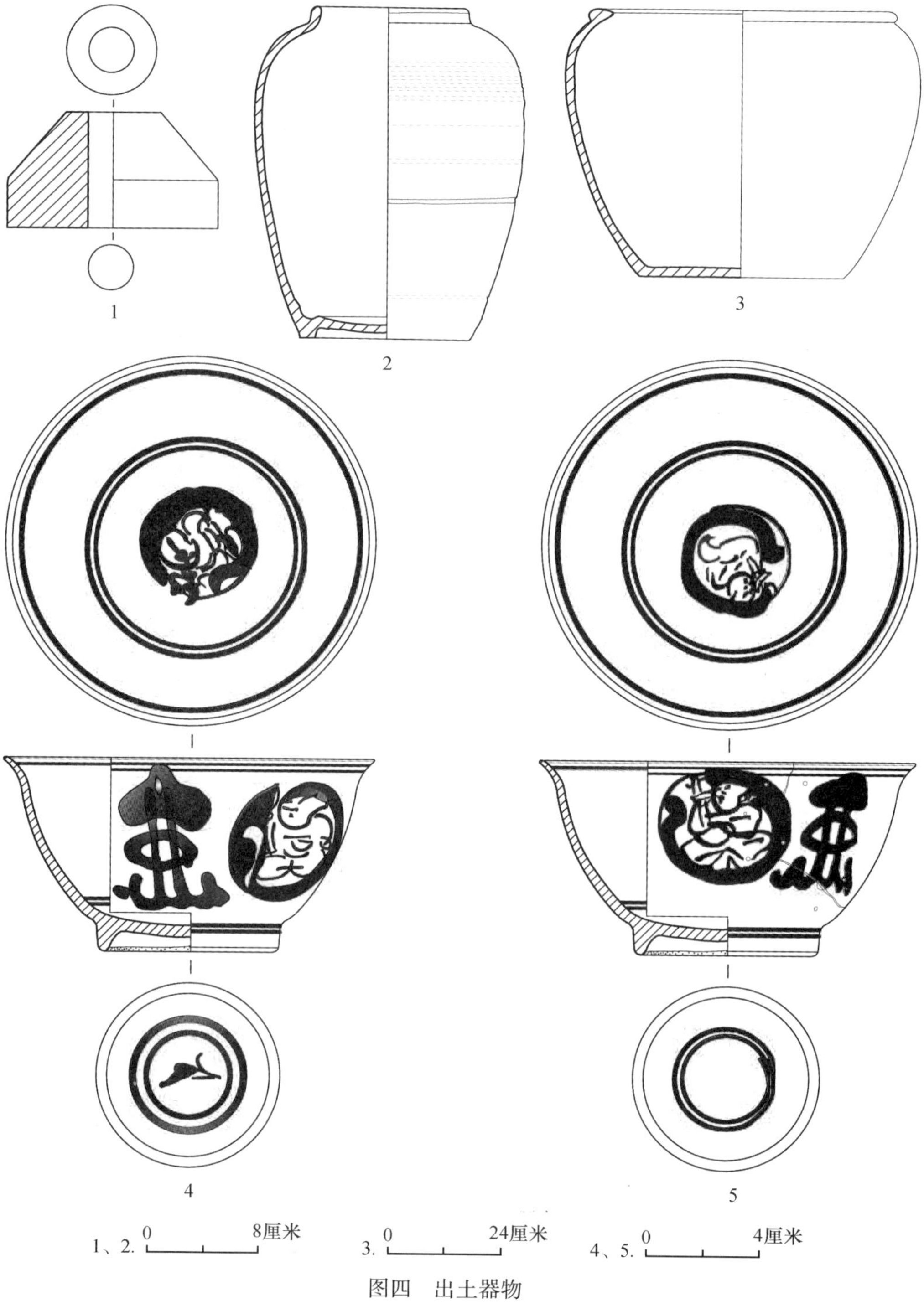

图四　出土器物

1. 陶器座（M1：1）　2. 瓷罐（M1：2）　3. 瓷瓮（M1：3）　4、5. 瓷碗（M1：4、M1：5）

瓷罐　1件。M1：2，器表施米黄色釉，口沿及内壁施酱色釉。直口，方圆唇，短直颈，丰肩，长弧腹，内圈足。通体遗有轮旋痕。口径11.2、腹径19.4、底径12.2、高24厘米（图四，2；图版二一，2）。

瓷瓮　1件。M1：3，缸胎，胎质较粗糙。通体施酱黄色釉。轮制。敛口，方圆唇，微束颈，溜肩，长弧腹，平底。口径66、腹径76.4、底径44、高58厘米（图四，3；图版二一，3）。

瓷碗　4件。足底露黄褐色胎，胎质较粗。通体施青色釉，上口沿施一周酱色釉。轮制。敞口，尖圆唇，深弧腹，矮圈足。内口沿及下腹部饰两周弦纹，内底饰圆形折枝花卉纹，外口沿饰两周弦纹，腹部饰四组折枝纹间隔椭圆形花卉纹，圈足饰一周弦纹，足底饰两周弦纹（图版二一，4）。M1：4，口径13.4、底径6.6、高7厘米（图四，4）。M1：5，口径13.4、底径6.6、高7厘米（图四，5）。M1：6，口径13.4、底径6.6、高7厘米（图五，1）。M1：7，底部饰兰草纹。口径13.4、底径6.6、高7厘米（图五，2）。

瓷流　1件。M1：8，残。紫砂流。手制。弯曲上翘，烟嘴状，中部有一圆形流孔。孔径

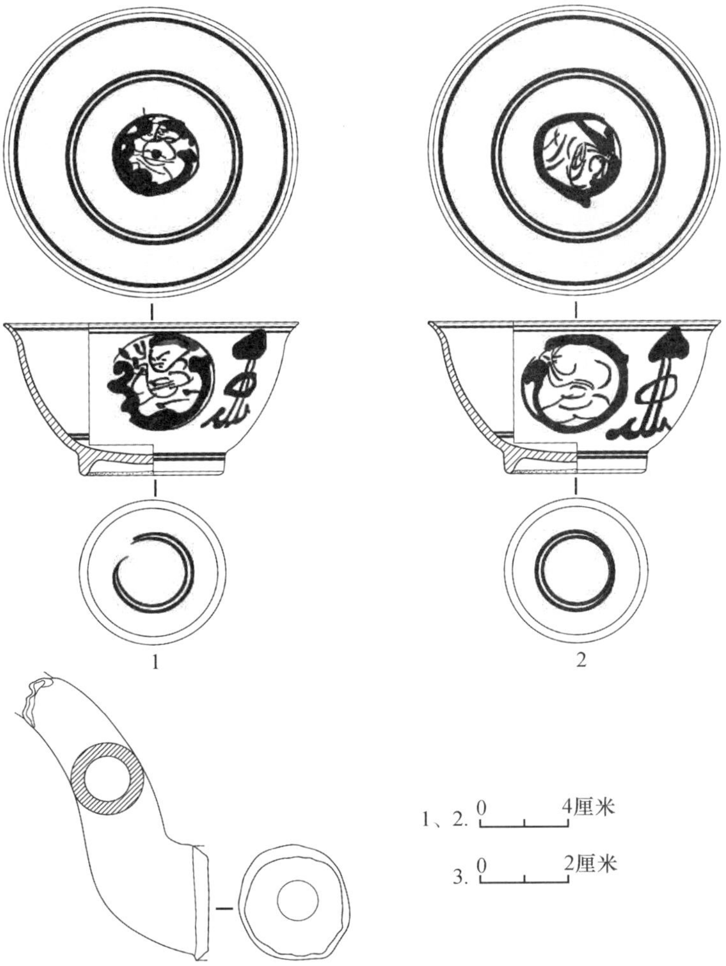

图五　出土瓷器

1、2. 碗（M1：6、M1：7）　3. 流（M1：8）

0.92、壁厚0.3、残高6.5厘米（图五，3；图版二一，5）。

玉带　1套。M1：9，玉质晶莹剔透，乳白色。磨制。共17块。由椭圆形带扣1块、半月形绦环2块、鸡心形圆桃4块、长方形辅弼小方2块、长方形排方6块、一端呈圆弧状的鱼尾2块组成。正面呈圆弧形，背面磨平，钻有对称圆形镶孔。带扣直径5.4、绦环直径2.4、圆桃直径2.9、辅弼小方长1.6、宽1.9厘米，排方长6.9～8.5、宽1.9厘米，鱼尾长9、宽1.9厘米（图六，1；图版二一，6）。

铁铺首衔环　8件。标本M1：10-1，一端呈圆环形，另一端呈圆帽状，中部呈四棱锥形。环内径6.3、环外径10.5、钉残长1.5、残高9.3厘米（图六，2；图版二二，1～5）。

银钱　24枚（图版二五，4）。标本M1：11-1，圆形，方穿，正面楷书“金玉满堂”四字，对读。钱径3.75、穿宽0.66、厚0.03厘米（图一三，1）。标本M1：11-2，圆形，方穿，正面楷书“金玉太平”四字，对读。钱径3.75、穿宽0.67、厚0.03厘米（图一三，2）。标本M1：11-3，圆形，方穿，正面楷书“天下太平”四字，对读。钱径3.74、穿宽0.64、厚0.04厘米（图一三，3）。

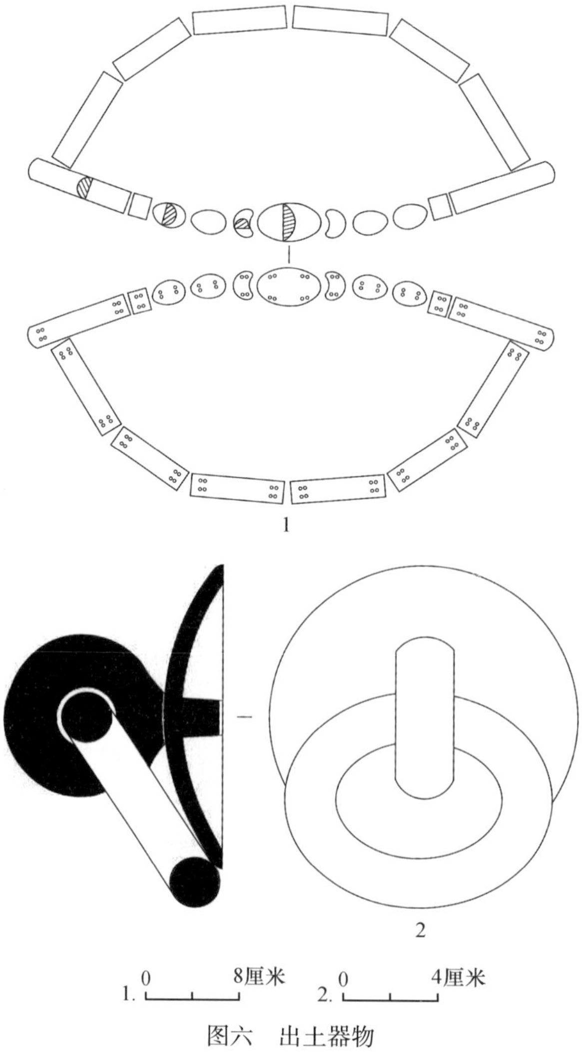

图六　出土器物

1. 玉带（M1：9）　2. 铁铺首衔环（M1：10-1）

熙宁重宝　1枚。M1：12-1，大平钱，圆形，方穿，正背面郭缘较宽，正面篆书“熙宁重宝”四字，旋读。钱径2.92、穿径0.63、郭厚0.16厘米（图一三，4；图版二五，5左）。

宣和通宝　1枚。M1：12-2，大平钱，圆形，方穿，正背面郭缘较宽，正面篆书“宣和通宝”四字，对读。钱径3.19、穿径0.66、郭厚0.15厘米（图一三，5；图版二五，5右）。

买地券　1块。M1：13，由青石切割打磨而成，方形，长、宽均为63、厚8厘米。盖横排篆书“阴券文”，其下竖排篆书“天圆地方，六律九章，符命告下，永镇墓堂”，中刻由文字及一些象征符号组成的三个符箓，竖排。券盖文字及符箓均用朱砂批点，右侧合缝处阴刻合体楷书“合同”二字的一半（图七；图版二〇，1）。买地券券文为楷体墨书，自左向右，竖写，24行，满行24字，全文446字（图八；图版二〇，2）。

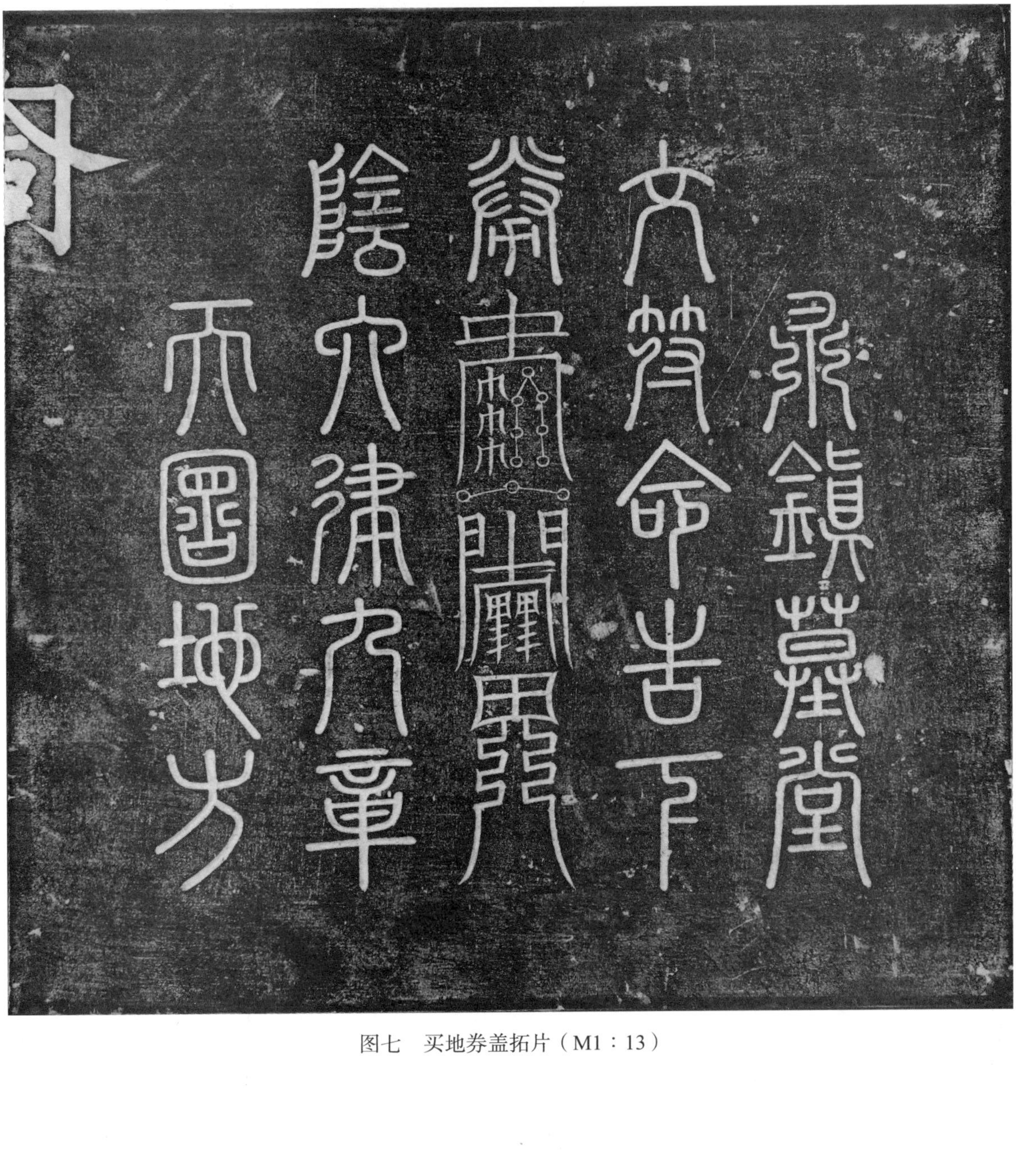

图七　买地券盖拓片（M1：13）

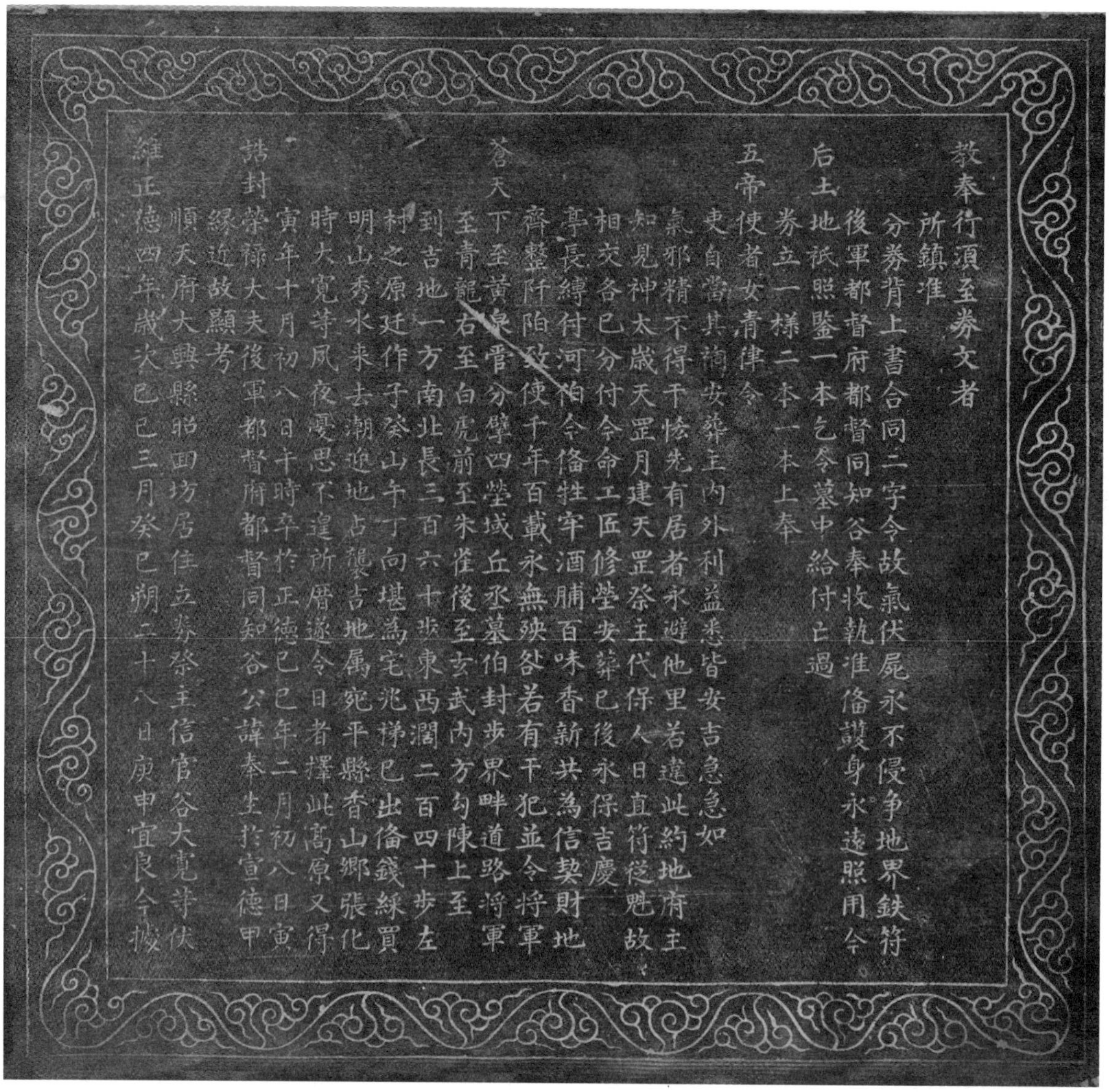

图八　买地券文拓片（M1：13）

二、清代墓葬

共6座，编号为M2～M7，依墓内所葬人数多寡，分为单棺墓、双棺墓、迁葬墓三类。

1. 墓葬形制

以M3、M4为例加以介绍。

M3　位于发掘区西北部，东邻M5，南邻M6，开口于第1层下，东西向，方向为280°。平面呈长方形，竖穴土圹单棺墓。墓圹东西长2.4、南北宽1.7、深1.2米。内填花土，土质疏松。内置单棺，棺木已朽。棺痕长1.8、宽0.6～0.78、残高0.38米。棺内骨架保存较好，头向西，面向上，仰身直肢，为男性。出土铜钱20枚（图九；图版二五，6）。

M4 位于发掘区西北部，西邻M6，东邻M7，开口于第1层下，东西向，方向为265°。平面呈不规则“凸”字形，竖穴土圹双棺合葬墓。墓圹东西长2.16、南北宽1.2～1.84、深0.9米。内填花土，土质疏松。内置双棺。南部木棺已朽，棺痕长1.58、宽0.5～0.58米。骨架保存较好，头向西，面向南，侧身屈肢，为女性。棺内出土银簪4件、银耳环3件、铜扁方1件、铜饰1件、铜扣10颗、料饰1件、铜钱3枚。北棺葬具为瓷瓮，口径19.6、腹径41.2、底径25.6、通高50.4厘米，内葬零碎烧骨。葬式、性别不明（图一〇）。

2. 随葬器物

瓷瓮 3件。缸胎。轮制。M4：1，盖，内壁未施釉，露黄褐色胎，胎质较粗。盔帽式盖，荸荠形纽，宽平檐。罐，颈部及口沿内壁施酱黄色釉，肩、腹部施酱黑色釉，下腹及底部施酱黄色釉，遗有流釉痕。敛口，斜平沿，方圆唇，短颈，丰肩，圆弧腹，平底。内腹中部饰一周凸弦纹，肩、腹外部遗有菱形拍打痕，下部饰数周凹弦纹。口径19.6、腹径41.2、底径25.6、通高50.4厘米（图一一，7；图版二二，6）。M6：1，盖，施酱黄色釉，内壁未施釉，露黄褐色胎，胎质较粗。盔帽式盖，斜折檐，圆饼形纽。罐，通体施酱黑色釉，下腹及底部施酱黄色釉。敛口，斜平沿，方圆唇，溜肩，短颈，弧腹，下部内收，平底。通体遗有菱形拍打

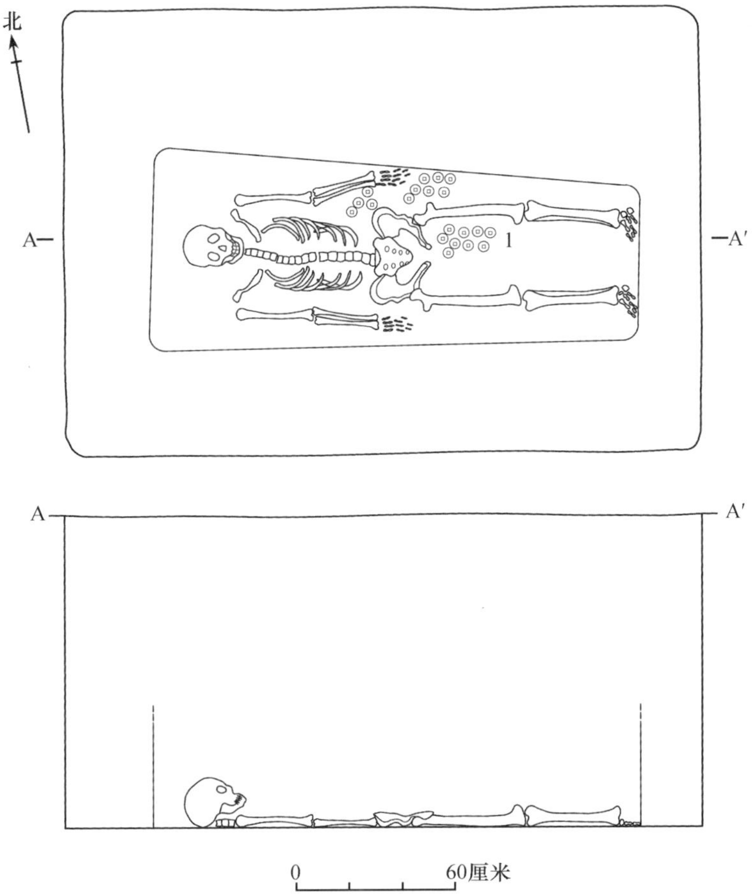

图九 M3平、剖面图

1. 铜钱

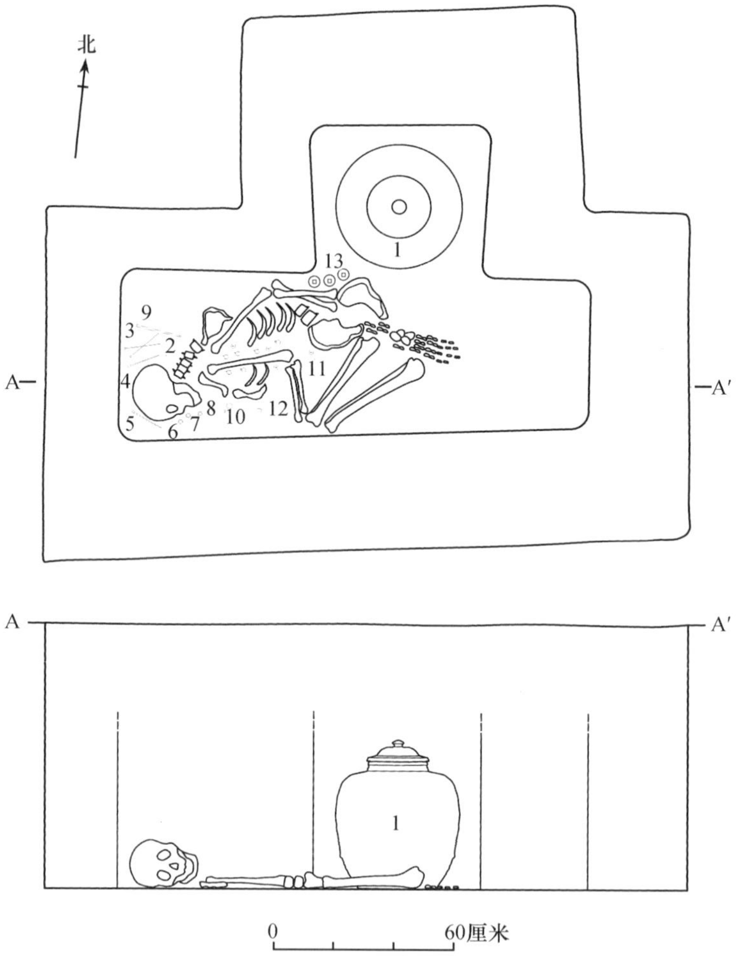

图一〇　M4平、剖面图

1. 瓷瓮　2～5. 银簪　6～8. 银耳环　9. 铜扁方　10. 铜饰　11. 铜扣　12. 料饰　13. 铜钱

痕，下部饰数周凹弦纹，内腹中部饰一周凸弦纹，底部遗有两处支钉痕。口径20、腹径37.6、底径19.6、通高46.2厘米（图一一，8；图版二二，7）。M6：2，盖，施酱黑色釉，内壁未施釉，露黄褐色胎，胎质较粗。盔帽式盖，宽平檐，圆饼形纽。罐，口沿内壁施酱黄色釉，肩、腹部施酱黑色釉，遗有菱形拍打痕，下腹及底部施酱黄色釉，遗有流釉痕。敛口，斜平沿，尖圆唇，短颈，溜肩，弧腹，下部内收，平底。内底部遗有两处支钉痕。口径21、腹径38.4、底径22.8、通高45.6厘米（图一一，9；图版二二，8）。

银簪　8件。M4：2、M4：3，首呈椭圆球形，体呈圆柱锥状。长12.8厘米（图一一，1、2；图版三〇，1、2）。M4：4、M4：5，首呈扁圆半月形向后折曲，体呈长条锥状，背面戳印竖款楷书“文化”二字。长11.5厘米（图一一，3、4；图版二三，3、4）。M5：1、M5：2，首呈如意头形，中部錾刻焊接“寿”字纹，圆帽形托，所镶嵌的珠子已缺失，左右焊接两只鸟纹，体呈扁条锥状，正面錾刻折枝梅花纹，背面戳印竖款楷书“天吉”二字。M5：1，长12.5厘米（图一二，11；图版二三，5）。M5：2，长12厘米（图一二，12；图版二三，6）。M5：3、M5：4，首呈莲花包珠状，莲花座，下部呈节状，珠子缺失，体呈圆柱锥形，

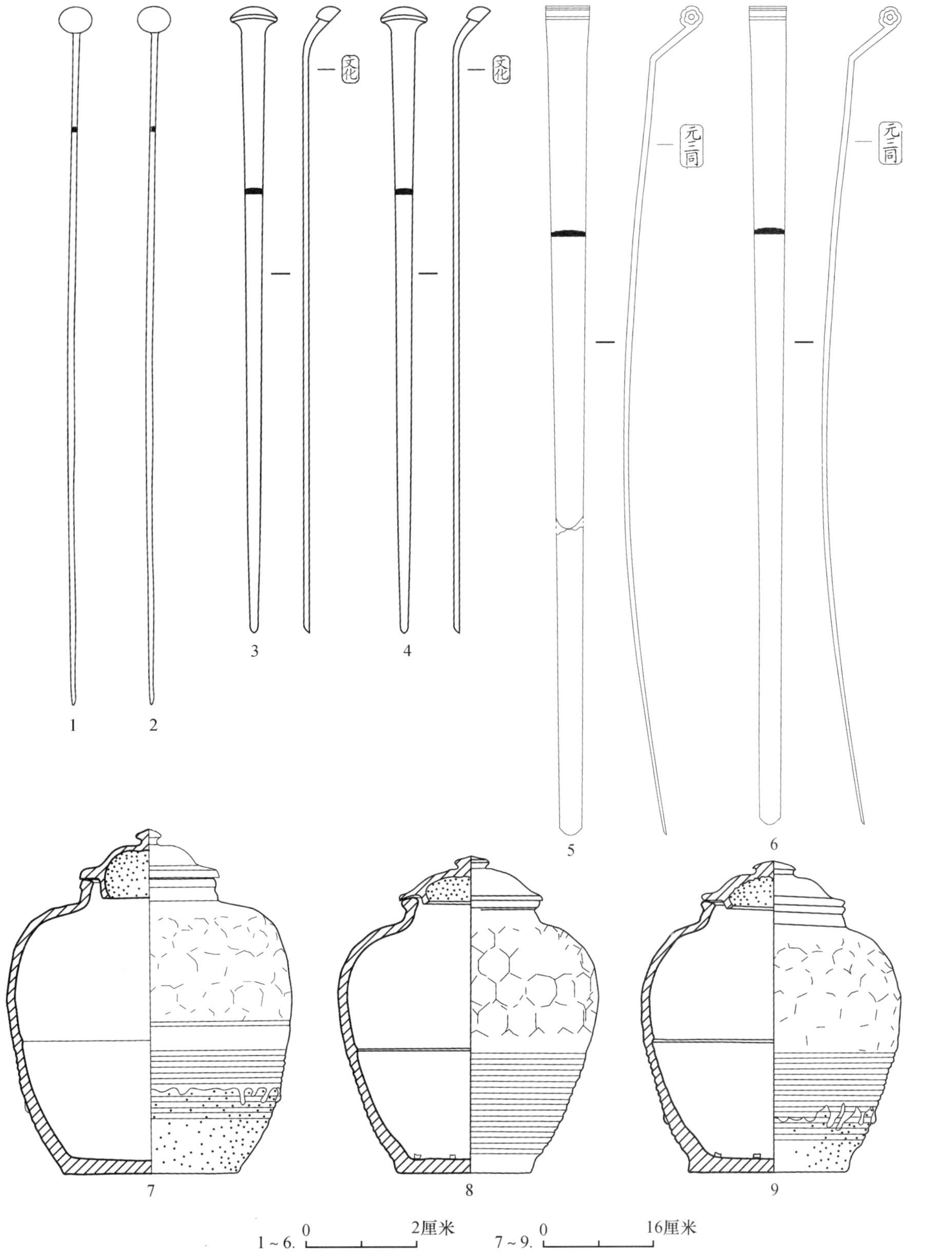

图一一　出土器物

1～4. 银簪（M4：2、M4：3、M4：4、M4：5）　5、6. 铜扁方（M4：9、M5：5）

7～9. 瓷瓮（M4：1、M6：1、M6：2）

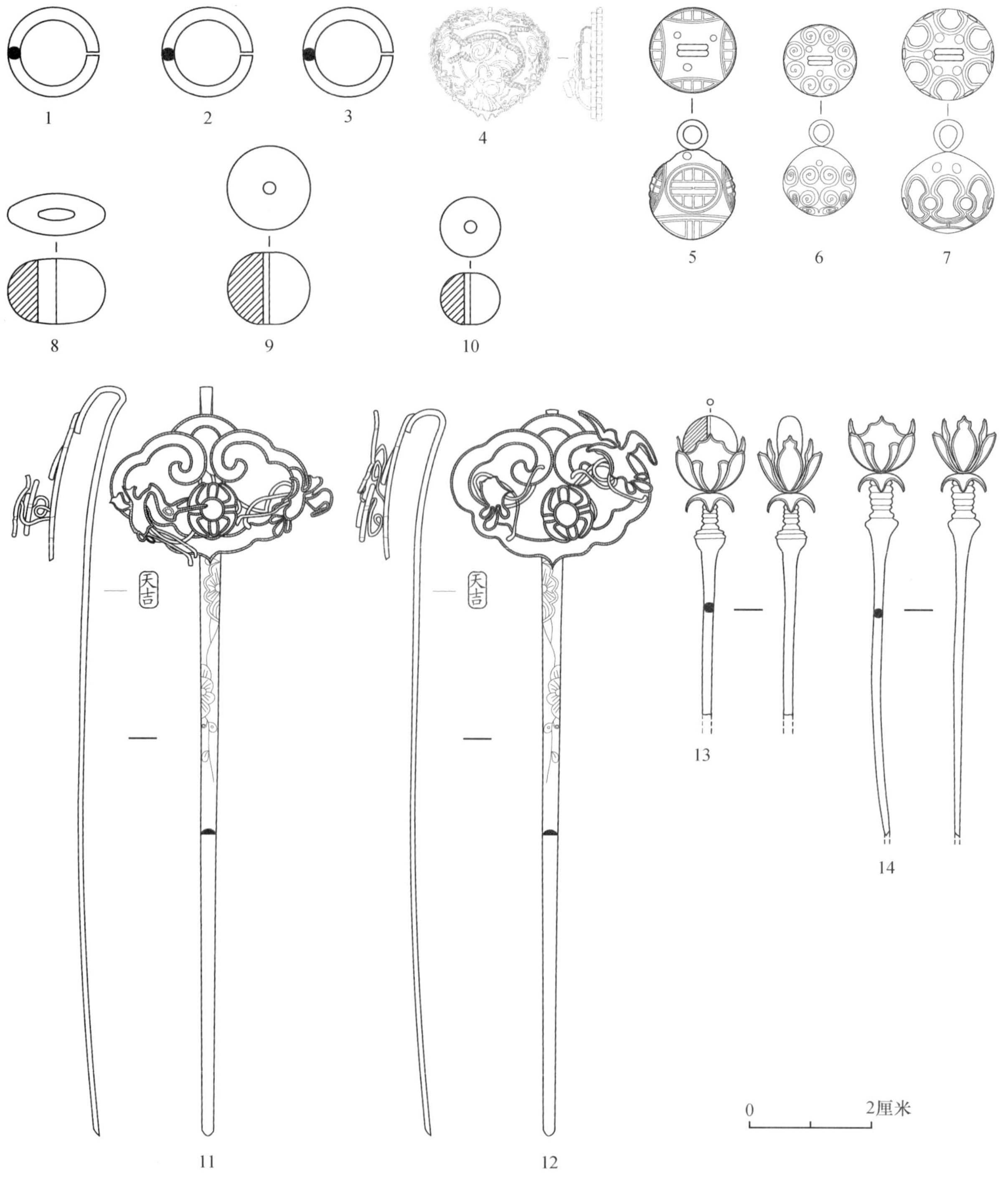

图一二　出土器物

1～3. 银耳环（M4：6、M4：7、M4：8）　4. 铜饰（M4：10）　5～7. 铜扣（M4：11-1、M4：11-2、M5：6-1）
8. 料饰（M4：12）　9、10. 料珠（M2：1-1、M2：1-2）　11～14. 银簪（M5：1、M5：2、M5：3、M5：4）

末端残。M5：3，残长5厘米（图一二，13；图版二三，7）。M5：4，残长7厘米（图一二，14）。

银耳环　3枚。M4：6、M4：7、M4：8，鎏金。圆环形，活口，银条盘制。直径1.5厘米

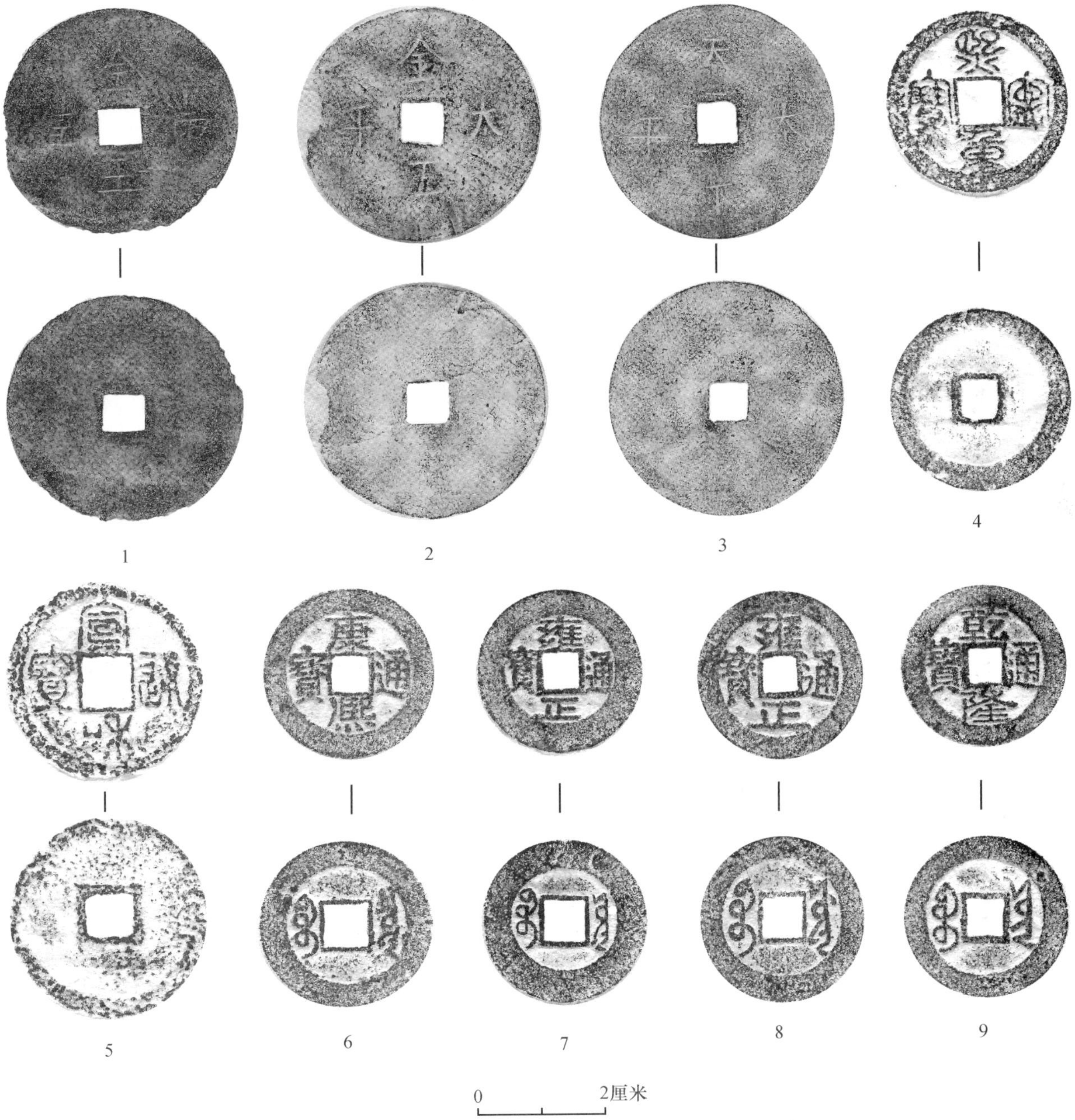

图一三　出土银钱、铜钱拓片

1～3. 银钱（M1：11-1、M1：11-2、M1：11-3）　4. 熙宁重宝（M1：12-1）　5. 宣和通宝（M1：12-2）
6. 康熙通宝（M3：1-1）　7、8. 雍正通宝（M3：1-2、M3：1-3）　9. 乾隆通宝（M3：1-4）

（图一二，1～3；图版二三，8；图版二四，1、2）。

铜扁方　2件。首呈梅花棱形向后折曲，体呈上宽下窄扁条锥状，下端呈圆弧形。背面戳印竖款楷书“元三同”三字。M4：9，残长15.2、宽0.4～0.8厘米（图一一，5；图版二四，3）。M5：5，长15、宽0.4～0.7厘米（图一一，6；图版二四，4）。

铜饰　1件。M4：10，残。鎏金。体呈两层心形，正面饰掐丝龙纹，背面饰如意头纹。直径2厘米（图一二，4；图版二四，5）。

铜扣　20颗。模制。镂空，体呈“8”字形，一端焊接圆环状，一端呈椭圆球形（图版三二，1）。纽扣上饰五组“寿”字纹。标本M4：11-1，直径1.4、通高2厘米（图一二，5）。标本M4：11-2，纽扣上饰如意头纹。直径1.2、通高1.6厘米（图一二，6）。标本M5：6-1，鎏金。纽扣上饰花卉纹。直径1.5、通高1.9厘米（图一二，7）。

料饰　1件。M4：12，深蓝色。磨制。扁椭圆形，中部置近长方形透孔。直径1.1～1.6、孔径0.2～0.6厘米（图一二，8；图版二五，2）。

料珠　2颗。圆球形，中部有一圆形穿孔（图版二五，3）。M2：1-1，黄褐色。直径1.2～1.4、孔径0.2厘米（图一二，9）。M2：1-2，白褐色。直径0.85～1、孔径0.2厘米（图一二，10）。

康熙通宝　3枚。标本M3：1-1，平钱，圆形，方穿，正、背面郭缘较宽，正面楷书“康熙通宝”四字，对读，背穿左右为满文“宝泉”局名。钱径2.7、穿径0.59、郭厚0.1厘米（图一三，6；图版二五，6左）。

雍正通宝　3枚。平钱，圆形，方穿，正、背面郭缘较宽，正面楷书“雍正通宝”四字，对读。标本M3：1-2，背穿左右为满文“宝泉”局名。钱径2.61、穿径0.56、郭厚0.13米（图一三，7）。标本M3：1-3，背穿左右为满文“宝源”局名。钱径2.68、穿径0.54、郭厚0.13厘米（图一三，8；图版二五，6中）。

乾隆通宝　8枚。标本M3：1-4，平钱，圆形，方穿，正、背面郭缘较宽，正面楷书“乾隆通宝”四字，对读，背穿左右为满文“宝泉”局名。钱径2.53、穿径0.56、郭厚0.12厘米（图一三，9；图版二五，6右）。

三、结　　语

明代墓葬M1为竖穴土圹砖石墓，墓葬规模相对较大，形制特殊，石质墓门中部浮雕对称铺首衔环，后室内置双棺双椁。随葬品因被盗扰而保留较少，但仍出土买地券、玉带、石桌等随葬品，可见墓主人地位显赫，墓葬等级较高。从买地券文来看，墓主人为明代荣禄大夫谷奉，买地券是明正德四年（1509）谷奉去世后，其子谷大宽等作为立契人订立的购买墓地所有权或使用权的契约。谷奉，正史无传，为明代正德、嘉靖时期太监谷大用之父。据券文记载，谷奉曾任官后军都督府都督同知，封荣禄大夫，生于宣德九年（甲寅年，1434）十月初八日午时，卒于正德四年（己巳年，1509）二月初八日寅时，同年三月二十八日葬于宛平县香山乡张化村之原。正德二年（1507）九月，谷奉因其子御马监太监谷大用深得武宗宠幸，得授官锦衣卫指挥使①。正德三年（1508）八月，谷奉又因其子谷大用得以升都督同知②。都督同知官品为从一品，谷奉因此得封荣禄大夫的散官、阶官。谷奉买地券已另文考释，不再赘述③。

① 《明武宗实录》卷30正德二年九月己巳条。

② 《明武宗实录》卷41正德三年八月丙戌条。

③ 张智勇：《北京出土明代荣禄大夫谷奉买地券考释》，《北京文博文丛》二〇一九年第二辑。

清代墓葬为长方形竖穴土圹墓及瓮棺墓，均为北京清代墓葬常见形制。墓葬所出瓷瓮、银簪、铜扁方、银耳环等，与北京奥运场馆①、丽泽墓地②出土的同类器物形制相同或相近，为北京清代墓葬常见器类。此外，出土一定数量的纪年铜钱。从墓葬形制、随葬器物来看，墓主人应为一般平民阶层。

发掘：张智勇
修复：安喜林 彭美娟
绘图：安喜林 黄 星
执笔：张智勇 刘乃涛
曾祥江 戢 征

① 北京市文物局、北京市文物研究所：《北京奥运场馆考古发掘报告》，科学出版社，2007年。

② 北京市文物研究所：《丽泽墓地——丽泽金融商务区园区规划绿地工程发掘报告》，科学出版社，2016年。

附表　玉渊潭墓葬登记表

墓号	层位	方向	形状与结构	墓口	墓底	葬具	葬式	人骨保存情况	性别	随葬品（件／枚／套）	年代
				长×宽－深（米）	长×宽－深（米）						
M1	②	10°	竖穴土圹拱券式砖石墓	12.2×（3.35～7.8）−2.6	12.2×（3.35～7.8）−2.6	东棺 西棺	仰身直肢	较差	女 男	陶器座1、瓷罐1、瓷翁1、瓷碗4、瓷流1、玉带1、铁铺首衔环8、银钱24、铜钱20、买地券1、石桌1	明
M2	①	345°	竖穴土圹	2.7×（2.05～2.08）−0.7	2.06×（0.64～0.84）−2.15	东棺 西棺	仰身直肢 仰身屈肢	较差	不明	铜钱3、料珠2	清
M3	①	280°	竖穴土圹	2.4×1.7−1.2	2.4×1.7−1.2	单棺	仰身直肢	较好	男	铜钱20	清
M4	①	265°	竖穴土圹	2.16×（1.2～1.84）−0.9	2.16×（1.2～1.84）−0.9	一木棺 一瓮棺	侧身屈肢	较好	女	银簪4、银耳环3、铜扁方1、铜饰1、铜扣10、料饰1、铜钱3	清
M5	①	292°	竖穴土圹	2.26×1.8−1.3	3.14×1.4−（0.8～1.02）	南棺 北棺	仰身直肢	较好	女 男	银簪2、铜簪2、铜扣4、铜钱6	清
M6	①	170°	竖穴土圹	1.2×1.05−1.2	1.2×1.05−1.4	北棺 南棺	不明	较差	不明	釉陶罐2	清
M7	①	20°	竖穴土圹	2.3×（1.24～1.36）−1.2	2.06×（1.24～1.36）−1.1	单棺	不明	较差	不明	无	清

北京玉河遗址南区一期考古发掘收获

北京市文物研究所

一、引　　言

玉河的前身为元代郭守敬修筑的通惠河，明称玉河，清多称御河。今人以北京市平安大街（地安门东大街）为界将其分为南、北两区。

2007年4月至9月，北京市文物研究所对玉河遗址北区进行了考古发掘，发掘总面积约10000平方米。发掘出元代通惠河堤岸、明代玉河堤岸及其河道、清代玉河堤岸及其河道，东不压桥及澄清中闸遗址、两座便桥遗址，玉河庵遗址，码头遗址及排水道等重要遗迹。出土了玉河庵碑、银锭锁、瓦当及一批陶、瓷器（片）等文物。考古发掘成果为探讨古代玉河演变和漕运、北京城市供排水系统、北京水环境的变化提供了一批重要资料，同时也对古玉河的恢复、加大古城风貌保护力度、改善人居环境提供了依据和帮助①。

为配合玉河南区水系恢复和环境整治工作，经国家文物局、北京市文物局批准，在北京市东城区文化委员会、东城区名城办、北京天街集团有限公司的积极配合下，北京市文物研究所依据《中华人民共和国文物保护法》《北京市实施〈中华人民共和国文物保护法〉办法》《北京市地下文物保护管理办法》等有关规定，组织人员于2014年、2015年对玉河遗址南区进行了考古发掘。考古执照号为考执字〔2014〕第253号、考执字〔2015〕第547号。

二、地理位置及工作方法

玉河遗址南区北距地安门东大街96米；东邻北河沿大街，距东皇城墙遗址70米；南距北河胡同31号楼6米；西边为绿化带，延伸至东板桥胡同西40米（西南邻新建四合院）（图一）。中心区域GPS数据为N39° 55′ 51.9″，E116° 23′ 43.9″，H40米。

玉河遗址南区平面呈“L”形，长550、宽17～25米，面积约11000平方米。在工作之初，对玉河南区进行了初步考古规划：以现有的东板桥（玉河拐弯处）为界，东板桥至北河沿大街

① 北京市文物研究所、北京市东城区文化委员会：《北京玉河2007年度考古发掘报告》，科学出版社，2008年。

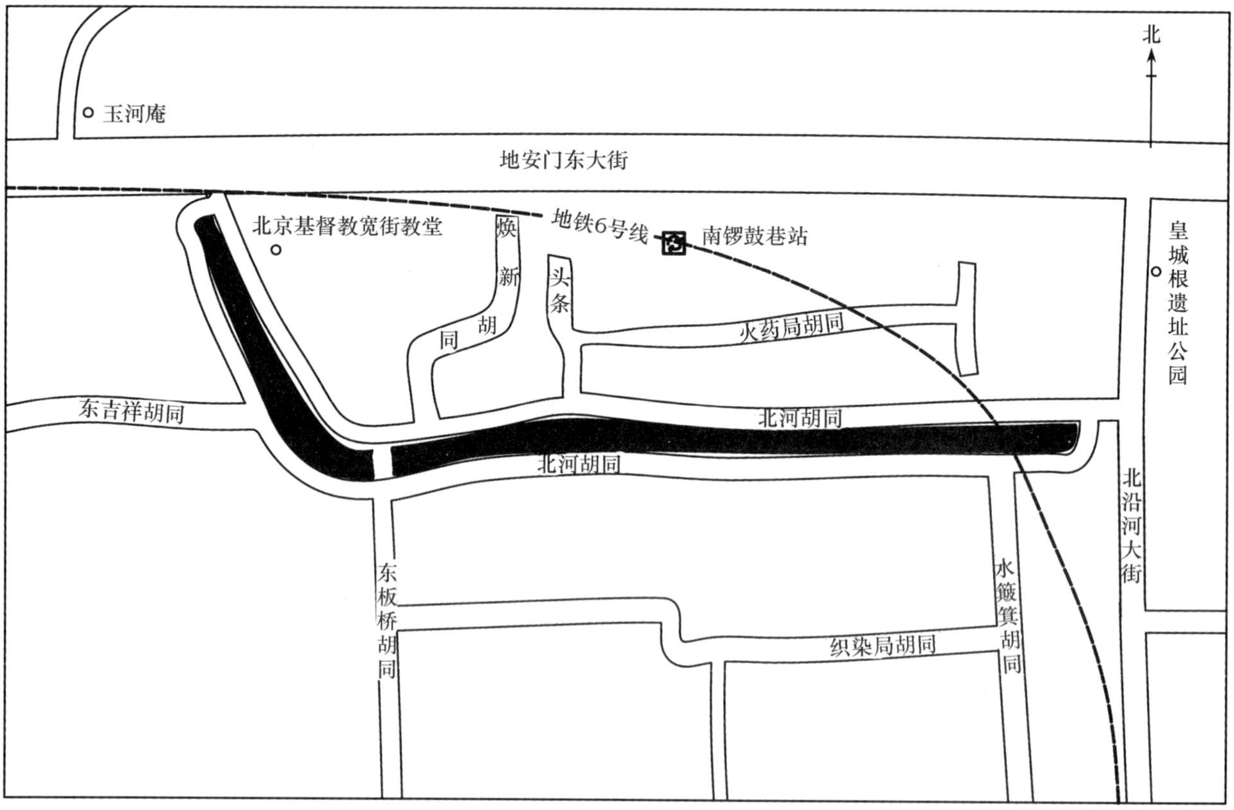

图一　发掘地点位置示意图

为玉河南区一期，即“L”中的一横；东板桥以西至平安大街路南为玉河南区二期，即“L”中的一竖（图二）。

由于二期内现有宽街基督教堂、街心花园、道路等建筑及设施，故考古发掘工作先从一期开展，自东向西推进。工作之前，一期区域内地面上有绿化树木、水泥路和铺砖（图三），地表下有自来水管道、污水管道、煤气管道、电线、电缆等地下管线。

2013年9月7日～2014年8月21日，对玉河遗址南区进行了考古调查及勘探工作（图四）。

考古发掘分为两个阶段。第一阶段从2014年5月30日进场，6月3日正式发掘（图五），期间因为各种原因数次停工，至2014年12月4日因天寒地冻工作暂停。第二阶段从2015年9月19日进场，至11月20日工作结束。

由于遗址上覆盖着4～6米不等的现代垃圾和渣土，发掘至玉河河道时，河道中又有厚达2米的淤泥，为了加快工作进度，在建设单位的配合下，对渣土（图六）和淤泥（图七）进行了清理。

发掘采用直角坐标系布方法，以北河胡同路灯杆B10007号为原点（GPS数据为N39° 55′ 51″ ，E116° 23′ 41″ ，H40米），以10米为单位，向正东坐标点依次为01、02、03……38，作为X轴；向正北坐标点依次为01、02、03，作为Y轴，探方编号为Y＋X。

为全面地了解玉河的具体走向、宽度、埋藏深度、文化层分布等情况，在不具备全面发掘的现场条件下，在一期发掘区内划分了A、B、C三个小区，分别位于玉河南区一期的东、中、西三段（图八）。

图三　发掘前地表状况（东—西）

图四　勘探现场（西—东）

图五　发掘现场（西—东）

图六　渣土清理现场（东—西）

共发掘10米×10米探方30个（T0109～T0111、T0209～T0211、T0117～T0124、T0217～T0224、T0135～T0138、T0235～T0238）。A区发掘面积达1200平方米，B区发掘面积达2000平方米，C区发掘面积达1000平方米。加上局部试掘及扩方，发掘总面积约为5000平方米。

揭露出明、清时期部分玉河河道、堤岸、水闸、桥、建筑基址及近现代墙基等，出土瓷片、铜钱、琉璃构件等文物。

图七　淤泥清理现场

三、地层堆积

对玉河南区一期的发掘表明，遗址的地层堆积虽局部深、厚度有所不同，但大体可划分为3层（图九；图版二六，1～3）。

第1层：表土层。灰褐色黏土，局部泛黄。较致密，颗粒团较大，厚3.5～6.6米。呈层状堆积。包含物有现代建筑基础、自来水管、污水管道、天然气管道、电缆、电线及建筑垃圾、水泥块、灰瓦片、青砖、白灰颗粒、玻璃片、植物根系、煤渣、炭渣、动物骨骼及较多明清瓷片、宋代铜钱、石磨盘等。该层分布于3个发掘区，应为玉河河道废弃后近现代以来形成的堆积。

第2层：清代层。厚0.7～2米，深3.2～8.6米。黑色淤泥，局部褐色。疏松。呈层状堆积。包含物较少，有明代、清代瓷片，琉璃建筑构件等。该层分布于3个发掘区。

第3层：明代层。厚0.3～1.4米，深3.5～10.6米。褐色粗沙土，疏松。呈层状堆积。包含较少水螺壳、河蚌，以及少量的唐、元、明代瓷片等。该层分布于3个发掘区。

四、遗　　迹

分A、B、C三个小区分别介绍。

（一）A区

位于玉河南区一期东段，T0135～T0138、T0235～T0238内。发掘出水闸等（图一〇）。

水闸　开口于第3层下，平面呈横“八”字形，东西残长22.1、南北残长15米。河水自西流向东，主体结构为闸门、闸墙、基础（图版二七，1）。

闸门由闸口、闸槽等组成。闸口由青石砌筑，东西长3.3米，残高1米。水闸残余南北向闸板两块，距河道底部1米，直径0.28～0.3米，东西间距2.8米。闸板上凿有长方形榫窝，残余12个：（0.15～0.2）米×0.1米×0.3米（图版二七，2）。

南北闸墙上各凿出闸槽两道。南闸墙距木闸以西2.15米处为第一道（图一一）。青石砌筑，边长0.24、残高1.7米。上下笔直，槽底平整。河道底部与闸槽对应有一条底石凹槽，宽0.4、残长1.5米。

第二道闸槽位于第一道闸槽以西8米、雁翅东1.25米处（图一二）。青石砌筑，边长0.24、残高1.9米。上下笔直，槽底平整。河道底部与闸槽对应有一条底石凹槽宽0.4、残长1.5米。

北闸墙上闸槽位置与南闸墙闸槽相对。距水闸以西2.17米处为第一道（图版二八，1）。青石砌筑，边长0.26、残高1.8米。上下笔直，槽底平整。河道底部与闸槽对应有一条底石凹槽宽0.4、残长1.5米。

第二道闸槽位于第一道闸槽以西8米、雁翅东1.25米处（图版二八，2）。青石砌筑，边长0.24、残高1.8米。上下笔直，槽底平整。河道底部与闸槽对应有一条底石凹槽，宽0.4、残长1.5米。

闸墙又称金刚墙，砌筑在基础的南北两边，由由身（正身）、上迎水雁翅、上裹头、下分水燕尾、下裹头组成。

图一一　南闸墙第一道闸槽

图一二　南闸墙第二道闸槽

南闸墙　依据折角分为两段，闸门两边中部直长的一段，称由身或正身。正身西侧斜张如“八”字形者为上迎水雁翅。位于T0136～T0138内，由T0137东壁向西发掘12.5米，向东入T0138内3米，暴露总长15.5米（图一三、图一四），东西向。基础开口于第1层下，用青砖和条石夹白灰错缝砌制成护堤。与土岸之间用砖砌有砖墙1道，墙宽0.3米。

墙身由砖基和条石组成，残高2.14～2.23米，砖基在上，条石在下。砖基均用白灰错缝平砌，顶部距地表深4.4米，南北宽0.89米，残留青砖4～9层，残高0.4～0.9米。用砖残整不一，规格为0.42米×0.21米×0.08米、0.41米×0.2米×0.07米两种。

砖基下部自下而上砌筑条石4层（图版二九，1），总高1.76米。第1、2层各厚0.38米，第

图一三　南闸墙（北—南）

图一四　南闸墙（东—西）

3、4层各厚0.45米。砌筑规整，均夹白灰，错缝横向砌制。表面刻有沟纹，沟纹间距0.01米。一些条石上刻有海马（图一五）和缠枝花图案。条石规格为1.03米×1.2米×0.38米、1.06米×1.2米×0.45米、1.15米×1.2米×0.38米三种。

南上迎水雁翅　位于T0136、T0137内，闸墙在距T0137东壁6.6米处向西南呈45°角转折形成雁翅（图版二九，2）。用青条石砌筑4～9层，局部顶部砌有青砖。总长7.8、总宽0.55～0.75、残高2.1～3.8米。呈东北—西南向，南部延伸至现代自来水主管道。条石与土岸之间用砖砌有砖墙8道，墙宽2米。

雁翅用条石规格为1.2米×0.72米×0.46米、1.59米×0.71米×0.45米、1.59米×0.8米×0.56米、1.72米×0.8米×0.4米四种。多为青色岩石，部分略泛红色，一些表面刻有沟纹。砖为青灰色素面，规格为0.42米×0.2米×0.08米、0.46米×0.22米×0.12米、0.48米×0.22米×0.12米三种。

北闸墙　位于T0236～T0238内，东西向。在原绿化带以北的沥青路下，与南闸墙间距5.5米。

由T0236东壁向西发掘12.5米，向东入T0238内3米，暴露总长15.8米（图一六、图一七）。基础开口于第1层下，用青砖和条石夹白灰错缝砌制成护堤。

墙身由砖基和条石组成，残高2.12～2.2米。砖基在上，条石在下。砖基均用白灰错缝平砌，顶部距地表4米，南北宽0.89米，残留青砖1～2层，残高0.06～0.12米。用砖残整不一，规格为0.42米×0.21米×0.08米、0.41米×0.2米×0.07米两种。

砖基下部自下而上砌筑条石4层（图版三〇，1），总高1.76米。第1、2层各厚0.38米，第3、4层各厚0.45米。砌筑规整，均夹白灰，错缝横向砌制。表面刻有沟纹，沟纹间距0.01米。条石规格为1.03米×1.2米×0.38米、1.06米×1.2米×0.45米、1.15米×1.2米×0.38米三种。

北上迎水雁翅　与南上迎水雁翅相对。位于T0236、T0237内，闸墙在距T0237东壁6.6米处向西北呈45°角转折形成雁翅（图版三〇，2）。用青条石砌筑4～9层，局部顶部砌有青砖，总长7.8、总宽0.55～0.75、残高2.1～3.8米。呈西北—东南向，北部延伸至市政路下。

雁翅用条石规格为1.2米×0.72米×0.46米、1.59米×0.71米×0.45米、1.59米×0.8米×0.56米、1.72米×0.8米×0.4米四种。多为青色岩石，部分略泛红色，一些表面刻有沟纹。砖为青灰色素面，规格为0.42米×0.2米×0.08米、0.46米×0.22米×0.12米、0.48米×0.22米×0.12米

图一五　闸墙上的海马图案

图一六　北闸墙（南—北）

三种。

海墁石铺于闸底，镶砌在南北两道闸墙内，由花岗石错缝平铺（图版三一，1），南北向。用石规格有1.8米×1.45米×0.32米、（0.81～1.83）米×1.55米×0.32米两种，表面刻有沟纹。

石板之间用铁锭锁相互扣在一起起到加固的作用，有1个或2个铁锭锁不等（图一八；图版三一，2）。铁锭束腰，长18、腰宽5、厚4厘米，铸造规整。

南、北下分水燕尾　推断其位置在东侧市政路下，无法勘探和发掘。

南堤岸　经勘探，压在现南侧市政路和民房下。据称早年市政施工时曾清理出呈横向夹白灰错缝砌制的9～12层大城砖。砖的规格为0.44米×0.22米×0.12米、0.47米×0.23米×0.12米、0.49米×0.25米×0.15米三种，为青灰色素面砖。

北堤岸　经勘探，压在现北侧市政路下。

（二）B区

位于玉河南区一期中段，T0117～T0121、T0217～T0221内，发掘出石桥1座、建筑基址1处。

1号石桥　开口于第1层下，位于T0120西部，进入T0119、T0118内。南北向（图一九）。南北残长3～3.8米，东西残宽14～19.7米。北部被现代污水管道叠压及破坏。中部已破坏，残留圆形木桩地钉12根（图二〇）。地钉上部距地表深6.5米，下部进入生土内。地钉上部直径0.15～0.3米，下部为尖状，残高1.7～1.8米。地钉之间的间隔似无规律，施工粗糙，有的较疏，有的较密。

南部被自来水管道、市政路叠压，不具备发掘条件（图版三二，1）。

石桥南部有东、西两雁翅。东雁翅位于T0120西部和T0119东部，呈45°角转折。上部已破

图一七　北闸墙（东—西）

图一八　底石的铁锭锁（南—北）

坏，残留下部基础（图版三二，2）。南北残长4.05、残高3.7～4.1米。上部用10层石板错缝夹白灰垒砌。用石规格为（0.5～1.6）米×（0.5～1）米×（0.2～0.45）米。石板西部上部砌制青砖，残存11层，残高1.2米，东西宽1米。用砖规格为宽0.2、厚0.08米。

石板之下为圆形顶石桩，木制，直径0.1～0.12米，高1.8米。顶石桩东部有南北向2根方木，宽0.2～0.25米，作为加固用（图二一）。距河道底0.6米。方木之下为圆形地钉，杂乱。

石桥西雁翅位于T0119中部，呈60°角转折（图二二）。上部已破坏，残留下部基础。南北残长4.5米，残存7层石板，高1.75～3.5米。砌法为平砌错缝内夹白灰。用石规格为（0.5～1.6）米×（0.5～1）米×（0.2～0.65）米。石板上部砌制有青砖，残留3层，残高0.35米。用砖规格为0.36米×0.2米×0.08米。

石板东部残存有白灰基础，东西宽1.1米，残高1.7米。石板西部底部有圆形木地钉8根，直径0.1～0.15、高0.7～1.8米。

该河道底部距地表7.9～8.75米。

建筑基址　位于中段东侧，在T0122～T0124内（图二三），开口于第1层下。揭露形状呈东西向“E”形，南北揭露残长7.6～7.9米，东西残宽13米，基础距地表3.8～4.25米。南部进入南壁内，北部进入北壁内。东西有三道基础，为东、中、西基础，东基础距中基础6米，中基础距西基础1.8米。北部有一道东西向砖基础，与东、中、西基础相连（图版三三，1、2）。

图二〇　桥基的木桩地钉（北—南）

图二一　桥基顶石桩和加固方木局部

图二二　石桥西雁翅

东基础由石板和青砖砌制而成，东西宽1.6米，残高1.45～3.95米。东部用石板南北向错缝平砌，西部为青砖夹白灰平砌垒制。石板北部残存3层，高1.45米；南部残存7层，高3.1米。用石7块，从南向北依次长0.75、1.25、0.87、1.5、1、0.74、1.24米，宽0.5、0.7米，厚0.3、0.35、0.5、0.55、0.6米。用砖规格为0.48米×0.24米×0.12米。

东基础由南5.4米处向西北转折呈雁翅，雁翅残长3、残高1.45～2.55米。东基础与中基础之间为夯土，总高2.75米。夯土共有11层，每层厚0.25米，夯土上部有一层0.05米厚的碎砖、瓦片。

中基础为南北向，东西宽2、南北残长6.85、残高1.4～3.65米。用青砖呈东西向顺砖错缝平砌，内夹白灰，北部与北基础相连。

西基础由石板和青砖砌制而成，南北残长7.6、东西宽1.6、残高1.4～3.3米。西部用石板南北向错缝平砌，东部用青砖夹白灰平砌垒制。石板北部残存3层，残高1.4米；南部残存石板6层，残高2.25米。用石6块，从南向北依次长1.5、1.25、2、1.24、1、1.24米，宽0.5、0.77、0.6、0.53、0.51、0.49米，厚0.3、0.35、0.5、0.55米。

西基础由南6.8米处向东北转折形成雁翅，雁翅残长1.05、残高1.4米。西基础与中基础之间为夯土，高2.7米。夯土共有10层，每层厚0.25米，夯土上部有一层0.05米厚的碎砖、瓦片。西北部有3块南北向铺地石板，南北长0.7～1.1、东西宽0.8～0.95、厚0.2米。石板周边有圆形木钉，东侧尤密。木钉底部呈近尖状，直径0.1～0.15、残高0.75米。在石板东部有木板，残长2.2、宽0.2、厚0.1米。

北基础位于东、西雁翅的北部，北部进入北壁内。东西残长10.5、南北残宽0.75～1.1、残高1.5～1.65米。用6层青砖东西向错缝平砌，内夹白灰，上部残存3层南北向顺砖平砌。该基础北侧上部第2层内发现木钉，钉顶距地表深4.5米，呈东西向排列，共56个。木钉呈近圆形，钉底呈近尖状，直径0.08～0.1、残高1.8～2、间距0.2～0.3米。基础下铺垫有一层碎砖、瓦片夯制的夯土，厚0.2米，夯土上部平铺石板，厚0.3米。

（三）C区

位于玉河南区一期西段，T0109～T0110、T0209～T0210内。发掘出河道遗迹（图二四）。

河道呈东西向，底部较平坦。由于北部有污水管道和市政路，故未完整发掘。勘探出南北间距27～30米，揭露宽5.7、东西长20米（图二五）。

图二五 河道局部

五、遗　　物

出土的遗物有瓷器（片）、陶器、石器、木器、建筑构件、铜钱、动物骨骼等。择其中有代表性者介绍如下。

（一）瓷器

玉河南区一期共出土瓷片9000余片，大多是残片，只有较少的标本可复原。分属唐、金、元、明、清、民国，以清代和民国时期最多。窑口主要有景德镇窑、磁州窑、钧窑、龙泉窑及一些北方窑口。其中数量最多的为清代景德镇窑瓷片，达7500余片。其中，以青花、彩瓷、单色釉居多。大部分为民窑产品，只有极少数属于官窑。

1. 唐代

青釉碗14DYT0137③：001，胎质坚硬，胎体轻薄。器身施半釉，釉色青中泛黄。圆唇，敞口，弧腹，饼形足（图版三四，1）。

2. 元代

青白釉碗底14DYT0137③：002，灰白胎，胎质坚硬，见气孔，胎体厚重。器内外施青白色釉，釉层较厚。碗底内有刻划花纹，底足宽平，足墙较直，足底露胎。是比较典型的景德镇窑元代时期器物（图二六）。

钧釉碗底14DYT0137③：003，露黄褐胎，胎质疏松，器体施月白色釉，釉层较厚，不甚光亮。敛口，弧腹，矮圈足内凹（图二七）。为比较典型的元代钧窑的产品。

青釉碗14DYT0136③：104，灰胎，胎质坚硬，足底露胎。器内外施青釉，釉色清亮，釉层稀薄。敞口外侈，弧腹，矮圈足，足底宽平（图版三四，2）。

图二六　元青白釉碗底（14DYT0137③：002）

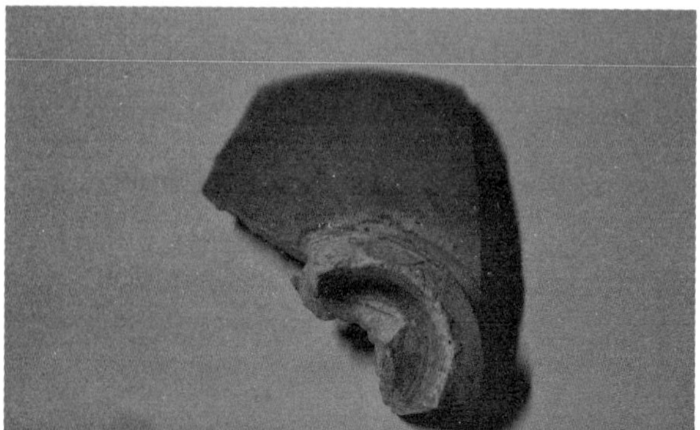

图二七　元钧釉碗底（14DYT0137③：003）

3. 明代

青白釉高足碗残柄14DYT0137③：010，灰白胎，胎质坚硬。器身施青白色釉，釉色均匀、光亮。足底露胎，呈火石红色（图二八）。是比较典型的景德镇窑明初时期器物。

青花碗底14DYT0137③：011，灰白胎，胎质坚硬。器身施灰白色釉，釉色均匀、光亮。足底露胎，呈火石红色。内底所饰青花草书“福”字残缺（图二九）。是比较典型的景德镇窑明初器物。

青白釉折腹盘14DYT0137③：044，足底露胎，足内旋削，中部有一乳突。灰白胎，胎质坚硬。器内外施青白色釉，釉层较厚。撇口，折腹，矮圈足。光素无纹（图版三四，3）。明初景德镇窑烧造。

正统—天顺青花缠枝莲纹碗14DYT0137②：046，足脊露胎，灰白胎，胎质坚硬。器内外施灰白釉，釉色莹润光亮。撇口，弧腹，矮圈足。外腹壁主体饰青花简笔缠枝莲纹，口沿饰卷草纹一周。青花发色灰暗（图三〇）。景德镇窑烧造。

永乐甜白釉罐残件。白胎，胎质坚硬，见气孔。器外壁施甜白色釉，釉面匀净、莹润光亮，局部见橘皮纹。外壁饰暗刻花卉纹。景德镇窑烧造。14DYT0136③：149（图三一）、14DYT0137②：106（图三二）、14DYT0137②：107（图三三）。

宣德龙泉青釉碗14DYT0138③：151，足底露胎，呈火石红色，中部有一圆釉点，灰白胎，胎质坚硬。器内外施青釉，釉层较厚。釉色莹润光亮。撇口，弧腹，矮圈足。光素无纹

图二八　明青白釉高足碗残柄（14DYT0137③：010）

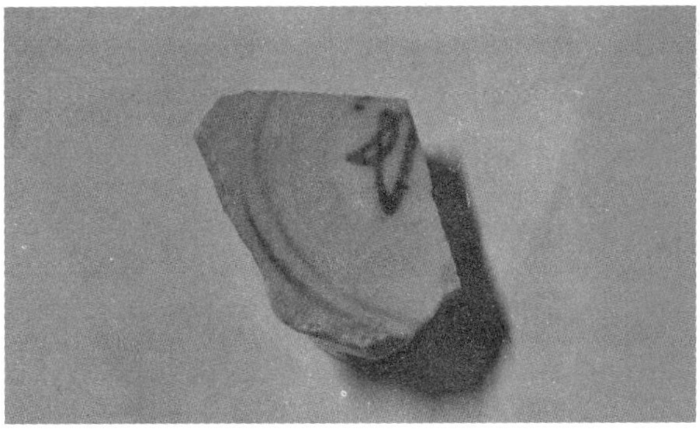

图二九　明青花碗底（14DYT0137③：011）

图三〇　明正统—天顺青花缠枝莲纹碗（14DYT0137②：046）

图三一　明永乐甜白釉罐残件（14DYT0136③：149）

（图三四）。龙泉窑烧造。

宣德青花菊瓣纹碗底14DYT0121①：004，胎质坚硬，修足规整，器表饰青花菊瓣纹。底款为“大明宣德年制”青花六字竖款。青花发色紫艳，为苏麻离青料（图三五）。典型的明宣德官窑器。

宣德龙泉青釉盘14DYT0137②：049，足底露胎，呈火石红色，中部有一圆釉点。灰白胎，胎质坚硬。器内外施青釉，釉层较厚。釉色莹润光亮。撇口，弧腹，矮圈足。光素无纹（图三六）。龙泉窑烧造。

宣德龙泉青釉折腹盘14DYT0137②：073，足底露胎，呈火石红色，中部有一圆釉点。灰白胎，胎质坚硬。器内外施青釉，釉层较厚，釉色莹润光亮。撇口，弧腹，矮圈足。外腹壁饰简笔刻划兰草纹（图版三四，4）。龙泉窑烧造。

正统青花缠枝莲纹盘14DYT0137②：071，足脊刮釉露胎，灰白胎，胎质坚硬。器内外施青白釉，釉色莹润光亮。撇沿，浅弧腹，圈足。外腹壁主体饰青花缠枝莲纹，边饰青花弦纹五周。青花发色灰暗，铁锈疤痕明显（图三七）。景德镇窑烧造。

正统青花云气纹碗14DYT0137②：063，足脊露胎，灰白胎，胎质坚硬。器内外施青白釉，釉色莹润光亮，酱色口沿。外腹壁主体饰青花云气纹，边饰青花弦纹五周。撇口，弧腹，矮圈足。青花发色灰暗（图三八）。景德镇窑烧造。

正统青花海水云气纹碗14DYT0137②：094，足脊露胎，灰白胎，胎质坚硬。器内外施青

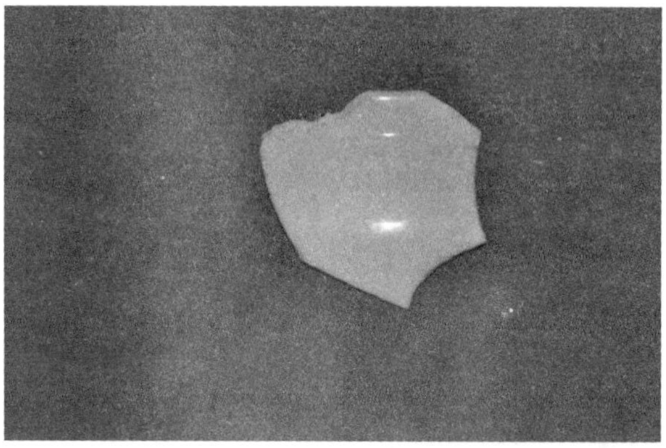

图三二　明永乐甜白釉罐残件（14DYT0137②：106）

图三三　明永乐甜白釉罐残件（14DYT0137②：107）

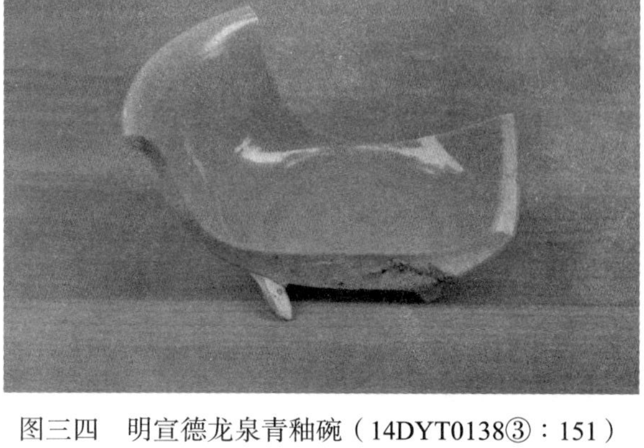

图三四　明宣德龙泉青釉碗（14DYT0138③：151）

图三五　明宣德青花菊瓣纹碗底（14DYT0121①：004）

白釉，釉色莹润光亮。撇口，弧腹，圈足。外腹壁主体饰青花海水云气纹，边饰青花弦纹二周。青花发色灰暗（图版三四，5）。景德镇窑烧造。

正统—天顺青花缠枝苜蓿纹盘14DYT0137②：095，足脊露胎，灰白胎，胎质坚硬。器内外施青白釉，釉色莹润光亮。撇口，浅弧腹，圈足。外腹壁主体饰青花简笔缠枝苜蓿纹，内底饰青花淡描留白花卉、盘肠结纹。青花发色灰暗（图版三四，6）。景德镇窑烧造。

正统—天顺青花缠枝莲纹杯14DYT0137②：096，足脊露胎，灰白胎，胎质坚硬。器内外施青白釉，釉色莹润光亮。撇口，曲弧腹，圈足。外腹壁主体饰青花简笔缠枝莲纹，边饰青花弦纹五周。青花发色淡雅明亮（图三九）。景德镇窑烧造。

成化青花荷莲水草纹碗残件14DYT0137②：012，圆唇，撇口，灰白胎，胎质坚硬。器身施白釉，釉色均匀、光亮。碗外腹壁主体纹饰为青花荷莲水草纹，边饰为青花龟背锦纹。青花发色淡雅（图四〇）。是比较典型的景德镇窑成化时期器物。

弘治—正德青花宝相花纹碗14DYT0137②：078，足脊露胎，灰白胎，胎质坚硬。器内外施青白釉，釉色莹润光亮。撇口，弧腹，圈足。外腹壁主体饰青花宝相花纹，边饰青花几何纹及弦纹四周。青花发色淡雅明亮（图四一）。景德镇窑烧造。

弘治—正德青花松竹梅纹碗14DYT0137②：097，足脊露胎，灰白胎，胎质坚硬。器内外施青白釉，釉色莹润光亮。撇口，弧腹，圈足。外腹壁主体饰青花松竹梅纹，边饰青花几何纹及弦纹六周。青花发色淡雅明亮（图四二）。景德镇窑烧造。

图三六　明宣德龙泉青釉盘（14DYT0137②：049）

图三七　明正统青花缠枝莲纹盘（14DYT0137②：071）

图三八　明正统青花云气纹碗（14DYT0137②：063）

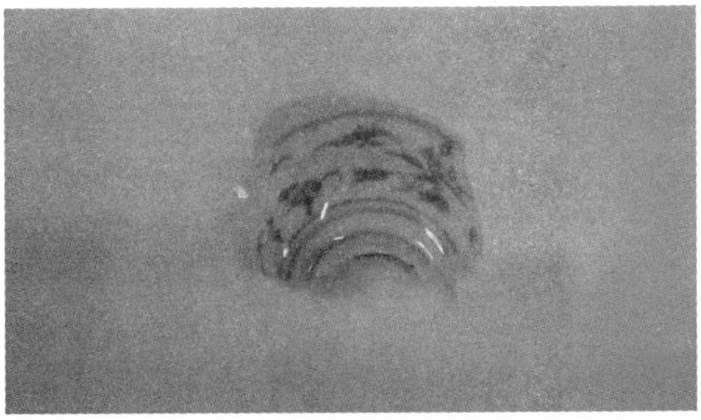
图三九　明正统—天顺青花缠枝莲纹杯（14DYT0137②：096）

正德青花松石栏杆纹碗14DYT0137②：098，足脊露胎，灰白胎，胎质坚硬。器内外施青白釉，釉色莹润光亮。撇口，弧腹，圈足。外腹壁主体饰青花松石栏杆纹，边饰青花弦纹四周，足底青花双圈内饰一青花银锭式锁。青花发色淡雅明亮（图四三）。景德镇窑烧造。

正德青花缠枝莲托八宝纹盘14DYT0137②：077，足脊露胎，灰白胎，胎质坚硬。器内外施青白釉，釉色莹润光亮。撇口，浅弧腹，圈足。外腹壁主体饰青花缠枝莲托八宝纹。青花发色淡雅明亮（图四四）。景德镇窑烧造。

弘治—正德青花折枝花卉云气纹盘14DYT0137②：100，足脊露胎，灰白胎，胎质坚硬。器内外施青白釉，釉色莹润光亮。撇口，浅弧腹，圈足。外腹壁主体饰青花缠枝莲托八宝纹。青花发色淡雅明亮（图四五）。景德镇窑烧造。

崇祯青花婴戏纹碗14DYT0137②：082，足脊露胎，灰白胎，胎质坚硬。器内外施青白釉，釉色莹润光亮。敞口，弧腹，圈足。外腹壁主体饰青花婴戏纹，残余三组；边饰青花弦纹四周。青花发色灰暗（图四六）。景德镇窑烧造。

4. 清代

康熙青花染地留白梅花纹盒14DYT0137①：061，足脊刮釉露胎，白胎，胎质坚硬。子母

图四〇　明成化青花荷莲水草纹碗残件
（14DYT0137②：012）

图四一　明弘治—正德青花宝相花纹碗
（14DYT0137②：078）

图四二　明弘治—正德青花松竹梅纹碗
（14DYT0137②：097）

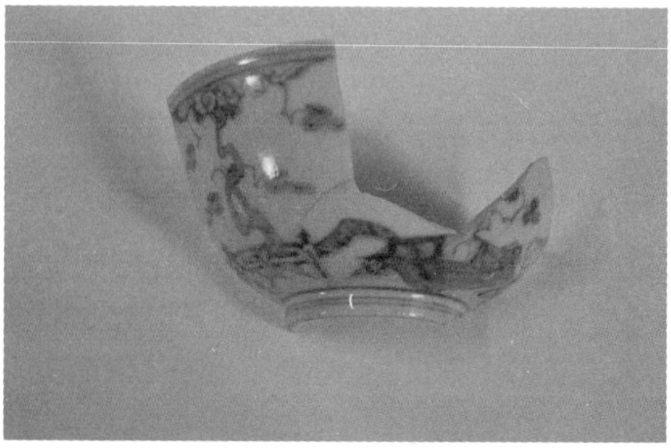

图四三　明正德青花松石栏杆纹碗
（14DYT0137②：098）

口，弧腹，圈足。器外壁以青花染地留白技法饰梅花纹，内壁及底、足施白釉，釉色莹润光亮。底部青花方框图记款。内底光素无纹（图四七）。景德镇窑烧造。

康熙蓝釉盒14DYT0137①：062，白胎，胎质坚硬。器外壁施洒蓝釉，内壁施白釉，釉色莹润光亮。子母口，弧腹，细砂平底（图四八）。景德镇窑烧造。

乾隆豆青釉碗14DYT0137①：060，足脊露胎，打磨圆滑。白胎，胎质坚硬。器外壁施豆青釉，内壁及底足施白釉，釉色莹润光亮。撇口，弧腹，圈足。底部青花方框“大清乾隆年制”六字篆款。内底光素无纹（图四九）。景德镇窑烧造。

图四四　明正德青花缠枝莲托八宝纹盘（14DYT0137②：077）

图四五　明弘治—正德青花折枝花卉云气纹盘（14DYT0137②：100）

图四六　明崇祯青花婴戏纹碗（14DYT0137②：082）

图四七　清康熙青花染地留白梅花纹盒（14DYT0137①：061）

图四八　清康熙蓝釉盒（14DYT0137①：062）

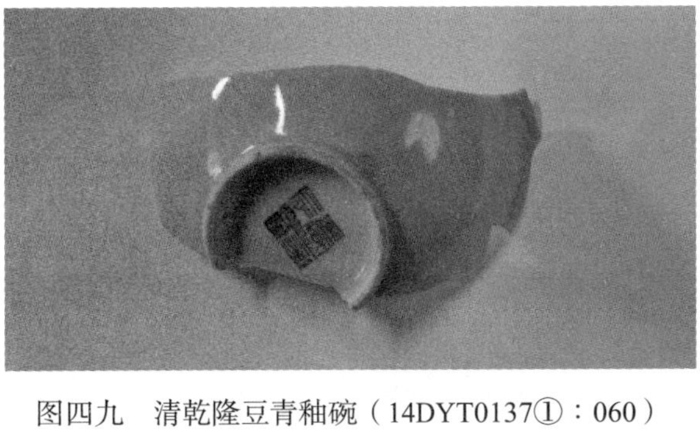

图四九　清乾隆豆青釉碗（14DYT0137①：060）

豆青釉杯14DYT0137①：022，足脊刮釉露胎。白胎，胎质坚硬。器外壁施豆青釉，内壁及底、足施白釉，釉色莹润光亮。敞口，弧腹，圈足。底部青花方框图记款。内底光素无纹（图五〇）。景德镇窑烧造，与嘉庆朝同类器物风格较为接近。

嘉庆豆青釉碗底14DYT0137①：020，白胎，胎质坚硬。器身施豆青釉，釉色莹润、光亮。足底青花“大清嘉庆年制”六字篆款（图五一）。景德镇窑烧造。

同治粉彩墩式碗14DYT0137①：027，白胎，胎质坚硬，胎体较薄。周身施白釉，器体外壁施粉彩“寿”字纹，共八组。底部方框形款残缺（图五二）。景德镇窑烧造。

磁州窑黑釉碗14DYT0137①：065，足底露黄褐色粗胎，器内施白色釉，外施黑釉，釉层较厚。内底刮釉涩圈。敞口，斜壁，折腹，矮圈足。光素无纹（图五三）。磁州窑烧造。

图五〇　清豆青釉杯（14DYT0137①：022）

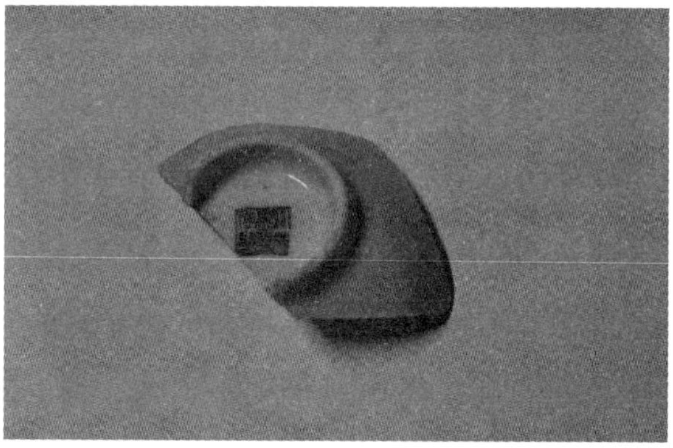

图五一　清嘉庆豆青釉碗底（14DYT0137①：020）

图五二　清同治粉彩墩式碗（14DYT0137①：027）

图五三　清磁州窑黑釉碗（14DYT0137①：065）

（二）建筑构件

黄琉璃筒瓦14DYT0136①：069，黄褐色粗胎，夹砂。器面施酱黄色釉，釉面有细密冰裂纹，局部脱落（图五四）。

黄琉璃滴水14DYT0136②：067，黄褐色粗胎，夹砂。器面施酱黄色釉，釉面有细密冰裂纹，局部脱落。外缘为如意头形，内饰浮雕式云龙纹（图五五）。

黄琉璃剑把14DYT0136①：110，底部残，形似凤尾，中空。黄褐色粗胎，夹砂。器面施酱黄色釉，釉面有细密冰裂纹，局部脱落（图五六）。

黄琉璃瓦钉帽14DYT0136①：111，筒状，中空。黄褐色粗胎，夹砂。器面施酱黄色釉，釉面有细密冰裂纹，胎釉结合不牢，局部脱落（图五七）。

灰陶“寿”字纹瓦当14DYT0136①：068，圆形，宽平缘，当面模印团形“寿”字纹（图五八）。

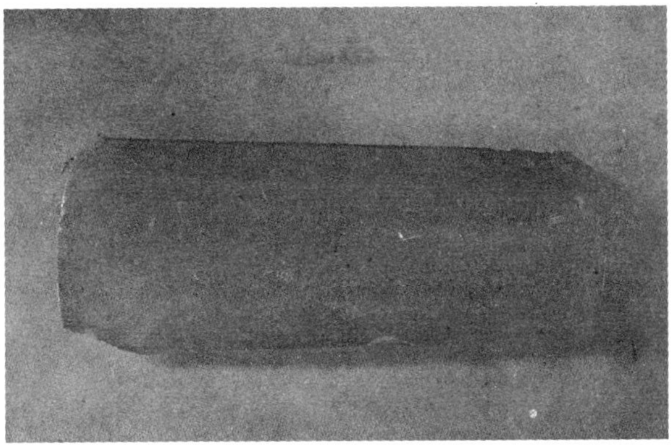
图五四　清黄琉璃筒瓦（14DYT0136①：069）

图五五　清黄琉璃滴水（14DYT0136②：067）

图五六　清黄琉璃剑把（14DYT0136①：110）

图五七　清黄琉璃瓦钉帽（14DYT0136①：111）

图五八　清灰陶“寿”字纹瓦当（14DYT0136①：068）

（三）铜钱

北宋“元祐通宝”14DYT0137①：112，锈残，圆形，方穿。正背面有圆郭，正面铸钱文“元祐通宝”四字，行书，旋读；背面光素无纹（图五九）。

金“大定通宝”14DYT0137①：113，锈残，圆形，方穿。正背面有圆郭，正面铸钱文“大定通宝”四字，楷书，对读；背面光素无纹（图六〇）。

图五九　北宋“元祐通宝”（14DYT0137①：112）

图六〇　金“大定通宝”（14DYT0137①：113）

六、几点认识

（一）玉河的时代和走向

元至元二十八年（1291），著名科学家郭守敬提出修建通惠河的规划。“……经瓮山泊，自西水门入城，环汇于积水潭，复东折而南，出南水门，合入旧运粮河，每十里置一闸，比至通州，凡为闸七。距闸里许，上重置斗门，互为提阏，以过舟止水。”[①]元至元二十九年（1292）春，开始兴建。第二年秋天，完工，并赐名通惠河[②]。全部工程共用时11个月，其施工速度在现在看来也是惊人的。

至此，京杭大运河全线打通了。粮船自通州经通惠河径入大都，一直停泊在积水潭内。这一工程不但改善了粮食自通州陆运的困难，而且也形成了大都城内积水潭北岸钟鼓楼、斜街一带的商业区。

通惠河贯通后不久，明永乐十年（1412）就疏浚过澄清闸段的河道。此后，明宣德七年（1432），“六月甲辰，上以东安门外缘河居人逼近黄墙，喧嚣之声，彻于大内，命行在工部改筑黄墙于河东”[③]。从此，东不压桥以南的玉河被圈入皇城内，船只无法进入积水潭，玉河水道从此只作排水之用。明正统三年（1438），大通桥闸（今东便门外）建成，标志着通惠河新起点的开始，以后北京内城城内的玉河河道逐渐湮废成了“泡子河”。

① ［明］宋濂等：《元史》卷164《郭守敬传》，中华书局，1976年，第3852页。

② ［明］宋濂等：《元史》卷64《河渠志一》，中华书局，1976年，第1588页。

③ 赵其昌：《明实录北京史料》，北京古籍出版社，1995年。

几百年后，1953年，四海下水道下游干线修建完成，东不压桥处已被截断的玉河留有倒虹吸管，用以保障什刹海放水冲刷下游河道。由于经常排放污水，卫生条件较差。1955年开始施工将全线改为暗沟，工程于1956年11月完工①。这次发掘即发现了这条暗沟仍有时发挥着作用。

20世纪70年代，中国科学院考古研究所等单位勘查后得知，元大都的积水潭稍大于今太平湖、什刹前后海的范围，在皇城东北角处的通惠河宽约27.5米②。

在本次考古发掘之前，对清代东不压桥段玉河的走向和宽度推断，依据有三。一来自于文献，如《乾隆十五年京城全图》③（图六一）、《旧北京一九四九年城区全图》等资料。二来自于历史地理学，如北河胡同现存的走向和宽度。这条胡同不可能建于河上，应当是在河道填埋后建起的，胡同叠压在当年的河道之上，所以从现胡同的宽度和方位可以一窥原玉河的端倪。三来自于古建筑，现存北河胡同27号等老建筑当时只能建于清代玉河边，不可能位于河道之上。所以，这处建筑的南端才是河道的北界。

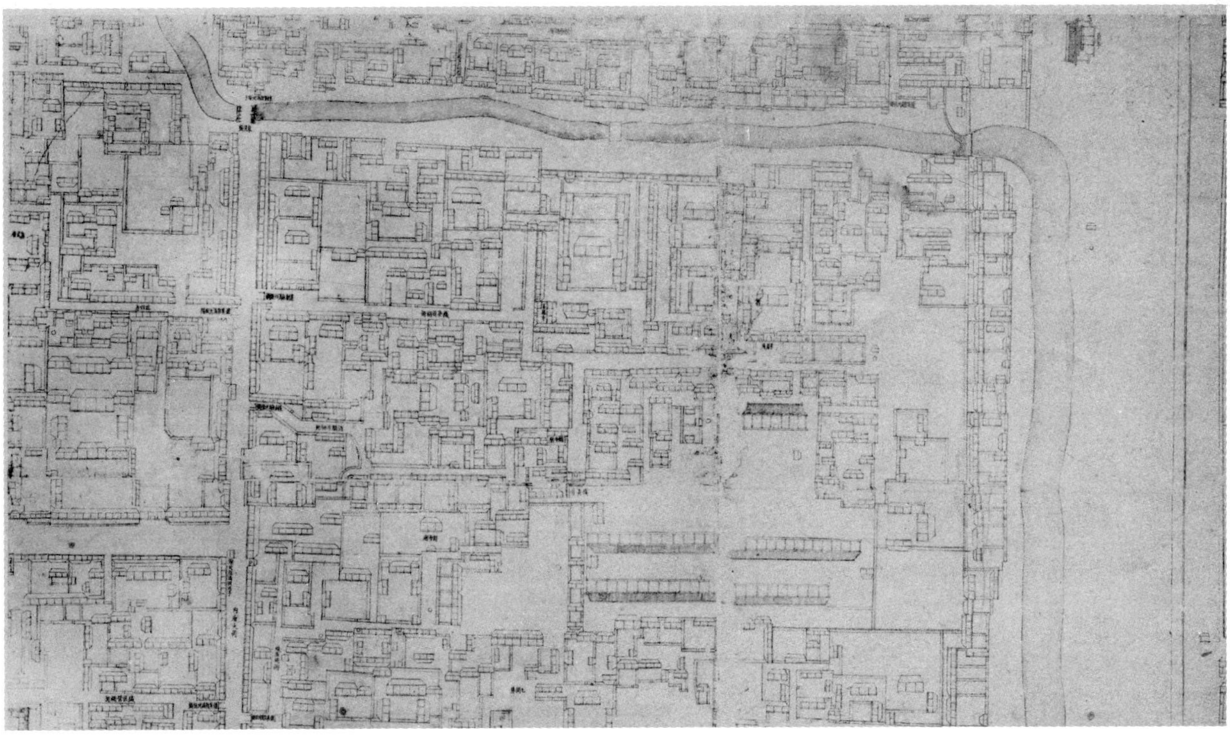

图六一　《乾隆十五年京城全图》五排-五中的玉河

这次勘探和发掘表明，明代玉河河道北界应在现绿化带以北的市政路北缘，南界应在绿化带以南的市政路北缘，宽度为27～30米。这与元大都考古队介绍的元代玉河是相符的。在清

① 北京市地方志编纂委员会：《道桥志·排水志》，《北京志·市政卷》，北京出版社，2003年。

② 中国科学院考古研究所、北京市文物管理处、元大都考古队：《元大都的勘查和发掘》，《中国城市考古学论集》，上海古籍出版社，2015年。

③ 北京市古代建筑研究所、北京市文物事业管理局资料中心：《加摹乾隆京城全图》，北京燕山出版社，1996年。

代，由于其没有航运功能，河道大幅变窄。玉河河道北界应为现绿化带以北的市政路南缘，南界应在绿化带正中偏北的位置，宽约7米。

通过发掘，了解了玉河的走向及古河道的规模，补充了文献上的记载，为玉河水系的复原和展示提供了依据，对探讨玉河及其前身通惠河的形成、利用、修浚和废弃过程有重要的参考意义。

（二）水闸的时代和形制

玉河南区发掘出的水闸，从遗迹层位和建筑形制判断，属于元代晚期至明代早期。水闸的形制，与万宁桥下的澄清上闸及2007年发掘的东不压桥下的澄清中闸相当。据文献记载及古地图所依，此应为澄清下闸。按照蔡蕃先生的分类，澄清下闸属于平水闸，起航闸作用①。

郭守敬规划通惠河工程前，万宁桥西建有海子闸，元贞元年（1295）七月，海子闸改名澄清闸。“澄清闸在鼓楼南，海子东岸，万宁桥西。至元二十九年建，名海子闸。”②《元史》中记载，郭守敬在规划通惠河工程时，“每十里一置闸，比至通州凡为闸七。距闸里许，上重置斗门，互为提阏，以过舟止水”③。这就是说，在通惠河上每十里设闸一处，每处置相距一里的上下两座闸。“提阏”的意思是复闸行船时上下二斗门，上开下关，上关下开。“上重置斗门”的意思是上游置两道闸门。这次将原来的单闸改为复闸，“互为提阏，以过舟止水”，类似现代的船闸。

在实际施工时，海子闸和郊亭闸（位于今北京市朝阳区高碑店）根据需要改为上、中、下三闸，这样，通惠河自广源到河门，“凡置闸二十四座”④。

因此，《日下旧闻考》中载，“海子东澄清闸三”⑤。《析津志》记载：“澄清闸三，有记，在都水监东南。丙寅桥二，蓬莱坊西三。水自枢密桥下南熏桥、流化桥，出南水门外，入哈达门南文明桥下。”并载：“望云桥，在后红门东，今澄清下闸。”望云桥不见其他文献记载。后红门即元皇城的“后载红门”，正式名称应为“厚载红门”，俗称“后门”。明代将皇城北移，称“北安门”，清代时称“地安门”。望云桥在元厚载红门东，则大约在今北河胡同与水簸箕胡同北口交叉处。在元代，这里是蓬莱坊的西边，上文中“蓬莱坊西三”，就是第三闸，即澄清下闸。

澄清下闸由闸门、闸墙、基础等组成。北京除了通惠河上修建的闸外，其他地方发现的闸

① 蔡蕃：《北京古运河与城市供水研究》，北京出版社，1987年。

② ［清］于敏中等：《日下旧闻考》，北京古籍出版社，1981年，第872页。

③ ［明］宋濂等：《元史》卷164《郭守敬传》，中华书局，1976年，第3852页。

④ ［元］孛兰肹等著，赵万里校辑：《元一统志》卷1，中华书局，1966年，第15页。

⑤ ［清］于敏中等：《日下旧闻考》卷89《郊坰》，北京古籍出版社，1981年，第1500页。

有通州上闸[①]、通州下闸、北京101中学清代水闸[②]等；外地则有广州南越国汉代水闸、上海普陀志丹苑元代水闸[③]、明代江苏宝应刘堡减水闸、镇江唐代至清代京口闸[④]、淮安明代板闸、山东聊城土桥闸等考古发现。它们的形制大体相近。

澄清下闸的发掘，使得澄清三闸全部面世，是北京水利史和建筑史上的重要资料。上闸与中闸之间的直线距离约540米，闸底高差约1米；中闸与下闸之间的直线距离约500米，闸底高差约1米。这样，澄清三闸的直线跨度约1040米（图六二），闸底高差约2米。由于坡降[⑤]过陡，原郭守敬规划中的建二闸极难控制，所以增建中闸。这也是仅1千米余的长度内设三座闸的原因。增闸是出于航运的考虑，明代中期后不再通船，中、下闸便逐渐废弃不用了[⑥]。

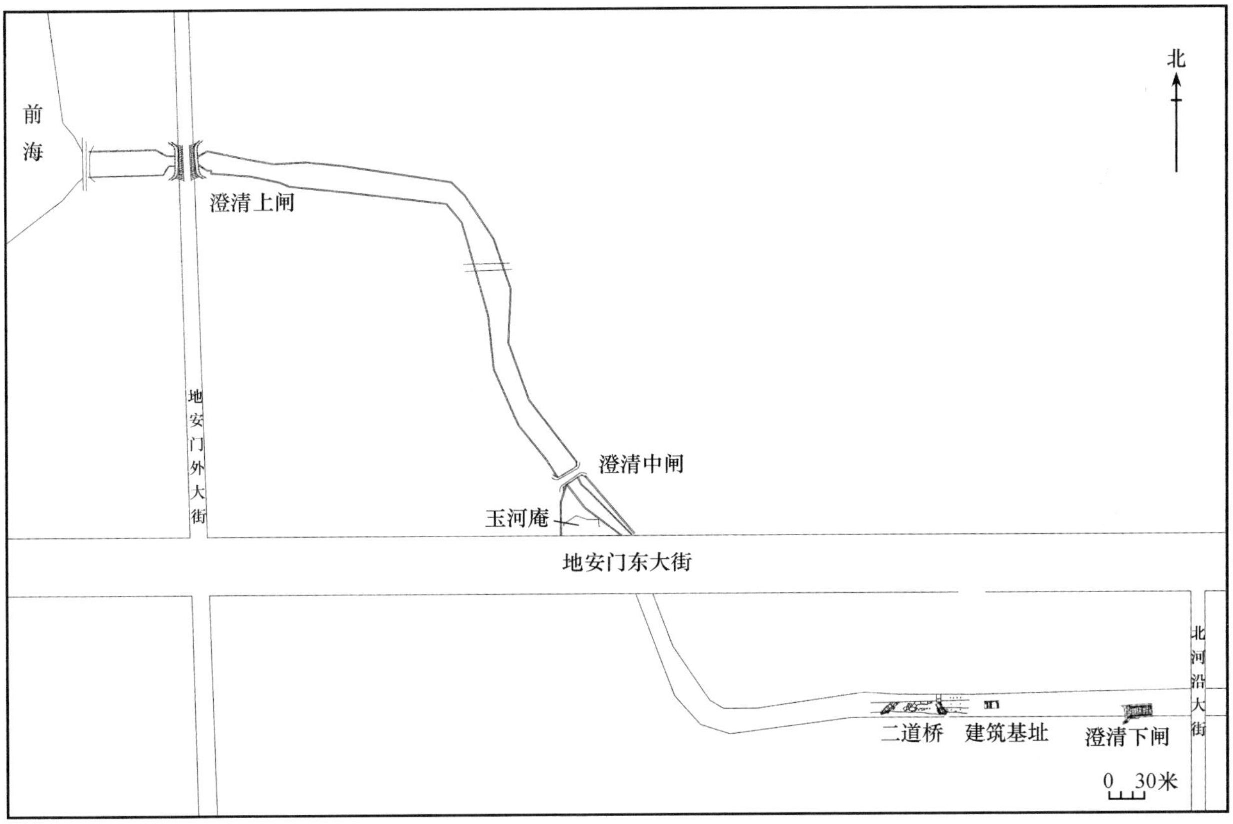

图六二　澄清三闸的位置关系示意图

通过建闸减缓坡降，是北京漕河的巨大的成功经验。

万宁桥（包括澄清上闸）、东不压桥（包括澄清中闸）都是大运河（北京段）上的遗产

① 周良：《通州漕运》，《北京文物与考古》（第五辑），北京燕山出版社，2002年。

② 北京市文物研究所：《101中学清代水闸遗址发掘简报》，《北京文博》2005年第1期。

③ 上海博物馆考古部：《上海市普陀区志丹苑元代水闸遗址发掘简报》，《文物》2007年第4期。

④ 镇江博物馆：《镇江京口闸遗址》，江苏大学出版社，2015年。

⑤ 指河流水面单位距离的落差。

⑥ 蔡蕃：《北京古运河与城市供水研究》，北京出版社，1987年，第99页。

点。澄清下闸及玉河南区河道的发掘，使得通惠河段澄清闸段完整揭露，丰富了大运河的遗产内涵。

（三）桥的时代和形制

据层位、建筑工艺和形制，判断石桥应为清代中晚期建造，民国年间废弃。

在清乾隆时期玉河南区的地图①上，自西向东分布有东板桥、二道桥、闸桥这三座桥。而在《民国二十三年、二十四年（1934年、1935年）实测北平市内外城地形图》（图六三）和《旧北京一九四九年城区全图》上，玉河南区自西向东分布有东板桥、西无名便桥、二道桥、东无名便桥四座桥。本次发掘的石桥据其位置所示，应为西无名便桥或二道桥，以二道桥可能性为大。但此推测准确与否还有待于C区以西区域的勘探和发掘。

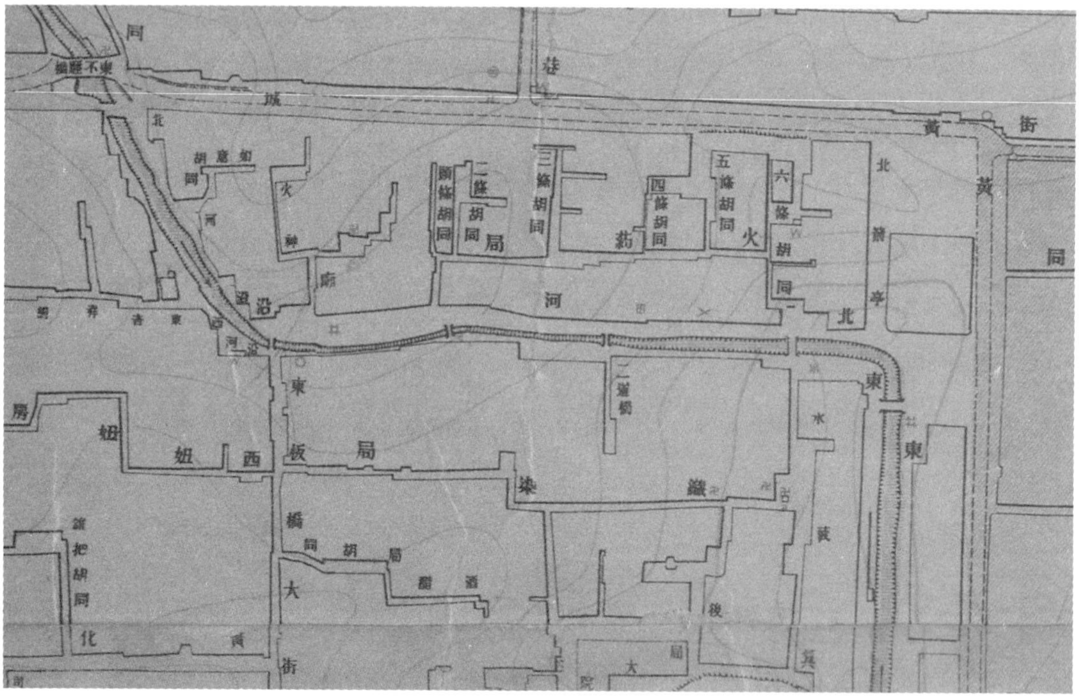

图六三　《民国二十三年、二十四年（1934年、1935年）实测北平市内外城地形图》中的玉河南区上的桥

根据发掘得知，石桥的桥拱正跨在现绿化带正中，这也是从考古学角度对以上清代玉河河道的中心位置及宽度认识的一个佐证。

东、西板桥是北京皇城内的2座著名的古桥，今桥虽已不存，但地名犹在。2017年，在恭俭胡同南口发现了西板桥遗迹及通往内金水河的河道②。以上桥、河道的发现，有利于复原北京旧城内的给排水系统，为研究北京中心城区水系的历史面貌乃至大运河文化带、中轴线文化

① 北京市古代建筑研究所、北京市文物事业管理局资料中心：《加摹乾隆京城全图》，北京燕山出版社，1996年。

② 北京市文物研究所2017年考古发掘资料。

提供了新的实物资料。

B区的建筑基址，由于发掘面积所限，没有完全揭露，无法推测其功能和用途。仅从形状来看，似为便桥。

（四）出土遗物

出土的各时代瓷片，器形丰富、窑口齐全、纹饰多样，为研究北京唐代以来特别是明清时期的古代瓷器提供了重要标本。

瓷片的窑口有景德镇窑、磁州窑、龙泉窑等，以景德镇窑最多。景德镇窑中又以青花和单色釉瓷最多。时代以明清为主，从明洪武到清同治，几乎各个时代的皆有，构成了一张完整的明清瓷片窑口谱系表。

铜钱、陶器、石器、建筑构件等也为研究皇城内的物质文化增加了新的资料。

（五）玉河的发掘对于北京历史文化名城保护的意义

除了玉河外，玉河南岸的织染局民房在施工过程中也曾发现了大量的明清瓷片，玉河南区北岸火药局胡同也发现瓷片[①]，因此玉河沿线及周边也应当分布有较为密集的文物。

玉河是北京皇城内文化遗产的重要代表。皇城之内，除了故宫等耳熟能详的众多古建文物外，还拥有大量的地下文物。如厂桥发现的东汉时期砖室墓；东城区北池子大街草垛胡同、故宫西华门、西城区灵境胡同、爱民街、教场胡同、西安门、西什库发现的唐代砖室墓葬；西城区光明胡同、西椅子胡同、罗贤胡同，东城区黄化门发现的辽代墓葬；北京四中教学楼建设时发现的元末明初瓷片；明清东皇城墙遗址等[②]，是北京深厚历史文化底蕴的代表。

玉河南区与东皇城墙遗址仅相距约70米，东皇城墙遗址经发掘后已开辟为遗址公园，吸引着大量的市民和游客来此休息、游览。玉河南区的发掘，使得河、闸、桥的元素与墙结合在一起，灵动的水系与庄严的城墙相呼应，形成皇城文化的统一整体。

元代，礼部尚书、诗人马祖常有《玉河诗》：“御沟春水晓潺湲，直似长虹曲似环。流入宫城才咫尺，便分天上与人间。”明代，“御河新柳暗如烟，万缕长条碧可怜”，作为当年的京师一景，“御河新柳”常为诗人所题咏。清代玉河不通航后，乾隆皇帝还有“玉泉舟下玉河通，日丽风和波不雄”的诗句。

玉河南区的考古发掘，是《北京历史文化名城保护规划》中“历史河湖水系的保护”的要求。发掘之后数年，有关部门在河道内引入水并开辟成公园，碧波荡漾，重现“水穿街巷”的历史景观，成为平安大街新的坐标。

---

① 北京市文物研究所2018年勘探资料。

② 郭京宁：《皇城遗珍》，《毛家湾出土瓷器珍品展》，天津人民美术出版社，2009年。

玉河南区的发掘，对北京历史文化名城保护具有示范和引领作用。

以上是对玉河南区发掘的初步认识。由于尚未开展系统整理，故所公布之资料难免有误，望方家不惜赐教。

领队：郭京宁

发掘：郭京宁　古艳兵　朱文军

整理：郭京宁　古艳兵　雷君燕

执笔：郭京宁

北京丰台西铁营清代墓葬发掘简报

北京市文物研究所

西铁营墓葬发掘区位于北京市丰台区中部西铁营村，东邻嘉园路，西邻菜户营南路，南邻南三环西路，北邻丽泽路（图一）。为配合亚林西项目十二期重点区域工程建设，2013年7月北京市文物研究所对该项目占地范围发现的墓葬进行了抢救性发掘，清理清代墓葬19座（图二），现将此次发掘墓葬简报如下。

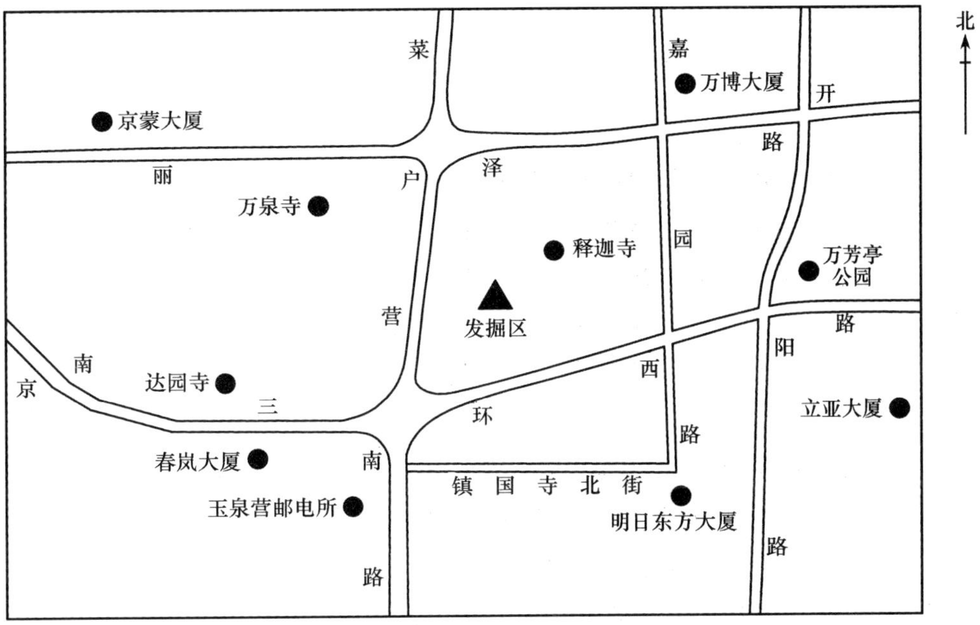

图一　墓葬发掘位置示意图

一、墓葬形制

共19座，编号为M1～M19。依墓内所葬人数多寡，分为单棺墓、双棺墓两类，另有3座为迁葬墓，葬具、人骨均不存，不予介绍。

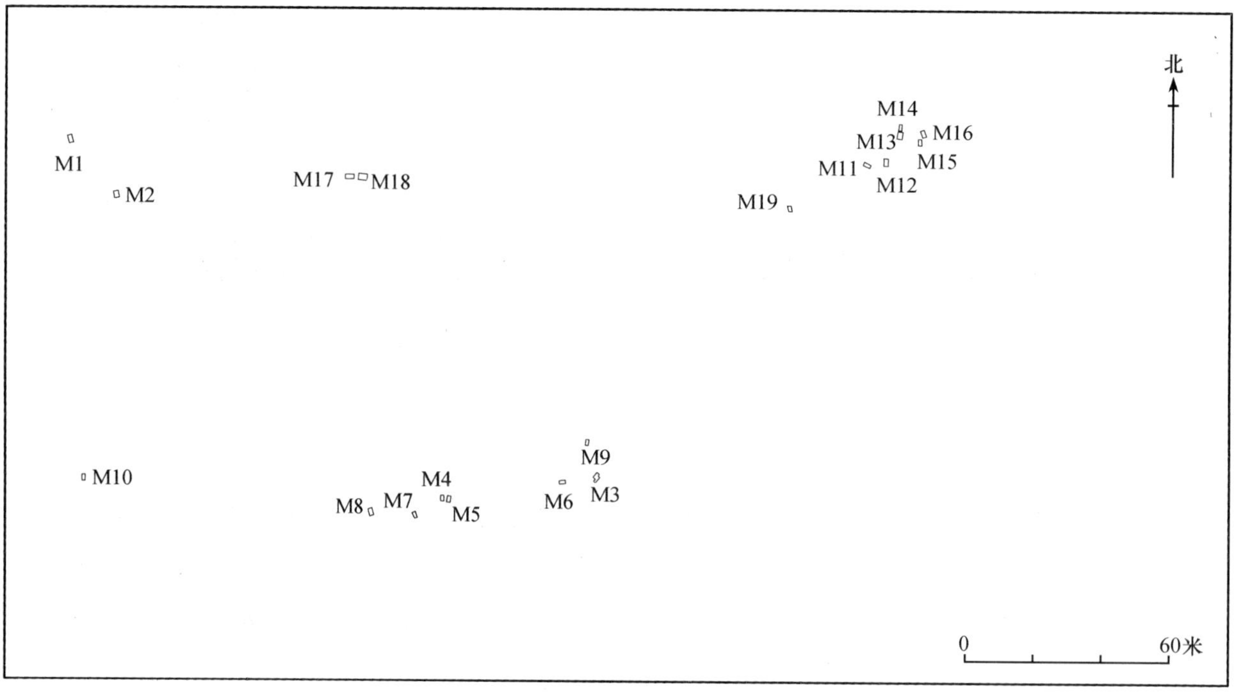

图二　墓葬发掘平面图

1. 单棺墓

5座。编号为M4、M5、M7、M10、M14。以M7、M14为例加以介绍。

M7　位于发掘区南部，西邻M8，开口于第2层下，南北向，方向为340°。平面呈梯形，竖穴土圹单棺墓。墓圹南北长2.26、东西宽1.36～1.5、深0.9米。内填花土，土质较松。内置单棺，棺木已朽。棺长1.6、宽0.44～0.52、残高0.2米，底板厚0.02米，前封板厚0.01米。骨架保存稍好，头向西北，面向上，仰身直肢，为男性（图三）。出土随葬品有釉陶罐1件、铜钱2枚。

M14　位于发掘区东北部，南邻M13，开口于第2层下，南北向，方向为5°。平面呈梯形，竖穴土圹单棺墓。墓圹南北长2.5、东西宽1.1～1.2、深1米。内填花土，土质较松。内置单棺，棺木已朽。棺长2.08、宽0.66～0.78、残高0.3米，棺板厚0.06～0.07米，底板厚0.03米，前、后封板厚0.03～0.05米。骨架保存稍差，头向北，面向东，仰身屈肢，为男性（图四）。出土随葬品有釉陶罐1件、铜钱1枚。

2. 双棺墓

11座。编号为M1、M2、M6、M9、M11～M13、M15～M18。以M6、M15为例加以介绍。

M6　位于发掘区南部，东邻M3，开口于第2层下，东西向，方向为275°。平面呈长方形，竖穴土圹双棺合葬墓。墓圹东西长2.2、南北宽10.8、深0.68～0.9米。内填花土，土质较松。内置双棺，棺木已朽。南棺痕长1.7、宽0.42～0.46、残高0.07米；骨架保存较好，头向

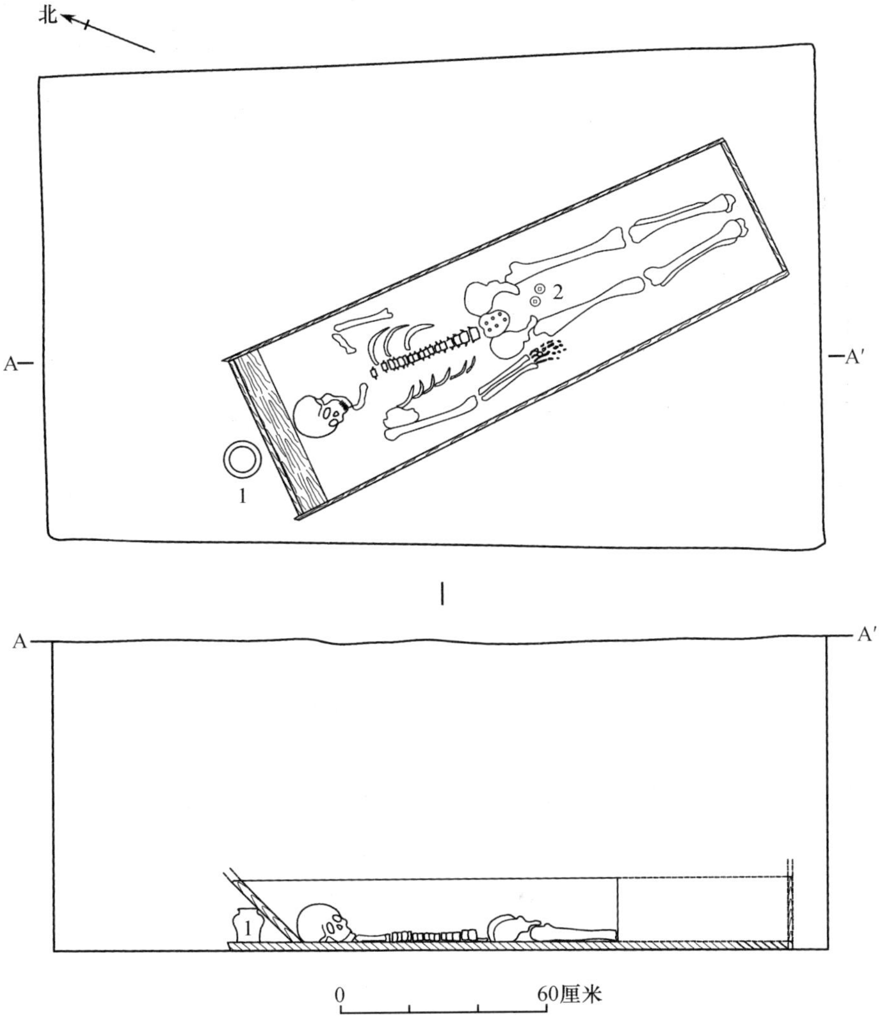

图三　M7平、剖面图

1. 釉陶罐　2. 铜钱

西，面向北，仰身直肢，为男性。北棺痕长1.6、宽0.34～0.44、残高0.34米；骨架保存稍好，头向西，面向上，仰身直肢，为女性（图五）。出土随葬品有釉陶罐1件、瓷罐1件、银簪3件、银镯2件、银戒指2件、铜钱1枚。

M15　位于发掘区东北部，北邻M16，开口于第2层下，南北向，方向为0°。平面呈不规则形，竖穴土圹双棺合葬墓。墓圹南北长2.32～2.46、东西宽1.52～1.74、深0.76米。内填花土，土质较松。内置双棺，棺木已朽。东棺长2.12、宽0.7～0.8、残高0.12米，棺板及前、后封板厚0.02～0.04米，底板厚0.02米；骨架保存稍差，头向北，面向上，仰身直肢，为男性。西棺长1.94、宽0.6～0.64、残高0.12米，棺板、底板及前、后封板厚0.02米；骨架保存稍差，头向北，面向东，侧身屈肢，为女性（图六）。出土随葬品有釉陶罐2件、铜钱3枚。

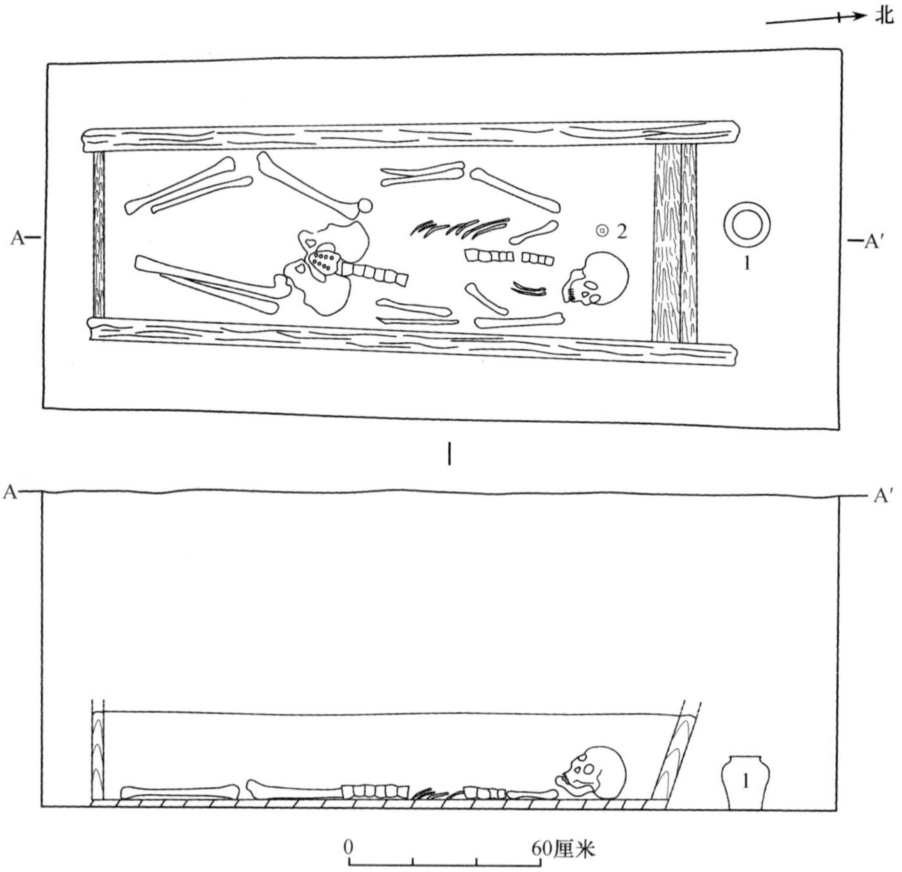

图四　M14平、剖面图

1. 釉陶罐　2. 铜钱

二、随　葬　品

1. 陶器

罐　2件。M3：1，泥质灰陶。轮制，通体遗有轮旋痕。侈口，方圆唇，束颈，溜肩，弧腹，平底内凹。口径9、腹径10、底径6.2、高10.6厘米（图七，1；图版三五，1）。M9：1，泥质灰陶。轮制，通体遗有轮旋痕。侈口，尖圆唇，束颈，圆肩，弧腹，平底内凹。口径9.4、腹径11.8、底径6.8、高9.8厘米（图七，2；图版三五，2）。

2. 釉陶器

罐　11件。M6：1，泥质黄褐陶。内外口沿及颈部施酱绿色釉，腹及底部未施釉，遗有流釉痕。轮制。侈口，尖圆唇，束颈，斜弧腹，平底内凹。口径9、腹径8.8、底径6、高8.4厘米（图八，1；图版三五，3）。M7：1，泥质黄褐陶。通体施酱绿色釉，底部未施釉。轮制，内壁遗有轮旋痕。侈口，斜平沿，尖唇，束颈，圆肩，鼓腹，下腹内收，平底内凹。口径8.4、腹径11.6、底径9.2、高10.8厘米（图八，2；图版三五，4）。M8：1，泥质红褐陶。内外施

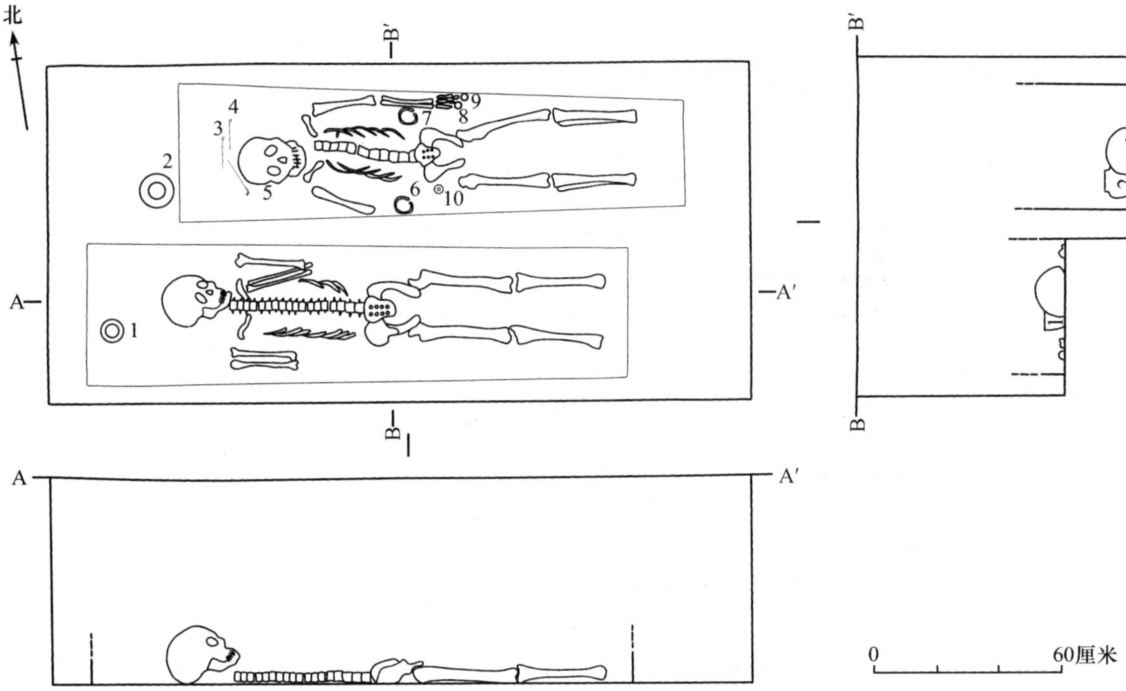

图五 M6平、剖面图

1. 釉陶罐 2. 瓷罐 3～5. 银簪 6、7. 银镯 8、9. 银戒指 10. 铜钱

酱黑色釉，部分釉已脱落，下腹及底部未施釉。轮制。侈口，尖圆唇，束颈，溜肩，鼓腹，平底，饼足。肩颈部附对称双系。口径10.2、腹径11.2、底径7、高8.2厘米（图八，3；图版三五，5）。M10：1，泥质黄褐陶。上腹及口沿内侧施酱黄色釉，下腹及底部未施釉。轮制，通体遗有轮旋痕。侈口，方圆唇，束颈，溜肩，圆弧腹，平底内凹。口径8.8、腹径12.8、底径7、高13厘米（图八，4；图版三五，6）。M12：1，泥质黄褐陶。肩颈部及口沿内侧施酱黄色釉，腹及底部未施釉，遗有流釉痕。轮制，通体遗有轮旋痕。侈口，方圆唇，束颈，溜肩，弧腹，平底内凹。口径8.8、腹径10.2、底径7.2、高11.2厘米（图八，5；图版三六，1）。M13：1，泥质黄褐陶。肩腹部及口沿内侧施酱绿色釉，下腹及底部未施釉。轮制，通体遗有轮旋痕。侈口，方圆唇，束颈，溜肩，斜弧腹，平底内凹。口径10.8、底径10.8、腹径6.8、高11.6厘米（图八，6）。M14：1，泥质黄褐陶。肩腹部及口沿内侧施酱绿色釉，下腹及底部未施釉，遗有流釉痕。轮制，通体遗有轮旋痕。侈口，尖圆唇，束颈，溜肩，斜弧腹，平底内凹。口径10.8、腹径11.8、底径8、高13.2厘米（图八，7）。M15：1，泥质黄褐陶。肩腹部及口沿内侧施酱黄色釉，下腹及底部未施釉，遗有流釉痕。轮制，通体遗有轮旋痕。直口，方圆唇，束颈，溜肩，斜直腹，平底内凹。口径11.2、腹径11.6、底径7.4、高11.4厘米（图八，8；图版三六，2）。M15：2，泥质黄褐陶。肩颈部及口沿内侧施酱绿色釉，腹及底部未施釉，遗有流釉痕。轮制，通体遗有轮旋痕。侈口，尖圆唇，束颈，溜肩，斜弧腹，平底内凹。口径11、腹径10.8、底径7.2、高11厘米（图八，9；图版三六，3）。M16：1，泥质黄褐陶。肩腹部及口沿内侧施酱黄色釉，下腹及底部未施釉。轮制，通体遗有轮旋痕。侈口，方圆唇，束颈，溜肩，斜直腹，平底内凹。口径10.6、腹径11.8、底径8.2、高12.2厘米（图八，10；图版三六，

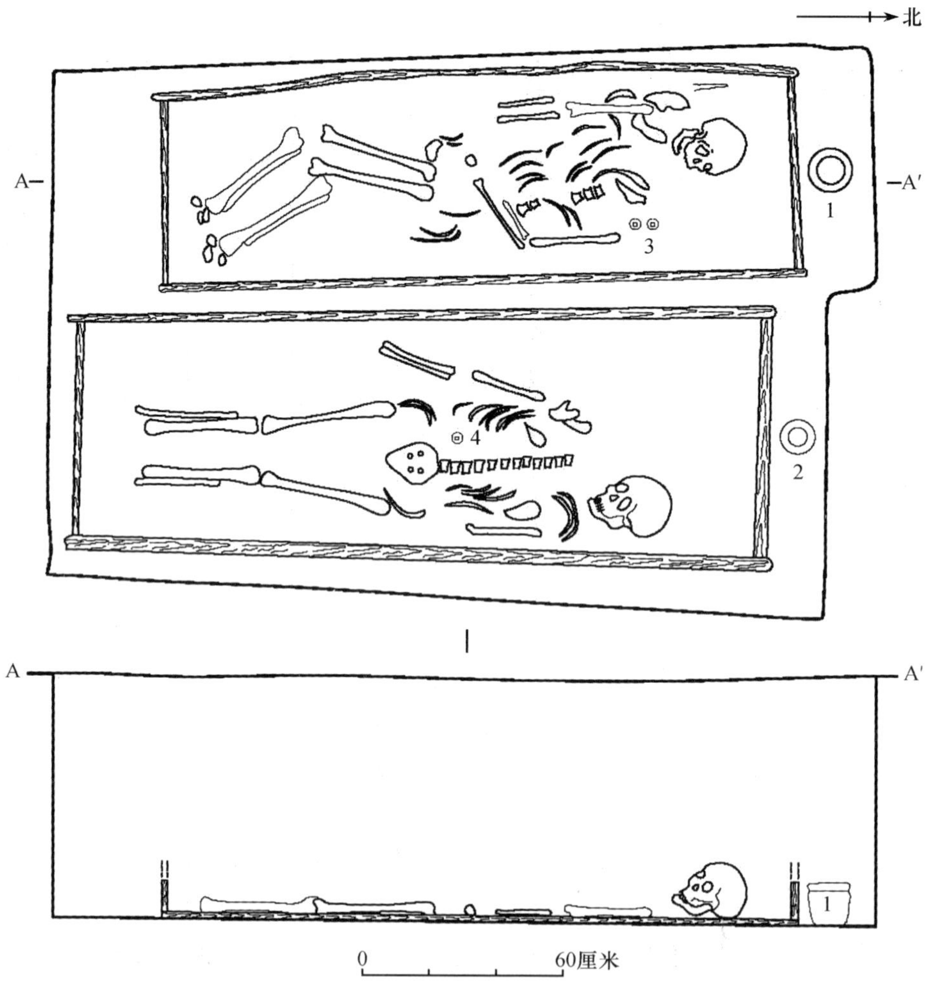

图六　M15平、剖面图
1、2. 釉陶罐　3、4. 铜钱

4）。M16∶2，泥质黄褐陶。肩腹部及口沿内侧施酱黄色釉，下腹及底部未施釉。轮制，通体遗有轮旋痕。直口，尖圆唇，束颈，溜肩，斜弧腹，平底内凹。口径10.4、腹径11.4、底径8、高12.4厘米（图八，11；图版三六，5）。

3. 瓷器

罐　4件。M6∶2，口沿施一周酱黄色釉，体施青白色釉，底部露黄色胎，腹部有一接胎痕。轮制，内壁遗有轮旋痕。直口，方圆唇，束颈，溜肩，圆鼓腹，下腹内收，平底内凹。口径8、腹径12.4、底径8.8、高14.2厘米（图七，3；图版三六，6）。M11∶1，口沿施一周酱黄色釉，体施青白色釉，底部露黄色胎，腹部有一接胎痕。轮制，内壁遗有轮旋痕。侈口，圆唇，束颈，溜肩，圆鼓腹，下腹内收，平底内凹。口径8、腹径12.4、底径8、高14厘米（图七，4；图版三七，1）。M11∶2，口沿施一周酱黄色釉，体施青白色釉，底部露黄色胎，腹部有一接胎痕。轮制，内壁遗有轮旋痕。直口，尖圆唇，束颈，溜肩，圆鼓腹，下腹内收，

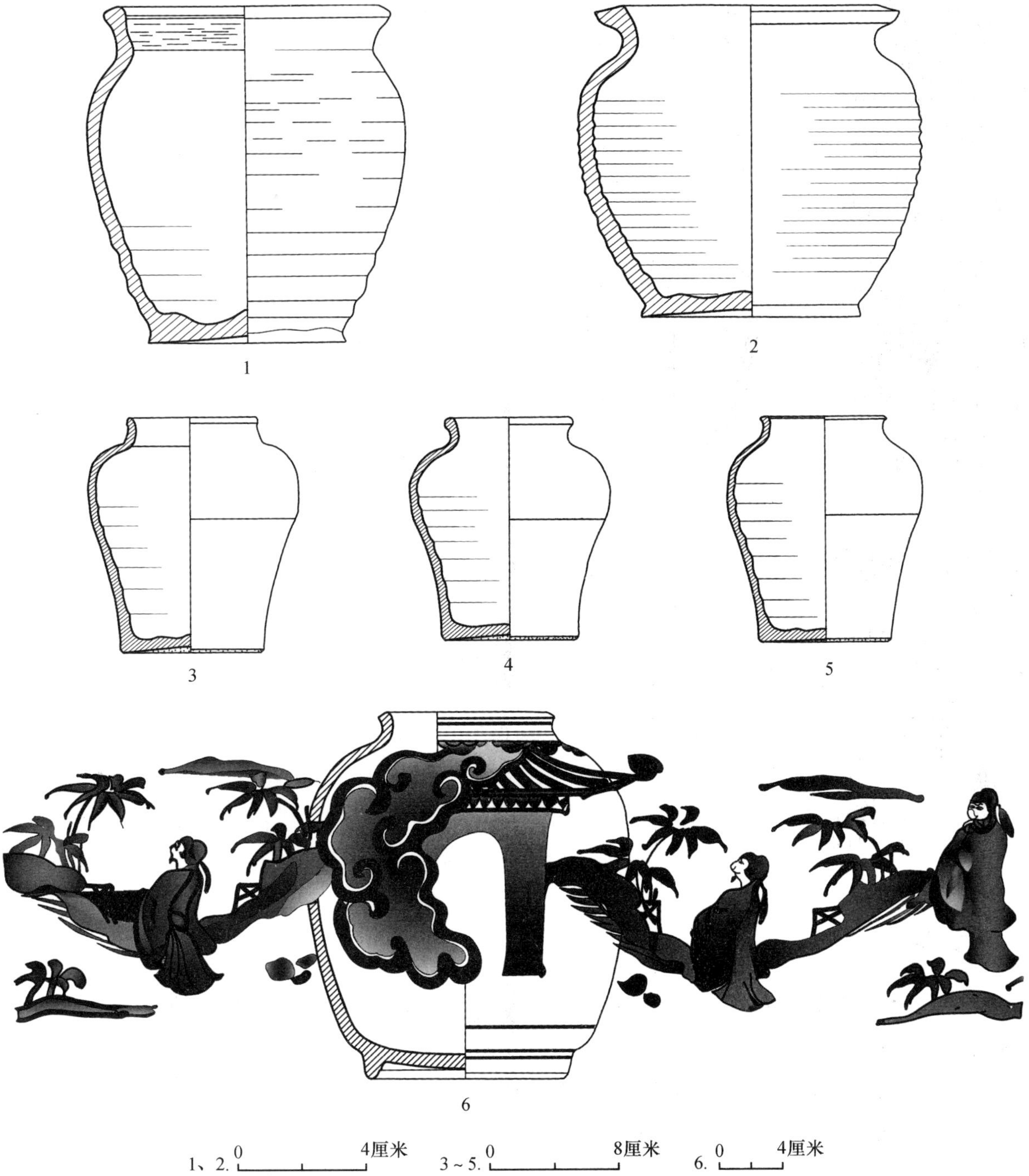

图七　出土器物

1、2. 陶罐（M3：1、M9：1）　3～6. 瓷罐（M6：2、M11：1、M11：2、M12：2）

平底内凹。口径8、腹径12.4、底径8.8、高14.2厘米（图七，5；图版三七，2）。M12：2，口沿施一周酱黄色釉，体施青白色釉，底部露黄色胎。侈口，尖圆唇，束颈，圆肩，圆弧腹，圈足。口沿及底部各饰三周弦纹，颈部饰一周如意头纹，中部饰山水人物屋宇莲藤竹纹。口径6、腹径11.1、底径6.8、高12.8厘米（图七，6；图版三七，3）。

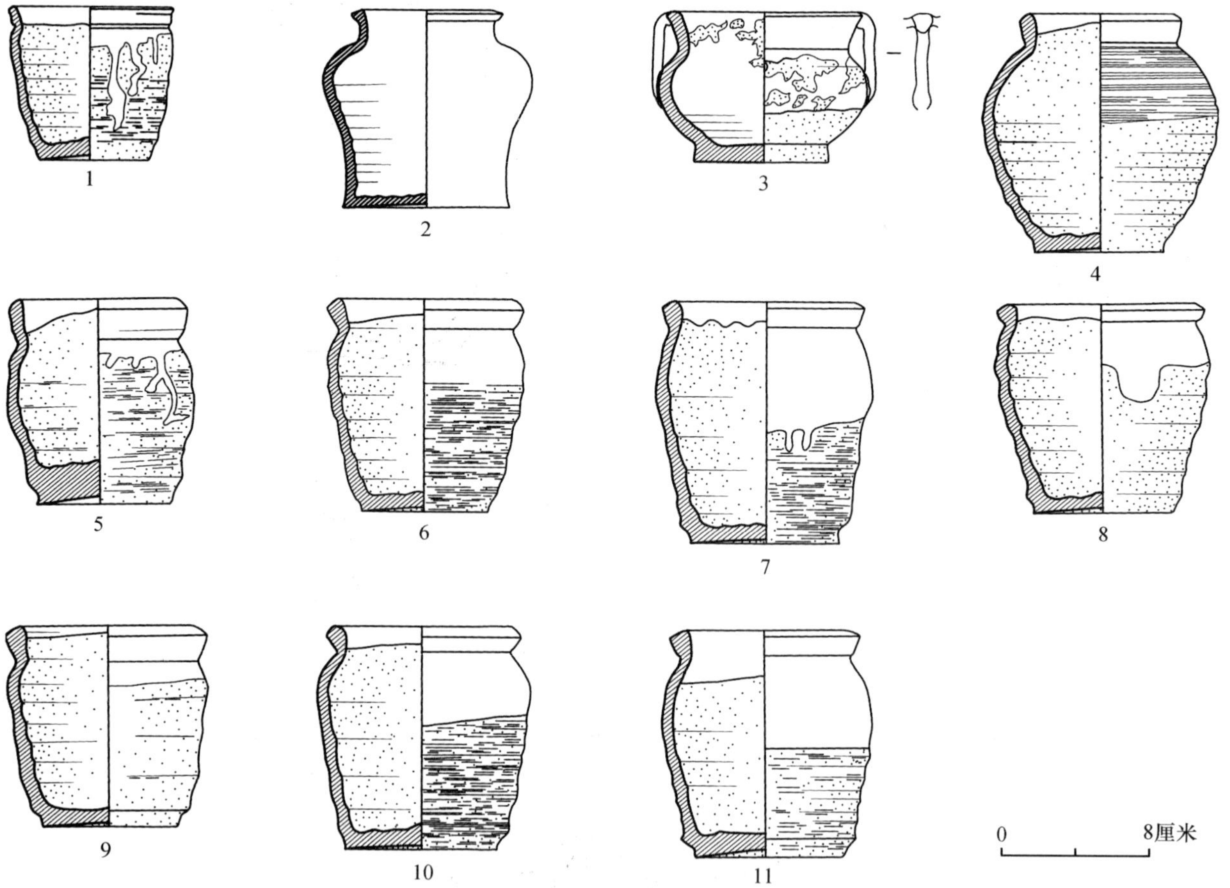

图八　出土釉陶罐

1. M6：1　2. M7：1　3. M8：1　4. M10：1　5. M12：1　6. M13：1　7. M14：1　8. M15：1　9. M15：2　10. M16：1　11. M16：2

4. 银器

扁方　1件。M18：1，首部呈弯曲棱状，体呈扁平状，下端呈圆弧形。长10.1、宽1.4厘米（图九，1；图版三七，4）。

押发　5件。M1：2，两端呈叶状，体呈弓形，中部束腰，上面铸葫芦花卉纹。长7厘米（图九，2；图版三七，5）。M1：3，首呈叶状，上面铸葫芦花卉纹，体呈圆柱锥状。长6.5厘米（图九，3；图版三七，6）。M17：1、M17：2、M17：3，首呈较宽叶状，向后弯曲，正面錾刻细线纹，中部錾刻花卉纹，体呈扁条形，末端呈三角锥状。M17：1，长13、宽0.3～1.2厘米（图九，4；图版三八，1）。M17：2，长12.7、宽0.3～1.1厘米（图九，5；图版三八，2）。M17：3，残长5、宽0.6～1.2厘米（图九，6）。

簪　5件。M1：1，镂铸蝙蝠纹，“寿”字形首，体呈扁条锥状，上面铸五组福寿纹，末端呈三角形。长19厘米（图九，7；图版三八，3）。M6：3、M6：4，通体鎏金。如意头形首，向后折曲，体呈扁条锥状，正面錾刻花卉纹，背部錾刻楷书“全宝”二字。M6：3，长11.8厘米（图九，8）。M6：4，残长10.5厘米（图九，9）。M6：5，龙头形首，龙身形体，

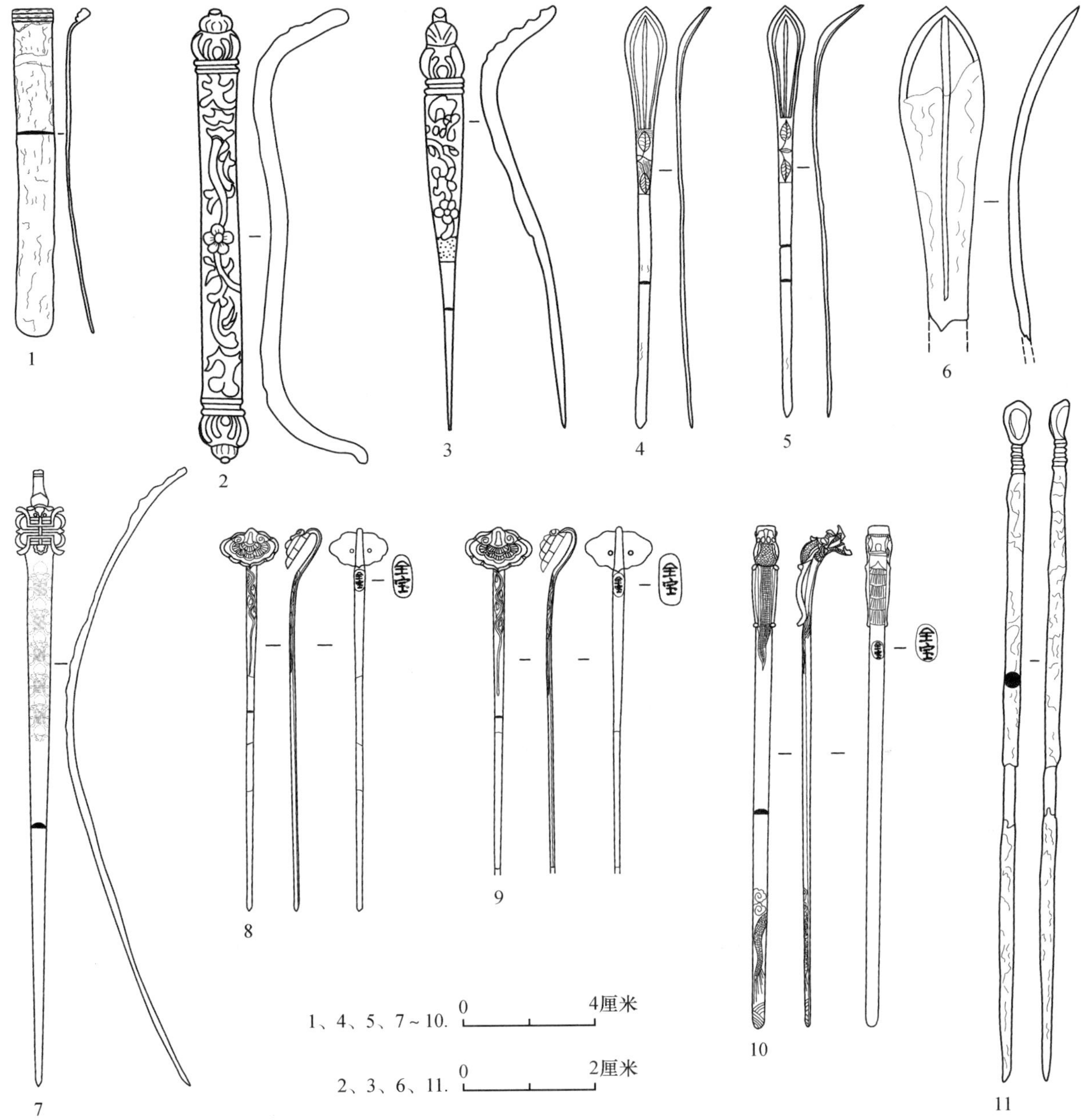

图九　出土银器

1. 扁方（M18：1）　2～6. 押发（M1：2、M1：3、M17：1、M17：2、M17：3）　7～11. 簪（M1：1、M6：3、M6：4、M6：5、M9：2）

扁平长条状，下端錾刻云纹，末端呈圆弧形。背部錾刻“全宝”二字。长15.5厘米（图九，10；图版三八，4）。M9：2，耳勺形首，下部呈节状，体呈圆柱锥形。长10.5厘米（图九，11；图版三八，5）。

耳环　3件。圆环形，银条盘制而成。M12：3，直径1.5厘米（图一〇，1；图版三八，6）。M17：4，直径1.6厘米（图一〇，2；图版三八，7）。M17：5，直径1.7厘米（图一〇，3）。

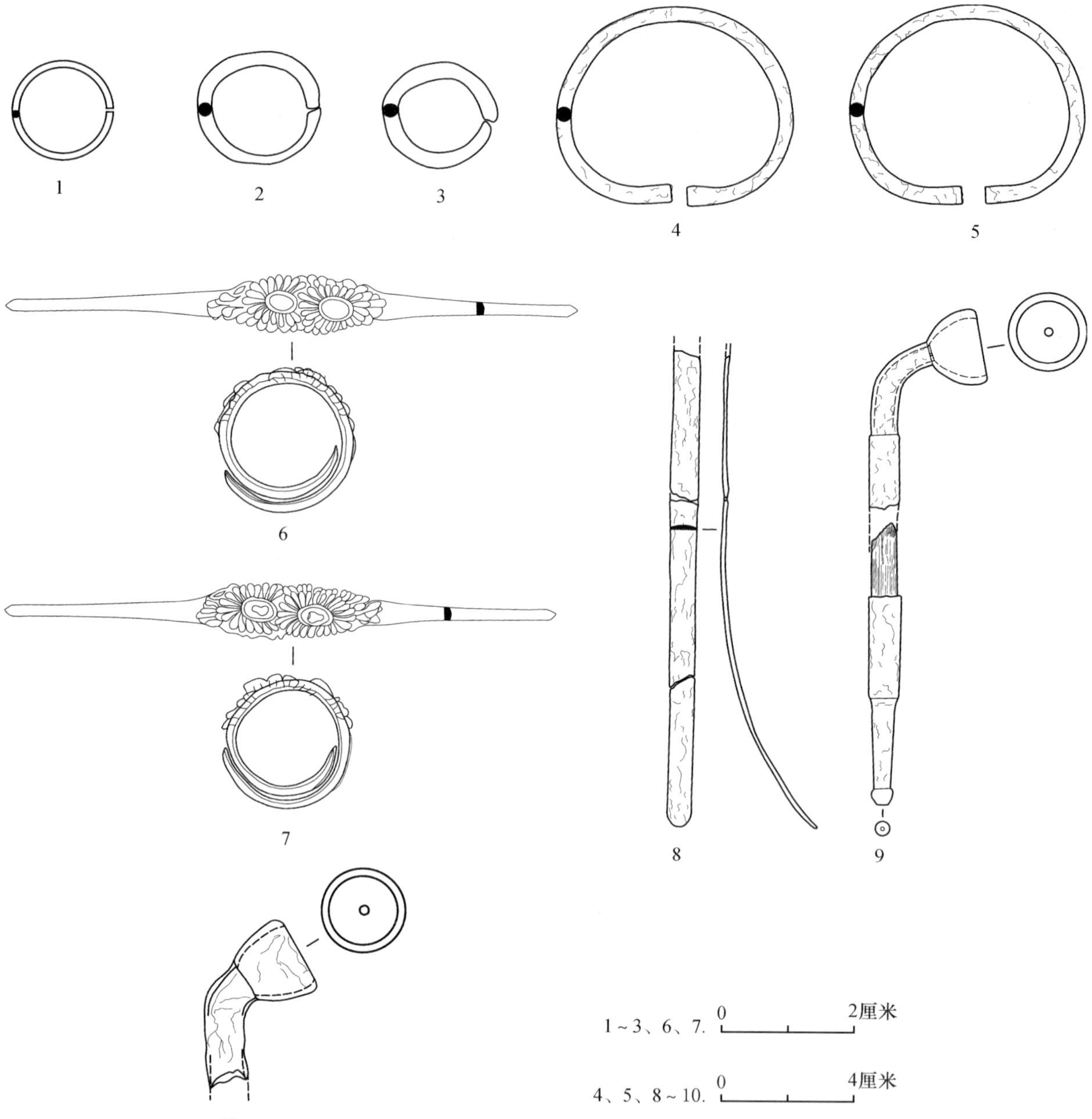

图一〇　出土器物

1～3. 银耳环（M12：3、M17：4、M17：5）　4、5. 银镯（M6：6、M6：7）　6、7. 银戒指（M6：8、M6：9）
8. 铜扁方（M17：6）　9、10. 铜烟袋（M18：2、M18：3）

镯　2件。椭圆形，活口，中部略细，两端稍粗，圆柱银条盘制。M6：6，直径7厘米（图一〇，4；图版三八，8）。M6：7，直径7厘米（图一〇，5；图版三七，7）。

戒指　2件。圆环形，戒面呈椭圆状，錾刻两组菊花纹，两端呈扁条三角形。M6：8，直径2厘米（图一〇，6；图版三七，8）。M6：9，直径2.2厘米（图一〇，7；图版三七，9）。

5. 铜器

扁方 1件。M17：6，首部残，体呈扁平长条状，下端呈圆弧形。残长14.4、宽0.8厘米（图一〇，8）。

烟袋 2件。铜质烟锅，平面呈椭圆形；木质烟杆，中空，部分已朽；铜质烟嘴，筒状，顶端呈圆帽形。M18：2，残长15厘米（图一〇，9）。M18：3，残长5.1厘米（图一〇，10）。

6. 铜钱

绍圣元宝 1枚。M10：2，大平钱，圆形，方穿，正、背面郭缘较宽，正面行书“绍圣元宝”四字，旋读。钱径2.97、穿径0.67、郭厚0.13厘米（图一一，1）。

顺治通宝 1枚。M7：2-1，平钱，圆形，方穿，正、背面郭缘较宽，正面楷书“顺治通宝”四字，对读。背穿左为楷书“一厘”二字，右为楷书“东”字，为山东局名。钱径2.41、穿径0.48、郭厚0.1厘米（图一一，2）。

康熙通宝 9枚。平钱，圆形，方穿，正、背面郭缘较宽，正面楷书“康熙通宝”四字，对读。标本M16：3，背穿左右为满文“宝泉”局名。钱径2.85、穿径0.58、郭厚0.1厘米（图一一，3）。标本M15：3-1，背穿左右为满文“宝源”局名。钱径2.69、穿径0.55、郭厚0.11厘米（图一一，4）。

雍正通宝 3枚。平钱，圆形，方穿，正、背面郭缘较宽，正面楷书“雍正通宝”四字，对读。标本M12：4-1，背穿左右为满文“宝泉”局名。钱径2.54、穿径0.57、郭厚0.11厘米（图一一，5）。标本M12：4-2，背穿左右为满文“宝源”局名。钱径2.59、穿径0.55、郭厚0.14厘米（图一一，6）。

乾隆通宝 7枚。平钱，圆形，方穿，正、背面郭缘略宽，正面楷书“乾隆通宝”四字，对读。标本M11：3-1，背穿左右为满文“宝泉”局名。钱径2.52、穿径0.54、郭厚0.13厘米（图一一，7）。标本M17：7-1，背穿左右为满文“宝源”局名。钱径2.27、穿径0.54、郭厚0.17厘米（图一一，8）。

道光通宝 3枚。平钱，圆形，方穿，正、背面郭缘略宽，正面楷书“道光通宝”四字，对读。标本M18：4-1，背穿左右为满文“宝泉”局名。钱径2.34、穿径0.52、郭厚0.16厘米（图一一，9）。标本M18：4-2，背穿左右为满文“宝源”局名。钱径2.49、穿径0.5、郭厚0.15厘米（图一一，10）。

同治通宝 1枚。M1：4-1，小平钱，圆形，方穿，正、背面郭缘较窄，正面楷书“同治通宝”四字，对读。背穿左右为满文“宝源”局名。钱径1.89、穿径0.55、郭厚0.13厘米（图一一，11）。

光绪通宝 1枚。M1：4-2，小平钱，圆形，方穿，正、背面郭缘较窄，正面楷书“光绪通宝”四字，对读。背穿左右为满文“宝泉”局名。钱径1.91、穿径0.4、郭厚0.14厘米（图一一，12）。

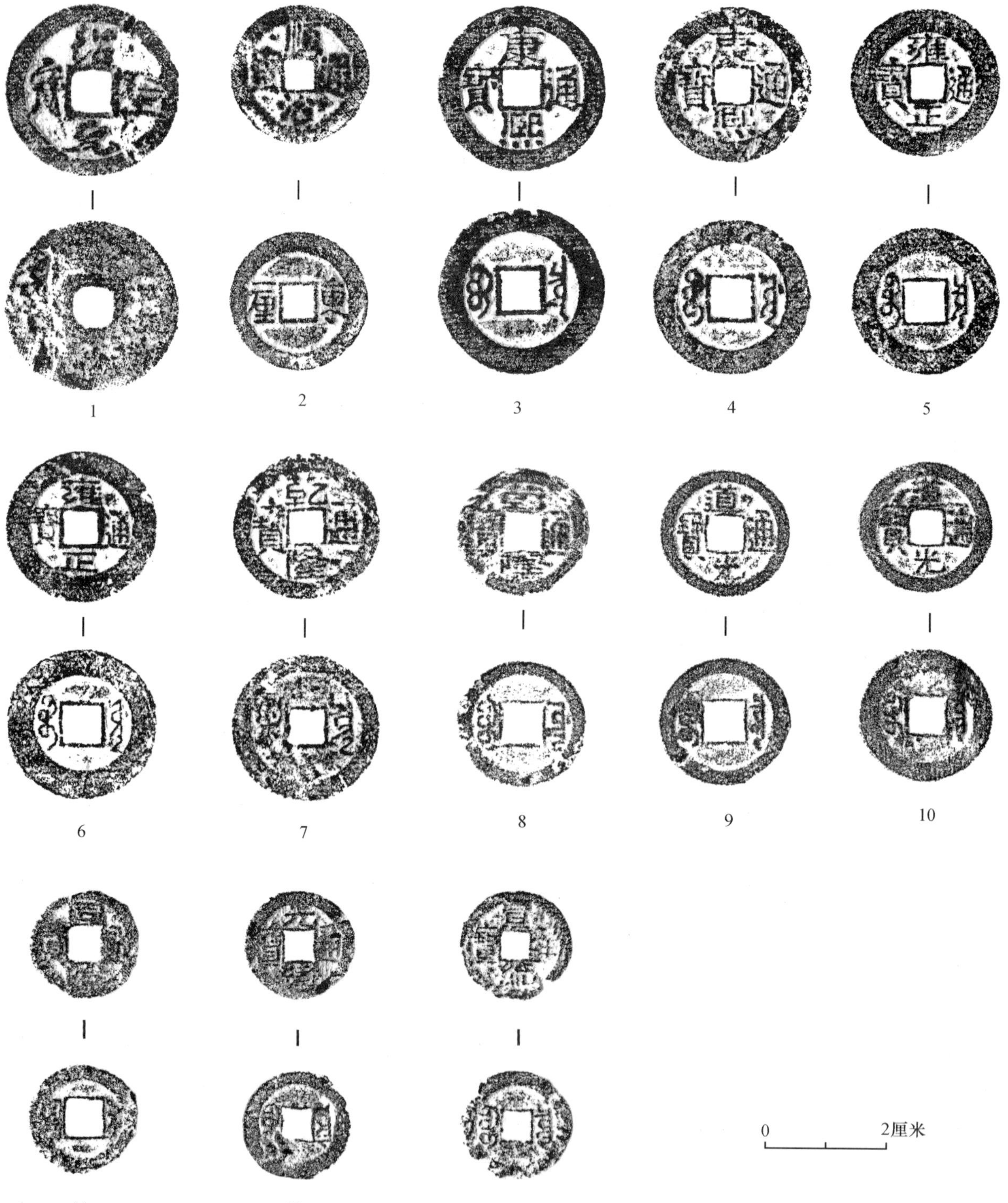

图一一　出土铜钱拓片

1. 绍圣元宝（M10：2）　2. 顺治通宝（M7：2-1）　3、4. 康熙通宝（M16：3、M15：3-1）　5、6. 雍正通宝（M12：4-1、M12：4-2）　7、8. 乾隆通宝（M11：3-1、M17：7-1）　9、10. 道光通宝（M18：4-1、M18：4-2）　11. 同治通宝（M1：4-1）　12. 光绪通宝（M1：4-2）　13. 宣统通宝（M1：4-3）

宣统通宝 1枚。M1：4-3，小平钱，圆形，方穿，正、背面郭缘较窄，正面楷书“宣统通宝”四字，对读。背穿左右为满文“宝泉”局名。钱径1.89、穿径0.43、郭厚0.13厘米（图一一，13）。

三、结 语

本次发掘的墓葬均为竖穴土圹墓，为北京清代墓葬常见形制，单人葬、双人合葬为常见埋葬形式，葬式以仰身直肢为主，少量仰身屈肢、侧身屈肢葬。随葬品中，墓主人头部前方放置釉陶罐或瓷罐1件，墓中随葬时人通常佩戴的扁方、簪、耳环、镯等饰件，与奥运场馆[①]、房山南正[②]、丰台王佐[③]、丽泽墓地[④]等墓葬出土的同类器形相同或相近，均为北京清代墓葬常见器类。该批墓葬的发掘清理，为研究北京地区清代墓葬的形制特点、丧葬习俗及其所反映的社会发展状况提供了重要资料。

发掘：张智勇
修复：安喜林 彭美娟
绘图：安喜林 黄 星
执笔：张智勇 刘乃涛
戢 征 曾祥江

① 北京市文物局、北京市文物研究所：《北京奥运场馆考古发掘报告》，科学出版社，2007年。
② 北京市文物研究所：《房山南正遗址——拒马河流域战国以降时期遗址发掘报告》，科学出版社，2008年。
③ 北京市文物研究所：《丰台王佐遗址》，科学出版社，2010年。
④ 北京市文物研究所：《丽泽墓地——丽泽金融商务区园区规划绿地工程发掘报告》，科学出版社，2016年。

附表　西铁营墓葬登记表

墓号	层位	方向	形状与结构	墓口 长×宽-深（米）	墓底 长×宽-深（米）	葬具	葬式	人骨保存情况	性别	随葬品（件/枚/套）	年代
M1	②	350°	竖穴土圹	2.64×1.64−0.64	2.64×1.64−0.94	东棺 西棺	仰身直肢	较差	不明	铜簪4、铜钱8	清
M2	②	350°	竖穴土圹	2.5×1.5−0.8	2.5×1.5−1.2	东棺 西棺	仰身直肢	较差	不明	铜钱3	清
M3	②	335°	竖穴土圹	2.6×（1.2～1.35）−0.7	2.6×（1.2～1.35）−1.1	单棺	不明	不明	不明	陶罐1	清
M4	②	180°	竖穴土圹	2.48×（1.12～1.16）−0.5	2.48×（1.12～1.16）−1.3	单棺	侧身屈肢	较差	不明	铜钱1	清
M5	②	180°	竖穴土圹	2.7×1.12−0.52	2.7×1.12−1.32	单棺	仰身直肢	较差	不明	铜钱1	清
M6	②	275°	竖穴土圹	2.2×10.8−（0.68～0.9）	2.2×10.8−（0.68～0.9）	北棺 南棺	仰身直肢	较好	女 男	釉陶罐1、瓷罐1、银簪3、银镯2、银戒指2、铜钱1	清
M7	②	340°	竖穴土圹	2.26×（1.36～1.5）−0.9	2.26×（1.36～1.5）−0.9	单棺	仰身直肢	较好	男	釉陶罐1、铜钱2	清
M8	②	354°	竖穴土圹	2.2×1.1−0.45	2.2×1.1−0.95	单棺	不明	不明	不明	黑釉双系瓷罐1	清
M9	②	350°	竖穴土圹	2.6×（1.4～1.6）−1.02	2.6×（1.4～1.6）−1.26	东棺	不明	较差	不明	陶罐1、铜簪1	清
						西棺	仰身直肢	较好			
M10	②	0°	竖穴土圹	2.14×1.12−0.16	2.14×1.12−0.84	单棺	仰身直肢	较差	不明	陶罐1、铜钱2	清
M11	②	330°	竖穴土圹	2.34×（1.48～1.56）−0.84	2.34×（1.48～1.56）−1.26	东棺	仰身屈肢	较好	不明	陶罐2、铜钱9	清
						西棺	仰身直肢	较差			

续表

墓号	层位	方向	形状与结构	墓口 长×宽-深（米）	墓底 长×宽-深（米）	葬具	葬式	人骨保存情况	性别	随葬品（件/枚/套）	年代
M12	②	3°	竖穴土圹	2.4×（1.74～1.8）-0.44	2.4×（1.74～1.8）-1	东棺 西棺	仰身直肢 侧身屈肢	较好	不明	陶罐1、瓷罐1、铜钱7	清
M13	②	10°	竖穴土圹	2.6×（1.6～1.68）-0.7	2.6×（1.6～1.68）-1.2	东棺 西棺	仰身屈肢	较好 较差	不明	陶罐1、铜钱2	清
M14	②	5°	竖穴土圹	2.5×（1.1～1.2）-1	2.5×（1.1～1.2）-1.6	单棺	仰身屈肢	较差	男	釉陶罐1、铜钱1	清
M15	②	0°	竖穴土圹	（2.32～2.46）×（1.52～1.74）-0.76	（2.32～2.46）×（1.52～1.74）-1.26	东棺 西棺	仰身直肢 侧身屈肢	较差	男 女	釉陶罐2、铜钱3	清
M16	②	10°	竖穴土圹	2.3×（1.5～1.7）-0.78	2.3×（1.5～1.7）-1.3	东棺 西棺	仰身屈肢	较好	不明	陶罐2、铜钱6	清
M17	②	275°	竖穴土圹	（2.56～2.7）×（1.8～2.3）-1.2	（2.56～2.7）×（1.8～2.3）-1.7	南棺 北棺	仰身直肢	较好 较差	不明	釉陶罐1、铜钱2	清
M18	②	254°	竖穴土圹	2.74×（2.26～2.64）-0.75	2.74×（2.26～2.64）-1.25	南棺 北棺	仰身直肢	较差 较好	不明	铜烟锅1、铜簪1、铜钱22	清
M19	②	5°	竖穴土圹	2.7×（2～2.04）-0.98	2.7×（2～2.04）-1.02	东棺 西棺	仰身直肢	较好	不明	无	清

蔡庄土城遗址考古勘探报告

北京市文物研究所

蔡庄土城遗址位于北京市房山区大石窝镇蔡家庄村西南部，地跨北京、河北两地，其南城墙、西城墙及其外侧属于河北省涞水县。该城址地处太行山东麓北端的东侧、南拒马河上游的西岸（图一）。1959年1月文物普查时根据地表残存的城墙和遗留的器物，初步判定城址的范围、形制、时代等，并将城址命名为“蔡庄土城”，沿用至今①。

1986年5月下旬至6月底，北京市文物研究所组织在北京市拒马河流域开展考古调查，对该城址再次进行了调查②。2006年，北京市大葆台西汉墓博物馆又对该城址进行了调查③。这些调查成果一直是我们进行研究的重要资料。对比以往调查资料记录，我们发现，蔡庄土城遗址正遭受着自然损毁和人为破坏，面临着较为迫切的保护问题。通过考古调查、勘探等方式，了解遗址的范围、形制、构成及保存状态，将为考古学研究、大遗址保护等提供真实、可靠的资料与参考。为此，北京市文物研究所于2018年对蔡庄土城城址进行了考古勘探。

一、概　　况

蔡庄土城遗址与房山区内同属战国秦汉时期的长沟古城、窦店古城、广阳城基本处于一条直线上。蔡庄古城遗址的北部为片上遗址，东部偏南为镇江营与塔照遗址。

蔡庄土城城址是北京市市级文物保护单位，其范围内有水泥道路、房屋、蓄水池等建筑物，其余为耕地和林地，保存状态相对稳定。

二、目的与方法

此次考古调查与勘探的主要目的是了解蔡庄土城城址的范围、形制和保存状况，明确遗址本体的保护范围，为下一步开展保护规划等工作提供依据。

① 王汉彦：《周口店区蔡庄古城遗址》，《文物》1959年第5期。

② 北京市文物研究所：《北京市拒马河流域考古调查》，《考古》1989年第3期。

③ 周正义：《北京地区汉代城址调查与研究》，北京燕山出版社，2009年，第96～101页。

图一　蔡庄土城遗址位置示意图

此次考古勘探以钻探为主要方式，并将普探与重点探相结合。对于墙体，主要按2米×2米的“井”字形布设探孔；对于城墙的边界处，主要按1米×1米的“井”字形布设探孔；对于城墙的周围，主要采取1米×1米的“十”字形布设探孔（图二）。

三、地层堆积

由于遗址内地势变化较大，地层堆积也不尽相同。现将地层分为城墙内侧、城墙、城墙外侧三部分记述如下。

（1）城墙内侧

可分3层。

第1层：耕土层。深0～0.3米。浅灰褐色，土质松软，含大量植物根系及少量夹砂灰、红陶片和瓦片等。

第2层：浅黄褐色土层。深0.3～0.7米。土质较松，含沙量大。含少量夹砂灰、红陶片、瓦片和黑灰等。

第3层：浅黑褐色土层。深0.7～1.2米。土质较硬，含黑灰、红烧土颗粒和夹砂灰、红陶片等。

第3层以下为红褐色生土层，含石块。

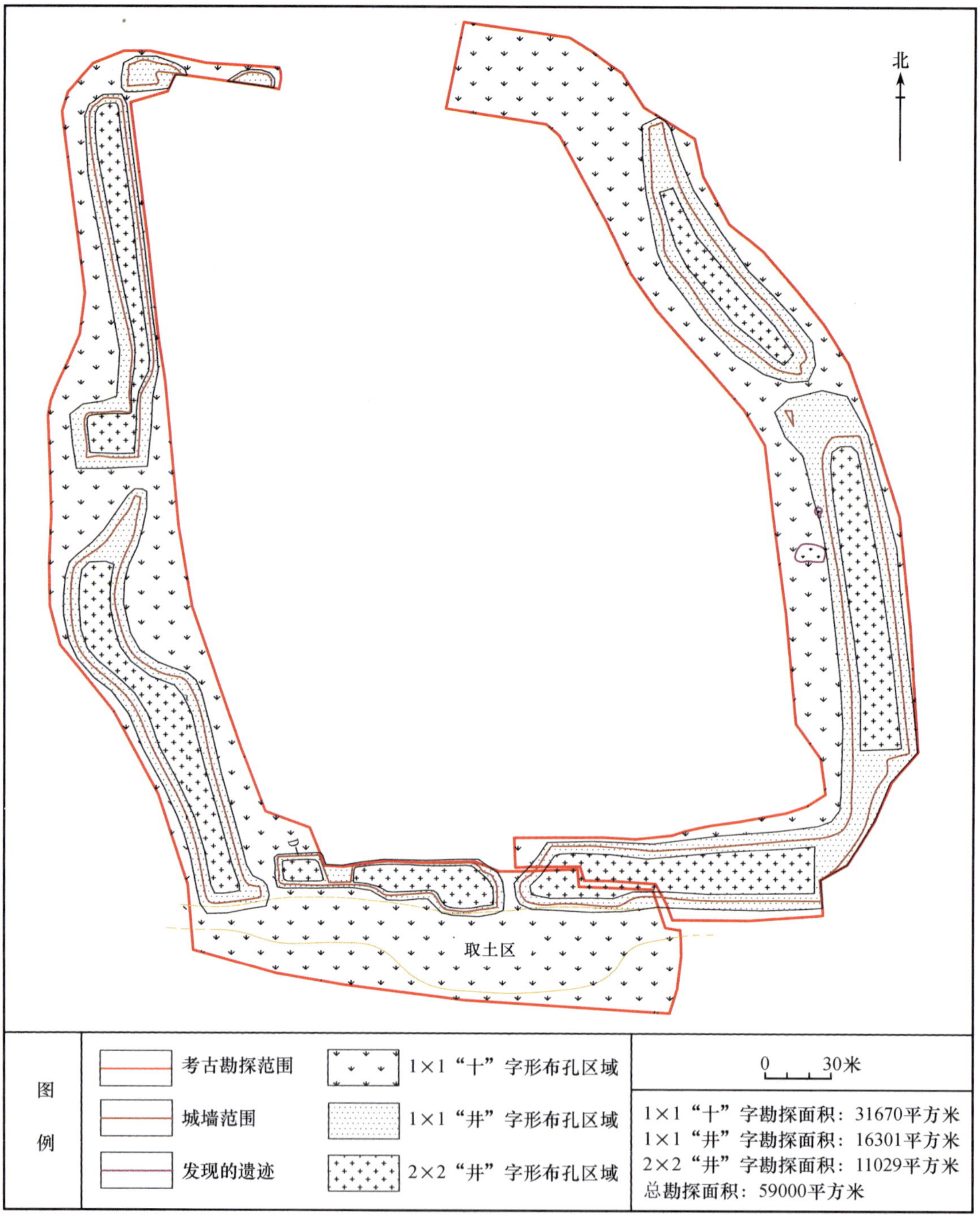

图二　蔡庄土城遗址考古勘探布孔分区图

（2）城墙

可分2层。

第1层：耕土层。深0～0.3米。浅灰褐色，土质松软，含大量植物根系及少量夹砂灰、红陶片和瓦片等。

第2层：浅黄褐色土层。深0.3～1米。土质较松，含少量夹砂灰、红陶片和黑灰等。城墙遗迹即开口于此层之下。

（3）城墙外侧

可分2层。

第1层：耕土层。深0～0.3米。浅灰褐色，土质松软，含大量植物根系及少量夹砂灰、红陶片和瓦片等。

第2层：浅黄褐色土层。深0.3～1米。土质较松，含少量夹砂灰、红陶片和黑灰等。

第2层以下为红褐色生土层，含石块。

四、勘探成果

通过此次考古勘探，基本确定了城墙的走向，摸清了城墙现存状况，在南城墙外侧发现1处壕沟遗迹（编号G1），在东城墙内侧发现灰坑1个（编号H1）、灶址1个（编号Z1）。总勘探面积约59000平方米，其中重点勘探面积约28000平方米，普探面积约31000平方米（图三）。此外，在勘探区及其周边的地表采集了一定数量的较为典型的遗物。

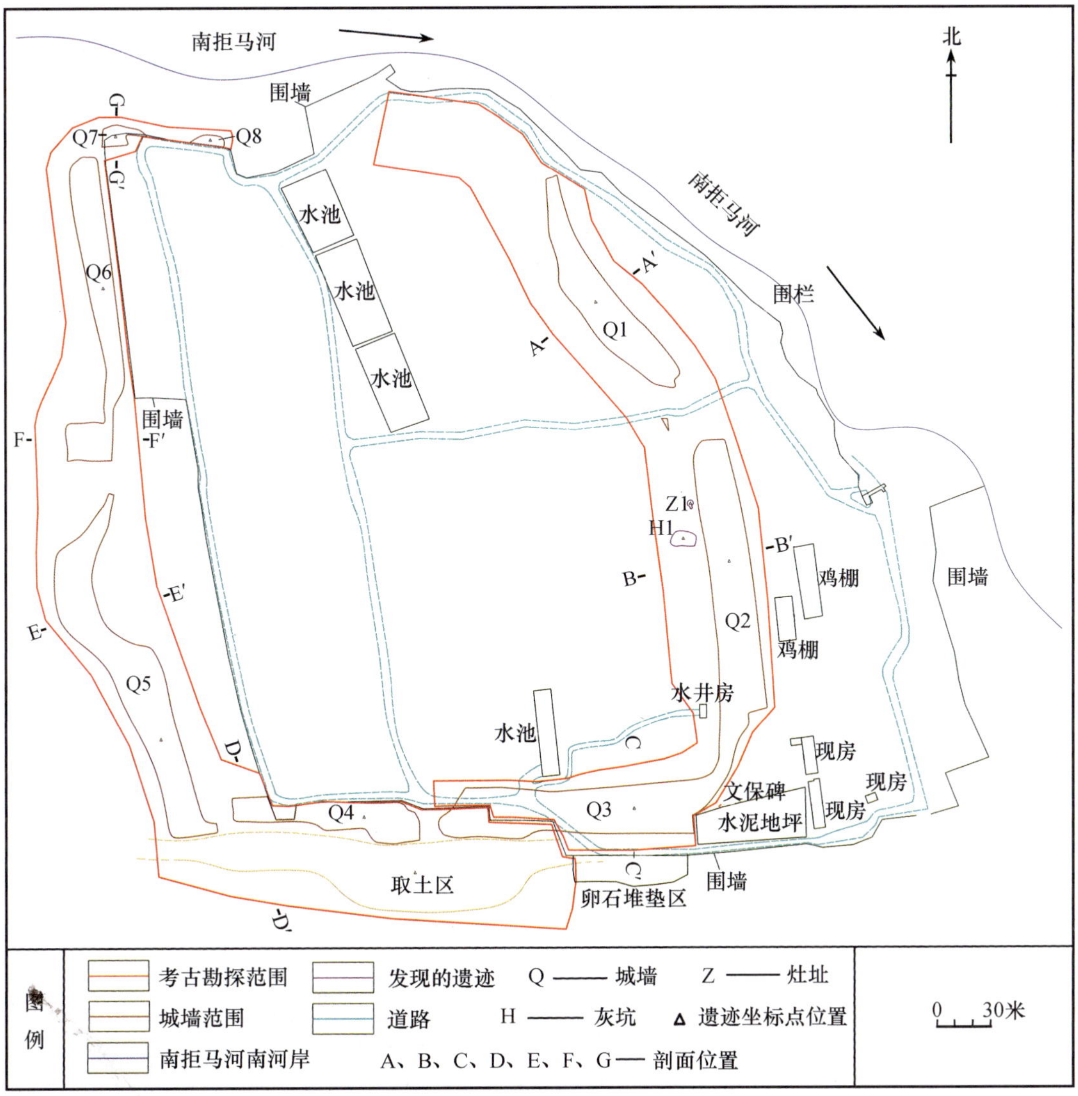

图三　蔡庄土城遗址考古勘探平面图

（1）城墙

该遗址内的城墙因被破坏而断断续续，已不完整。现将城墙分为8段（编号为Q1～Q8），分别介绍。

Q1　位于东城墙的北部，GPS坐标为N39° 32′ 48.1″，E115° 43′ 5.9″，H-10.5米。平面为不规则长条形，南北向，残长约135米，残宽6～23米，夯土厚0.6～1.8米，层厚0.08～0.18米，夯土为灰褐色，土质坚硬，夯土内含陶片、黑灰等（图四）。

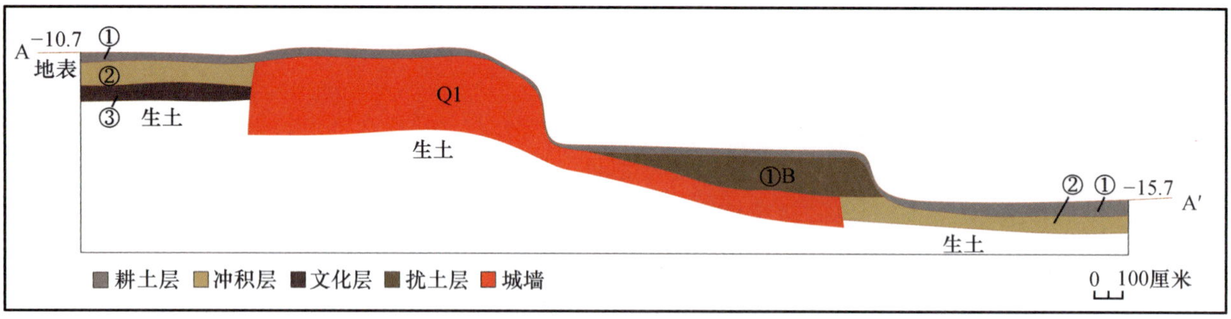

图四　Q1中部地层剖面图

Q2　位于东城墙的南部，GPS坐标为N39° 32′ 43.4″，E115° 43′ 9.3″，H-6.9米。平面为不规则长条形，南北向，残长约190米，残宽7～26米，夯土厚0.5～2.3米，层厚0.08～0.18米，夯土为黄褐色，土质坚硬，夯土内含陶片、黑灰等（图五）。

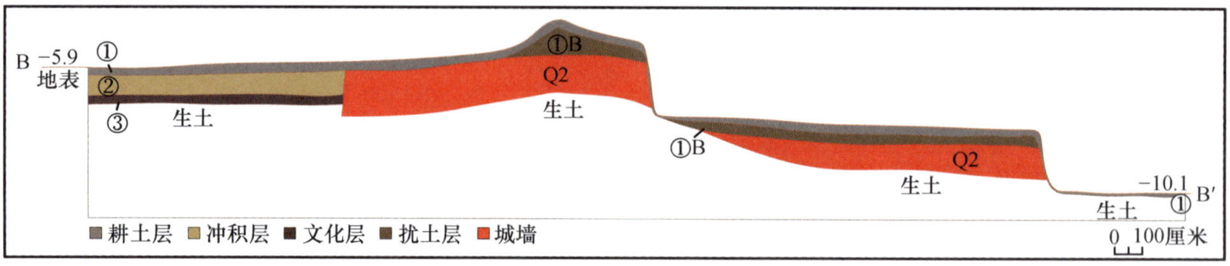

图五　Q2北部地层剖面图

Q3　位于南城墙的东部，GPS坐标为N39° 32′ 38.8″，E115° 43′ 7.2″，H-5.3米。平面为不规则长条形，南北向，残长约160米，残宽7～28米，夯土厚0.5～2.3米，层厚0.08～0.18米，夯土为黄褐色，土质坚硬，夯土内含陶片、黑灰等（图六）。

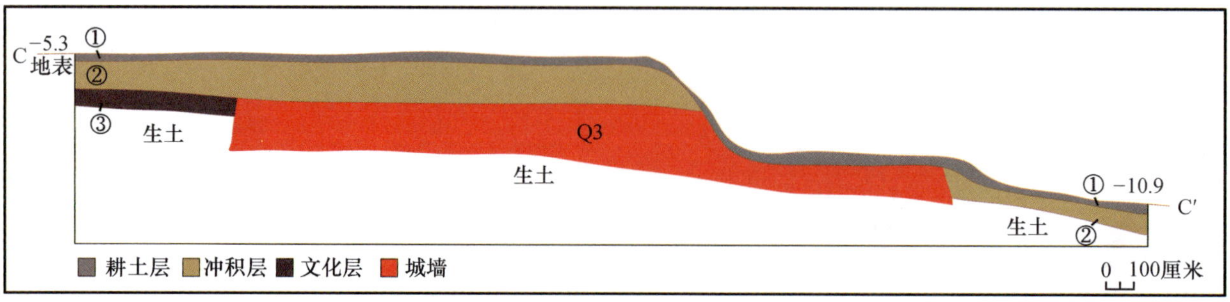

图六　Q3中部地层剖面图

Q4　位于南城墙的西部，GPS坐标为N39° 32′ 38.7″ ，E115° 43′ 1″ ，H-5.1米。平面为不规则长条形，东西向（图版三九，1），残长约100米，残宽1～23米，夯土厚0.6～2.3米，层厚0.08～0.18米。该段城墙内外侧夯土的土色有所区别，外侧城墙下部为红褐色夯层，内侧则为统一的黄褐色夯层，土质均坚硬，夯土内含陶片、黑灰等（图版三九，2）。根据土色的差别，初步推断城墙外侧的夯土取自城墙外部的生土层，可能有过后期修补（图七）。

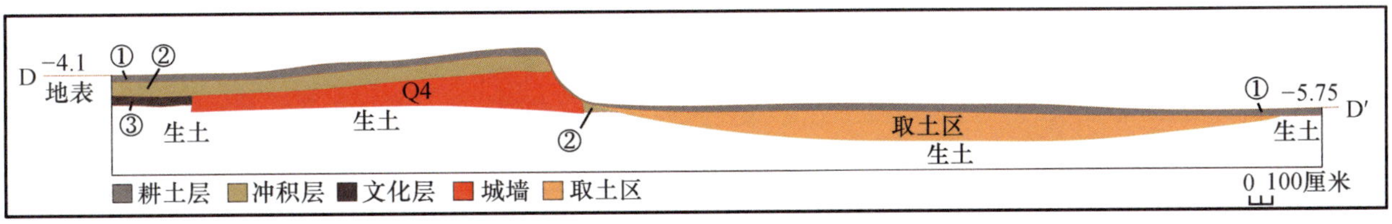

图七　Q4西部地层剖面图

Q5　位于西城墙的南部，GPS坐标为N39° 32′ 40.2″ ，E115° 42′ 55.9″ ，H-5.2米。平面为不规则长条形，东西向，残长约200米，残宽3～27米，夯土厚0.5～1.8米，层厚0.08～0.18米，夯土为黄褐色，土质坚硬，夯土内含陶片、黑灰等（图八）。

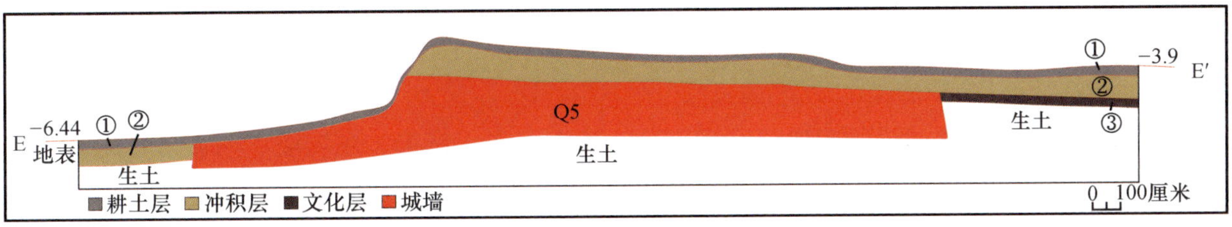

图八　Q5北部地层剖面图

Q6　位于西城墙的北部，GPS坐标为N39° 32′ 48.1″ ，E115° 42′ 54.4″ ，H-7.1米。平面为不规则长条形，南北向，残长约170米，残宽4～25米，夯土厚0.6～1.8米，层厚0.08～0.18米，夯土为黄褐色，土质坚硬，夯土内含陶片、黑灰等（图九）。

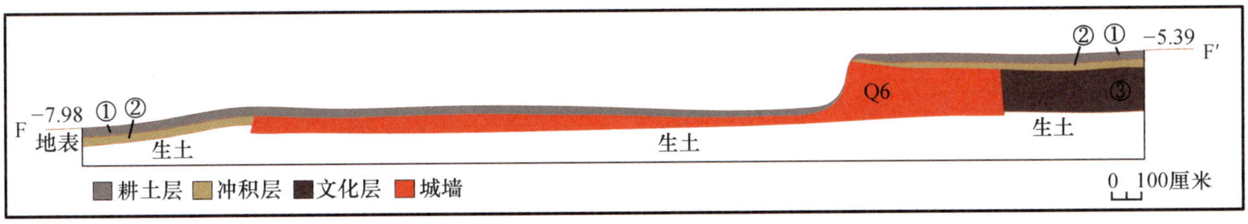

图九　Q6南部地层剖面图

Q7　位于城墙的西北角，GPS坐标为N39° 32′ 50.9″ ，E115° 42′ 55.1″ ，H-12.9米。平面为不规则形，东西向，残长12～24米，残宽1～12米，夯土厚0.5～1.4米，层厚0.08～0.18米，夯土为黄褐色，土质坚硬，夯土内含陶片、黑灰等（图一〇）。

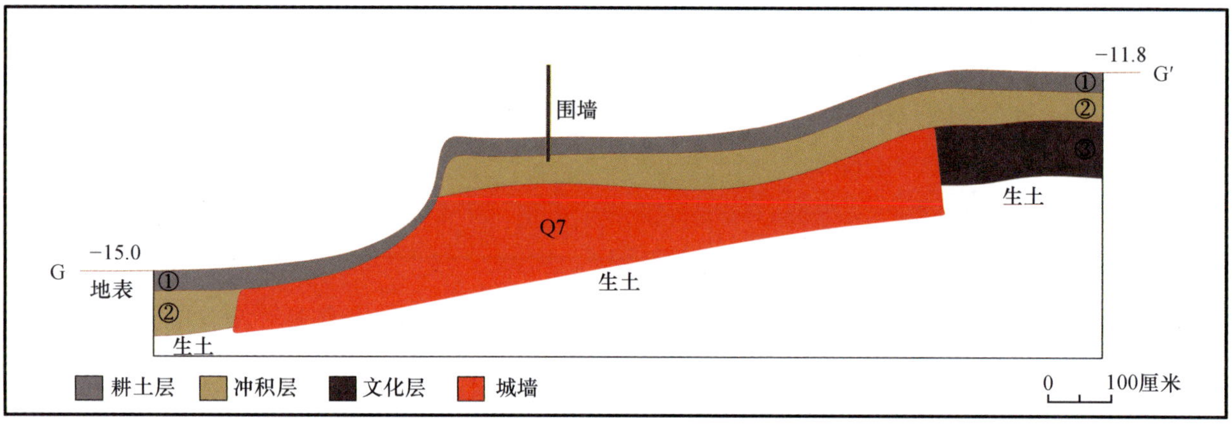

图一〇　Q7中部地层剖面图

Q8　位于北城墙的中西部，GPS坐标为N39° 32′ 51.1″，E115° 42′ 57.1″，H-19.7米。平面为不规则形，东西向，残长约19米，残宽1～6米，夯土厚0.5～0.9米，层厚0.08～0.18米，夯土为黄褐色，土质坚硬，夯土内含陶片、黑灰等。

城墙在修筑之时是否开挖基槽，目前并不明确，只是在勘探时零星发现城墙底部夯土的土质、土色与上部的不同，仍有待于考古发掘予以确认。

（2）城门

此次勘探未能解决城门的问题。20世纪考古调查，有人认为，东城墙、西城墙和南城墙中部各有一处缺口且向外凸出，推测为城门①。此次勘探，在这三个缺口处并未发现道路或者踩踏遗迹等，因此尚不能从考古现象中确认为城门，还有待于考古发掘予以证实。

（3）南城墙外侧壕沟遗迹

G1　位于南城墙的南侧，GPS坐标为N39° 32′ 37.6″，E115° 43′ 1.8″，H-7.3米。内边紧邻南城墙外边，西浅东深，残长约220米，宽10～38米，深1～2.5米，内见灰褐色填土，土质较松，含少量陶片、黑灰等，推测其为修筑城墙时的取土区。G1西部探区外已不明显，东部被水泥路、卵石堆垫区所压，无法勘探。

（4）灰坑

H1　位于Q2东城墙北部的内侧，GPS坐标为N39° 32′ 43.6″，E115° 43′ 8.2″，H-5.7米。平面为不规则形，东西向，长约13米，宽6～8米，距现地表深1.2～1.5米，开口于第2层下，内含夹砂灰、红陶片、黑灰、红烧土块等。

（5）灶址

Z1　位于Q2东城墙北部的内侧、H1的北部，GPS坐标为N39° 32′ 44.4″，E115° 43′ 32.1″，H-5.8米。平面为球拍形，南北向，长约4.5米，宽1.2～3.2米，南部深1米处见红烧土，厚0.2米，北部为操作坑。该灶开口于第2层下，距现地表深1～1.7米，内含黑灰、红烧土块、陶片等。

① 王汉彦：《周口店区蔡庄古城遗址》，《文物》1959年第5期。

（6）器物标本

蔡庄土城城址内及附近地表散落的陶片较多（图版四〇，1、2），主要有红陶、红褐陶、灰陶、灰褐陶等，按陶质分，主要是夹砂陶和泥质陶，其中夹砂红陶的数量较多，泥质灰陶的数量最少。陶片的纹饰以绳纹、弦纹为主，其他还有旋纹、堆纹、压印花纹、布纹、方格纹等，素面陶片的数量较少。可辨器形有鬲、豆、釜、罐、瓮、盆和瓦、砖等。

采集到2件较为完整的器物。一件是纺轮，夹砂红陶，算珠状，直径3.7厘米（图版四〇，3）。另一件是箭镞，铜质，三棱，残长2.6厘米（图版四〇，4）。

五、初步认识

战国、秦汉城址是北京地区现存数量最多的古代城址，对于较为全面地构建北京地区战国、秦汉时期的历史文化面貌、探寻北京地区城市（群）的发展演变脉络等具有重要价值。

1. 城址的范围和形制

2001年《北京市人民政府关于公布本市第六批文物保护单位和对已公布的市级文物保护单位勘误的通知》中，公布："蔡庄土城遗址，战国，房山区南尚乐镇蔡庄村。城址建于台地上，地表有大量的红、灰夹砂陶片。北临拒马河，东西城墙各长450米，南城墙长270米，城墙高4米，宽12米。是北京地区现存年代较早、保存较好的古城遗址。"从此次考古勘探成果来看，蔡庄土城城址整体为近长方形，南北略长，东西稍窄。北城墙保存状况最差，基本无存，其余三面城墙较为完整；城址转角以东南处保存最好，基本完整，西北处和西南处已遭破坏，而以东北处保存最差，遗迹无存。东城墙（包含基址与中间缺口）残长约359.1米，南城墙（包含基址与中间缺口）残长约271.8米，西城墙（包含基址与中间缺口）残长约383.6米，北城墙（包含基址与中间缺口）残长约67.1米。该城址的总面积（以城墙或其基址的外边线为准）约13.1万平方米。

2. 城址的选址

根据城墙遗存下生土的海拔可知，城墙修建之时该区域为中部高、四面低、中部较平坦、四面为坡状的台地。这种地势与现在的情况基本吻合。城墙基址部分是随着地势修筑而成的。

蔡庄土城所处之小环境符合古代营城原则与理念，"非于大山之下，必于广川之上，高毋近旱而水用足，下毋近水而沟防省"①。该城址修建之前，其所在区域已是人类长年生活、生产之地，采集到的一定数量的两周之际的器物即可为证。可见该城的修建充分考虑了人、地因素，也证明了建城之时该地区战略地位更加突出。战国时期，七雄之一的燕国，当其全盛之际，"东有朝鲜、辽东，北有林胡、楼烦，西有云中、九原，南有呼沱、易水"②，蔡庄土城

① 黎翔凤撰：《管子校注·乘马第五》卷1，中华书局，2004年，第83页。

② ［西汉］刘向集录：《战国策·苏秦将为从北说燕文侯》卷29，上海古籍出版社，1985年，第1039页。

城址处于其腹心膏腴之地，毗邻督亢，西南离下都略近而东北距蓟城稍远，三者互成犄角之势，位置相当重要。西汉时期，蔡庄土城与西乡县城、良乡县城同属涿郡辖区，也是燕地涿、蓟[①]之间的重要一环。

3. 城址的时代

城址所在范围的地层堆积较薄，城墙内外两侧的现地表以下1～1.2米即为生土，并且地层堆积较为简单，第2层下即为战国、秦汉时期遗迹。城墙夯土内、城墙内外两侧地层与遗迹中的包含物及地表采集的遗物，战国至西汉时期器物的数量和类型最多。结合以往调查的结果，该城址应始建于战国时期，沿用至两汉。此后人类活动的迹象骤减，城址废弃。

4. 城址的性质

从规模、体量来看，该城址小于广阳城城址，而与长沟古城城址（西乡县故城）大体相当。以此推测，该城址不应是一个普通的据点。从始建、使用时期来看，集中于战国、秦汉阶段，该城址既是分封制下战国燕地城市体系的重要组成部分之一，也是郡（国）县制下汉代蓟涿城市群的重要组成部分之一。以此而言，该城址具有较为重要的历史价值。

六、结　　语

蔡庄土城遗址发现至今，考古工作只限于田野调查和初步钻探，没有进行过正式发掘，其范围虽大体清楚，但具体的布局、结构和遗迹埋藏并不明确。此外，该城址在史料文献中没有相应的记载，或是限于认识尚未能从史料中辨识出来。因此，若要全面认识该城址，需开展有计划的考古发掘和有重点的文献梳理。

绘图：马伯陶
照相：王宇新
执笔：孙　勐　胡传耸
　　　卜彦博

① “燕之涿、蓟，赵之邯郸，魏之温轵，韩之荥阳，齐之临淄，楚之宛、陈，郑之阳翟，三川之二周，富冠海内，皆为天下名都，非有助之耕其野而田其地者也，居五诸之冲，跨街衢之路也。故物丰者民衍，宅近市者家富。”王利器校注：《盐铁论校注·通有第三》卷1，中华书局，1992年，第41页。

考古研究

从圆明园海晏堂蓄水楼遗址的考古发现看清式石活技术

张利芳
（北京市文物研究所）

清朝虽为少数民族建立的王朝，但在入关后迅速汉化，继承和吸收了中原王朝汉文化，如治国思想、风俗传统、物质文化等。在建筑领域，直接任用汉族工匠营造宫室园囿，更是对宋元以来所形成的建筑技术的全盘继承。为了规范建筑工程做法、严格工程质量、掌控工料估算和用工数量等，清廷设有专门机构进行工程的监督、检查、记录等。又由于圆明园地位的重要性和工程规模的宏大，清廷还成立了圆明园工程事务机构，专管圆明园工程事务，如圆明园工程处、样式房、销算房、堂档房、现行房、督催所等。因此，在关于圆明园修建、维护方面，留有大量的档案、奏折材料，如内务府奏销档、活计档、奏案、呈稿、宫中朱批奏折等，这些材料为研究圆明园建筑工艺等提供了大量的原始资料。

本文以《圆明园内工石作现行则例》为依据，并结合今人研究，以业经考古发掘的圆明园海晏堂遗址为载体，来考察清代的一些石活技术。

一、海晏堂历史沿革

海晏堂位于圆明三园之一的长春园北部西洋楼景区，是西洋楼景区中规模最大的一组建筑。

海晏堂俗称水法十一间楼，乾隆二十四年（1759）基本建成，四十六年（1781）悬挂海晏堂匾额①。根据清样式雷图档及所绘铜版画，海晏堂由西向十一间楼、“工”字形蓄水楼及周围诸喷泉构成。十一间楼面阔十一间，上下两层，与“工”字形蓄水楼之间有廊道连接。

① 中国第一历史档案馆：《圆明园》，上海古籍出版社，1991年，第1359、1424、1560页。

“工”字形蓄水楼南北外观均为十三间，每面设有三门十窗。东西外观为二层楼式，其上层为提水用的水车操作间。东西水车操作间之间为蓄水池，因池底及四壁铺有防渗水的锡板，又称“锡海”，供水给海晏堂景区诸喷泉。喷泉包括海晏堂十一间楼前的喷泉和“工”字形蓄水楼门外的喷泉。十一间楼前喷泉池两侧为大家所熟知和关注的十二生肖兽首人身喷泉，呈“八”字形排列。十二生肖喷泉按照各自所代表的时辰轮流喷水，正午时刻则同时喷水。除十二生肖喷泉外，在十一间楼喷泉池西沿中央还有一座圆形花坛式铜喷水塔。十一间楼正中大门前石阶两侧分别有石狮、石鱼各一对。石狮和石鱼的口中也有水喷出，喷出的水顺石槽导入喷泉池。喷泉池的东沿有一大型贝壳状装饰，下为湖石。从铜版画上看，这个贝壳状建筑装饰似乎也安装有喷泉。“工”字形蓄水楼门外有4个喷泉池，平面均呈八角形。池中心置喷泉，造型可分为两组。一组为两只猴子一左一右分别坐在鼓肚形瓶子的肩部，瓶口上插有一树形装饰物，喷泉从树顶喷出，落在猴子的头上，其中一只猴子双手捂头，作遮雨状。此外，还有两股喷泉分别从猴子的口中喷出。这组喷泉一个位于蓄水楼西南门外，一个位于蓄水楼东北门外；另一组为一只猴子坐在一个四周雕有四个动物头像的圆墩上，一手撑伞，一手作捂头状。喷泉从伞顶喷出，落到伞面上，再从伞面四周落下，形成雨帘。这组喷泉一个位于蓄水楼西北门外，一个位于蓄水楼东南门外。“工”字形蓄水楼东面是四跑楼梯，可登攀至蓄水楼之上的水车操作间。楼梯中间有门，门外有道路可通往位于海晏堂东部的大水法景区（图一～图四）。

最初设计时，此处水法的运水器械，采用的是“登攀水车，每日用园户十四名，每名每日给饭食制钱三十文”①。但到了乾隆二十八年（1763），“因水法骡头拉水轮盘等件不

图一　海晏堂西面铜版画（乾隆五十一年）

① 中国第一历史档案馆：《圆明园》，上海古籍出版社，1991年，第133页。

图二　海晏堂北面铜版画（乾隆五十一年）

图三　海晏堂南面铜版画（乾隆五十一年）

图四　海晏堂东面铜版画（乾隆五十一年）

时损坏，改安辘轳，雇觅夫役打水。……十一间楼亦安设辘轳，其园户登攀水车之处一并裁汰”①。其理由为“汲水不急，靡费实多”，“改为人力戽水，较前简便，……”②。蓄水楼处共安装“辘轳4分，每分用长三丈五尺麻绳一根，计二分，麻绳八根，大罐四个，计二分，用大罐十六个”③。到了乾隆六十年（1795）时，又将水法铜管拆掉，因“改为人力戽水”，“其铜管一项徒存无用，约有八千余斤，置之年久，必致废弃，莫若将此项铜管镕化为铜，以资铸造之用……”④。可见，海晏堂水法器械最初为登攀水车，后改为辘轳。后因靡费，干脆连输水铜管也给拆掉，以获取铜料。

海晏堂作为圆明园内的一组景区，其命运同整个圆明园一样，自1860年之后，开始逐渐失去恢宏气象，渐趋衰落，经历了由前清废园到废墟再到遗址的过程。据金鉴回忆，在20世纪60年代末到70年代初圆明园所遭受的最后一次破坏中，“海晏堂水法（喷泉）的锡海底座（土台），下边的地基被有些单位挖了很深的地沟，城砖基本上被挖干净了”⑤。但由于海晏堂景区的建筑主体为石质，故地面残留的遗存较多。20世纪90年代初，圆明园管理处曾对海晏堂遗址进行过清运渣土、廓清遗址和散落石构件的归位工作。

① 中国第一历史档案馆：《圆明园》，上海古籍出版社，1991年，第1359、1424、1560页。
② 中国第一历史档案馆：《圆明园》，上海古籍出版社，1991年，第1638页。
③ 中国第一历史档案馆：《圆明园》，上海古籍出版社，1991年，第1011页。
④ 中国第一历史档案馆：《圆明园》，上海古籍出版社，1991年，第1638页。
⑤ 金鉴：《圆明园最后一次毁坏》，转引自文史参考杂志社、中国圆明园学会：《争议圆明园》，人民日报出版社，2012年，第128页。

二、考古发掘概况

2015年10月12日～12月30日，为配合长春园西洋楼海晏堂遗址的抢修、保护与展示工作，经国家文物局批准，北京市文物研究所考古工作人员在前期考古调查的基础上，并结合遗址具体情况，对海晏堂蓄水楼遗址进行了正式的考古发掘工作，发掘面积800平方米，发现供排水道2条、水车汲水池4个、建筑基础2处、夯土台1处、台基、门址等[①]（图五）。

供排水道与水车汲水池全部为石条砌成。水道位于蓄水池东西两侧，南北走向，出海晏堂建筑本体后变为暗道，尽端为八边形喷泉池。汲水池呈长方形，分别位于蓄水池四角，一侧有水门与水道相通。建筑基础包括蓄水楼本体基础和蓄水池基础，均为满堂红三合土基础。夯土台即蓄水池本体结构部分，坐落在蓄水池基础之上，纵剖面呈倒阶梯状，自上而下至少有13个夯层，是蓄水池的内芯，其外部为包砖结构，包砖被全部破坏。台基由土衬石、陡板石和阶条石组成，内侧为修砌规整的青砖，其中南侧台基的东半部和北侧台基的西部被破坏，现存部分为现代修复，其余部分保存完好。台基的阶条石之上有石柱础，相邻两石柱础及石柱础与门柱之间砌砖墙。台基外侧有散水。门址共6处，南北两面各三，均保存有过门石、石门柱及石柱础，其中位于东西两端的门可通行，具有实际功能，位于中间的两个门为装饰性的假门。

图五　发掘后遗址全景

① 详见张利芳等：《长春园海晏堂蓄水楼遗址考古发掘简报》，《北京文博文丛》二〇一八年第二辑。

三、考古发现所见部分清式石活技术

（一）加工要求和加工手法

《圆明园内工石作现行则例》①记载："汉白玉、青白玉石做糙折宽一尺，每长六尺用石匠一工。做细折宽一尺，每长一丈用石匠二工，占斧折宽一尺，每长三尺用石匠一工""青砂石做糙折宽一尺，每六尺用……做细折宽一尺，每丈用……占斧折宽一尺，每丈用石匠八分工。扁光折宽一尺，每三尺用石匠一工。"做粗、做细是对石活最基本的加工要求。做粗，即对石料仅做粗略加工，使石料表面大体符合使用要求。做粗一般多用于石材的不露明部分。例如对石料的受力面粗略加工，基本找平，而在非受力面则做得更粗。做细，即对石料表面进行细致的加工，主要是对石料露明看面的加工要求。占斧、扁光为石料表面的加工手法。

除文献记载的占斧、扁光外，根据古建筑专家刘大可先生的研究，石活的加工手法还有打道、刺点、錾点、砸花锤和磨光。占斧，又叫剁斧，是通过斧子（硬石料可用哈子）沿石料表面依次剁斩，将石料表面剁平。第一遍斧的主要目的为找平，第二、三遍斧可交活。两遍做法为糙活，三遍为细活。扁光是指用锤子和扁子将石料表面剔光，经扁光的石料，表面平整光顺，没有斧迹凿痕。打道是用錾子和锤子在基本凿平、砸平或剁平的石面上依次凿打，将石料打平，并在石料表面留下一道道均匀直顺的錾痕。打道分为创道、打糙道和打细道。创道又叫"打瓦垄"，是指打很宽的道，主要用于初加工。糙、细由打道的密度来决定。在一寸长的宽度内，打三道叫作一寸三，打五道叫作一寸五，以此类推，则有一寸七、一寸九和十一道。一寸三和一寸五做法多用于糙道做法，多用于道路等需要防滑的石面。一寸七和一寸九做法属于细道做法，多用于挑檐石、腰线石等。刺点是凿的一种手法，操作时錾子应立直。适用于花岗石等坚硬石料，软石料及需要磨光的石料均不可刺点，以免留下錾影。錾点是将尖錾子立直，用锤子敲打，在平面上錾出均匀的坑点。錾点是对平面的一种处理手法，多用于对雕刻"地子"的处理，尤其是当"地子"空当较小，无法扁光时，更是只能用錾点的手法。砸花锤是在经凿打（刺点或打糙道）已基本平整的石面上，用花锤进一步将石面砸平。多用于处理铺墁地面，也常见于地方建筑中。磨光，是用专门的工具（一般为砂轮、油石或硬石块）将石面磨光，这是对石料表面加工的最高要求，最精细的做法，一般只用于某些极为讲究的做法，如须弥座等。在上述石活加工手法中，打糙道、刺点属于做粗的范畴，打细道、砸花锤、占斧、扁光和磨光属于做细的范畴②。此外，錾点也属于做细的范畴。

加工要求，即做粗与做细，在蓄水楼遗址的考古发现中均有较为明显的表现，如水道壁表面打糙道，在水道壁内侧和石柱础内侧仅做基本凿打，均属做粗。门柱和柱础看面磨光，属做细（图六～图八）。

---

① 以下简称《则例》，见《内廷圆明园内工诸作现行则例》。

② A. 刘大可：《明、清官式建筑石作技术》（一），《古建园林技术》1989年第1期。

B. 刘大可：《中国古建筑瓦石营法》，中国建筑工业出版社，2015年，第360～362页。

图六　石条不露明面做粗

图七　门柱看面部分做细

图八　做粗与做细

石活加工手法有打道、刺点、錾点、砸花锤、剁斧、扁光和磨光。在蓄水楼遗址的考古发现中，打道、磨光手法表现得较为明显，刺点、錾点、扁光手法不甚明显。一般来说，加工一块石料，需要综合运用多种手法，如蓄水楼石砌水道壁表面及石柱础表面打道后，再砸花锤（图九、图一〇）。在门柱不露明部分，只用斧子粗粗找平，然后再打粗道（图一一）。在石柱础和石门柱的看面均使用磨光手法，以使得石柱和门柱的表面细腻、光滑（图一二）。

图九　打道与砸花锤

图一〇　打道

图一一　剁斧与打道

图一二　磨光

（二）石活稳固与连接技术

《则例》记载石活的稳固与连接技术有使用灰浆、桥垫、做榫卯、做梓口、下银锭和下石锔。

使用灰浆　为实现石活之间的稳定，防止发生滑动、倾斜，甚至倾倒，最基本也是最重要的是在做石活时，在石料的各接触面之间使用灰料，灰料包括白灰、石灰、油灰等，使用手法包括铺灰、灌浆、抅抿石缝等。以石条（板）为例，在上、下层石条（板）的接触面之间使灰，称“铺灰坐浆”。《则例》记载，青白石“底面灌浆折宽一尺，每长一丈用白灰四十斤，江米五合，白矾八两”。花斑石与此相同。豆渣石石缝之间“抅抿油灰，每凑长一尺用油灰二斤四两，桐油二两”。可见，使用灰浆是稳定石活时最基本的工序，根据黏合位置及石料的不同，使用不同的灰浆。

桥垫　除使用灰浆外，为了使石活更加稳固，还需要桥垫。仍以石条（板）为例，在上、下层石条（板）之间，尤其是在石活不露明部位的接触面外侧，填塞石片、铁片，这就是所谓的桥垫，俗称“打背山”。之所以要打背山，是因为工匠在加工石活时，一般只将看面一侧或主要受力面进行或粗或细的加工，而不露明一面只基本找平，几乎不做加工，这样就会在上、下层石条（板）的外侧接缝处出现较大的空隙。出现这种情况时，工匠往往会在空隙处先塞填一些东西以支撑上下石（条）板，谓之“桥垫”，起垫平作用。如果用石片桥垫，称“打石山”；如果用铁片桥垫，称“打铁山”。《则例》记载，豆渣石“大料石底面桥垫，每长一丈用生铁片二两”。

做榫卯　指的是通过榫卯结构来固定石活。榫为凸出的头，卯为凹进去的窝，榫卯互相咬合，以起到稳定作用。《则例》记载，豆渣石“大料石做阴阳榫，二面折一面，深一寸，折宽一尺，每长一丈用石匠二工”，青砂石“陡板上面做榫，每八个用石匠一工。阶条底面打榫窝，每八个用石匠一工”“打管脚榫眼，每四个用石匠一工。打透榫眼厚五寸至七寸，每二个用一工”。

做梓口　是指在石活上凿凹槽一道，与该石活接触的另一石活对应面上相应做凸出的一道舌头，两石活以此方式落合。《则例》记载，豆渣石“打闸板落梓口，不拘宽窄，每凑长四尺，用石匠一工”，青砂石“土衬落槽深一寸折宽一尺，每长一丈用石匠二工。土衬落槽深二寸折宽一尺，每长一丈用石匠四工”。

下银锭、下石锔　俗称使用铁活，指的是使用银锭、扒锔等来拉扯、加固石活的技术。铁活主要安装在相邻两石条（板）之间的接缝处，在需要使用铁活的石料表面先按铁活的形状凿刻出凹槽，然后在凹槽内安装铁活。铁活安下去后，需要在槽内缝隙处浇灌灰浆、白矾水或铁水。银锭，又称细腰，因形状似银锭而得名。扒锔形状为一根两端带钩的铁构件，类似于今天的把手。《则例》记载，豆渣石“装板石见缝，每长三尺用长六寸锔一个。拉扯识石，每分用银锭两个”。

除上述几项外，根据古建筑专家刘大可先生的研究，清代石活间的稳固与连接技术，还有做磕绊、下拉扯。做磕绊为石活间的自身连接方式，两块相邻石板（条）通过磕绊落合。拉扯与扒锔类似，区别是只在一端做出卡子头[①]（图一三、图一四）。

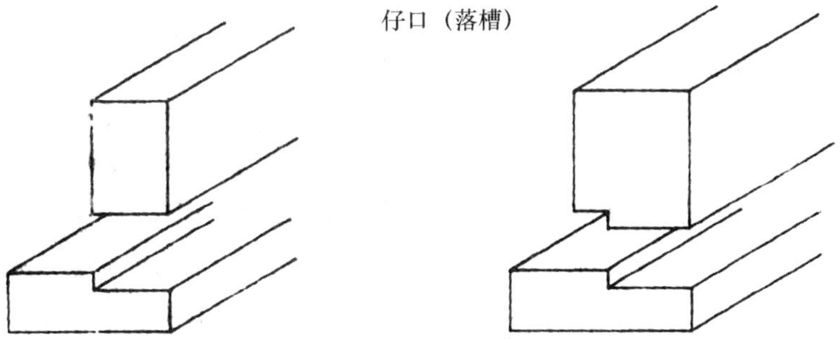

图一三　磕绊示意图

（采自《明、清官式建筑石作技术》（二），《古建园林技术》1989年第2期）

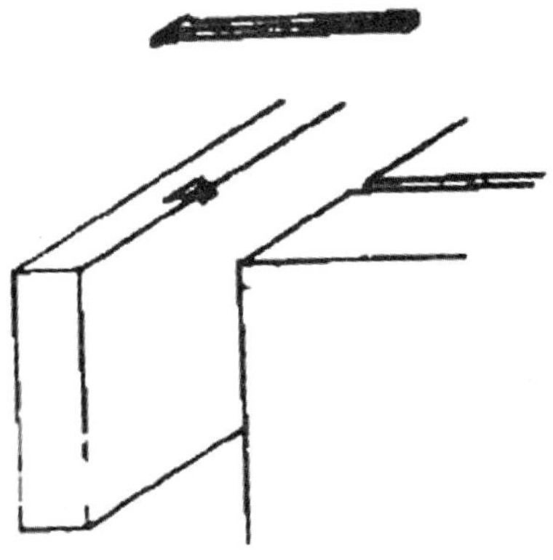

图一四　拉扯示意图

（采自《明、清官式建筑石作技术》（二），《古建园林技术》1989年第2期）

① A. 刘大可：《明、清官式建筑石作技术》（二），《古建园林技术》1989年第2期。

B. 刘大可：《中国古建筑瓦石营法》，中国建筑工业出版社，2015年，第360～362页。

上述几项技术，在遗址中均有所体现。在蓄水楼石砌水道壁和水车汲水池四壁的各石条底面均使用了灰浆。水车汲水池外壁和水道壁外壁的上、下层石条之间均发现有填塞的石片，即文献中记载的“桥垫”，只是桥垫为石片，暂未发现铁片（图一五、图一六）。在水车汲水池四壁上凿刻有多处榫眼（图一七），有圆形、方形等不同形状；水道壁表面也凿刻有方形榫眼；石柱柱顶有圆形榫头等。这些榫卯结构均起连接、固定作用。在其中一块倒塌的水车汲水池壁上发现有一道凹槽，即落槽、梓口（图一八）。在构成水车汲水池相邻两石条间的接缝部位，发现了银锭锁（图一九）。此外，在一段被破坏掉的水道壁相邻两石条间的接缝处还发现银锭锁槽，银锭被取走。由此推断水车汲水池四壁和水道壁的相邻两石条之间均由银锭固定。石锔在蓄水楼遗址未被发现，但在与其相邻的远瀛观遗址发现多处，几乎相邻的两石条间均有。有的铁扒锔尚在，有的被取走，仅剩下扒锔槽（图二〇）。但值得一提的是，在海晏堂蓄水楼遗址的西水道壁表上有一个形状呈 ▭—▭—▭ 的刻槽，推测有可能是两个拉扯槽（图二一）。推测此处拉扯是用来固定插入中间榫眼内的柱子。

图一五　东水道壁外侧桥垫

图一六　西水道壁外侧桥垫

图一七　榫眼

图一八　落槽

图一九　银锭锁

图二〇　扒锔

图二一　刻槽

四、结　　语

海晏堂建筑是一项重要的皇家工程，其建筑工艺代表着当时的最高水平。其建筑外观可以从图片、影像等资料中略窥一斑，但对于其建造工艺、建造手法等，文献中记载得较为简略。海晏堂遗址的考古发现以实物形式呈现了部分清代石活加工技术，使我们得以以直观、形象、生动的形式认识与了解部分文献中记载的石活加工要求、手法，以及石活间的连接与稳定技术。

北京地区金代陵墓葬俗探析

丁利娜

（北京市文物研究所）

贞元元年（1153），金帝完颜亮从上京迁都到今天的北京，改称“中都”。金中都作为金朝国都长达62年，占金朝历史的一半时间，同时也是金朝最为鼎盛的时期。迁都之后，完颜亮为了巩固统治，开始了大规模的迁陵活动，与此同时，大批女真贵族等上层社会人员被强令迁来，出现金代人口迁徙的一个高潮。人口的迁徙和流动造就了北京地区汉人、女真人、契丹人乃至一定数量的奚人、渤海人交融杂居的局面，留下了丰厚的文化遗产。金代墓葬作为历史文化的一个重要载体，内涵丰富，通过对丧葬习俗的总结归纳，可以窥视当时人们生活的多个方面。本文着重对北京地区金代墓葬的石椁墓、火葬、迁葬、归葬及墓内安金石和长生灯的习俗探讨一二。

据统计[①]，北京地区发现的金代墓葬计有59处123座，其中形制确切的墓葬有103座，其他还有20处至少20座墓葬的形制不明确，有的是仅发现有墓志；有的由于资料缺失，仅知道墓葬的地点；还有的是家族墓地，因为形制不明确，暂按1处（或座）计。其他还有很多尚未明确为金代的辽金时期墓葬，不在本次统计之列。

一、石椁墓葬制

石椁墓是北京地区金代中期以来的主流葬制，墓主以金代女真贵族为主，此外，还有一定数量的汉族士人和高官。以往学界对金代石椁墓的探讨较多，基本认为石椁墓是女真高层贵族“在本族旧有墓葬习俗基础上，吸收宋、辽墓葬形制加以改进创造的一种新型墓葬”[②]，形成于辽末金初，定型于金大定初，大定中叶以后是其发展阶段，而鼎盛时期是在金章宗泰和年间。

北京地区发现的金代土圹石椁墓，包括帝后陵墓在内，共计40座（包括主陵区的5座陪葬

---

① 统计数字截至2010年。

② 陈相伟：《试论金代石椁墓》，《博物馆研究》1993年第1期。

墓，其石圹的性质基本相当于石椁）。这40座石椁墓中年代最早的是海淀金山金墓①，属金代早期，其次是贞元三年（1155）金帝完颜亮迁葬的金太祖完颜阿骨打的石圹石椁墓②，以及贞元至正隆年间的张萧之石椁墓③。石椁墓中墓主身份最高的当是金太祖阿骨打及被认为可能是金世宗后妃坤厚陵的5座石椁墓群④，其次是乌古论窝论和乌古论元忠墓⑤。乌古论窝论是元忠之父，加赠金紫光禄大夫、驸马都尉，窝论妻为太祖第二女毕国公主；乌古论元忠是尚书右丞相、驸马都尉、任国公，元忠妻为世宗长女鲁国大长公主。其他可以明确身份的女真贵族有金太祖第八子、大金故太保兖国王完颜窝鲁欢⑥，曾任南京留守、光禄大夫蒲察胡沙⑦，封武威县君的女真贵族纥石烈氏等⑧。这些女真贵族的身份地位较高，所用的石椁墓规格也高。此外，使用石椁墓的还有一些汉族官僚、士人，其中品阶最高的是正五品、宣威将军石宗璧⑨（其妻为女真贵族纥石烈氏），以及正五品、开国子、食邑五百户的吕士宗⑩，太常少卿、殿中侍御史吕嗣延⑪，从五品、宣武将军、骑都尉张萧之⑫。其他还有从七品下、忠显校尉巨君⑬，从八品、保义校尉、商酒院使仲良⑭，从八品上、修武校尉吕恭等⑮。从已有的考古发现来看，这些汉族高官使用的石椁墓的规格较女真贵族的石椁墓规格明显稍低。从墓主身份来看，石椁墓的使用者“非贵即官”，规格最高的是女真帝王及皇室贵族，其次才是汉族官员。换句话说，虽然石椁墓的产生是女真葬制在受到宋、辽石棺墓影响的基础上形成的，但是发展定型的石椁墓则是女真贵族身份的一种象征，而且汉族官员也可以使用。目前尚未发现汉族平民百姓使用石椁墓的确切墓例。

石椁墓中葬制比较特殊的是石景山吕氏家族墓中的吕士宗、吕嗣延两座墓，考古发掘报告称其为“双重石椁墓”。这种墓葬形制的特殊性有其历史原因。吕士宗、吕嗣延均是辽代汉族高官，吕士宗卒于辽兴宗重熙七年（1038），吕嗣延卒于金太宗天会四年（1126），两座墓葬

① 秦大树、王晓军：《记一组早期钧窑瓷器及相关问题探讨》，《文物》2002年第11期。

② 北京市文物研究所：《北京金代皇陵》，文物出版社，2006年。

③ 北京市海淀区文化文物局：《北京市海淀区南辛庄金墓清理简报》，《文物》1988年第7期。

④ 北京市文物研究所：《北京金代皇陵》，文物出版社，2006年；张先得、黄秀纯：《北京市房山县发现石椁墓》，《文物》1977年第6期。

⑤ 北京市文物工作队：《北京金墓发掘简报》，《北京文物与考古》（第一辑），北京市文物研究所，1983年。

⑥ 北京市文物局：《北京辽金史迹图志》（下），北京燕山出版社，2004年。

⑦ 齐心：《金代蒲察胡沙墓志考》，《北京史论文集》（第一集），北京史研究会编印，1980年。

⑧ 北京市文物管理处：《北京市通县金代墓葬发掘简报》，《文物》1977年第11期。

⑨ 北京市文物管理处：《北京市通县金代墓葬发掘简报》，《文物》1977年第11期。

⑩ 北京市文物研究所：《鲁谷金代吕氏家族墓葬发掘报告》，科学出版社，2010年。

⑪ 北京市文物研究所：《鲁谷金代吕氏家族墓葬发掘报告》，科学出版社，2010年。

⑫ 北京市海淀区文化文物局：《北京市海淀区南辛庄金墓清理简报》，《文物》1988年第7期。

⑬ 杨学林：《平谷东高村巨家坟金代墓葬发掘简报》，《北京文物与考古》（第四辑），北京市文物研究所，1994年。

⑭ 周良：《通县发现金代石棺墓》，《北京文物报》1993年第10期。

⑮ 北京市文物研究所：《磁器口出土金代石椁墓发掘简报》，《北京文博》2002年第4期。

均在金章宗泰和元年（1201）迁葬于石景山吕氏家族墓地中，前者历经了163年，跨越了辽、金两代，后者曾被两次改葬，从金代早期到金代晚期历经75年后才被正式迁葬于先茔祖坟中。这样的迁葬背景在两者的石椁墓中都有一些体现。吕士宗石椁墓内椁外壁上阴刻的四神十二生肖图案具有辽代晚期的典型特征，应该是墓主卒后当年初次下葬时所为，而素面的外椁则是金章宗年间迁葬时另外加做的。这一点在墓志的雕刻痕迹中得到了证实。在志盖背面，辽代凿刻时整个志盖凿刻的都是斜纹；金代迁葬时，后人补刻文字，把中间需要刻字的地方凿平，但四周仍保留着最初的斜纹，且补刻的文字中说明了墓主人的后人为之迁葬的原委①。足见，吕士宗的内椁其实是在辽代下葬时使用的石棺，石棺上阴刻四神十二生肖仍保留着辽代的典型特点。而到了金章宗泰和年间，石椁墓已经在上层社会中流传使用，于是后人在迁葬前辈时才又加做了具有金代特征的6块石板构成的外椁，此时的内椁其实只是起棺的作用，在棺内置有盛放骨灰的木匣。而吕嗣延石椁墓的内椁明显较吕士宗的内椁大，并且为素面。笔者认为这是因为：吕嗣延为辽末金初人，卒后初次下葬于金太宗天会四年（1126），此时仅仅是“暂厝”于先茔之北，51年之后第一次改葬是在大定十七年（1177），而此时正值北京地区石椁墓的发展阶段，石椁已经开始在上层社会使用，所以吕嗣延后人制作的石棺自然更接近于此时流行的石椁的大小和形制，而不再是辽代石棺的形制，并且也没有了四神十二生肖的图案。至泰和元年（1201）后人再次迁葬祖茔时，正是石椁墓的盛行时期，于是又在其外重新造就了一重石椁，并且石椁的规制也符合当时的流行特征。这就是吕氏家族墓中两座“双重石椁墓”形成的内在原因。吕士宗墓更接近于石椁石棺墓，与乌古论元忠墓的石椁石棺有类似的地方，而吕嗣延墓的双石椁尺寸相差不多，相贴较近，更接近于双重石椁的性质。

至于石椁墓的等级，以往学者有研究，依据的标准大体有两个：石椁的尺寸和构成石椁的石板数量。笔者认为，论述石椁的等级还应该考量时代因素，因为石椁墓有发展、定型和鼎盛的不同发展阶段，不能仅仅依靠尺寸和石板数量来区分整个金代石椁的等级。就北京地区的金代陵墓而言，从石椁尺寸来说，规格最高的是乌古论元忠夫妇的石椁，长3.5、宽2.64、高1.91米；其次是其父乌古论窝论的石椁，长3.33、宽2.55、高1.65米。即使是金太祖帝、后石椁也不及前两者规格大，金太祖石椁长3.12、宽1.55、高1.82米；钦宪皇后石椁长2.48、宽1.2、高1.52米，其他两位皇后的石椁分别为长2.73、宽1.4、高1.12米和长2.63、宽1.4、高1.4米。笔者认为这与时代有一定的关系。中都太祖陵是完颜亮于贞元三年（1155）迁葬而成的，而乌古论窝论的下葬年代在金世宗大定二十四年（1184），乌古论元忠的下葬年代在金章宗泰和元年（1201），与公主合葬年代在卫绍王大安元年（1209）。可见石椁墓的等级在贞元、大定和泰和年间三个时期是有不同规制要求的，所以即使贵为帝王，石椁的规格尚没有女真贵族的高。同时我们看到，完颜亮时期迁葬的太祖的石椁明显要比皇后使用的石椁规制高。帝王使用的最大的石椁长度在3米以上，而皇后使用的石椁则明显较小，但皇后之间则没有明确的地位区分，钦宪皇后凤椁甚至比另两位皇后的素面石椁尺寸要小一些。这些现象可能说明此时石椁的规制尚无定制，石椁墓在完颜亮时期尚处于形成阶段。到了金世宗大定早中期，石椁的使用规

① 北京市文物研究所：《鲁谷金代吕氏家族墓葬发掘报告》，科学出版社，2010年，第131页。

格有所增大，坤厚陵中后妃的石椁尺寸超过了金太祖皇后，主墓的石椁长达2.9米。而且，大定晚期正二品的乌古论窝论的石椁长达3.33米，超过了之前金太祖的石椁尺寸。卫绍王大安初年，公主和驸马合葬墓的石椁规格则更高，石椁长度达到3.5米，是北京地区迄今发现的石椁墓中石椁长度最长的，这一时期可能也正值石椁墓发展到鼎盛的时期。至此我们推测，石椁的使用规制从完颜亮时期、世宗大定早中期、大定晚期直至卫绍王大安初年是在逐渐发展进而达到鼎盛的，这一特点从构成石椁的石板数量也可以得到证明。金太祖和钦宪皇后的龙、凤石椁均由椁盖、椁身两部分组成，而其他两位皇后的素面石椁则由6块组成。大定早中期后妃的石椁也由6块构成，大定晚期的乌古论窝论的石椁则由四壁各1块、盖和底各3块共10块石板构成。卫绍王大安初年，乌古论元忠夫妇的石椁则由四壁各2块、盖和底各3块共14块石板构成。随着世代的推进，石板的数量与石椁的规格同步地逐渐升高，到金章宗泰和至卫绍王大安时达到极致。同一个世代内的不同官员，石椁的尺寸也有等级区别，比如泰和年间从二品、光禄大夫蒲察胡沙的石椁长度为2.14米，正五品、开国子、食邑五百户吕士宗和太常少卿、殿中侍御史吕嗣延的石椁长度均为1.58米，其他吕氏家族成员的石椁长度依次削减，从1.36至0.94米不等。蒲察胡沙是女真贵族，其地位自然要比汉族官员吕士宗、吕嗣延身份高贵。而同一家族内部吕氏成员的石椁尺寸的差距则与各人官位及在家族中的辈分有一定关系。

纵观北京地区发现的这40座石椁墓的尺寸发展规律（见附表中石椁的年代和尺寸统计），大致可知完颜亮时期石椁的规制为：帝王在3米以上，后妃在2.4～3米。金世宗大定年间后妃石椁尺寸在2.4～3米，正二品官可以在3米以上，正五品官在1.5～2米，则三、四品官在2～3米。金章宗泰和年间皇亲国戚中的一品官在3米以上，二品官在2～3米，五品官在1.5～2米，则三、四品官可能也在2～3米（表一）。可见，金章宗泰和年间较金世宗大定年间更加突出了皇亲国戚一品官的重要地位，而二品官的等级稍有降低；五品官以下等级的石椁规制基本相同。只有一例比较特殊，大定年间从八品官吕恭的石椁，由于考古发掘报告中写的是“墓的尺寸”，语焉不详，笔者推测应该是指土圹的尺寸，而实际的石椁应当较小。值得一提的是，石椁的等级除了与以上所述石椁尺寸、石板数量有关外，也与石椁的质地有关，帝后及尊贵的女真上层人物用的是汉白玉石板，而其他则用青石质的石板。

表一　石椁尺寸表

<table>
<tr><th>时期</th><th>帝王</th><th>后妃</th><th>一品</th><th>二品</th><th>三品</th><th>四品</th><th>五品</th></tr>
<tr><td>完颜亮
贞元年间</td><td>3米以上</td><td>2.4～3米</td><td></td><td></td><td></td><td></td><td></td></tr>
<tr><td>金世宗
大定年间</td><td></td><td>2.4～3米</td><td colspan="2">3米以上</td><td colspan="2">2～3米</td><td>1.5～2米</td></tr>
<tr><td>金章宗泰和年间
至卫绍王大安年间</td><td></td><td></td><td>3米以上</td><td colspan="3">2～3米</td><td>1.5～2米</td></tr>
</table>

二、火葬习俗

笔者在《北京地区金代墓葬概述》一文中曾对北京地区发现的金代墓葬形制作过分类叙述，主要可以分为土圹石椁墓、土圹砖室墓、砖石混筑墓及土坑墓四种形制。其中以土圹石椁墓和砖室墓的数量居多，前者以长方形为主，后者以圆形居多[①]。在时代特征上，砖室墓的年代多为辽末金初，其中圆形单室砖墓是金代前期最主要的墓葬形制，在晚期有少量发现。到了金代中期的贞元、正隆、大定年间，土圹石椁墓成为主流的葬制，数量达到高潮，在金代晚期也有延续。土坑墓从金代初期至中晚期一直存在。砖石混筑墓发现数量最少，在形制上可以视为金初砖室墓向中晚期石椁墓的过渡类型。依墓葬的分布、墓葬壁画及随葬品特征、墓志信息等，我们一般认为，金代石椁墓的主人以女真贵族为主，也有一定数量的汉族士人、高官；砖室墓的主人多为汉族高官；土坑墓则主要代表了普通平民阶层。

据统计，26座葬式明确的金代砖室墓中，只有2座墓葬为尸骨葬，其余24座均为火葬，基本为南北向。21座葬式明确的金代石椁墓中，只有3座为尸骨葬，其余18座均为火葬，基本为东西向。葬式明确的4座砖石混筑墓均为火葬。葬式明确的14座土坑墓中，有9座火葬、5座尸骨葬。比较特殊的是金代皇陵陵域内的葬俗，金太祖陵中4座石椁，只有1位皇后为火葬，金太祖、钦宪皇后及另一位皇后3具石椁中均为尸骨葬；被推测为坤厚陵的5座石椁墓均为尸骨葬；金陵主陵区内的5座陪葬墓中未被盗扰的2座墓均为尸骨葬。在墓葬朝向上，金太祖陵内的4具石椁中，2具东西向，2具南北向；坤厚陵的5座石椁墓中，3座东西向，2座南北向；主陵区5座陪葬墓中，2座东西向，3座南北向。

由上可见，除了皇陵，相对于尸骨葬，火葬习俗已经成为当时社会的主流葬式。砖室火葬墓多为南北向，这是汉人的习俗，汉人本来信仰的是儒学，认为"人之焚其亲，不孝之大者也"，传统葬式是尸骨葬。砖室墓中出现这么高比例的火葬墓，推测应该是对原辽南京地区受到佛教影响而盛行火葬习俗的延续。而石椁墓中的火葬墓多为东西向，我们一般认为是北方民族通常采用的葬式。金代女真人最初的萨满教崇尚的是火葬，但尚不很盛行，迁都中都后，又受到汉人崇佛的影响，开始实行火葬。石椁墓中的女真贵族使用火葬可能正是在原始信仰萨满教的基础上受到汉人崇尚佛教习俗影响的结果。而石椁墓中的汉族品官火葬墓则是融合了汉人佛教火葬的习俗和女真人使用石椁墓及墓向为东西向的习俗。由此可见，火葬习俗也是民族间相互融合的表现之一。

比较引人注意的是，帝后大多实行尸骨葬的葬式。帝后陵和主陵区陪葬墓共计14具石椁中，只有1具为火葬，墓主是金太祖的圣穆皇后唐括氏或光懿皇后裴满氏，尸骨葬10具，另有3座墓葬葬式不明，根据遗迹推测也是尸骨葬。

这一现象与佛教在金朝的流行背景密切相关。佛教在金立国前已经传入到女真人中，金朝继辽而兴，由于直接受到辽代崇佛之风的影响，故佛教在金代社会盛行不衰。但是女真统治

① 丁利娜：《北京地区金代墓葬概述》，《文物春秋》2009年第4期。

者鉴于辽代佛教的消极影响，实行了“拨乱反正”的佛教政策，利用与限制并重，不像辽代那样上至帝王、下至平民百姓全都佞佛使得佛教在辽代达到极致。金代太祖、太宗对佛教尚不推崇，金熙宗时佛教开始兴盛、发展。完颜亮对佛教的态度更多是为了安抚民众，虽然受到生母大氏信仰佛教的影响，但他本人并不信佛。完颜亮自幼“延接儒生”，长成后“嗜习经史，一阅终身不复忘，见江南衣冠文物朝仪位著而慕之”①。并且完颜亮在位期间还下令全国修建孔庙，“命天下州县许破系省钱，修盖文宣王庙”，以申“崇儒重道化民成俗之意”②。完颜亮迁都中都后，很快便奉迁祖宗梓宫于中都房山皇陵。这时入主中原的完颜亮想必对汉文化、儒学更加推崇，为了制止金熙宗时期佛教泛滥的情况，在奉迁金太祖、太宗梓宫时，并没有依照当时社会上盛行的佛教为其先祖改行火葬。金太祖、太宗之时对佛教的信仰在女真人中尚没有真正展开，所以推测金太祖、太宗初葬应该都是尸骨葬。我们发现的金太祖完颜阿骨打陵寝中太祖、钦宪皇后和另外一位皇后都是尸骨葬，只有一位皇后实行了火葬，就很能说明这一情况。这位皇后实行的火葬可能是受到女真原始信仰萨满教的影响而为。坤厚陵内的5座尸骨葬石椁墓，则正是说明了金世宗时期统治者对佛教的政策。金世宗受母亲贞懿皇后的影响，早年“颇信神仙浮图之事”③。但世宗即位后便不再耽溺于佛学，对于佛教信仰，虽然实行了较为温和的态度和政策，但他自身持一种否定态度。大定八年（1168），世宗曾对人宣称：“至于佛法，尤所未信。梁武帝为同泰寺奴，辽道宗以民户赐寺僧，复加以三公之官，其惑深矣。”④“辽以释废”，世宗对此是十分警惕的，所以世宗在大定十九年（1179）为其后妃修建坤厚陵时也没有采用佛教所推崇的火葬形式，这可能就是我们发现的坤厚陵5座石椁墓全部为尸骨葬的原因。

根据以上帝、后陵基本实行尸骨葬和其他金代墓葬大量流行火葬的对比，可见，虽然当时金朝社会对辽代以来盛行的佛教十分推崇，但是金朝上层统治阶级尤其是完颜亮和金世宗对佛教实行的是利用和限制的双重政策，自身并不信佛，再加上两帝对汉人儒学的推崇，所以采取尸骨葬，而不是火葬。主陵区的5座陪葬墓可能正是沿袭了皇家的这种葬俗。而葬式简单的土坑墓中仍有一定数量的尸骨葬，则说明当时仍有一部分人坚守着儒家伦理哲学，故而采用传统葬式。

三、归葬与迁葬

北京地区的金代墓葬中，归葬和迁葬习俗较为多见。归葬本身就是一种迁葬行为，但迁葬并不都是为了归葬，有的是后世子孙功成名就之后为家族先祖重新选择一块风水更佳之地以埋葬。

---

① ［元］宇文懋昭：《大金国志》卷13《海陵炀王》，中华书局，1986年。

② 张金吾：《金文最》卷67《威县建庙学碑》，中华书局，1990年。

③ 《金史》卷92《徒单克宁传》。

④ 《金史》卷8《世宗纪下》。

根据墓志志文记载，归葬大致有三种情况。

第一种情况，也是最多的一种，即逝者客死他乡，由于远离家乡，只能就地埋葬，待日后归葬家乡祖茔。

乌古论元忠于泰和元年（1201）薨，先后任外官15年，病逝于彰德尹任上，后尸骨得以还都，“葬于良乡之西冈先茔之次”，享年63岁。鲁国大长公主于大安元年（1209）五月二十四日逝世于“京师开阳里”，启夫乌古论元忠墓合葬。这是归葬后合葬的例子。

石宗璧，“古燕周市人”，大定十五年（1175）死于汾州大和寨（今陕西北部佳县一带），两年后的大定十七年（1177）葬于通州潞县台头村（今通州南三间房）。可能通州潞县是其先祖生活的地方，改葬正是为了归葬。

萧资茂①，正隆五年（1160）为扫平盗贼乘舟溺水而亡，权厝于“容城之三台乡”。大定二十五年（1185）葬于“渔阳醴泉乡先茔”。这也是客死他乡后得以归葬的实例。

第二种情况，夫妻一方先逝，暂时埋葬于一地，待另一方去世后一起归葬祖茔。

吴前鉴②，皇统六年（1146）薨于济州（今吉林农安县）之官署。吴前鉴初娶王氏早亡，后娶薛氏并封濮阳郡君。薛氏薨逝后，大定七年（1167）其弟吴经武将其与两位夫人灵柩合葬于“大兴府宛平县房仙乡黄村之原”。

张岐③，天会四年（1126）寝疾而终，权葬于燕京北之天宫院。之后20年，即皇统六年（1146）其妻卒，其子遂启父张岐之墓，遂使其与妻郑氏、马氏之灵柩合葬于祖茔地东南。可见，张岐是在其妻卒前暂厝一处，而妻逝后一起归葬祖茔地。

平谷东高村巨君，皇统年间去世，直到泰和三年（1203）才“祔葬于先茔”。虽然墓志中没有明确记载其妻去世的时间，但是木棺中一具尸骨完整，另一具尸骨散乱，为二次迁葬，可见，巨君也是在其妻去世后一起归葬于祖茔的。那具散乱的尸骨应该是巨君的，而完整的一具应该是其妻的。

石景山鲁谷东平县君韩氏④，泰和三年（1203）以疾终于定州无极县，年74岁。此时其夫吕忠敏已经归葬祖茔并又经过改葬，所以韩氏归葬的祖茔地自然是其夫改葬之后的茔地。

第三种情况，辗转于乱世之中，随着后世子孙的迁移而归葬，归葬地不一定是最初的家乡祖茔，而是后代子孙安身立命之地。

典型的例子是赵励⑤，他曾在辽朝为官，后携家归宋，宣和五年（1123）卒于汴京同文馆，权葬于汴西长庆禅院。赵励薨逝后，其子亳秀被北宋特授将仕郎，后又举家北迁归燕，并在金国又一次换官，授“深州军事判官”。金国废伪齐政权后，亳秀得以到汴京找回其父赵励

---

① 北京市文物局：《北京辽金史迹图志》（下），北京燕山出版社，2004年。

② 北京市文物局：《北京辽金史迹图志》（下），北京燕山出版社，2004年。

③ 北京市文物局：《北京辽金史迹图志》（下），北京燕山出版社，2004年。

④ 孙勐：《金代东平县君韩氏墓志考释》，《鲁谷金代吕氏家族墓葬发掘报告》，科学出版社，2010年。

⑤ 王清林等：《石景山八角村金赵励墓墓志与壁画》，《北京文物与考古》（第五辑），北京燕山出版社，2002年。

尸骨迁往燕京。作为“元孝”“孝悌之至”的儿子亳秀，在皇统三年（1143）正月其母吴氏去世后，将母与父合葬于“燕城宛平县崇让里黑山之西南隅”。赵励与吴氏最后合葬的宛平县，正是其子从政仕金之地。虽然墓志题首表明赵家的族望地是“天水”，但是乱世之中，归葬地并不是其族望地，而是能够安稳藏身之地，这里已经作为家族茔地而存在。

归葬之外的迁葬行为有两种。

第一种，个别官员因为受到当朝朝廷的惩罚和追贬，后期由家人将其迁葬。典型的例子便是窝鲁欢，其贵为兖国王，因金熙宗初年被诬陷谋反而处死。大定二十一年（1181），得到金世宗的赦免，其女奉旨从“上京迁灵骨还中都仰山，赐钱重葬”。当时的都城是中都，而皇上亲旨将其从上京迁往中都，表明皇帝对这位曾经被冤枉的金太祖之子的平反和追褒之意。

第二种，后世子孙功成名就之后选择更好的风水之地将祖茔迁葬。

乌古论窝论，卒于山东莱州（今山东莱州市），暂时埋葬。大定二十四年（1184）其子乌古论元忠受到世宗皇帝的恩宠，被赐予中都城“大兴府良乡县西北乡永安村之原”作为家族墓地。同年，子元忠将其从山东莱州改葬于这块祖茔地。

石景山鲁谷吕士宗（M56），辽兴宗重熙七年（1038）四月薨于公衙正寝，年41岁。同年八月归葬于析津府析津县燕台乡从善里先茔。金章宗泰和元年（1201）四世后人吕造将吕士宗迁葬于宛平县鲁郭之原（今石景山鲁谷）。石景山鲁谷吕士安，辽太康八年（1082）薨于燕京永平坊私第。次年葬于京南五里析津县河南乡柳村原之先茔，启先亡夫人李氏、韩氏墓合葬。金章宗泰和元年（1201）四世后人吕造将吕士安及夫人迁葬于宛平县鲁郭之原。石景山鲁谷吕嗣延（M35），天会四年（1126）卒于太常少卿位上，年65岁。其子将其与夫人权窆于先茔之北。51年后的大定十七年（1177），改葬于柳村先茔之次，二子从葬。章宗泰和元年（1201），三世后人吕造将吕嗣延及夫人迁葬于宛平县郭鲁之原。

以上是归葬之后又迁葬的三个实例。吕士安与吕嗣延都于归葬的同时合葬。后人吕造于章宗承安二年（1197）考取状元，极尽吕家的风光，与其祖父吕嗣延、父吕忠嗣三世状元成为当时一段佳话，吕造为了荣耀先祖，将吕氏家族从善里、柳村两处先茔迁葬于宛平县鲁郭之原。宛平县是中都路大兴府的首县之一，分治中都城西部及近郊行政事务，在全国县治中居重要地位，称为“赤县”。相较原来的祖茔地，这里更加能够彰显状元世家的功名，这是后世子孙功成名就之后寻得吉地而改葬先茔的典型事例。

这些仅是从北京地区28方金代墓志①中得到的归葬、迁葬信息。志文显示，在归葬之前，这些墓主人大多是“暂厝”一方，等合适机会得以归葬。金代没有生前营建寿寝的习俗，帝后中，丧葬时间最长的是金世宗子金显宗完颜允恭，历时6个月有余。纵使是至尊的皇帝，其葬期也仅仅有几个月的时间，可以想见平民百姓的葬期可能也就几天时间。这样的葬期对于客死他乡的逝者，在当时的交通情况下，是无论如何也回不到家乡祖茔地的。所以，大多是在卒地暂时埋葬，这样的临时葬所肯定不会有归葬祖茔地后的考究，不仅体现在墓葬规制上，而且在

① 丁利娜：《北京地区金代墓志、墓碑和石像生浅析》，《辽金史论集》（第15辑），科学出版社，2017年。

随葬器物上也有体现，甚至没有随葬品。大兴北程庄墓地[①]中一些葬制极为简单的瓮棺葬便可能是与这种“暂厝”习俗有关的一种墓葬形制。

四、墓内安金石和长生灯

《大汉原陵秘葬经》之《辨掩闭骨殖篇》记述了墓内安长生灯和金石的习俗：“凡墓堂内安长生灯者，主子孙聪明安定，主子孙不患也。墓内安金石者，子孙无风疾之患。”徐苹芳先生认为，长生灯并不一定全用灯盏，有时就用小盘或碗。安金，大约是有金属器皿即可代替，如铁剪、铁刀或铁牛、铁猪之类，既可“厌呼龙”，又可以主子孙聪明安定[②]。

北京地区发现的金代墓葬中也有安金石和长生灯的做法。其中发现的金石多安于石椁墓中，而长生灯多见于砖室墓中。

墓内安金石主要有以下几例。石宗璧妻纥石烈氏墓中发现1把铁剪；金陵主陵区陪葬墓M5内出土1件三角形铁饰。石均为鹅卵石，放置的位置稍有不同，有的在石椁内四角，有的在木匣内。如丰台王佐M1，在石椁内四角各放1件鹅卵石。石宗璧妻纥石烈氏墓，石椁内四角各放1件鹅卵石，瓷瓶内放置2件鹅卵石。石景山鲁谷M35吕嗣延墓的木匣内东侧正中放1件石块。M38木匣内东侧放置1件石块。M46木匣内东部放置1件椭圆形石块。M47木匣内东侧偏北放置2件石块。M49木匣内东部放置2件石块。M53木匣内东部偏南放置2件石块。M57墓葬内随葬2件石块。M56木匣内东侧并列放置2件小鹅卵石。以上发现的10座墓葬均为石椁墓，其中有2例墓主是女真贵族，其他8例是汉族，说明墓中安石的做法不仅在汉人中流行，而且女真族也沿用了这一习俗。

长生灯主要有两种形式：有的发现有影作灯檠，有的发现有灯盏或用瓷盘作为灯盏，甚至发现有铜灯。门头沟永定金墓M2[③]在墓室西壁用一块整砖砍磨成一个长20、宽17、厚5.5厘米的抹角呈花瓣形的影作灯檠，灯檠台面凿成一个直径5厘米大小的圆形凹坑，便于放灯盏。灯檠上放置一件黄绿釉缸砂胎小盘作为灯盏。由于遭破坏，墓室东壁情况不清，推测是东西对称的两个墓壁影作灯檠。天坛二号砖室墓[④]中在墓室西壁用砖雕作凸出的灯檠，其上发现有陶灯1件。门头沟大峪育新壁画墓[⑤]，墓室东壁北侧侍者扶持一灯盏，用砖雕成。先农坛九号墓[⑥]，

---

① 北京市文物研究所：《大兴北程庄墓地——北魏、唐、辽、金、清代墓地发掘报告》，科学出版社，2010年。

② 徐苹芳：《唐宋墓葬中的“明器神煞”与“墓仪”制度——读〈大汉原陵秘葬经〉札记》，《考古》1963年第2期。

③ 李华：《北京门头沟区永定镇金墓》，《北京文物与考古》（第四辑），北京市文物研究所，1994年。

④ 北京市文物工作队：《北京天坛公园内发现古墓》，《考古》1963年第3期。

⑤ 王策：《门头沟金代壁画墓》，《北京考古信息》1991年第1期，转引自《北京考古集成》，北京出版社，2000年。

⑥ 国家文物局：《中国文物地图集·北京卷》（下），科学出版社，2008年。

砖室墓内出土有陶灯盏。先农坛八号墓[①]，石棺中出土陶灯1件。门头沟三家店金墓[②]出土陶灯1件。大兴北程庄M22、M25[③]出土有灯盏5件，且M25还出土有灯台1件。门头沟碣石村金墓[④]出土铜灯1件。

安置长生灯的墓葬均为砖室墓，多为汉人使用，一方面是因为在砖室墓中影作灯檠能更好地利用墓室的砖壁，同时也说明长生灯的做法在汉人中流行甚广。

① 国家文物局：《中国文物地图集·北京卷》（下），科学出版社，2008年。

② 国家文物局：《中国文物地图集·北京卷》（下），科学出版社，2008年。

③ 北京市文物研究所：《大兴北程庄墓地——北魏、唐、辽、金、清代墓地发掘报告》，科学出版社，2010年。

④ 国家文物局：《中国文物地图集·北京卷》（下），科学出版社，2008年。

附表　北京地区金代石椁墓一览表

墓主人或墓名	官阶	石椁尺寸（米）	石质、石椁块数（四壁＋盖＋底）	总块数	葬具	葬式	墓向	年代
乌古论元忠夫妇	从一品上、开府仪同三司、驸马都尉、任国简定公，鲁国大长公主	3.5 × 2.64 – 1.91	汉白玉质 4 × 2 + 2 × 1（或2 × 3）	10或14	汉白玉石棺床上置汉白玉石棺	火葬	东西	元忠：泰和元年（1201） 公主：大安元年（1209）
乌古论窝论	正二品上、金紫光禄大夫	3.33 × 2.55 – 1.65	青石质 4 + 3 + 3	10	青石板棺床上置描金漆木棺	火葬	东西	大定二十四年（1184）
金陵M6-4	金太祖完颜阿骨打	3.12 × 1.55 – 1.82	汉白玉雕龙纹，盝顶形椁盖1 + 椁身1	2	髹红漆木棺	尸骨葬	东西	贞元三年（1155）
房山长沟峪主墓	世宗元妃李氏	2.9 × 1.38 – 1.26	青石质 4 + 1 + 1	6	云龙纹银饰漆木棺	尸骨葬	东西	
金陵M6-2	推测为圣穆皇后唐括氏和光懿皇后裴满氏	2.73 × 1.4 – 1.12	青石板 4 + 1 + 1	6	髹漆木棺	尸骨葬	南北	贞元三年（1155）
金陵M6-1		2.63 × 1.4 – 1.4	青石板 4 + 1 + 1	6	髹漆木棺	火葬	南北	贞元三年（1155）
金陵M6-3	钦宪皇后纥石烈氏	2.48 × 1.2 – 1.52	汉白玉雕凤纹，盝顶形椁盖 1 + 椁身1	2	髹红漆木棺	尸骨葬	东西	贞元三年（1155）
海淀金山金墓		2.46 × 1.26 – 1.22	青石板 4 + 1 + 1	6	木棺	尸骨葬	东西	金代早期
房山长沟峪4座从墓	世宗元妃张氏、贤妃石抹氏、德妃徒单氏、柔妃大氏	2.45 × 1.10 – 1.26	青石质 4 + 1 + 1	6	木棺	尸骨葬	2东西，2南北	
海淀南辛庄M2		2.43 × 1.36 – 1.20	青石板 4 + 1 + 1	6	木棺	尸骨葬（2具人骨）	东西	
吕恭	从八品上、修武校尉	2.2 × 2.1 – 1.3（墓圹）	4 + 2 + 2	8			东西	大定元年至七年（1161 ~ 1167）

续表

墓主人或墓名	官阶	石椁尺寸（米）	石质、石椁块数（四壁＋盖＋底）	总块数	葬具	葬式	墓向	年代
蒲察胡沙	从二品、光禄大夫（曾任南京留守）	2.14×1.75－1.8	青砂岩石质 4＋1＋1	6	长方形石棺床	火葬	东西	泰和二年（1202）
丰台王佐M1		1.82×1.12－1.17	青石质 4＋1＋1	6	青石板棺床	火葬	东西	
石景山鲁谷M52		1.8×1.25－1.22	青石质 4＋1＋1	6	木匣	火葬	东西	
石宗璧	正五品、宣威将军	1.78×1.10－1.06	青石质 4＋1＋1	6	木匣	火葬（信佛）	东西	大定十七年（1177）
宣武先农坛7号墓		1.68×1.36－1.30	绿砂岩石 4＋1＋1	6	木盒	火葬	南北	
石景山鲁谷M56（吕士宗）	正五品、开国子、食邑五百户	外1.58×1.24 内0.97×0.66－0.34	青石质 外4＋1＋1 内1＋1	6，2	木匣	火葬	东西	泰和元年（1201）
石景山M35（吕嗣延）	正五品、太常少卿、殿中侍御史	外1.58×1.16－0.78 内1.34×0.84－0.5	青石板 外4＋1＋1 内1＋1	6，2	木匣	火葬	东西	泰和元年（1201）
石景山鲁谷M57		1.36×0.9－0.88	青石质 4＋1＋2	6	木匣	火葬	东西	
石景山鲁谷M49		1.34×0.86－1.06	青石质 4＋1＋1	6	木匣	火葬	东西	
石景山鲁谷M46		1.22×0.8－0.98	青石质 4＋1＋1	6	木匣	火葬	东西	
石景山鲁谷M53		1.08×0.78－0.86	青石质 4＋1＋1	6	木匣	火葬	东西	
石景山鲁谷M38		1.08×0.78－0.65	青石质 4＋1＋1	6	木匣	火葬	东西	

续表

墓主人或墓名	官阶	石椁尺寸（米）	石质、石椁块数（四壁＋盖＋底）	总块数	葬具	葬式	墓向	年代
石景山鲁谷M60		1.01×0.6－0.64	青石质 4＋1＋1	6	木匣	火葬	东西	
石景山鲁谷M47		0.94×0.74－0.6	青石质 4＋1＋1	6	木匣	火葬	东西	
张□震（萧之）	从五品、宣武将军、骑都尉							贞元至正隆间（1153～1160）
平谷巨君合葬墓	从七品下、忠显校尉		青石质 4＋1＋1	6	木棺	尸骨葬（2具人骨）	东西	泰和三年（1203）
纥石烈氏（石宗璧妻）	封武威县君		青石质 4＋1＋1	6	木盒、毡毯衬套	火葬	东西	
花椒树金墓						火葬		
崇文郭庄金墓			4＋1＋1	6				大定年间
仲良	从八品、保义校尉、商酒院使		青石质 4＋1＋1	6			东西	大定二十五年（1185）
完颜窝鲁欢	金太祖第八子（大金故太保兖国王）		汉白玉石质		木棺			大定二十一年（1181）
金陵M1		石圹					东西	
金陵M2		石圹					东西	
金陵M3		石圹					南北	
金陵M4		石圹				尸骨葬	南北	
金陵M5		石圹				尸骨葬	南北	

唐义兴蒋氏夫人墓志考释

戢　征[1]　周泽丹[2]
（1. 北京市文物研究所　2. 北京市大兴区文物管理所）

2017年9月28日，北京市大兴区的刘振鹏先生向大兴区文物管理所捐赠一方唐代墓志。据刘先生介绍，该墓志原是他家清中期老房的柱础，翻盖老房后这块石头废弃在院落里多年，直到20世纪80年代才辨识出这是一方唐代的墓志。根据墓志记载，墓志主人为唐李衡妻子蒋氏，于唐咸通二年葬于洛阳清风乡高村。墓志后来如何从洛阳辗转到刘先生的家里，今已无从查证。

墓志长、宽均为38.5厘米，厚7.5厘米，有部分破损。志文楷书（图一），19行，满行20～24字不等，残存326字。现将志文誊录如下以供参考，不当之处还望指教。

唐朝散郎试左武卫兵曹参军李衡亡妻义□蒋氏夫人墓铭并序

乡贡进士郑仁本撰并书

□人蒋氏，义兴人也。曾祖讳昱皇，汾州刺史。祖讳堪□，宋州襄邑县尉。父谂前，歙州休宁县丞，第二女也。□陇西李氏为左武卫兵曹参军夫人，笄而为妇，早□教训，有幽闲之德，婉嫕之姿。贞节峻于寒松，韶仪□于温玉。至乃恭于奉上，顺于接下。仁孝以承□祀，慈惠以睦闺门。升沼沚之芳猷，茂苹蘩之雅韵。虽古之恭姜，诗之淑女，论容比德，殆无以过。宜寿而贵，今何谬哉！秾华不居，泉扃掩閟，春秋三十有六，以咸通元年冬十二月一日，弃疾终于洛阳思恭里之私第。以二年二月十日，殡于清风乡高村之原，祔大茔，礼也。呜呼！芳兰已焚，璠玙已碎，弃妇道之深规，捐母仪之至范。有子四人，曰胡、曰汉、曰楚、曰寅；有女三人，曰齐、曰律、曰迎。长子弱冠，长女未笄，余皆幼稚，并□□□□□，思结重泉，以余之亲，亲请表永年之志，铭曰：□夭桃李，□□而秾，生何淑哉，去而从风，惟坤之德，□冥重重，永□□□，载树载封。

图一　唐义兴蒋氏夫人墓志

一、志文补遗

因墓志部分残缺，有碍志文释读，故笔者试通过志文前后对比并结合残破字迹、句意等方式，对志文进行补遗。

志文“唐朝散郎试左武卫兵曹参军李衡亡妻义□蒋氏夫人墓铭并序”，与“□人蒋氏，义兴人也”互相参照可知，前一句所缺为“兴”字，后一句所缺为“夫”字。

志文“祖讳堪□，宋州襄邑县尉”，此处残缺严重，无法辨识。

志文“□陇西李氏为左武卫兵曹参军夫人”，结合上下文及墓志残存部分可知，所缺为“适”字，指女子出嫁。

志文“早□教训”，根据墓志残存部分可知，所缺为“闻”字，此处表“接受”之意。

志文“贞节峻于寒松，韶仪□于温玉。……仁孝以承□祀，慈惠以睦闺门”，根据墓志残存部分可知，前句所缺为“丽”字，后句所缺为“宗”字。

志文“余皆幼稚，并□□□□□”，这部分破坏严重，推测此处应缺五字。根据上下文推断，句意大概是“子女年幼，并无处理母亲丧事的能力”。

志文“□夭桃李，□□而秾”，出自《诗经》。《诗经·周南·桃夭》：“桃之夭夭，灼灼其华。”[①]《诗经·召南·何彼秾矣》：“何彼秾矣，华如桃李。”[②]推断所缺第一字为“夭”，所缺第二字和第三字根据残缺字体推断为“宸露”。此句志文应为“夭桃秾李”之意。

志文“惟坤之德，□冥重重”，根据字体残存部分，所缺为“冥”字。

志文“永□□□，载树载封”，根据墓志残存字体，可以确定所缺第一字为“安”，第二字为“幽”，第三字疑为“堂”。“幽堂”即表墓穴之意。

二、蒋氏夫人生平

根据志文内容可知：夫人蒋氏，义兴人，出自官宦之家。曾祖父蒋昱皇，汾州刺史。祖父蒋堪□，宋州襄邑县尉。父蒋谂前，歙州休宁县丞。蒋氏夫人即蒋谂前的第二个女儿。

志文云：“（蒋氏）适陇西李氏为左武卫兵曹参军夫人，笄而为妇。”《礼·内则》：“十有五年而笄。”又《仪礼·士昏礼》：“女子许嫁，笄而礼之，称字。”[③]因此蒋氏“笄而为妇”，嫁与陇西李衡，完全符合古代传统礼仪。蒋、李二人共育有子女七人，在蒋氏夫人去世时，“长子弱冠，长女未笄”，说明此时他们的子女均未成年。蒋氏夫人三十六岁因疾而终，并“以咸通元年冬十二月一日，弃疾终于洛阳思恭里之私第。以二年二月十日，殡于清风乡高村之原，祔大茔”。

三、义兴蒋氏与陇西李氏

蒋氏出自姬姓，系周公之后。《春秋左传》僖公二十四年载：“凡、蒋、邢、茅、胙、祭，周公之胤也。”[④]又据《新唐书·宰相世系表》载：“蒋氏出自姬姓。周公第三子伯龄封于蒋，其地光州仙居县是也，宋改为乐安，蒋为强国所灭，子孙因以为氏。汉有蒋诩，十

---

① 程俊英、蒋见元：《诗经注析》，中华书局，1991年，第16页。

② 程俊英、蒋见元：《诗经注析》，中华书局，1991年，第56页。

③ 汉语大词典编纂处：《康熙字典》（标点整理本），汉语大词典出版社，2002年，第843页。

④ ［周］左丘明撰，杨伯峻注：《春秋左传》僖公二十四年，中华书局，1990年，第423页。

世孙休，自乐安徙义兴阳羡县。”[①]可知“蒋”原为地名，因分封为国名，后又因国名而作为姓氏。

志文云：“夫人蒋氏，义兴人也。”义兴，古称荆邑、羡阳，“因宋太平兴国初避讳改曰宜兴”[②]。义兴蒋氏，是蒋氏在江南的重要发源地，蒋氏夫人即出于此。自蒋氏夫人曾祖父蒋昱皇起，累世在汾州、宋州、歙州为官，对义兴蒋氏的传播和延续起到推动作用。

志文云：“（蒋氏）适陇西李氏为左武卫兵曹参军夫人。”据《新唐书·宗室世系上》载：“李氏出自嬴姓……世为大理，以官命族为理氏。至纣之时，理征之妻陈国契和氏与子利贞逃难于伊侯之墟，食木子得全，遂改理为李氏。”[③]陇西李氏是李氏的重要一支，始于秦而盛于唐。李崇为陇西李氏之祖，《元和姓纂》载：“崇子孙居陇西。”[④]又《新唐书·宰相世系表》：“陇西李氏定著四房：其一曰武阳，二曰姑臧，三曰敦煌，四曰丹阳。”[⑤]陇西李氏建唐，使其达到了前所未有的高峰。

关于李衡其人，史书并无记载，仅据志文知其出自陇西李氏，官居“朝散郎试左武卫兵曹参军”。朝散郎为文散官名称，《新唐书·百官》吏部下：“从七品上曰朝散郎。”[⑥]左武卫是唐十六卫之一。《新唐书·百官》左右武卫中记载：“兵曹参军事各二人。”[⑦]李衡为“试官”，即非朝廷正式任命的官员。试官制度起自武后，《事物纪原》载：“唐武后天授二年，凡举人无贤不肖，咸加擢拜，大置试官。则官之有试，自唐始也。”[⑧]

蒋氏夫人去世后，“祔大茔”而葬。“大茔”，唐时口语，特指祖坟[⑨]，即李衡祖坟。据此可知李衡一脉已久居洛阳，因为在一地至少居住有三代以上，才会在此建祖茔。志文中称其为“陇西李氏”，也指李衡姓氏的出处，而非其生活之所。

四、蒋氏夫人住所与茔地位置考证

蒋氏私第位于“洛阳思恭里”。《唐两京城坊考》卷5：“凡坊一百十三，市三。隋曰里一百三，市三，唐改曰坊。”[⑩]洛阳思恭里，即洛阳思恭坊。又据《唐两京城坊考》中所绘

---

① ［宋］欧阳修、宋祁撰：《新唐书》卷75下，中华书局，1975年，第3416页。

② ［清］顾祖禹：《读史方舆纪要》卷25南直七，中华书局，2005年，第1236页。

③ ［宋］欧阳修、宋祁撰：《新唐书》卷70上宗室世系上，中华书局，1975年，第1956页。

④ ［唐］林宝：《元和姓纂》卷1，中华书局，1994年，第1页。

⑤ ［宋］欧阳修、宋祁撰：《新唐书》卷72上宰相世系二上，中华书局，1975年，第2473页。

⑥ ［宋］欧阳修、宋祁撰：《新唐书》卷36百官一，中华书局，1975年，第1187页。

⑦ ［宋］欧阳修、宋祁撰：《新唐书》卷49百官四上，中华书局，1975年，第1283页。

⑧ ［宋］高承撰，［明］李果订，金圆、许沛藻点校：《事物纪原》卷4官爵封建部，中华书局，1989年，第197页。

⑨ 姚美玲：《唐代墓志词汇研究》，华东师范大学出版社，2008年。

⑩ ［清］徐松撰，张穆校补，方严点校：《唐两京城坊考》卷5，中华书局，1985年，第146页。

《东都外郭城图》[①]，思恭坊位于洛阳城中北部，东侧为北市，西侧为清化坊，南侧为归义坊，北侧为履顺坊。

蒋氏葬于“清风乡高村之原”。唐洛阳清风乡，位于洛阳城东北的北邙山脚下。北邙山自古即为重要的陵区，唐时亦是如此，被大多数人选择作为去世后的归宿。

高村的位置，根据《郑氏夫人权厝墓志铭并序》记载“备礼权厝于洛阳城东北十八里清风乡高村营之兆”[②]可知，位于唐洛阳城东北十八里。高村的地界范围，将通过《洛阳出土石刻时地记》中记载的年代较为相近的唐代墓志出土地点进行进一步考证。因《洛阳出土石刻时地记》是郭玉堂先生记录的从清末民初到1946年前洛阳古墓葬出土墓志的情况，“所记志石出土的村庄、方位、距离，是以洛阳老城为基点”[③]，故下文中涉及高村地界范围也以此为基点。

《太原王府君墓志》：“是岁（会昌二年）十月卅日，同祔于洛阳县清风乡高村先茔东南一里余。”[④]王顼夫妇与蒋氏夫人生前住所同位于洛阳思恭里，去世后也葬于清风乡高村附近。该墓志于“民国廿六年（1937），洛阳东北十七里大马村出土”[⑤]。王顼先茔所在高村东南一里即为大马村，即高村位于大马村西北一里。

《唐故谯郡姜夫人墓志铭并序》载：“以明年（咸通七年）二月丁未朔二十四日丙寅，权窆于洛阳县清风乡高村里之高平也。”[⑥]该墓志于“民国十二年（1923）冬，洛阳东北十五里刘家坡村西，泉男产冢之西出土”[⑦]，与葬于清风乡高村的《太原王府君墓志》出土地点相邻。同时，比姜夫人下葬早五年的《义兴蒋氏夫人墓志铭》中也称“高村”而非“高村里”。笔者认为村落名称在短时间、小空间内变化的可能性不大，姜夫人墓志中“高村”改称“高村里”，应为唐代基层组织功能变化造成的称谓的变化。因此，“高村里”与“高村”同指一地，刘家村西的泉男产墓西侧也属高村地界。

《唐故朝散大夫临晋县令上柱国李府君墓志铭并序》载：“以大和元年九月一日，祔葬于洛阳县清风乡郭村先茔。”[⑧]该墓志于“清宣统年间洛阳东北十五里刘家坡西沟出土”[⑨]。刘家坡西沟位置即为郭村地界，与葬于高村的姜夫人相比，李府君先茔位置应更靠西一些，已出高村地界。又《渤海李氏一娘子墓志铭并序》载：“即以其年（咸通三年）十二月廿六日，祔葬于大茔河南府洛阳县清风乡郭村。”[⑩]该墓志于“民国十四年（1925）正月廿八日，洛阳东北

① ［清］徐松撰，张穆校补，方严点校：《唐两京城坊考》卷5，中华书局，1985年。见“唐两京城坊考图”。
② 周绍良、赵超主编：《唐代墓志汇编续集》，上海古籍出版社，2001年，第996页。
③ 郭培育、郭培智主编：《洛阳出土石刻时地记》，大象出版社，2005年，第2页。
④ 吴纲主编：《全唐文补遗》（第一辑），三秦出版社，1994年，第327页。
⑤ 郭培育、郭培智主编：《洛阳出土石刻时地记》，大象出版社，2005年，第363页。
⑥ 吴纲主编：《全唐文补遗》（第一辑），三秦出版社，1994年，第397页。
⑦ 郭培育、郭培智主编：《洛阳出土石刻时地记》，大象出版社，2005年，第385页。
⑧ 吴纲主编：《全唐文补遗》（第四辑），三秦出版社，1997年，第121页。
⑨ 郭培育、郭培智主编：《洛阳出土石刻时地记》，大象出版社，2005年，第346页。
⑩ 吴纲主编：《全唐文补遗》（第一辑），三秦出版社，1994年，第388页。

十五里刘家坡村南地出土”[①]。可知刘家坡南侧也属郭村地界，因此刘家坡村南、村西沟都不属高村地界。

《唐滑州匡城县尉博陵崔君故夫人彭城刘氏墓志铭并序》载：“以其年（大中元年）十月廿八日，葬于洛阳县清风乡诸葛村之北原也。”[②]该墓志于“民国十四年（1925）冬，洛阳东北十六里左沟村出土”[③]。如果左沟村为诸葛村之北原，那么诸葛村应在左沟村南。因此，高村的北界就不会到左沟村。

根据以上资料，可以推断出唐代清风乡高村的范围[④]：东至大马村，南至刘家坡村，西至刘家坡村西沟，北至左沟村南，即今洛阳市孟津县马村、左寨沟、刘坡三个村之间的地带。

五、结　　语

通过对义兴蒋氏夫人墓志的简要考释，可以看出，晚唐时期大世族的支脉，虽几经辗转，远离故土，但依然注重自己的门第。蒋氏夫人祖上自曾祖父起累世为官，但官职级别明显呈下降趋势。李衡祖上虽无记载，但根据其官职及李氏“大茔”之实可以推断，也应出自呈衰落之势的官宦之家。因此，李衡与蒋氏夫人联姻符合传统“门当户对”的婚姻观念。

对蒋氏夫人住所与茔地位置的考证，印证唐时北邙山依旧是众人最理想的归葬场所。同时可以看出，墓志中记载的埋葬地点及其到洛阳城之间的距离，与实际情况还存在出入。对“高村”范围的考证，说明在唐之后的近千年里，此处的村落变化很大，而20世纪初至今，村落名称变化不大，比较稳定。

志文中有多处语句与初唐陈子昂作《唐故袁州参军李府君妻清河张氏墓志铭》[⑤]类似或完全相同，如“贞节峻于寒松，韶仪丽于温玉”和“至乃恭于奉上，顺于接下。仁孝以承宗祀，慈惠以睦闺门”两处，完全相同，可参照补缺。“升沼沚之芳猷，茂苹蘩之雅韵”和“虽古之恭姜，诗之淑女，论容比德，殆无以过” 两处，仅与《清河张氏墓志铭》有个别字的差异。可见唐代墓志中的部分对仗语句并非专用于形容墓主人，而是作为墓志中的固定部分被反复使用。

---

① 郭培育、郭培智主编：《洛阳出土石刻时地记》，大象出版社，2005年，第383页。

② 吴纲主编：《全唐文补遗》（第一辑），三秦出版社，1994年，第339页。

③ 郭培育、郭培智主编：《洛阳出土石刻时地记》，大象出版社，1975年，第368页。

④ 村落名称及位置均参照《洛阳出土石刻时地记》所附“洛阳石刻出土地图”。

⑤ ［唐］陈子昂：《陈拾遗集》（卷六），《摛藻堂景印四库全书荟要·集部》（第11册），台湾世界书局，1985年，第616页。

唐华封舆墓志再考

盛会莲

（北京市文物研究所）

华封舆墓志，1949年后出土于北京市海淀区，具体出土地点失载。现藏于北京市海淀区文物管理所。《新中国出土墓志·北京》（壹）收录了该方墓志的拓片和录文[①]，鲁晓帆先生对此墓志进行了初步考释[②]。本方墓志记录了一个中晚唐中原落第举人，入仕无门，别走河朔，从而改变了人生轨迹，进而影响了子弟出路的履历，既有时代共性，也是共性中的特例，十分有学术价值。本文拟对志主华封舆的世系、生平、历官及相关事迹再作考证和讨论，并揭示墓志的重要性和价值，不妥处敬请方家不吝赐正。

一、墓志概况及录文

墓志为正方形。志盖为盝顶式，边长56、厚15厘米，盖文2行，每行2字，篆书（图一）。志石边长64、厚12厘米，志文38行，每行9～48字不等，正书（图二）。志石左下角及上部左、右侧各有一处小缺损[③]。为方便讨论，兹在前人录文的基础上，将华封舆墓志重新整理、引录如下。

（盖）府君墓铭

（志）唐故幽州节度两蕃副使朝散郎检校秘书少监兼御史中丞上柱国赐绯鱼袋平原华府君墓志铭并序

孝子乡贡进士郃伯纂

粤惟司徒封于商，庆垂于后，光宅于六百年间。微子祐宋，正考父洪德滂沛，施

---

① 中国文物研究所等：《新中国出土墓志·北京》（壹），文物出版社，2003年，上册第29页，下册第21～23页。

② 鲁晓帆：《唐华封兴墓志考》，《首都博物馆丛刊》（第23辑），北京燕山出版社，2009年。文章将“舆”释作“兴”，误。

③ 中国文物研究所等：《新中国出土墓志·北京》（壹）（上册），文物出版社，2003年，第29页。

图一　华封舆墓志志盖

及后系，在右师元、司马耦，世有奇节，绵绵联联，于秦汉魏晋周隋间，儁良不绝。五代祖师简，唐虔州刺史。高祖立，太原府榆次丞。大王父礼，宣州司户参军，王父楚玉，陈州司马、骑都尉，父晟，朝散大夫、青州别驾、骑都尉，赐绯鱼袋。倜傥大度，志合风云。耽学业文，轻财重义，韬钤之妙，不学而知。府君即别驾幼子，讳封舆，字德之，平原高唐人。累世宅于亳之真源，近宅于宿之符离，枌檟斯在。府君五岁，丁别驾忧，哀毁逾礼，闻于乡间。十岁，能属文。十六，与□（兄）封儒同举进士。有才无时，三上不第。俱应直言极谏，以犯权豪，诏不下，繇是文行之名，益闻于贤达。兄以元和初从□□□（范阳帅）刘公辟命，表为幕府，府君亦以其年从东平帅李公辟命，表授崇文馆校书郎，实参一方从事，迁青州□□□以太君在蓟门，侍恋心切，恳求罢职，因来于燕。刘公见待，特加礼重，表授幽府户曹掾，安民集事，时无侔比。□□□录事参军，清直在公，奸欺屏息，州邑寮属，敬惮如神。大和初，沧帅死，其子同捷擅命。诏幽帅李公载义率兵征之。李公将陈密略，未获其人，素奇府君智辩，因命驰传上闻。文宗召对三殿，陈事称旨，面锡章绶，拜监察御史。议者咸以此拜恩□□中外稀得。迁幽州节度推官，转殿中侍御史、内供奉。时属主帅失律，司徒史公职在辕门，擅领戎务。文皇赫怒，遽命征之。府君以陈军事，先在京师，诏诣中书，访其要害，因陈深谋于宰相，恳请罢兵。宰相嘉之，闻于天子。天子大悦，

图二　华封舆墓志志文

命中谒者持诰就邸，拜屯田外郎、充通王幕府。制词略曰：秉志忠厚，临事坚毅，早以材术縻于翰□□能适□方以济义，赞中权而有裕，茂戎略而多能。续加上柱国勋。制词略曰：勋级之荣，其来尚矣。盖所以示其贵而宠其勤也。议者佥曰：朝廷恩兵甲之用，幽人无杀伤之苦，其在华公一言乎！会昌初，史公薨。天子命抚王纮遥统卢龙节制。府君就邸参幕府事，拜尚书工部郎。未几，连帅相国张公大破单于军。以参画功，转尚书职方郎，充幽州节度两蕃副使，旋表授秘书少监、兼御史中丞。信伯等罪疊深积，上□殃祸。越以会昌六年景①寅十月二日，遭弃背于幽州幽都县遵化里第，享年五十九。呜呼苍天！府君识度详明，器宇方远。忠孝仁义，动必依焉。加以嗜学悦古，孜孜不倦。自六经之外，至百家之书，逮释氏、老子之说，无不该览。著文集十卷。百行之源，教化之端，历历在其中矣。早岁游宝鸡，客有郑玄之者疾，卧

① 《新中国出土墓志·北京》（壹）下册第22页录作“景”，字形近似，兹从。按干支纪年，会昌六年是丙寅年，疑此字为别字“禀”的误写。

邑馆数日亡殂。府君伤之，因鬻己奴马，躬送郑榇于河南之新安。郑室甚贫，将卖产谢惠，止之不得，乃以中夜不告而去。贫处亳社，邻有项城尉刘讽者，以沉痼闲居，妻孥早逝，室庐无火，常辍食食之。或衣冠贫寒、嫁娶过时者，丧事不办者，经于耳目，辄以资助。常和□药，用必效者，以救道途之人。或按狱劾吉，不得其情，则忻然有色；得其情，则惨然而悲。或定刑决罪，难以词缓者，则泣书；可以理救助者，则计活。其急急仁义，悯人济物如此。而不享中年，不登大用，何□于天。越以明年丁卯大中元岁四月十五日，龟筮叶从，葬于幽州幽都县保大乡樊村之原，夫人彭城刘氏，光王傅、御史大夫□正之女，今迁祔焉，礼也。嗣子僖伯，莫州鄚县尉；次子郇伯，举进士；申伯，举三传；□□，举学究。长女适太原郭耕，次女适汝南周敬之。皆祗奉训导，不敢殒坠风烈。郇伯□□遗范，衔哀吐词，铭曰，□□司徒，降祚于商，子孙昌延兮，庆我祖受氏，世生儁贤兮，伊别驾有材有德，迹不序天子前兮。□□有后，生府君知名上国，自□□之职，聿来燕兮，三纪于兹，续仲兄芳迹，从事戎旃兮，茂行秀德，芬馥如茝兰兮，或谋或度，谈笑于上介之筵兮。屡走军事，扬于王庭，咫尺天颜兮，智谋不竭，纵辩如泉兮，涤濯群虑，致天子忻欢兮，锡以章绶，累官清秩，湛恩绵绵兮，彰文皇好生之德，庇兹土之民不残兮，滓尘货赂，仁义视山兮，郑生客死，悯而归榇于新安兮，郑兄弟将以财谢，因夜遁而不宣兮。勤勤于经，得其奥义，实精研兮，焕乎文章，百行源本，备载其间兮，宜绥寿考，比松柏永坚兮。曷辜于上帝，俾不逮中年兮，痛罔极之未报，徒叫诉青天兮，得吉于龟筮，宅兆于桑谷之壖兮，敬思遗烈，哀号以吐言兮，镂彼贞石，虞陵谷之变，俾后人传兮。

二、志主的世系及籍贯

1. 志主的世系

墓志开篇概略地追溯华氏渊源自殷商至魏晋周隋间，即“粤惟司徒封于商，庆垂于后，光宅于六百年间。微子祐宋，正考父洪德滂沛，施及后系，在右师元、司马耦，世有奇节，绵绵联联，于秦汉魏晋周隋间，儁良不绝”。墓志铭文则明言“□□司徒，降祚于商，子孙昌延兮，庆我祖受氏”，将华姓溯源自商代。“司徒封于商，庆垂于后，光宅于六百年间”，指帝舜封契于商，商朝历六百年，至纣亡。“微子祐宋”指微子立国于宋，续殷祀。微子即帝乙的长子启，微是国号，子是爵号，启是名。因其母位贱，他虽为长子，却不能继嗣。其异母弟辛嗣帝位，此即纣王。商纣王当政淫乱不止，微子多次劝谏无果，最终，周武王灭商，封纣王之子武庚续殷祀。周武王崩后，武庚与管叔、蔡叔叛乱。成王平乱后，立微子于宋续殷祀[①]。“周公既承成王命诛武庚，杀管叔，放蔡叔，乃命微子开代殷后，奉其先祀，作《微子

① 《史记》卷3《殷本纪》，中华书局，1959年，第109页。

之命》以申之，国于宋。”[①]正考父为孔子先祖，是续殷祀之宋国的宗室僚佐，《世本八种》载孔氏源起曰：“宋湣公生弗甫何，弗甫何生宋父，宋父生正考父，正考父生孔父嘉，为宋司马，华督杀之，而绝其世。其子木金父降为士。木金父生祁父。祁父生防叔。防叔生伯夏。伯夏生叔梁纥，叔梁纥生仲尼。”[②]宋湣公是微子曾孙、宋国五世公、正考父的曾祖。正考父德行高远，辅佐宋戴公、宋武公、宋宣公之世，《史记·孔子世家》曰：正考父“佐戴、武、宣公”[③]。《世本八种》载华氏源起曰：“华父督，戴公之孙，好父说之子。华父，督之字。督生世子家。家生华孙御事。御事生华元。元生右师阅及司徒臣……司马华耦者。华父督曾孙。”[④]

正考父之子孔父嘉任宋国司马，被华父督所杀。华督为宋戴公之孙，名督，字华父，后遂以华为氏。“右师元、司马耦”是华督的曾孙，右师元即华元，《史记正义》曰：“华元，戴公五代孙，华督之曾孙也。”[⑤]宋共公十三年（前575），“共公卒。华元为右师，鱼石为左师”[⑥]。此后，华氏“绵绵联联，于秦汉魏晋周隋间儁良不绝”。华姓渊源年代久远，不再详考，兹暂从墓志。秦汉魏晋周隋间之华姓儁良，以及志主华封舆自五代祖起的世系，鲁晓帆前揭文有考，兹不更赘。

华封舆的夫人彭城刘氏，为光王傅、御史大夫□正之女。检诸史籍，唐代封光王者有两人。一为玄宗第八子琚，开元十二年（724）封为光王[⑦]，开元二十五年（737）夏四月乙丑废为庶人[⑧]。一为宣宗，“长庆元年（821）三月，封光王，名怡。会昌六年（846）三月一日，武宗疾笃，遗诏立为皇太叔，权勾当军国政事。翌日，柩前即帝位，改今名（忱）”[⑨]。结合华封舆的活动年代，则其夫人刘氏之父应是宣宗封光王之时的“光王傅”。“亲王府：傅一人，从三品……王傅掌傅相训导。而匡其过失。”[⑩]御史大夫为御史台长官，职掌“持邦国刑宪典章，以肃正朝廷。中丞为之贰”[⑪]，品阶为正三品[⑫]。华封舆有子四人，嗣子僖伯，志主卒时官至莫州鄚县尉。鄚县于开元十三年（725）更名莫县，为紧县[⑬]，其县尉品秩为正九品下[⑭]。

① 《史记》卷38《宋微子世家》，中华书局，1959年，第1621页。
② ［汉］宋衷注，［清］秦嘉谟等辑：《世本八种》，商务印书馆，1957年，第162页。
③ 《史记》卷47《孔子世家》，中华书局，1959年，第1906页。
④ ［汉］宋衷注，［清］秦嘉谟等辑：《世本八种》，商务印书馆，1957年，第162、163页。
⑤ 《史记》卷38《宋微子世家》，中华书局，1959年，第1628页。
⑥ 《史记》卷38《宋微子世家》，中华书局，1959年，第1630页。
⑦ 《旧唐书》卷107《玄宗诸子》，中华书局，1975年，第3262页。
⑧ 《旧唐书》卷9《玄宗下》，中华书局，1975年，第208页。
⑨ 《旧唐书》卷18下《宣宗本纪》，中华书局，1975年，第613页。
⑩ 《唐六典》卷29《诸王府公主邑司》，中华书局，1992年，第728、729页。
⑪ 《旧唐书》卷44《职官三》，中华书局，1975年，第1861页。
⑫ 《旧唐书》卷44《职官三》，中华书局，1975年，第1918页。
⑬ 《新唐书》卷39《地理三》，中华书局，1975年，第1021页。
⑭ 《旧唐书》卷44《职官三》，中华书局，1975年，第1920页。

2. 志主的籍贯

志载，华封舆为平原高唐人，这是其郡望。考《资治通鉴》卷59汉灵帝中平五年六月记载有“平原华歆”①，则平原在汉代即为华氏郡望。《元和郡县图志》载：“华歆墓，在县（高唐）东二十里。”②《旧唐书·地理志》载：“德州，汉平原郡。隋置德州，又为平原郡。武德四年（621），平窦建德后，置德州，领安德、般、平原、长河、将陵、平昌六县。其年，置总管府，管博、德、棣、观四州。贞观元年（627），废都督府，割沧州之滴河、猒次来属。十七年（643），废般县，以滴河、猒次二县属棣州。又以废观州之蓨县、安陵来属。天宝元年（742），改为平原郡。乾元元年（758），复为德州。”③从引文知，平原即平原郡，起自汉代，隋唐两代“平原郡”“德州”两个名称交替使用，但下辖县无高唐。高唐为隋县名，唐代沿用，属博州。《旧唐书·地理志》载：“博州上，隋武阳郡之聊城县。武德四年，平窦建德，置博州，领聊城、武水、堂邑、茌平，仍置莘亭、灵泉、清平、博平、高唐凡九县……高唐，隋县。长寿二年（693），改为崇武。神龙元年（705），复为高唐。”④《元和郡县图志》载：“高唐县，上，二。西南至州一百一十里。本齐邑，《春秋》夙沙卫奔高唐以叛。《史记》齐威王曰：‘吾臣有肦子者，使守高唐，赵人不敢东渔于河。’汉以为县，属平原郡。后魏属济州，高齐改属平原郡。隋开皇十六年，改属博州。皇朝因之，长寿二年改为崇武县，神龙二年复旧名。”⑤据此，高唐县，在汉代属平原郡，在后魏属济州，在高齐复属平原郡，在隋改属博州，唐朝因之。又《旧唐书·乙弗弘礼传》载：“乙弗弘礼，贝州高唐人也。隋炀帝居藩，召令相己。”⑥《旧唐书·地理志》载：“贝州，隋为清河郡。武德四年（621），平窦建德，置贝州，领清河、武城、漳南、历亭、清阳、鄃、夏津七县。六年（623），移治所于历亭。八年（625），还于旧治。九年，以废宗州之宗城、经城来属，又以废毛州之临清来属。天宝元年（742），改为清河郡。乾元元年（758），复为贝州。”⑦贝州亦无高唐县。查《中国历史地图集》知，唐代的德、博、贝三州呈“品”字形相邻，高唐县位于博州东北部，接近德、贝二州相邻处⑧，墓志应是沿汉、齐旧制指称，和《旧唐书·乙弗弘礼传》的记载相比，应是高唐县在不同时期归属不同所致。

志载，华封舆祖辈“累世宅于亳之真源”，这是华封舆家族较早居住的地方。“亳州望，隋谯郡。武德四年（621），平王世充，改为亳州，领谯、城父、谷阳、鹿邑、酂五县。五年，置总管府，管谯、亳、宋、北荆、颍、沈六州。七年（624），改为都督府。贞观元年，

---

① 《资治通鉴》卷59汉灵帝中平五年六月条，中华书局，1956年，第1890页。
② 《元和郡县图志》卷16《博州·高唐县》，中华书局，1983年，第458页。
③ 《旧唐书》卷39《地理二》，中华书局，1975年，第1509页。
④ 《旧唐书》卷39《地理二》，中华书局，1975年，第1495、1496页。
⑤ 《元和郡县图志》卷16《博州·高唐县》，中华书局，1983年，第458页。
⑥ 《旧唐书》卷191《方伎传·乙弗弘礼传》，中华书局，1975年，第5091页。
⑦ 《旧唐书》卷39《地理二》，中华书局，1975年，第1496页。
⑧ 谭其骧主编：《中国历史地图集》（第五册），中华地图学社，1975年，第48、49页。

罢都督府，亳州不改。十七年（643），废谯州，以临涣、永城、山桑三县来属。天宝元年，改为谯郡。乾元元年（758），复为亳州……真源，汉苦县。隋为谷阳。乾封元年（666），改为真源。载初元年（689），改为仙源。神龙元年（705），复为真源。有老子祠。”[①]

志载，华封舆祖辈“近宅于宿之符离”，这是华封舆家族后来移居的地方，也是华封舆兄弟生长的地方。“宿州上，徐州之符离县也。元和四年（809）正月敕，以徐州之符离置宿州，仍割徐州之蕲、泗州之虹。九年（814），又割亳州之临、涣等三县属宿州。大和三年（829），徐泗观察使崔群，奏罢宿州，四县各归本属。至七年（833）敕，宜准元和四年正月敕，复置宿州于埇桥，在徐之南界汴水上，当舟车之要。其旧割四县，仍旧来属……符离，汉县。隋治朝解城。贞观元年，移治竹邑城。元和四年正月，置宿州，仍为上州。”[②]从引文知，符离县本属徐州地，在华封舆兄弟离乡辟府前后始割立宿州。大和三年，宿州一度废置，属县各归本属。大和七年复置宿州于埇桥，符离不再为州治。墓志立于大中元年（847），其时符离县属宿州，为州治。

综上所考，华封舆的郡望为平原高唐，其祖上先迁居亳州真源县，后又移居宿州符离县。华封舆生长于宿州符离。

三、志主的生平事迹

华封舆卒于会昌六年（846），享年五十九岁，可以推知其出生于贞元三年（787）。志载，华封舆五岁时“丁别驾忧”，五岁丧父，显然，华封舆和华封儒由其寡母抚育成长。有其祖上累世仕宦的家境为依托，这并没有影响到他们的蒙养教育。华封舆所受的教育，墓志载：“自六经之外，至百家之书，逮释氏、老子之说，无不该览。”可谓博览群书。其蒙养教育较为成功，“十岁，能属文”。后著有文集十卷，其撰述内容，志载：“百行之源，教化之端，历历在其中矣。”就内容看，也是很好的蒙养教材，应该是其所受教育的总结、归纳和升华。刘本才《隋唐墓志新见隋唐经籍辑考》一文辑录了《华封舆文集》的条目[③]。

自十六岁（贞元十三年，803年）起，华封舆和兄长华封儒一起参加科举考试，他们的科考之路并不顺畅，三次参加进士科考试都没能中第，后又参加制举试策亦不中。“十六，与□（兄）封儒同举进士。有才无时，三上不第。俱应直言极谏，以犯权豪，诏不下，繇是文行之名，益闻于贤达。”最终兄弟俩均召辟幕府，“兄以元和（806～820）初从□□□（范阳帅）刘公辟命，表为幕府，府君亦以其年从东平帅李公辟命，表授崇文馆校书郎，实参一方从事，迁青州□□□”，其兄华封儒所辟幕府，志文残泐，联系上下文可补为“范阳府”，即幽州卢龙节度使，时任该府节帅者为刘济[④]。志主华封舆辟东平府，即平卢淄青节度使。《旧

① 《旧唐书》卷38《地理一》，中华书局，1975年，第1437、1438页。

② 《旧唐书》卷37《地理一》，中华书局，1975年，第1448、1449页。

③ 刘本才：《隋唐墓志新见隋唐经籍辑考》，《图书馆杂志》2013年第7期。

④ 吴廷燮：《唐方镇年表》卷4，中华书局，1980年，第559页。

唐书·地理志》载："郓州上。隋东平郡之须昌县。武德四年，平徐圆朗，于郓城置郓州，领郓城、须昌、宿城、钜野、乘丘五县……天宝元年，改郓州为东平郡。乾元元年，复为郓州。"[①]《新唐书·地理志》作："郓州东平郡，紧。本治郓城，贞观八年徙治须昌。"[②]《元和郡县图志》载："郓州，今为淄青节度使理所。"[③]时任节帅者为李师道[④]。李公上表朝廷，授华封舆为崇文馆校书郎，这是唐后期藩镇为幕僚向唐中央请授的虚职，仅用以秩阶，其真实职任是东平府从事，即"实参一方从事"。华封舆随后获迁东平府青州某职，具体职任，志文残泐。

华封舆后来申请辞去了东平府青州的职任，到幽州奉职。志载："以太君在蓟门，侍恋心切，恳求罢职，因来于燕。"墓志铭文称这一举动是"续仲兄芳迹，从事戎旃兮"。这应该是其兄华封儒辟幕幽州后，其寡母随长子赴就任地奉养，所以华封舆便因"侍恋心切"也前往幽州谋职。其实，他弃青州奔幽州，应该还有更深层次的原因。安史之乱后，"魏博、恒、幽诸镇蟠结"[⑤]，连衡胶固以割据自立。贞元元年（785）九月，刘济出任幽州卢龙节度使后，对唐中央采取了恭顺策略，"贞元中，朝廷优容藩镇方甚，两河擅自继袭者，尤骄蹇不奉法。惟济最务恭顺，朝献相继，德宗亦以恩礼接之"[⑥]。元和五年，其子刘总继立，"总既继父，愿述先志，且欲尽更河朔旧风。长庆初，累疏求入觐，兼请分割所理之地，然后归朝"[⑦]。而淄青节镇则在割据的道路上越走越远。元和七年（812）十月，魏博镇帅田兴举六州之地归朝，"郓、蔡、恒遣游客间说百方，兴终不听。李师道使人谓宣武节度使韩弘曰：'我世与田氏约相保援，今兴非田氏族，又首变两河事，亦公之所恶也！我将与成德合军讨之。'"[⑧]元和十年（815）八月"丁未，淄青节度使李师道阴与嵩山僧圆净谋反"[⑨]。可见，华封舆弃青州东平府，奔幽州范阳府，应该与东平府主李师道的谋反不无关系。在幽州，华封舆获府帅刘济的青睐，"表授幽府户曹掾"，即户曹参军，"掌户籍、计帐、道路、逆旅、婚田之事"，品秩为正七品下[⑩]。华封舆在该职任上不辱使命，"安民集事，时无俦比"。很快，刘公又调任他为幽州节度使府的录事参军，"掌勾稽，省署钞目，监符印"，品秩上升半级，为正七品上[⑪]。华封舆在此职任上表现也比较突出，"清直在公，奸欺屏息，州邑寮属，敬惮如神"。墓志铭文称其"茂行秀德，芬馥如茝兰兮，或谋或度，谈笑于上介之筵兮"。

---

① 《旧唐书》卷38《地理一》，中华书局，1975年，第1442页。
② 《新唐书》卷38《地理二》，中华书局，1975年，第989页。
③ 《元和郡县图志》卷10《河南道六》，中华书局，1983年，第257页。
④ 吴廷燮：《唐方镇年表》卷3，中华书局，1980年，第339页。
⑤ 《资治通鉴》卷238元和五年第7条，中华书局，1956年，第7675页。
⑥ 《旧唐书》卷143《刘怦传附子济传》，中华书局，1975年，第3900页。
⑦ 《旧唐书》卷143《刘怦传附济子总传》，中华书局，1975年，第3903页。
⑧ 《资治通鉴》卷239元和七年第3条，中华书局，1956年，第7697页。
⑨ 《旧唐书》卷15下《宪宗本纪下》，中华书局，1975年，第454页。
⑩ 《旧唐书》卷44《职官三》，中华书局，1975年，第1919页。
⑪ 《旧唐书》卷44《职官三》，中华书局，1975年，第1919页。

大和初年的李同捷之乱，诸书有载。大和元年（827）二月，沧景节度使李全略卒，“其子同捷欲效河朔事，求代父任。文宗授以兖海节度使，同捷不奉诏，据郡构逆”，文宗遂“诏征幽、魏、徐、兖之师进讨”[①]。沧州李同捷叛乱，幽州节镇受文宗诏命与魏、徐、兖等州出兵讨伐，华封舆参与了此次行动，充任幽州的进奏官[②]，承担了幽州向唐廷报送征讨方略等信息的重任，即墓志所言：“李公将陈密略，未获其人，素奇府君智辩，因命驰传上闻。”李公即幽州节度使李载义[③]。至大和三年（829）四月，柏耆斩李同捷，沧州之乱历时三年，见于记载的李载义派人进奏有三次。一是，大和元年八月，“李载义执其（李同捷）侄，并所赂献之”[④]。二是，大和三年正月，“李载义奏攻沧州长芦，拔之”[⑤]。三是，同年四月，“李载义奏攻沧州，破其罗城”[⑥]。墓志铭文称华封舆“屡走军事，扬于王庭，咫尺天颜兮，智谋不竭，纵辩如泉兮，涤濯群虑”。其所陈密略，墓志铭文称：“湛恩绵绵兮，彰文皇好生之德，庇兹土之民不残。”极称文宗心意。他因此获得了唐中央的赐官及节度使府内职事官的迁转，即“文宗召对三殿，陈事称旨，面锡章绶，拜监察御史。议者咸以此拜恩□□中外稀得。迁幽州节度推官，转殿中侍御史、内供奉”。墓志铭文称其“致天子忻欢兮，锡以章绶，累官清袟”。监察御史是华封舆获得的来自唐中央的宪衔，是宪衔中的最低阶。获此宪衔后，华封舆很快被幽州节度使李载义升迁为节度使府的节度推官，这是节度使府中的基层僚佐，职位高于巡官，职掌“治大狱、理军讼、掌书奏、奉使外出、‘专方药香火之事’和‘领州事’等”[⑦]。其宪衔也由最低阶的“监察御史”升级为“殿中侍御史内供奉”，位阶在监察御史之上、殿中侍御史之下[⑧]。

“主帅失律”，指陈大和末年的幽州史事。大和五年（831）正月庚申，“幽州军乱，逐其帅李载义”[⑨]。文宗听从宰相牛僧孺“范阳自安、史以来，非国所有，刘总蹔献其地，朝廷费钱八十万缗而无丝毫所获。今日志诚得之，犹前日载义得之也，因而抚之，使捍北狄，不必计其逆顺”的建议，以乱帅副兵马使杨志诚为卢龙留后，姑息偷安[⑩]。大和八年（834）九月辛巳，“幽州节度使杨志诚、监军李怀仵悉为三军所逐，立其部将史元忠为留后”[⑪]。三年多的时间里，幽州因军乱两易主帅，是为“主帅失律”。“司徒史公职在辕门，擅领戎务”，司徒史公指史元忠，是说史元忠身为幽州部将，却擅自出任了幽州节度留后之职。唐廷对此次幽

---

① 《旧唐书》卷142《王廷凑传》，中华书局，1975年，第3887页。
② 同时任进奏官的还有周玙，参盛会莲：《唐〈周玙墓志〉考释》，《南方文物》2017年第4期。
③ 吴廷燮：《唐方镇年表》卷4，中华书局，1980年，第563页。
④ 《资治通鉴》卷243唐文宗大和元年第8条，中华书局，1956年，第7855页。
⑤ 《资治通鉴》卷244唐文宗大和三年第4条，中华书局，1956年，第7862页。
⑥ 《资治通鉴》卷244唐文宗大和三年第10条，中华书局，1956年，第7863页。
⑦ 赖瑞和：《唐代基层文官》，中华书局，2008年，第256页。
⑧ 参阅赖瑞和：《唐代中层文官》，中华书局，2011年，第78～87页。
⑨ 《旧唐书》卷17下《文宗本纪下》，中华书局，1975年，第540页。
⑩ 《资治通鉴》卷244唐文宗大和五年第2条，中华书局，1956年，第7874页。
⑪ 《旧唐书》卷17下《文宗本纪下》，中华书局，1975年，第555页。

州军乱的态度，墓志载："文皇赫怒，遽命征之。"华封舆此时因奏报幽州军事尚在京城，受文宗诏命，至中书省商讨应对幽州军乱的谋略，并因而获得新的拜官，墓志称华封舆因"陈深谋于宰相，恳请罢兵。宰相嘉之，闻于天子。天子大悦，命中谒者持诰就邸，拜屯田外郎、充通王幕府"。华封舆恳请罢兵的深谋得文宗嘉奖，当即派内侍到邸馆颁授命官诰书。所拜的屯田外郎，即屯田员外郎，品秩为从六品上[①]。这是唐廷授给华封舆的检校郎官，这种检校官职一般授给藩镇节度使府的中层文职[②]。充通王幕府是华封舆所获得的兼职，通王即德宗第三子谌，大历十四年（779）受封[③]。大和八年（834）十二月癸未任幽州卢龙节度使[④]。开成二年（837）十月任光禄大夫、检校司空，赐勋上柱国[⑤]。通王谌任幽州卢龙节度使系亲王遥领[⑥]，幽州实际事务由副使史元忠代理。紧接着，唐中央又颁授华封舆正二品勋官——上柱国，以"示其贵而宠其勤"。而所有这些职官和勋位的获得，都在于华封舆所奏方略使"朝廷恩兵甲之用，幽人无杀伤之苦"。

会昌初年幽州的局势，《旧唐书·武宗本纪》载，会昌元年（841）九月，"幽州军乱，逐其帅史元忠，推牙将陈行泰为留后。三军上章请符节，朝旨未许。十月，幽州雄武军使张绛遣军吏吴仲舒入朝，言行泰惨虐，不可处将帅之任，请以镇军加讨，许之。十月，诛行泰，遂以绛知兵马使……二年春正月丙申朔，以抚王纮为开府仪同三司、幽州大都督府长史，充幽州卢龙节度大使。以雄武军使张绛检校左散骑常侍，兼幽州左司马，知两使留后，仍赐名仲武"[⑦]。抚王纮为顺宗第十七子，贞元二十一年（805）受封[⑧]。抚王纮遥领幽州后，华封舆又入抚王幕参幕府事，其检校官迁转为尚书工部郎，即工部郎中，品秩为从五品上[⑨]。华封舆在幽州节度使府的职事官，据李德裕《让张仲武寄信物状》载：

> 右：今月日，仲武判官华封舆到臣宅，送前件书并信物等，已闻奏讫。臣素具恳诚，实非饰让……臣忝居台铉，过受殊恩，若不守廉隅，坐受厚赂，何以仰裨元化，表率庶僚？倘以仲武之情，不可全阻，许臣量受一千匹，已是乖臣本心。伏希圣慈，鉴臣丹恳。仲武书谨封进上。[⑩]

从李德裕的奏状来看，华封舆曾以幽州节度使府判官的身份专程赴京给当朝宰相送书信和

---

① 《旧唐书》卷43《职官二》，中华书局，1975年，第1840页。
② 赖瑞和：《论唐代的检校官制》，《汉学研究》2006年第1期。
③ 《旧唐书》卷150《德宗诸子》，中华书局，1975年，第4043页。
④ 《旧唐书》卷17下《文宗本纪下》，中华书局，1975年，第556页。
⑤ 《旧唐书》卷17下《文宗本纪下》，中华书局，1975年，第571页。
⑥ 《唐会要》卷78《诸使中》，中华书局，1955年，第1435～1437页。
⑦ 《旧唐书》卷18上《武宗本纪上》，中华书局，1975年，第588、589页。
⑧ 《旧唐书》卷150《顺宗诸子》，中华书局，1975年，第4049页。
⑨ 《旧唐书》卷43《职官二》，中华书局，1975年，第1840页。
⑩ 《全唐文》卷704，中华书局，1983年，第7227页。

信物等，这应该是会昌二年（842）八月张仲武知幽州两使留后之后的事。节度判官是华封舆在幽州节度使府的职事官。

“连帅相国张公大破单于军”，指张仲武攻破扰边回鹘之事，会昌二年（842）五月，“回鹘有特勒那颉啜拥赤心宰相一族七千帐，东逼渔阳。仲武遣其弟仲至与裨将游奉寰、王如清等，率锐兵三万人大破之。前后收其侯王贵族千余人，降三万人，护牛马、橐驼、旗纛、罽幕不可胜计。”[①]此次武功，华封舆因参与谋划之功，其检校官迁转为尚书职方郎，品秩为从五品上[②]。其职事官则升迁为幽州节度两蕃副使。很快张仲武又上表唐廷，请升其检校衔为秘书少监，宪衔为御史中丞。墓志首题中，志主华封舆的职官署作“故幽州节度两蕃副使朝散郎检校秘书少监兼御史中丞上柱国赐绯鱼袋”主要来自此次迁授。幽州节度两蕃副使是他在幽州节度使府中的职事官，是节度副使，此外都是中央加官，用于秩阶赏功。朝散郎是从七品上阶文散官[③]，这在墓志正文中没有提及。秘书少监是检校官，品秩为从四品上[④]。御史中丞是宪官，品秩为正四品下[⑤]。上柱国是勋官，品秩比正二品[⑥]。赐绯鱼袋是其所获得的官服待遇。

华封舆卒于会昌六年（846）十月二日，享年五十九岁。大中元年（847）四月十五日，葬于幽州幽都县保大乡樊村之原。

四、墓志的价值和意义

华封舆墓志内涵丰富。华封舆幼宅于宿州符离，虽五岁丧父，但有其祖上累世仕宦的家境为依托，并受当地士人重科举文化的影响，其与兄长受到了很好的经学举业教育。他们三举进士不第，应直言极谏制举不果，遂分别入幕府。这是中晚唐士人科举入仕无门、走辟幕府的典型例证。

华封舆兄弟“应直言极谏，以犯权豪，诏不下，繇是文行之名，益闻于贤达”，事涉元和三年（808）的制举考试。考贞元末至元和初，制举考试只有元和三年[⑦]，这一年的制举考试引发了唐代最大的科场案之一，牵涉到牛李党派的产生[⑧]。

华封舆有四子，除嗣子僖伯承荫、任幽州节度使所辖莫州鄚县尉外，其余诸子竟然都从事举业，与河朔叛镇子弟“累代为将校”的风气截然不同，华氏子弟如此积极应举实属罕见，这

① 《旧唐书》卷180《张仲武传》，中华书局，1975年，第4677、4678页。

② 《旧唐书》卷43《职官二》，中华书局，1975年，第1836页。

③ 《旧唐书》卷42《职官一》，中华书局，1975年，第1784页。

④ 《旧唐书》卷43《职官二》，中华书局，1975年，第1854页。

⑤ 《旧唐书》卷44《职官三》，中华书局，1975年，第1861页。

⑥ 《旧唐书》卷43《职官二》，中华书局，1975年，第1822页。

⑦ （清）徐松撰，赵守俨点校：《登科记考》卷17元和三年条，中华书局，1984年，第631、632页。

⑧ A. 金滢坤：《论元和三年制举科场案——兼论牛李党争之发端与影响》，《人文杂志》2015年第8期。

B. 韩国磐：《唐朝的科举制度与朋党之争》，《厦门大学学报》1954年第1期。

C. 唐长孺：《山居存稿》，中华书局，第1989年，第212～216页。

应该与华封舆兄弟的应举情结有很大关系。中晚唐士人应举三传科和学究科的人很少，史料罕见，华氏兄弟能够在河朔叛镇幽州应举这两个科目，对印证这两个科目在中晚唐曾广泛实行具有重要的史料价值。

墓志对华封舆扶贫救弱、乐善好施的品德着墨较多，铭文称其“滓尘贷赂，仁义视山”。在特别例举了宝鸡义举和亳社食邻的生动事例外，还概要地浓缩了其资助婚丧、救贫济弱、和药救急等悯人济物的仁义之举，是唐代民间社会救助的重要史料。其宝鸡义举从一个侧面反映了唐人的归葬习俗。

此外，据墓志记载，华封舆入幕幽州之后，历十任节度使，并数次为节度使进奏幽州要务，获得拜官和赏赐。其每次进奏事项都与幽州重大政局相关，因此该方墓志对研究中晚唐河朔政局有着非常重要的学术价值。以上都是本方墓志的价值所在。兹限于篇幅，不再一一展开论述，待另文探讨，敬请方家关注。

北京出土的辽金时期景德镇青白瓷器

李永强　韩鸿业

（北京市文物研究所）

现北京地区曾是辽之南京、金之中都，其出土的辽金时期瓷器大部分是辽金境内窑场的产品，但也有少量来自宋朝的瓷器，景德镇青白瓷就是其中重要的一类。这类青白瓷虽然数量较少，但却是辽、金与宋之间进行政治、经济往来的实证。

对于这类输入辽金境的瓷器，学界早有关注并进行过系统研究，主要集中在《辽代陶瓷的考古学研究》①《宋代青白瓷的历史地理研究》②等著作中。本文拟在上述研究成果的基础上，结合新出土的考古资料，对北京出土的辽金时期青白瓷进行初步探讨。

一

自20世纪80年代始，北京就陆续出土辽金时期青白瓷，多数见于墓葬，此外在塔基也有少量出土。为便于讨论，将北京出土辽金青白瓷列表如表一。

表一　北京出土的辽金时期景德镇青白瓷一览表

序号	年代	出土地点	单位	墓主身份	青白瓷器	伴出瓷器	出处
1	统和十三年（995）	北京八宝山	韩佚墓	始平军节度使	钵2	定窑白瓷盖罐1，越窑注子1、盏托1、碟4，耀州窑碗2	《考古学报》③1984年第3期
2	1005年	北京丰台路口南	李继成夫妇合葬墓	水部郎中、蓟北县令	注子1套、碗2		《北京文博》④2002年第2期

① 彭善国：《辽代陶瓷的考古学研究》，吉林大学出版社，2003年。

② 黄义军：《宋代青白瓷的历史地理研究》，文物出版社，2010年。

③ 黄秀纯、傅公钺：《辽韩佚墓发掘报告》，《考古学报》1984年第3期。

④ 王清林等：《丰台路口南出土辽墓清理简报》，《北京文博》2002年第2期。

续表

序号	年代	出土地点	单位	墓主身份	青白瓷器	伴出瓷器	出处
3	1098年	北京丰台云冈	刘六符夫妻合葬墓	中京留守、宰相	盒1、碗2、器盖1	定窑盏托1、耀州窑碗2	《北京考古》（第一辑）①，北京燕山出版社，2008年
4	1113年	北京大兴西红门	马直温夫妻合葬墓	马直温，典顺州、右散骑常侍	盏托、熏炉		《文物》②1980年第12期
5		北京密云大唐庄	M15		注子1套		《密云大唐庄》③，上海古籍出版社，2010年
6	1115年	河北易县※	净觉寺塔基		瓶6、盏托2、熏炉1、盏2、盘20		《文物》1986年第9期④
7	皇统八年（1148）	北京房山坨里乡	悟玄大师塔基	悟玄大师	盘		《北京考古四十年》⑤，北京燕山出版社，1990年
8	大定二十四年（1184）	北京丰台米粮库	乌古论窝论墓	驸马都尉、尚太祖第二女毕国公主（正二品）	盘	耀州窑洗、碗，临汝窑执壶	《北京文物与考古》（第一辑）⑥，北京市文物研究所，1983年
9		北京大兴康庄	25号塔基	比丘尼	碟2	龙泉窑香炉1	《2009中国重要考古发现》⑦
10	大定二十五年（1185）	北京通州	仲良墓	保义校尉、正九品	碗2	定窑杯、玉壶春瓶	《北京文物报》⑧1993年第10期
11		北京毛家湾	瓷片坑		碗10	唐至明正德各类瓷片100余万片	《毛家湾——明代瓷器坑考古发掘报告》⑨，科学出版社，2007年
12		北京密云七中	金墓群		碟5		北京市文物研究所2007年考古发掘资料⑩

※　易县与北京在辽代同属南京道析津府，因此，易县也收入此表。

从表一中可以看出，北京出土的辽代青白瓷，器形有碗、盘、钵、注子、熏炉、盏托、器盖、盒、瓶等，共计43件。出土的金代青白瓷，器形有碗、盘、小碟，共计21件。输入辽境

① 周宇：《丰台云冈辽墓07FHM1发掘简报》，《北京考古》（第一辑），北京燕山出版社，2008年。
② 张先得：《北京市大兴县辽代马直温夫妻合葬墓》，《文物》1980年第12期。
③ 北京市文物研究所：《密云大唐庄》，上海古籍出版社，2010年。
④ 河北省文物管理处：《河北易县净觉寺舍利塔地宫清理记》，《文物》1986年第9期。
⑤ 北京市文物研究所：《北京考古四十年》，北京燕山出版社，1990年，第172页。
⑥ 北京市文物工作队：《北京金墓发掘简报》，《北京文物与考古》（第一辑），北京市文物研究所，1983年。
⑦ 于璞：《北京大兴辽金塔林遗址发掘》，《2009中国重要考古发现》，文物出版社，2010年，第148~153页。
⑧ 周良：《北京通州发现金代石椁墓》，《北京文物报》1993年第10期。
⑨ 北京市文物研究所：《毛家湾——明代瓷器坑考古发掘报告》（下），科学出版社，2007年，第275页。
⑩ 北京市文物研究所2007年考古发掘资料，胡传耸见告。

的青白瓷器形及数量明显多于输入金境的；输入辽境的青白瓷中茶具、酒具及焚香、贮粉用具占有相当大的比例，其使用者身份的等级也明显高于输入金境者。

以上所列青白瓷器，其年代均较为确定。输入辽境的青白瓷，除韩佚墓出土的柳斗纹钵外，其余器物胎质精细，制作规整，釉色多呈纯正的青白色，晶莹碧透，呈现出蒋祈所称的“饶玉”特征，且均采用仰烧法。这类青白瓷与景德镇窑系北宋时期产品特征一致①。

输入金境的青白瓷，均采用覆烧法，均有芒口，胎、釉略有粗涩感，釉的光泽度和透明度均有所减弱，质量普遍下降。当然也有个别器物如乌古论窝论墓出土的盘仍属质量上佳之作。这类青白瓷的风格与景德镇窑系南宋时期产品近似②。

二

在北京城市发展进程中，辽金时期是一个重要的过渡阶段，在这一时期，北京从一个地方城市和军事重镇完成了向全国政治、经济中心的过渡，北京出土的辽金时期的青白瓷可视为这座城市地位急剧上升的实物见证。

北京在五代以前长期作为中原政权的北方军事重镇，虽然也做过古燕国和前燕的都城，但毕竟属于地方性政权，在政治、经济等方面影响不大。从出土资料来看，绝少见到来自长江以南的器物，这背后固然有经济中心在北方的因素，但五代以前的北京政治辐射范围小、经济消费能力有限才是造成这一现象的根本原因。

会同元年（938），辽太宗升幽州为南京，北京成为辽代陪都。澶渊之盟（1004）后，辽宋步入长期和平时期，双方频繁的使节往来、商业贸易都通过辽南京来中转，宋朝向辽朝输送贡品也在这里交接。五代末期凋敝的人口在辽代迅速繁衍增长。据研究，在最鼎盛的天庆年间，南京道人口达583000口，其中城市人口158000口③。贞元元年（1153），金朝正式迁都燕京，改燕京为中都，北京成为北半部中国的中心，其政治、经济地位在辽代的基础上发展到新的高峰。至泰和七年（1207），中都城市人口计约40万人④。商贸发达，“陆海百货萃于其中”⑤。

北京在辽金时期政治、经济地位的上升，尤其是人口的繁衍和社会财富的增长，使得北京成为一个巨大的瓷器消费市场。新兴的契丹、女真贵族及富裕阶层，出于对汉文化的仰慕，学习和模仿诸如饮茶、焚香等汉人生活方式，精美的青白瓷自然获得了他们的喜尚。北京出土的各时期青白瓷，就频率和数量看，辽金又远少于元代，仅毛家湾一处地点就出土元代卵白釉瓷

---

① 刘新园、白焜：《景德镇湖田窑考察纪要》，《文物》1980年第11期。

② 刘新园、白焜：《景德镇湖田窑考察纪要》，《文物》1980年第11期。

③ 侯仁之主编：《北京城市历史地理》，北京燕山出版社，2000年，第257页。

④ 侯仁之主编：《北京城市历史地理》，北京燕山出版社，2000年，第263页。

⑤ 《大金国志》卷40。

和青白瓷112件[①]。辽的陪都、金的中都，都只是北半部中国的中心，其地位和影响仍然无法与作为全国中心的元大都相比。青白瓷发现的频率和数量上的差别，具体而微地反映了北京城在辽、金、元时期的地位差别。

三

青白瓷在辽金时期的北播，是宋与辽、金经贸往来的重要组成部分。其流入北京的途径，大致有使节馈赠、榷场贸易、走私贸易三种，尤其以海上走私贸易最为主要。

宋与辽、金使节往来频繁，仅宋与辽聘使人数总计达1600人之多[②]。据《宋会要辑稿》载，宋使携至辽国的礼物名色繁多，有“金香奁、瓶、盏、注碗、茶盒子”等[③]。辽国使臣从宋返辽，除接受宋人的礼物外，还就地收购货物回国贩卖。在宋国礼物及辽使购买的货物中，瓷器应是重要内容。

使节作为商贸的重要媒介，除有文献记载外，考古发现也提供了若干线索。20世纪70年代，在北京丰台王泽墓中发现有定窑瓷器，王泽曾在辽兴宗朝出任贺宋正旦使[④]。北京丰台云冈2007年发现的刘六符夫妻合葬墓也颇值得关注，该墓虽然被盗，但仍出土4件青白瓷、2件耀州窑碗，其中青白瓷有盒、碗及器盖，该器盖与内蒙古阿鲁科尔沁旗朝克图东山M3出土的器盖形制接近[⑤]，应为瓜棱腹注壶的盖。墓主刘六符曾在辽兴宗朝多次出使北宋[⑥]。王泽和刘六符墓中随葬的北宋定瓷、青白瓷及耀州窑瓷器，极有可能是他们出使北宋时接受的馈赠或在宋地购买所得。

宋、辽间的榷场贸易始于太平兴国二年（977）[⑦]，澶渊之盟后，在河北沿边陆续开放了雄州、霸州、安肃军（今河北徐水县）、广信军（今河北遂城县）四处榷场，互市不绝。据《宋会要辑稿》食货52记载：“瓷器库在建隆坊，掌受明、越、饶州、定州、青州白瓷器及漆器以给用。……真宗景德四年九月，诏瓷器库除拣封桩供进外，余者令本库将样赴三司行人估价出卖。其漆器架阁收管品配供应，准备供进及榷场博易用。”这条文献提及饶州（今景德镇）青白瓷及上述宋地其他窑场的瓷器，说明瓷器也是榷场贸易的商品。出土31件青白瓷的易县净觉寺，与前述河北四榷司仅隔一条白沟河，这大大增加了这批青白瓷是通过榷场贸易流入辽境的可能性。

① 北京市文物研究所：《毛家湾——明代瓷器坑考古发掘报告》（下），科学出版社，2007年，第293、294页。

② 傅乐焕：《宋辽聘使表稿》，《辽使丛考》，中华书局，1984年。

③ 《宋会要辑稿·蕃夷二》。

④ 苏天钧：《近年来北京发现的几座辽墓》，《考古》1972年第3期。

⑤ 赤峰市博物馆、阿鲁科尔沁旗文管所：《赤峰阿鲁科尔沁旗罕苏木辽墓清理简报》，《内蒙古文物考古》1998年第1期。

⑥ 《辽史》卷18本纪第18：“（兴宗三年七月），以……刘六符……充贺贺宋来岁正旦使。”《辽史》卷19本纪第19：“（兴宗十年）六月戊寅，以……刘六符……充贺宋生辰使。”《辽史》卷86列传第16：“（兴宗）十一年，与宣徽使萧特末使宋，索十县地……复与耶律仁先使宋，定进贡名。”

⑦ 《宋史·食货志下》。

目前学界认为输入辽地的青白瓷与走私贸易有关[①]，黄义军详细地分析了青白瓷自海上输入辽地的原因，并推测出这条海上交通路线，“由景德镇经昌江达鄱阳湖，顺长江而下至长江下游平原，再从这里转入运河，分运南北。由扬州顺运河北上至楚州，由淮河入海，北上至海州，达登州，沿渤海湾至辽国或高丽，以及转运日本”[②]。由渤海湾至辽南京城，有漕运可通。《辽史·食货志》载“（太平九年），燕地饥，户部副使王嘉请造船，募习海漕者，移辽东粟饷燕”。这条文献表明，从辽东经渤海西行，转漕运可至燕地。由此可见，景德镇青白瓷经海运至渤海湾，再漕运至辽南京，此航路是通畅的。

金代情况与辽代差别很大，表现为两点。一是南宋时景德镇青白瓷质量普遍下降，与金国境内生产的高档白瓷相比，并无质量优势，已经不适合作为高档礼品馈赠给金国的使臣。二是金、宋之间战争频仍，阻隔了正常的榷场贸易。因此，在金国境内青白瓷仅有零星的发现[③]。然而，金中都的富庶程度及人口数量远超金代其他地区，瓷器消费需求巨大。江南的瓷器商贩沿用前朝的航路，避开战争的影响，将青白瓷源源不断地运往金中都这个最大的瓷器消费市场。

四

青白瓷持续北播是景德镇努力开拓市场的结果。从出土2件青白瓷钵的韩佚墓年代来看，景德镇创烧出青白瓷后不久，于10世纪末就输入辽南京，其后逐渐增多，在高端市场上抢占了一定的市场份额。与同时期的以生产青白瓷而著名的安徽繁昌窑相比，繁昌窑产品的出土数量及分布范围均有所不及[④]，在北京地区更难觅踪影。同为南方名窑的龙泉窑，其产品在金中都仅发现2件青瓷，即大兴塔林出土的炉[⑤]和石景山鲁谷金墓出土的瓶[⑥]，数量远远不及青白瓷。景德镇青白瓷与繁昌窑青白瓷、龙泉窑青瓷在北京出土数量上的差别，真实地反映了景德镇窑的市场眼光和开拓市场的进取精神。对于制瓷窑场而言，仅仅满足于自然资源优势，或单纯依靠制瓷工艺的精湛，而缺乏市场眼光和开拓市场的进取精神，是难以成为名窑的，或成为名窑后也无法长久。

景德镇青白瓷在辽金时期的北播，打开了北方销售市场。入元以后，大一统的国家形成了统一的全国市场，景德镇青白瓷及卵白瓷大量涌入以大都为主的北方市场，对北方生产白瓷的窑场形成了强大的冲击，“南青北白”至此完全成为历史陈迹。

① A. 彭善国：《辽代陶瓷的考古学研究》，吉林大学出版社，2003年，第255、256页。
B. 黄义军：《宋代青白瓷的历史地理研究》，文物出版社，2010年，第195~201页。

② 黄义军：《辽境输入瓷器及相关历史地理研究》，《民族史研究》（第十辑），中央民族大学出版社，2011年。

③ A. 彭善国：《试述东北地区出土的金代瓷器》，《辽金元陶瓷考古研究》，科学出版社，2013年，第152页。
B. 黄义军：《宋代青白瓷的历史地理研究》，文物出版社，2010年，第202、203页。

④ 黄义军：《宋代青白瓷的历史地理研究》，文物出版社，2010年，第114页。

⑤ 宋大川主编：《北京考古发现与研究（1949—2009）》（下），科学出版社，2009年，第260、261页。

⑥ 北京市文物研究所：《鲁谷金代吕氏家族墓葬发掘报告》，科学出版社，2010年，第18~27页。

北京毛家湾出土的明代龙泉青瓷及相关问题研究

李永强　王继红

（北京市文物研究所）

始烧于南朝、极盛于宋元的龙泉窑，在经历了明初的繁荣后，逐渐趋于衰落，这是古陶瓷学界的共识①。长期以来，人们对龙泉窑的研究多集中于宋元时期，明代龙泉窑没能获得应有的关注。随着浙江枫洞岩窑址的发掘②，尤其是北京毛家湾出土瓷器的全面披露③，这一研究现状有所改变。本文拟对毛家湾出土的龙泉青瓷的年代及产品性质进行探讨，在此基础上，对明代龙泉窑的市场行销状况及市场地位、衰落原因等问题进行初步研究。

一、毛家湾瓷器坑及出土的龙泉青瓷概况

毛家湾瓷器坑发现于2005年，出土唐宋至明中期瓷片100余万件，其中明代部分所占比例高达97.5%。窑口包括景德镇窑、龙泉窑、磁州窑、钧窑等，釉色品种繁多，见有青花、红绿彩、五彩、黄釉、龙泉釉、钧釉、白地黑花等近30种，器形以日用盘、碗居多，也见有部分花器、陈设器。出土瓷器中有少量的官窑器，包括永宣甜白釉、描金器、黄釉、鲜红釉、宣德款青花器、正德款青花器等，制作精细，工艺水平高超。数量最多的仍然是普通民窑产品。大部分瓷片使用痕迹明显。瓷器坑所在的前毛家湾1号院位于明代皇城西安门的西北侧，其北面是太平仓，西面是积庆坊、鸣玉坊，南面是红罗厂。当时的前毛家湾周围，既有大量的普通居民、店铺商户，也有皇室贵族及为他们服务的仓厂等机构。坑内瓷片的来源应和上述人群相关，尤其是官窑瓷器，应直接来源于明代宫廷。

---

① 朱伯谦：《龙泉青瓷简史》，《龙泉青瓷研究》，文物出版社，1989年。

② 浙江省文物考古研究所、北京大学考古文博学院、龙泉青瓷博物馆：《龙泉大窑枫洞岩窑址出土瓷器》，文物出版社，2009年。

③ A. 北京市文物研究所：《毛家湾——明代瓷器坑考古发掘报告》，科学出版社，2007年。

B. 北京市文物研究所：《北京毛家湾明代瓷器坑发掘简报》，《文物》2008年第4期。

C. 下文引用毛家湾的资料，均出自于此，不另注。

毛家湾出土龙泉窑瓷器约3000片。器形主要有盘、炉、碗、罐、花盆、瓶、壶、夹层碗、盏托、器盖、高足碗、杯、洗、渣斗、盆奁、盒、钵、高足杯、瓷塑等。胎土较为细腻，多呈灰白色，火候高。也有少量器物因火候不高，胎质疏松，胎土呈淡黄或灰褐色。釉层厚，釉色以青绿为主，也有浅黄、淡绿、绿褐等，玻璃质感强。碗、盘类器物均采用裹足支烧法，外底刮釉形成涩圈。装饰手法以刻划、模印为主，另有少量堆贴、雕塑、露胎刻花等。纹饰题材有荷花、牡丹、菊花、宝相花、缠枝花、折枝花、卷草、灵芝、珍禽、瑞兽、人物等，文字装饰也颇为盛行。

二、年代讨论

明代龙泉窑瓷器中，带年款的传世品及纪年墓出土的器物极少。在一些窑址的考古报告中，仅对器物进行元、明粗线条的划分，至于具体的分期和年代，往往语焉不详。这种研究现状，给探讨毛家湾出土的明代龙泉窑瓷器的年代带来了困难。但已有的相关考古资料还是给探讨龙泉窑瓷器的年代提供了一定的线索。

在探讨过程中，我们先与那些纪年确凿的考古资料进行对比。

B型炉（K1：1723），饼形底，腹壁接三矮足，饼形底落地，外壁饰三道凸弦纹，器里及外底露胎处泛红褐色。口径9、底径4.2、高5.5厘米。此炉造型与南京中华门外宋晟墓出土的青瓷花盆十分接近①。以上两件器物，虽然器形不同，大小也有差别，但造型、弦纹装饰，尤其是三足悬空等特征如出一辙，两者的年代应该相去不远。宋晟卒于明永乐五年，可以确定B型炉（K1：1723）为明初器物。

此次出土的凸花福寿瓶、壶，均采用模制法，成形和印花一次完成，釉质莹润，制作精美。其造型和装饰风格与山东邹城明正统六年下葬的鲁荒王朱檀妃戈氏墓出土的青瓷福寿瓶、壶基本相同②，戈氏下葬于正统六年，因此，正统六年是这类凸花福寿瓶、壶的年代下限，或许能早至宣德朝。

此次还出土少量与传世明代龙泉官窑器相同的瓷器。这类器物有碗、盘两种器形，胎土细白，胎体规整轻薄，釉色青翠润泽，玉质感强。内壁及底多有刻花装饰，也有少量光素无纹的。均采用支圈垫烧，在外底留下十分规矩的涩圈。这类器物与新近发现的明代龙泉官窑器物风格相同。据最近的发现和研究，此类刻花器物年代可定为明初的永乐朝③。

一些内底印花的碗、盘，包括部分C、D型盘和B型碗，其内底均采用阴文印花技法，所

---

① 南京市文物保管委员会：《南京中华门外明墓清理简报》，《考古》1962年第9期，图一三。

② 山东省博物馆：《发掘明朱檀墓纪实》，《文物》1972年第5期。

③ A. 浙江省文物考古研究所、北京大学考古文博学院、龙泉青瓷博物馆：《龙泉大窑枫洞岩窑址出土瓷器》，文物出版社，2009年。

B. 叶英挺、华雨农：《发现：大明处州龙泉官窑》，西泠印社出版社，2005年。

C. 叶英挺：《明初龙泉官窑瓷的特征分析》，《中国文物报》2006年3月29日。

印折枝花较小，不甚清晰。盘类造型多折腹，器口多作菱花口，胎骨厚重，具有明显的明初风格。南京中华门外宋晟墓①、浙江宁波东门口码头遗址②均出土过多件同类风格的青瓷盘。宋晟卒于明永乐五年，而东门口码头遗址出土的青瓷盘的年代被定为元末明初。因此，上述内底印花的碗、盘类器物，其年代大体在明代初年。

部分角形盘，其造型和装饰风格与龙泉大窑出土的七角盘十分接近③。两者口沿都呈角形，折腹，外壁刻宽肥的蕉叶纹，胫部饰莲瓣纹。而龙泉大窑的七角盘出土于Y6，发掘者认为Y6出土的器物的年代属元末明初。就这件七角盘而言，其特征更接近明代，将其年代定为明初较为适宜。具有相同的蕉叶纹装饰的渣斗，其年代也可定为明初。

C型花盆（K1：1870），灰白胎，豆青色釉，釉面匀净光洁，沿面饰排列整齐的“S”形刻划纹一周，外壁八个开光，分别刻划八种折枝花卉。此花盆外壁饰成组折枝花卉的风格，与明早期景德镇窑青花瓷接近。可对比的资料有北京故宫博物院藏青花折枝花卉纹菱花式花盆④，这件花盆被定为宣德时器物，C型花盆（K1：1870）的年代应与之相去不远。

部分器里阴文印花装饰的碗，它们的共同特征是，圈足较高，胎土灰白，釉多呈灰绿色，局部泛黄，釉薄处泛白，口沿皆饰一周连续回纹，内壁多模印阴文人物纹。部分碗的内底还印有银锭纹及“金玉满堂”“长命富贵”等文字装饰。这类碗，在浙江龙泉大白岸窑址群曾发现过⑤，道太、安福、大棋等地窑场也有同类产品⑥。银锭纹及“金玉满堂”“长命富贵”等文字装饰，是明中期景德镇青花瓷器的习见装饰题材，可以据此将这类碗的年代定为明代中期。

C型碗，其直口、外壁刻菊瓣纹的造型及装饰特征与安福龙泉窑址出土的划纹碗相同⑦。其足壁较厚，内足壁略外倾，具有明初风格。

扁腹开光执壶、方壶与明中期景德镇青花瓷器中的同类器物形制、装饰风格接近，其年代大体在明中期。

从上述对比分析可以看出，明初和明早期的龙泉窑瓷器，制胎较为规整，釉层厚，釉色青绿而润泽。装饰手法以印、刻为主，另有少量篦划，基本不用划的技法，部分模印的凸花具有浅浮雕的效果。纹饰题材中，宽肥的蕉叶纹、形体较小的折枝花卉纹及古钱纹等与元代龙泉窑传承关系明显。一些制作精美的器物，所刻的各种花卉则与同时期的景德镇窑十分接近。明初和明早期的龙泉窑瓷器，大多出自大窑和金村等龙泉中心窑场。

根据上述的归纳与总结，还可将毛家湾出土的明代龙泉窑瓷器中的盆托、盏托、器盖、盒、夹层碗、钵、洗等器物归入明代早期，各种罐类、高足碗、瓷塑则均归入明代中期。至于

① 南京市文物保管委员会：《南京中华门外明墓清理简报》，《考古》1962年第9期，图一三。

② 林士民：《宁波东门口码头遗址发掘报告》，《浙江省文物考古所学刊》，文物出版社，1981年。

③ 朱伯谦：《龙泉大窑古瓷窑遗址发掘报告》，《龙泉青瓷研究》，文物出版社，1989年。

④ 《中国陶瓷全集》编辑委员会编：《中国陶瓷全集》（明上），上海人民美术出版社，2000年，图版九四。

⑤ 浙江省文物考古研究所：《龙泉东区窑址发掘报告》，文物出版社，2005年，第120页，彩版一五，3、4。

⑥ 中国硅酸盐学会主编：《中国陶瓷史》，文物出版社，2004年，第391页。

⑦ 中国社会科学院考古研究所浙江工作队：《浙江龙泉县安福龙泉窑址发掘简报》，《考古》1981年第6期，图版一二，4。

各型炉及A、B型花盆，还缺少对比的资料，大体上讲，A、B型花盆可能属明中期产品，各型炉中，以明中期的为多，个别的年代或可早至宣德时期。

三、产品性质

零星的文献记载显示，龙泉，在明初曾设立官窑，少量的龙泉窑传世精品也与文献隐隐契合。直到2005年，随着枫洞岩窑址的发现与发掘，明代龙泉官窑瓷器才逐渐被学界认识。毛家湾瓷器坑也出土了一批与之基本类同的龙泉青瓷，这对探讨明代龙泉官窑瓷器不无裨益。

按毛家湾出土龙泉窑瓷器的品质，可分为精、粗两类。

精者器形有碗、盘、福寿瓶、福寿壶、花盆、盆托、盏托、高足碗、钵、盒等，器类丰富，品种多样。胎质细腻白净。器形规整。釉层厚薄适度，均经过多次施釉，釉汁莹润，釉色均匀柔和，玉质感强。器物口沿部位及外壁转折处釉薄，略显灰白色。成形技法多样，碗、盘等圆器均用轮制法，福寿瓶、壶等造型复杂的器物，器身采用半剖的模制法，竖向黏合牢固后再与底足、口颈拼接。烧造过程中，针对不同的器物采取了多种垫烧方法。碗、盘底足裹釉，采用环状支具垫烧，底心的涩圈十分规整。盆托则用的是与饼形底大小一致的支具，其余花盆、盏托、钵、盒、壶、瓶等器物，均足端刮釉垫烧。

装饰手法主要有刻花和模印。刻花多施于碗、盘器里及花盆、盆托的外壁，题材均为折枝或缠枝花卉。刀法娴熟，线条流畅。纹饰轮廓线因积釉而显深绿色，轮廓线外釉色稍浅，两相映照，极具层次感与立体感，几乎可与官窑青花纹饰的工整细腻相埒。模印仅见于福寿瓶和福寿壶，成形和印花一次完成。

上述瓷器年代特征十分接近，应属同时期器物，具有明显的明代早期风格。刻花碗、盘与龙泉枫洞岩窑址出土的同类器物基本相同，而据该窑址最初发现者及发掘者的研究，这类瓷器多属永乐朝遗物。折沿花盆，外壁在开光内刻八株折枝花卉的风格，与北京故宫博物院所藏宣德青花折枝花卉纹花盆相近，两者年代也相去不远。与福寿瓶、福寿壶可资对比的器物，有出土于山东邹城鲁荒王朱檀妃戈氏墓的瓶和壶，该墓下葬于明正统六年，因此正统六年是这类凸花福寿瓶、壶的年代下限，或许能早至宣德朝。

《大明会典》和《明宪宗实录》等文献表明龙泉窑在明代曾烧造宫廷用瓷，但迟迟未能发现相关实物及窑址。枫洞岩窑址的发现和发掘，确认了窑址和一批明代龙泉官窑瓷器，正好和文献记载相印证。毛家湾瓷器坑位于明代皇城的西北，与皇城仅一墙之隔，且坑内出土有相当数量的官窑瓷器。毛家湾瓷器的来源，与明代宫廷处理残瓷碎片不无关系，上文介绍的这批龙泉窑瓷器，极有可能出自明代宫廷。

枫洞岩窑址的发掘使学界究明了龙泉官窑的生产环节，而龙泉官窑瓷器在毛家湾出土又证实了这些瓷器确实为宫廷所使用。两者相得益彰，将使明代龙泉官窑瓷器这一全新的认识更加坚实可靠。

粗者器形有各种罐类、高足碗、瓷塑、花盆等，年代多属明中期。制胎粗疏，釉层薄，因烧成温度不够及焰性控制不好，釉面多呈混浊的灰绿、黄绿等色调，制作粗糙，总体质量下降。装饰手法以刻划花、阴文印花为主。纹饰题材中，除阴文印花人物、文字装饰等龙泉窑传统纹样外，其余各种花卉、动物、辅助纹饰均与景德镇窑纹样相同。此时期的器物中，大窑和金村一带中心窑场的产品基本不见，更多的是来自大白岸、道太、安福、大棋等地窑场。

这类瓷器可以确认为龙泉窑民窑产品。

四、市场行销状况及市场地位

北京是明代的政治、文化中心，同时也是商业、交通中心。繁荣的经济、众多的人口、便利的水陆交通条件，使得北京成为全国最大的瓷器消费市场和重要的集散地，但北京地区制瓷业并不发达①，故全国各地的瓷器大量涌入北京，或就地销售，或中转销往他处。毛家湾出土瓷器汇聚了明代各主要窑场的产品，能够清楚地反映出各窑场产品在北京的销售情况，在一定程度上也反映了明代龙泉窑市场行销状况及市场地位。

毛家湾出土的元代龙泉窑瓷占元代瓷器的2.22%。器形以罐类居多，另有高足碗、盆奁、碗、盘、钵等器形。胎体规整，釉层厚而匀净，并有印花、露胎刻花装饰，质量上乘。日用的碗、盘较少，和酒、花等奢侈品消费有关的罐、盆奁数量最多，表明龙泉窑产品主要供应上层社会。

毛家湾出土的明代龙泉窑瓷器占明代瓷器的0.33%。与元代所占2.22%的比例相比，呈明显的下降趋势。器形以盘、炉、碗、罐（包括盖）、花盆（包括盆奁）为主，兼有少量的瓶、壶、夹层碗、盏托、杯、洗、渣斗、盒等。从明初至中期，龙泉窑制瓷业起伏较大。明初器物有两类。一类是内底印花的碗、盘，胎体厚而规整，釉层厚，釉色青绿。另一类与传世的明龙泉官窑器物特征接近，制作异常精美，以刻花的碗、盘为典型器物。明中期的器物可分为粗精两类。粗者以器里阴文印花大碗为代表，胎骨粗笨，烧结差，釉色多数灰暗浑浊，印花装饰艺术水平不高。精者数量较少，以凸花福寿瓶、壶为典型器，制胎、成形、印花一次完成，工艺精湛。部分刻划花装饰的花盆，也达到了较高的工艺水平。但精美之作所占比例降低，瓷器质量明显下降。

龙泉窑在明初还能维持较高的制瓷水平，其消费群体以社会中上阶层为主，甚至还为宫廷烧造贡瓷。《大明会典》卷194的“陶器”条记载：“洪武二十六年定：凡烧造供用器皿等物，须要定夺制样，计算人工物料。如果数多，起取人匠赴京，置窑兴工。或数少，行移饶、处等府烧造。”这条文献记载表明龙泉窑的工艺水平获得了明政府的认可。在北方，龙泉窑始终以中高端产品作为自己的市场定位。狭小的市场范围、景德镇强有力的竞争使其很难获得较

---

① 北京地区元代的窑场目前仅发现磁家务一处窑址，有钧釉、黑釉等品种。该窑址没有进行发掘，其产品特征、生产能力等情况还不清楚。此次毛家湾出土瓷片中，还未能确认是否有该窑产品。关于该窑址请参考赵光林：《近几年北京发现的几处古代瓷窑址》，《中国古代窑址调查发掘报告集》，文物出版社，1984年。另，元大都设立有琉璃窑，考古发掘也曾发现，该窑产品仅用于宫廷建筑。

大发展。这种状况延续至明中期，景德镇雄踞国内市场，而龙泉窑渐趋式微，虽然也能生产少量高档瓷器，但产品整体质量下降，生产规模萎缩，已完全无法同景德镇抗衡，成为制瓷业的配角。

五、衰落原因

龙泉窑在明代中期逐渐衰落，至清代停烧，这在学界是不争的事实。至于衰落原因，有瓷土矿脉枯竭说、战乱与社会动荡说、政治经济中心北移说等，学界始终无有定论①。这一历史名窑的渐趋式微，原因复杂，是多种影响因素共同作用下的结果。本文认为，景德镇的市场冲击和明政府对窑户征收的窑课过重是龙泉窑衰落的两个重要原因。

1. 景德镇的市场冲击

毛家湾出土的景德镇瓷器在明代瓷器中所占比例高达80.88%，总体数量远远多于龙泉窑瓷器。与元代相比，明代景德镇制瓷工艺有许多创新，生产规模成倍扩大。所生产的釉色品种极为丰富，从青花到色彩缤纷的颜色釉和彩瓷，可谓琳琅满目。器物形制多样，从日用饮食器皿到室内陈设、文房用品、案头清供，无所不有。

景德镇制瓷业的发展经历了从技术领先到市场垄断的过程，有明显的轨迹可寻。毛家湾出土的洪武时期瓷器仅占明代景德镇瓷器的2.55%。釉色品种单调，有青花、白瓷和仿龙泉青釉瓷器。器形仅有碗、盘、杯、高足碗、鸟食罐、洗等，且均为民窑器物。但此时期有一个重大变化，即景德镇开始生产低档青花瓷器，供应低端瓷器消费市场，与元代的市场定位与销售战略相比，有了较大调整。

至永宣时期，这一比例缓慢上升至7.31%。除青花、白瓷、仿龙泉青釉瓷外，还有少量蓝釉、仿哥釉、酱釉、鲜红釉瓷器。器形增多，除碗、盘、杯、高足碗、鸟食罐、洗外，还有花盆、罐、器盖、壶、调色碟。从这个时期开始有少量的官窑器，这与北京在永乐十九年成为都城后政治地位上升息息相关。

正统、景泰、天顺三朝瓷器所占比例有较大幅度上升，达到19.04%。青花瓷的种类和数量增长迅速，各种颜色釉瓷器继续烧造，这一时期还出现了极少量的彩瓷。

成化、弘治、正德时期的瓷器，所占比例达71.1%。青花瓷仍然占据主导地位，颜色釉瓷器产量增加，而种类繁多的釉上单彩、红绿彩、五彩、青花加彩、斗彩等彩瓷大为盛行。可以说，成化以后局面发生了根本性变化，景德镇瓷器异军突起，占据了瓷器市场的大半江山，取得了垄断性的市场地位。

成化以后民窑青花瓷发展达到了高峰，造型俏丽秀雅，青料幽菁明快，绘画轻盈灵动，代表了当时民窑诸多釉色品种的最高水平，生产数量也远远超过其他釉色品种，成为主流瓷器

---

① 李冰：《明代龙泉窑衰落原因初探》，《龙泉窑研究》，故宫出版社，2011年。

品种，也成为景德镇的标志性产品。除青花瓷外，景德镇民窑恢复烧造各种颜色釉瓷器，并开始大量生产各种彩瓷。这些至精至美的瓷器显然是其他窑场产品所无法比拟的。而这时期普遍出现的具有商标性质的花押款、姓名款说明景德镇瓷器已成为当时的名牌商品。而此时的龙泉窑，除了外销瓷这一传统优势市场外，在其他方面已根本无法同景德镇竞争。

2. 窑课过重

据明人唐顺之《荆川集》卷10记载："（林性之）其始令丽水也……邑故有窑课，后窑户以课重，徙尽。则均其课于并窑居人之不为窑者。至君，疏除其额凡若干。会造籍时，里中以窜绝自言者三十余户。"①这条文献明确说明了龙泉窑主产区丽水县生产瓷器的窑户因课重而集体逃亡。

明成化《处州府志》卷3记载，"窑冶……四处，碗碟二十八处，砖瓦窑十一处"②。由此可知，成化时丽水县窑户共有43户，大多从事烧造瓷器、砖瓦。明代的窑课，据《明会典》卷35载，"（洪武）十八年，令……其余鱼、茶……石膏，商税、窑课等诸色课，俱折收金银钱钞"③。关于丽水县窑课，《处州府志》卷3记载，丽水县窑课总额为"钞一千三百九十四锭三贯三百六十八文，铜钱一万二千九百六文"④。

综合上文可知，丽水县窑户因窑课太重，入不敷出。在明代以职业固定化为特点的户籍管理制度下，窑户这群特殊职业者又无法"变乱版籍"从而改变户籍职业以减轻纳税负担，最后，只有远走他乡，成为逃户流民。而这次窑户逃亡人数较多，仅一里之地就逃亡30余户。阖县窑户，则"徙尽"矣。发生在龙泉窑主产区丽水县的这次窑户集体逃亡事件，可以视为明代龙泉窑衰落的一个标志，相应地，引起窑户逃亡的直接原因——课重也自然是龙泉窑衰落的重要原因之一。

---

① ［明］唐顺之：《荆川集》卷10"户部郎中林君墓志铭"条。

② 明成化《处州府志》卷3。

③ 《明会典》卷35之"课程四"。

④ 明成化《处州府志》卷3。

明代德清公主与驸马林岳相关史事考

——以公主和驸马墓志为中心

盛会莲　郭京宁

（北京市文物研究所）

2007年6月，为配合北京市朝阳区十八里店乡某建设工程施工，北京市文物研究所对工程占地范围进行了考古勘探和发掘，发掘了一座明代公主与驸马合葬墓①。由于墓葬曾经被盗，墓主骨架及随葬品已无存。仅在填土内发现了半扇汉白玉墓门及驸马、公主墓志各一合。这两方墓志为研究明代公主与驸马的相关史事提供了新的史料，对解决和深入探究明代政治及皇室生活领域相关问题十分有益。

关于明代公主和驸马的研究，学界已经有不少成果。如衣若兰《被遗忘的宫廷妇女——浅论明代公主的生活》②、郑克晟《明代公主庄田》③等文概述了明代公主的生活和庄田、赏赐等问题。龚巨平《明宝庆公主墓葬的清理及明代公主墓葬制度分析——兼释赵伯容墓志》④、刘少华《明驸马赵辉墓志铭及明代驸马都尉制度考释》⑤，则对新近出土的明代驸马和公主墓及墓志进行了概述和研究。魏连科《明代宗室婚嫁制度述略》一文也涉及明代公主的婚嫁问题⑥。以下以德清公主和驸马林岳墓志为中心，探讨有关德清公主和驸马林岳的相关问题。不妥之处，敬请方家不吝赐正。

---

① 北京市文物研究所：《朝阳区新世纪商业中心明代驸马公主合葬墓考古发掘报告》，《京沪高铁北京段与北京新少年宫考古发掘报告集》，上海古籍出版社，2014年。

② 衣若兰：《被遗忘的宫廷妇女——浅论明代公主的生活》，《辅仁历史学报》1999年第10期。

③ 郑克晟：《明代公主庄田》，《史学集刊》1982年第2期。

④ 龚巨平：《明宝庆公主墓葬的清理及明代公主墓葬制度分析——兼释赵伯容墓志》，《东南文化》2011年第1期。

⑤ 刘少华：《明驸马赵辉墓志铭及明代驸马都尉制度考释》，《东南文化》2001年第1期。

⑥ 魏连科：《明代宗室婚嫁制度述略》，《文史》（第32辑），中华书局，1990年。

一、墓志概况与公主、驸马生平

（一）墓志概况

公主墓志一合，盖、底同形，为边长0.92、厚0.18米的长方体。志盖篆书“明德清大长公主圹志”9字，竖排3行，每行3字。志文楷书，竖排，共24行，满行28字，全文345字。志载，墓主人为明宪宗第三女德清公主，生于成化十四年（1478）七月二十日，弘治九年（1496）十二月十三日下嫁驸马都尉林岳，薨于嘉靖二十八年（1549）六月二十四日，“葬顺天府大兴县魏村社十里河”。

驸马墓志一合，盖、底同形，为边长0.7、厚0.12米的长方体。志盖篆书“明故驸马都尉柏冈林公之墓”12字，竖排4行，每行3字。志文楷书，竖排，共37行，满行41字，全文981字。据墓志记载，驸马林岳，字镇卿，别号柏冈，为浙江宁海人，卒于正德十三年（1518）九月二十二日，享年38岁，“卜其年十二月二十日，权厝于都城东水碓村祖茔”。可喜的是本方墓志还有传世本，见《国朝献征录》卷4毛澄《驸马都尉柏冈林公墓志铭》①。经过比勘，我们发现，出土墓志与传世本墓志铭大致相似，传世本较出土墓志缺两段文字：一是对驸马安葬及请墓铭之事的记载，一是对驸马女儿的交代及墓铭文字（请参附录）。传世本可证出土墓志两处疑问：一是出土墓志“讣闻，上震悼，辄视朝一日”句，其中的“辄”字使文意费解，传世本做“辍”则较妥帖，出土墓志可据传世本径改；二是出土墓志“命有司治葬”，传世本做“命工部治葬”，显然，出土墓志所指“有司”即工部。

两方墓志录文详见文后附录。

（二）公主生平

德清公主为明代第八任皇帝宪宗朱见深之第三女，墓志与《弇山堂别集》记载同②。德清公主生年及生母，《弇山堂别集》《续文献通考》《明史》等文献缺载。墓志载：公主生于成化十四年（1478）七月二十日，生母为昭顺丽妃章氏。此可补文献记载之缺。考诸史籍，章氏生公主时尚非丽妃，其获封丽妃在成化二十三年（1487），是年秋七月甲子，“以太傅、英国公张懋为正使，少傅、吏部尚书、华盖殿大学士万安为副使，持节册宸妃，邵氏为贵妃，张氏为德妃，郭氏为惠妃，章氏为丽妃”③。

德清公主下嫁时间为弘治九年（1496），墓志载：是年十二月十三日被册封为德清长公

---

① 《国朝献征录》卷4（毛澄）《驸马都尉柏冈林公墓志铭》，《四库全书存目丛书》，齐鲁书社，1996年，第134页。

② ［明］王世贞：《弇山堂别集》卷36《郡王·公主》，中华书局，1985年，第651页。

③ 《明宪宗实录》卷292成化二十三年七月甲子条。

主，下嫁驸马都尉林岳。《弇山堂别集》《续文献通考》《明史》均仅记为“弘治九年”，《明孝宗实录》系事在弘治九年十二月丙戌，与墓志记载正合。弘治为明代第九任皇帝、孝宗朱祐樘在位时的年号，孝宗朱祐樘为宪宗第三子，母纪氏，为德清公主异母弟。德清公主于弘治年间获封长公主，符合皇帝姊妹封长公主之制。“明制，皇姑曰大长公主，皇姊妹曰长公主，皇女曰公主。”[①]

墓志载德清公主获封大长公主在正德改元之年（1506），正德为明代第十任皇帝、武宗朱厚照的年号，武宗为孝宗长子，是德清公主的侄子，公主于是年获封大长公主，符合明代公主册封的礼制。武宗即位于弘治十八年五月十八日[②]，即位诏宣称“以明年为正德元年”。即位之后，皇帝往往安排部署天下诸事，其中即有对贵戚勋臣的封爵赏功，德清公主加封即其一端。《武宗实录》记加封之事于弘治十八年十二月甲寅日，“加淳安大长公主、宜兴大长公主岁禄一百石。仁和长公主、永康长公主、德清长公主俱加封大长公主”[③]。此处，墓志与文献记载存在小分歧。

公主墓志载正德辛巳年（正德十六年，1521年），嘉靖皇帝登极，公主每岁获加禄米一百石。嘉靖皇帝为明代第十一任皇帝、世宗朱厚熜，其父为宪宗第四子朱祐杬。朱祐杬，母孝惠邵太后，为德清公主异母弟，则世宗为德清公主之侄。德清公主于是年获加禄米，或为爵封已极，故加禄米以示宠荣。上引史料表明，武宗在封德清公主为大长公主之年即加两位大长公主（淳安、宜兴）岁禄一百石。

公主墓志载嘉靖己酉（嘉靖二十八年，1549年）六月二十四日，德清大长公主薨，享年72岁。墓志记载与文献记载合。《明世宗实录》载：嘉靖二十八年六月“壬戌，德清大长公主薨”[④]。《明史·公主传》载驸马卒年和公主孀居之年，推算可知德清公主卒年与墓志记载相合。

（三）驸马生平

驸马墓志对驸马林岳的生平记载相对较详细。墓志载，驸马林岳字邦镇，号柏冈，祖籍为浙江宁海，洪武初年徙实京师，其祖上移隶水军左卫。曾祖、祖父无名，其父林芳为应天府学生。墓志较文献记载稍详。《明史》《明武宗实录》等文献仅载林驸马字镇卿，与墓志记载有差异，兹从墓志。文献中未见林驸马的别号。《明武宗实录》中对其祖籍的记载仅简化作“其先浙江人，籍于应天”[⑤]，墓志对其祖籍的记载较详细，可补文献记载之阙。

墓志和文献均不记驸马林岳的生年，墓志载驸马林岳于弘治九年（1496）被选尚德清长公

① ［清］张廷玉等：《明史》卷121《公主传》，中华书局，1974年，第3661页。

② 《明武宗实录》卷1弘治十八年五月己亥条。

③ 《明武宗实录》卷8弘治十八年十二月甲寅条。

④ 《明世宗实录》卷349嘉靖二十八年六月壬戌条。

⑤ 《明武宗实录》卷166正德十三年九月己未条。

主，时年17岁。又载驸马林岳卒于正德十三年（1518）九月二十二日，享年38岁。按其尚公主时的年龄及享年，可以推知驸马生于成化十六年（1480），公主长驸马2岁。

（四）公主与驸马的合葬问题

从驸马林岳墓志记载知，驸马卒于正德戊寅（正德十三年，1518年）九月二十二日，早于公主卒年嘉靖己酉（嘉靖二十八年，1549年）六月二十四日近31年。志载驸马卒后葬于都城东水碓村祖茔之次，墓志特意称此次安葬为“权厝”，即临时权宜之葬，目的是等公主卒后合葬。31年后，至嘉靖己酉（嘉靖二十八年，1549年）六月二十四日，德清大长公主薨，是年九月二十四日，葬于“顺天府大兴县魏村社十里河之原”，即墓葬出土地。该墓已被盗，墓葬规制及公主、驸马墓志的出土证明该墓为公主与驸马合葬墓。

作为天子之女，公主地位尊崇，明代初年，为了突出公主的尊贵地位，公主死后不葬入驸马祖茔，也不与驸马合葬，而是驸马祔葬于公主墓侧。如1995年5月，南京市雨花台区板桥镇三山砖瓦厂施工中发现了明太祖女宝庆公主驸马赵辉墓，墓志载：赵辉卒于成化十四年（1478），祔葬于宝庆公主墓侧，“遵制命也”[①]。1998年6月，在南京南郊中华门外邓府山东麓发掘了明太祖朱元璋第八女福清公主墓及其子驸马舍人张杰墓[②]。福清公主墓志载：永乐十五年（1417）四月初四日葬于都门之南的安德山之原，即墓葬出土地。其子张杰葬于安德山母公主茔之东。福清公主的驸马张麟卒于洪武二十八年（1395），《江南通志》载：其墓在江宁县七里铺东。从1993年10月出土于东距邓府山仅200米左右的南京安德门南京汽车附件七厂新厂区内的明定远将军丘礼墓志“还葬安德乡七里店之原”[③]推断，位于江宁县七里（店）铺东的驸马都尉张麟墓，其具体位置应在丘礼墓与福清公主墓之间，更毗近福清公主墓。发掘者由此推断，相对于作为主墓的福清公主墓而言，驸马都尉张麟墓和驸马舍人张杰墓都是祔于该墓域内的从葬墓。并推测福清公主之所以安葬于此，乃是为了同早逝的驸马都尉张麟葬在一起，这一推测还是颇有见地的。

明代公主与驸马合葬始于永安公主与驸马袁容，永安公主薨于永乐十五年（1417）春正月壬寅[④]，驸马袁容卒于宣德三年（1428）十二月甲申[⑤]。其合葬史事见载于正统八年（1443）九月丁卯，是时，成祖第三女安成公主之子——锦衣卫指挥佥事宋铉“请奉其母安成大长公主与父驸马都尉琥合葬”，礼部言：“旧无公主驸马合葬例，唯永安公主与驸马都尉袁容、其子

---

① A. 龚巨平：《明宝庆公主墓葬的清理及明代公主墓葬制度分析——兼释赵伯容墓志》，《东南文化》2011年第1期。

B. 南京市博物馆：《江苏南京市南郊两座大型明墓的清理》，《考古》1999年第10期。

② 南京市博物馆：《南京邓府山明代福清公主家族墓》，《南方文物》2000年第2期。

③ 邵磊、李伟：《明定远将军丘礼墓志考证——兼述明初墓志体例之成因》，《南方文物》2002年第3期。

④ 《明太宗实录》卷184永乐十五年正月壬寅条。

⑤ 《明宣宗实录》卷49宣德三年十二月甲申条。

私自合葬。”礼部的论调并未获得皇帝的支持，英宗认为“合葬，古礼也”，并恩准了安成公主之子宋铉合葬父母的请求[①]。如果说永安公主与驸马都尉袁容的合葬为其子私自合葬的话，安成公主与驸马宋琥的合葬则得到了皇帝的恩准。此后，公主与驸马合葬即为常例。景泰元年（1450）十二月乙酉，“真定大长公主男王瑛奏：‘臣父谊卒，已葬香山。今臣母薨，蒙择地安葬，缘臣母临终遗言，令迁柩合葬。’从之”[②]。正德十四年（1519）春正月癸卯，“驸马都尉马诚卒……诏赐棺殓斋粮麻布，公主薨于甲戌春，赐葬宛平凉西乡，诚合葬。官为治茔”[③]。隆庆元年（1567）五月壬午，“驸马都尉谢诏卒，诏以嘉靖六年闰八月，选尚永淳公主，历管宗人府事、大汉将军，至是卒。赐祭十五坛，与长公主合葬西山”[④]。万历二十二年（1594）十二月甲辰朔，“永宁长公主薨逝，与已故驸马都尉梁邦瑞合葬，并祭一坛”[⑤]。万历三十五年（1607）四月丙午，“驸马都尉许从诚母王氏乞祭典如例合葬，与祭一坛”[⑥]。崇祯壬申（崇祯五年，1632年）五月庚申，“予驸马侯拱宸祭十五坛，开寿阳长公主圹合葬”[⑦]。

当然，明后期也存在不合葬的公主与驸马。荣昌公主为万历皇帝第二女，公主与驸马杨春元墓已于石景山区苹果园街道西黄村发现，荣昌公主墓又称公主坟。公主与驸马两墓南北相距百余米，均已被毁，出土墓志两方。荣昌公主墓志已佚，现仅存杨驸马墓志。志载：驸马杨春元，字仁甫，号明宇，固安人，生于万历十年（1582）。14岁时与万历皇帝第二女荣昌公主完婚。万历四十四年（1616）七月二日春元之母病逝，春元极度伤心，一连七日不食，守护在棺旁，七月九日春元与世长辞，年仅37岁。十二月葬于黄村。公主与驸马两墓相距约百余米，说明这应该是祔葬。

二、德清公主相关史事研究

（一）德清公主慈事舅姑

公主墓志载：德清公主“恪遵训戒，孝敬仁慈之德著闻戚畹”，《明史》亦载公主“事姑如齐民礼”[⑧]。有明一代，能孝敬仁慈的公主不只德清公主一人，如史载曹国长公主“纯孝，助（李）贞理家尤勤俭”；临安公主亦“执妇道甚备”；重庆公主“事姑舅甚孝”[⑨]。

---

① 《明英宗实录》卷108正统八年九月丁卯条。
② 《明英宗实录》卷199景泰元年十二月乙酉条。
③ 《明武宗实录》卷170正德十四年正月癸卯条。
④ 《明穆宗实录》卷8隆庆元年五月壬午条。
⑤ 《明神宗实录》卷280万历二十二年十二月甲辰条。
⑥ 《明神宗实录》卷432万历三十五年四月丙午条。
⑦ 《崇祯长编》卷59。
⑧ ［清］张廷玉等：《明史》卷121《公主传》，中华书局，1974年，第3673页。
⑨ ［清］张廷玉等：《明史》卷121《公主传》，中华书局，1974年，第3662、3663、3671页。

由于公主的特殊身份，公主下嫁后，与驸马及舅姑的相见礼较为特殊。在唐代，公主下嫁，舅姑拜之，妇不答。北宋时认为唐代的做法不妥，为了解决公主应否下拜公婆的问题，遂将夫婿的辈分提高，即所谓的“升行”，以父母为兄嫂，公主便无舅姑可拜。此制于神宗以后废止，公主仍行拜舅姑礼①。明代公主拜舅姑礼：“舅姑坐于东，西向。公主立于西，东向，行四拜礼。舅姑答二拜。”《明史·礼仪志》还载：“拜舅姑及公主、驸马相向拜之礼，终明之世实未尝行也。”②至于明代公主拜舅姑礼的实际执行情形仍待考。如若真如《明史》所言公主拜舅姑礼“终明之世实未尝行”的话，明代公主能孝事舅姑实为一件值得探讨的事情。

德清公主慈事舅姑应与明代的宫廷女教有关③。据载，明洪武年间编集有《历代公主录》一书，该书共一卷，始于隋兰陵公主，迄于唐襄陵公主，分别叙述其善恶事迹，以劝诫当朝公主④。本书当是对明朝公主的行为最能发挥作用者，惜已亡佚。明代公主所受的女教还不止于此，如成祖第五女常宁公主通《孝经》《女则》《列女传》，徐皇后所生女永安公主亦熟读《孝经》《女诫》诸书，她们多能孝敬勤俭，不以富贵自矜⑤。另外，公主下嫁之时，还要受醮戒，以恭听诫命，帝后往往以孝敬勤俭之类思想训诫公主，如临安公主将嫁，册文即强调“恪遵妇道以奉舅姑，闺门整肃，内助常佳，毋累父母生身之恩”⑥。仁和公主将嫁，孝宗要其“敬之戒之，夙夜无违尔闺门之礼”⑦。明统治阶级对于皇女作为人妇教育的重视，导致了有明一代的公主大多能孝事舅姑，勤俭持家。

（二）德清公主恩荫子孙

德清公主与驸马林岳育有二子二女，驸马墓志载：“公二子，长即鹿，次鹰。”公主墓志载：“鹿，锦衣卫指挥佥事，先卒。鹰，正千户，今例授指挥同知。”公主二子俱授官锦衣卫。史载：“锦衣卫，掌侍卫、缉捕、刑狱之事，恒以勋戚都督领之，恩荫寄禄无常员。”⑧“正统后，妃、主、公、侯、中贵子弟授官者，多寄禄锦衣中。”⑨可见，明代的锦衣卫为勋贵子弟寄禄之所，德清公主之子获授官职符合明代常规。公主之二子授官在正德十四年

---

① A. 张邦炜：《宋代的公主》，《思与言》1990年第1期。
B. 柳立言：《宋代公主的一生》，《历史月刊》1997年第117期。

② ［清］张廷玉等：《明史》卷55《礼志》，中华书局，1974年，第1399页。

③ 参王光宜：《明代女教书之研究》，台湾师范大学历史研究所硕士学位论文，1999年。

④ ［清］黄虞稷：《千顷堂书目》卷11《子部·儒家类》，广文书局，1967年，第869页。

⑤ 《明太宗实录》卷77永乐六年三月戊午条；卷184永乐十五年正月壬寅条。

⑥ 《明太祖实录》卷107洪武九年七月壬戌条。

⑦ 《明孝宗实录》卷31弘治二年十月甲午条。

⑧ ［清］张廷玉等：《明史》卷76《职官五·锦衣卫》，中华书局，1974年，第1862页。

⑨ ［清］张廷玉等：《明史》卷89《兵一·侍卫上直军之制》，中华书局，1974年，第2186页。

（1519）春正月癸亥，史载，是年，“德清大长公主援例请官其子林鹿、林鷹，诏许之，以鹿为锦衣卫指挥佥事，鷹正千户，俱世袭”[①]。据德清公主墓志载，鹿卒后，其弟鷹获授锦衣卫指挥同知。关于公主之子所授官职的记载，文献与墓志记载相合。史载，公主二子所授官职俱为世袭，这一点在墓志中亦有印证。公主墓志载：“孙男二，体乾，鹿出，继父职。体元，鷹出，应袭舍人。”

关于德清公主之孙体乾袭官的记载，文献有嘉靖十九年和嘉靖二十五年之说，不知孰是。至嘉靖十九年（1540）九月戊申，世宗下诏：“德清大长公主孙林体乾袭锦衣卫指挥佥事。”[②]嘉靖二十五年九月癸酉，“命德清大长公主孙林体乾袭锦衣卫指挥佥事”[③]。可见，德清公主与驸马林岳之子获封的锦衣卫指挥佥事确为世袭之官职。正千户，也是公主子孙恩荫的世袭性职务。如太祖女宝庆公主的驸马都尉赵辉死后，其孙也授正千户。《明英宗实录》正统十三年（1448）四月壬午条载：“驸马都尉赵辉初袭其父正千户职，既而选为驸马，至是以庶子琮袭职，授诸驸马子孙袭授例，乞加资级，上命仍袭为正千户。”[④]

（三）文献记载德清公主所获赏赐

有明一代，公主虽然在政治上无大的作为，但作为皇室成员，在经济上可以获得丰厚的赏赐。公主属于宗人，一降生即向朝廷请名，随后即被载入《玉牒》，稍长（初10岁，后改15岁）即请封、请婚，领受房屋、冠服、婚姻等费，生活费用全由国家负担。死后还有丧葬费。

明代公主最稳定的经济来源是岁供。洪武九年（1376）规定：“公主未受封，每岁支纻丝一十匹、纱一十匹、罗一十匹、绢三十匹、夏布三十匹、木棉布三十匹、绵二百两。已受封者，赐庄田一所，岁收粮一千五百石，钞二千贯。”[⑤]洪武二十七年更定岁赐之数，公主、驸马禄米增为二千石，郡主与仪宾八百石、县主与仪宾六百石、郡君与仪宾四百石、乡君与仪宾二百石。依次而差，载入《皇明祖训》，遂为永制[⑥]。

公主获赐庄田自唐代始，太平公主“田园遍近甸，皆上腴”[⑦]。宋、元公主受庄田者亦多，尤其在元代，凡诸王、后妃、公主皆有食采分地[⑧]，更有公主庄田多达五千顷的记载[⑨]。

---

① 《明武宗实录》卷170正德十四年春正月癸亥条。

② 《明世宗实录》卷241嘉靖十九年九月戊申条。

③ 《明世宗实录》卷315嘉靖二十五年九月癸酉条。

④ 《明英宗实录》卷165正统十三年夏四月壬午条。

⑤ 《明太祖实录》卷104洪武九年二月丙戌条。

⑥ 《明太祖实录》卷233洪武二十七年七月戊戌条；卷242洪武二十八年闰九月庚寅条。分等爵禄在弘治《明会典》卷53、王沂《续文献通考》卷196、《明史》卷82中有相同的记载。

⑦ ［宋］欧阳修、宋祁：《新唐书》卷83《公主传》，中华书局，1975年，第3651页。

⑧ ［明］宋濂、王祎：《元史》卷95《食货志》，中华书局，1976年，第2411页。

⑨ 《元史》卷39《顺帝纪》。

明代公主获赐庄田的情况，郑克晟已有初步的研究[①]，明初公主受庄田数量不大，如太祖爱女寿春公主获赐吴江县田一百二十四顷七十亩，粮八千石[②]；宣宗时，其妹庆都公主获赠社地八十五顷四十亩，真定公主获赐滹县张家庄草地三十二顷[③]，英宗亦赐真定公主真定府武强县退滩空地五十余顷[④]。成化以后，公主获赐庄田的数目较前为增。成化四年（1468），嘉善长公主虽已有赐地，但又经三次奏请，得顺天府文安县退滩空地三百六十五顷；成化九年（1473），赐广德、宜兴二位长公主任丘县地九百顷；成化十年（1474），隆庆长公主获赐滦州闲地一千顷二十亩[⑤]。嘉靖年间，宁安公主获赠仁寿、未央宫庄地一千一百五十四顷八十六亩[⑥]。明代公主之庄田以神宗的赏赐最滥，其妹寿阳公主获赐庄田二千五百九十五顷八十二亩，万历十八年（1590）寿阳公主卒，准留护坟地一千五百顷[⑦]；神宗另一妹永宁公主亦曾得田二千五百余顷。

纵观文献关于德清公主及驸马林岳禄米及庄田的赏赐记载，可以分为如下几项。

（1）禄米之赐米麦兼支。弘治十年五月，因德清大长公主之请，孝宗下诏“德清长公主并驸马都尉林岳禄米俱米麦兼支”[⑧]。

（2）获赐田地。弘治十年十一月丁未，“赐德清长公主冀州庄田四百七十四顷五十五亩”[⑨]。弘治十一年三月戊戌，“赐德清长公主衡水县地一百三十顷有奇”[⑩]。这两次赐地，公主共获得田地六百零四顷五十五亩余。

（3）公主还可通过别人的投献获得庄田。正德元年八月乙卯“锦衣卫百户黄锦奏：‘叔祖太监黄顺，英庙所赐隆平、束鹿二处庄田，顷者被人投献于德清公主府，乞归复管业。’户部尚书韩文奏：‘赐田系一时特恩，顺既殁，自合还官，锦不宜奏扰。及照驸马都尉林岳，既有录赐，亦不可假公主名逾分，陈乞前田当还官，庶息二家之争，存朝廷之法。’从之。既而，岳、锦犹互争不已，户部执奏请切责岳，而治锦之罪，上令仍与主为业”[⑪]。

（4）公主可请造坟军价及造坟地。嘉靖十六年五月乙巳，“德清大长公主奏请实领全数军价及易上林果园地，预自营冢墓。户部言：‘军价宜准永福长公主例，扣给园地，系上林，不宜许。’上曰：‘军价还照营册实数全给之，其茔地令领价自置。’”[⑫]从世宗的批示可

---

① 郑克晟：《明代公主庄田》，《史学集刊》1982年第2期。

② 《明太祖实录》卷179洪武十九年八月壬申条。

③ 《明宣宗实录》卷110宣德九年四月辛亥条；《明英宗实录》卷254景泰六年六月辛丑条。

④ 《明英宗实录》卷180正统十四年七月己丑条；卷254景泰六年六月辛丑条。

⑤ 《明宪宗实录》卷52成化四年三月辛巳条；卷115成化九年四月壬午条；卷131成化十年七月辛亥条。

⑥ 《明世宗实录》卷421嘉靖三十四年四月丙子条。

⑦ 《明神宗实录》卷110万历九年三月戊子条；卷235万历十九年四月己亥条；卷122万历十年三月癸未条。

⑧ 《明孝宗实录》卷125弘治十年五月己酉条。

⑨ 《明孝宗实录》卷131弘治十年十一月丁未条。

⑩ 《明孝宗实录》卷135弘治十一年三月戊戌条。

⑪ 《明武宗实录》卷16正德元年十一月乙卯条。

⑫ 《明世宗实录》卷200嘉靖十六年五月乙巳条。

见，公主造坟所需支付的军价有专门的营册可查。至嘉靖十六年十月丁巳，“命仁和、永康二公主造坟军夫折价俱如德清长公主，准与三年春班例给之，计该折价银共一万六千二百两，以各主先后陈乞不一，户部请定为令故也。其钦赏庄田为护坟永业，亦如德清公主例”①。本卷《世宗实录》同时还收有另一版本，对此事记载稍详：“丁巳，户部奏言：公主预造坟茔，其应役军夫口粮折价银两旧无定规，近该仁和大长公主造坟，给折价银一千六百九十两有奇，及德清大长公主造坟，奉旨准与三年春班，计该折价银一万六千二百两，则不啻十倍矣。即今永康公主又有造坟之请，不明著定规，必致彼此效尤，陈乞不已。得旨，军夫折价银两俱照三年春班例行。”②从上述记载知，军价即造坟军夫口粮折价银两，德清公主所获军价为一万六千二百两，其所参定标准不是营册实数，而是嘉靖三年春班例。此外，德清公主还获赏护坟永业庄田。正是因为德清公主请造坟军价及造坟地在前，后仁和大长公主和永康公主相继有造坟之请，户部才向皇帝奏请，并最终制定了公主造坟军价及护坟庄田的标准。

（5）公主可请赐房价及建祠银两。嘉靖二十五年十月壬寅，“给德清大长公主房价银二千两，从其请也”③。嘉靖二十八年七月丁丑，“给德清大长公主建祠银三千五百两”④。

三、驸马林岳相关史事研究

（一）洪武初年徙实京师史事

驸马墓志载，驸马林岳祖籍为浙江宁海，太祖洪武初年，始徙籍京师，即南京应天府。检之史籍，明代初年，太祖效仿汉高祖徙天下富户充实关中的政策，徙富户充实京师应天府，相关史事，史书记载如下。其一，《明史·食货志》载，太祖“尝命户部籍浙江等九布政司、应天十八府州富民万四千三百余户，以次召见，徙其家以实京师，谓之富户”⑤。这条记载的时间不是很明确。其二，洪武十三年移江浙富民实京师。万历《上元县志》载：“维高皇帝定鼎金陵，驱其旧民而置之云南之墟，乃于洪武十三年起，取苏浙等处上户四万五千余家，填实京师，壮丁发各监司充匠。”⑥其三，洪武二十四年移各地富民充实京师。万历《大明会典》载：“凡富户，洪武二十四年，令选取各处富民，充实京师。”⑦《明史·食货志》亦载，洪

① 《明世宗实录》卷205嘉靖十六年十月丁巳条。

② 《明世宗实录》卷205嘉靖十六年十月丁巳条。

③ 《明世宗实录》卷316嘉靖二十五年十月壬寅条。

④ 《明世宗实录》卷350嘉靖二十八年七月丁丑条。

⑤ ［清］张廷玉等：《明史》卷77《食货志一》，中华书局，1974年，第1880页。

⑥ ［明］顾炎武：《天下郡国利病书》卷14《江南应天府》［《四部丛刊》（三编本），上海书店，1985年］、［明］顾起元：《客座赘语》卷2《厢坊始末》（中华书局，1987年）均载此移民史事。

⑦ ［明］李东阳：《大明会典》卷19，广陵书社，2007年，第351页。

武二十四年“秋七月庚子，徙富民实京师”[①]。

从文献对明代洪武年间移民实京师的记载来看，比较明确的有两次，一次为洪武十三年，一次为洪武二十四年，洪武共三十一年，这两次移民都不能说是洪武初年。因此，墓志所载林岳父祖洪武初年徙实京师，应该与这两次移民无涉。《明史·食货志》所载太祖移民的时间不详。

史书还载有洪武初年移徙江浙之民的史事，《明史·食货志》载：“明初，尝徙苏、松、嘉、湖、杭民之无田者四千余户，往耕临濠，给牛、种、车、粮，以资遣之，三年不征其税。”[②]《太祖实录》洪武三年（1370）六月辛巳条载此次移民的诏谕曰：“上谕中书省臣曰：苏、松、嘉、湖、杭五郡，地狭民众，细民无田以耕，往往逐末利而食不给。临濠，朕故乡也，田多未辟，土有遗利，宜令五郡民无田产者往临濠开种，就以所种田为己业，官给牛种舟粮以资遣之，仍三年不征其税，于是徙者凡四千余户。”[③]洪武三年移民实临濠，临濠为朱元璋故乡。墓志所载林岳父祖洪武初年徙实京师与这次移民亦无涉。

关于洪武初年移江浙民实京师史事，除林驸马墓志有相关记载外，近年来，南京、苏州地区大量明代墓志铭的出土都印证了明代初年从江南向京师南京移民的史事。如《明故庞孺人徐氏墓志铭》载：“按状，洪武初庞自松陵，徐自姑苏，具以闾右徙京师，占籍应天，为上元人。”《故朱公景昕墓志铭》载：“父仲辉，洪武间徙实京师，遂占籍上元。”《故贞节安人倪氏墓志铭》载：安人倪氏家为世居姑苏长洲的茂族，“洪武间以殷产实京师，占籍应天之上元县焉”[④]。应该指出的一点是，上述墓志所载的移往京师之民都是殷实富户，若此，似可判定《明史·食货志》所载的太祖年间移富户实京师应为洪武初年史事。但洪武初年移往京师的林驸马祖辈是否为殷实富户，墓志和文献缺载。

（二）驸马林岳的家世与驸马的选拔

从墓志对驸马林岳的家世记载来看，其先自浙江宁海徙实京师隶水军左卫后，曾祖、祖父都无官职可记，其父在林岳尚公主之前也仅是应天府学生，尚无功名。林岳之所以能被选为驸马，与明代选驸马标准的发展变化紧密相关。

明朝建立之初，为了巩固统治，明太祖朱元璋实行了政治联姻政策，试图以血缘和裙带关系来达到屏藩皇室的目的。因此，“亲王纳功臣之女，公主配大臣之子，未有疏忌之嫌也”[⑤]。如太祖长女下嫁太师、韩国公李善长之子李琪，次女宁国公主下嫁汝南侯梅兴祖之子梅殷，第五女汝宁公主下嫁吉安侯陆仲亨之子陆贾，第八女福清公主下嫁凤翔侯张龙之子张

---

① ［清］张廷玉等：《明史》卷3，中华书局，1974年，第48页。

② ［清］张廷玉等：《明史》卷77《食货志一》，中华书局，1974年，第1879页。

③ 《明太祖实录》卷53洪武三年六月辛巳条。

④ 三方墓志均藏于南京市文物研究所。

⑤ ［明］霍韬：《天戒疏》，《明经世文编》卷186，中华书局，1962年。

麟，第九女寿春公主下嫁颍国公傅友德之子傅忠，第十一女南康公主下嫁东川侯胡海之子胡观，第十二女永嘉公主下嫁武定侯郭英之子郭镇，第十五女汝阳公主下嫁都督佥事谢彦之子谢达，懿文太子长女江都公主下嫁长兴侯耿炳文之子耿璿①。以上公主都选尚了开国功臣子弟，政治联姻意图昭然。

明成祖夺得皇权后，也效仿了朱元璋的做法，选靖难功臣子弟尚公主，驸马都尉“多以公侯子弟充之，而不甚拘年貌”②，成祖长女永安公主下嫁都督袁洪之子袁容，第三女安成公主下嫁西宁侯宋晟之子宋琥，第四女咸宁公主下嫁宋晟之子宋瑛。宋氏两兄弟都选尚了成祖之女，这些都是靖难功臣子弟。明成祖嫁女显然也是政治联姻，目的在于拉拢朝中重臣，巩固统治的意味十分明显。当然也有例外，明成祖就把自己最钟爱的妹妹——宝庆公主下嫁给父祖官位较低、战功也不显赫的赵辉③。

《明史》《礼部志稿》记载了明初选驸马的程序：“礼部榜谕在京官员军民子弟年十四至十六，容貌齐整、行止端庄、有家教者报名，司礼内臣于诸王馆会选。不中，则博访于畿内、山东、河南。”④驸马人选由司礼太监面试后，由钦天监算命，锦衣百户验明正身，如果已经订婚者则听其所从。初试录取三人，再由皇帝亲自挑选一人，落选的两位则回到原籍充儒学之廪生⑤。

正统之后，鉴于诸藩王叛乱的教训，为防止宗室以婚嫁为手段形成对皇权的威胁，对宗室婚嫁多所限制⑥，“禁例已大定矣”⑦。公主选配驸马基本上遵循和执行了这一政策。宪宗以后，公主出降例皆平民。《明会典》记载明后期的择选驸马标准是“容貌齐整，行止端庄，父母有家教者”⑧。谢肇淛《五杂俎》云：“驸马尚主皆不用衣冠子弟，但于畿辅良家，或武弁家，择其俊秀者尚之。”⑨可见，明中后期择选驸马的标准是平民、相貌、才俊（即教养）。

德清公主下嫁家世一般的驸马林岳即是明代后期公主下嫁平民的典型例证。墓志云：“公生而秀颖，方数岁，辄知向学。稍长，通《尚书》大义，习为举子文，明畅可读，乡先生以远器目之。年十七，选尚宪庙德清大长公主。”《明武宗实录》也载驸马都尉林岳“少读书，习举子业”⑩。从志文可知林岳的基本情况：一是父祖无官宦；二是“生而秀颖”，长相出众；三是幼而好学，习举子业，得到乡先生的器重；四是年纪很轻，年方十七。

随着明代皇权的旁落，选驸马大权逐渐落入太监手中。明代礼仪房设提督太监一员，“掌

---

① ［明］沈德符：《万历野获编》（补遗）卷1《公主·公主下嫁贵族》，中华书局，1959年，第808页。

② ［明］王世贞：《弇山堂别集》卷1，中华书局，1985年，第9页。

③ 刘少华：《明驸马赵辉墓志铭及明代驸马都尉制度考释》，《东南文化》2001年第1期。

④ ［清］张廷玉等：《明史》卷55《礼志九·嘉礼三·公主婚礼条》，中华书局，1974年，第1400页。

⑤ ［明］林尧俞：《礼部志稿》卷20，《四库全书》（第597册），上海古籍出版社，1987年，第356页。

⑥ 魏连科：《明代宗室婚嫁制度述略》，《文史》（第32辑），1990年，第173～195页。

⑦ ［明］沈德符：《万历野获编》（补遗）卷1《公主·公主下嫁贵族》，中华书局，1959年，第808、809页。

⑧ 《明会典》卷70，中华书局，1989年，第417页。

⑨ ［明］谢肇淛：《五杂俎》卷15，中华书局，1959年，第426页。

⑩ 《明武宗实录》卷166正德十三年九月己未条。

一应选婚、选驸马、诞皇太子女、选择乳妇诸吉礼”①。也正是由于当选驸马后可以平步青云，所以一些富家子弟往往不惜重金买通公主的主婚太监，以期成为驸马都尉，荣显至极。德清公主的主婚太监李广即被富民袁相用重金贿赂，遂选袁相为德清公主的驸马。就在婚期临近时，方被科道官告发，德清公主才幸免于被骗婚的结局，而是重新选中了驸马林岳。《万历野获编》载：“弘治八年，内官监太监李广，受富民袁相重贿，选为驸马，尚德清公主，婚期有日矣。为科道官发其事，得旨斥相命别选，诘责太监萧敬等选婚不谨，致有人言，而广置不问。”②明代公主遭遇骗婚，婚姻悲惨，遗憾终身的事时有发生③，此处不一一赘述。

驸马尚主之后，其家人也可以得到一定的爵赏。《思陵典礼记》载：“祖制，驸马尚主不用衣冠子弟，但以畿辅良家，或武弁家，择其俊秀者，尚主之后，即居甲第，长安邸中，锦衣玉带，与公侯等。其父封兵马指挥文林郎，母封孺人而已。”④驸马林岳墓志所载驸马家人所获封赏与文献记载相符。林驸马曾祖、祖父无官职可言，父为应天府学生。林岳尚德清公主后，林母获封孺人，林父获授兵马副指挥，赠承事郎。《明史·职官志》载：“凡亲、郡王妃父无官者，亲王授兵马指挥，郡王授副指挥，不管事。”⑤可见，驸马父所授官与郡王妃父所授官职级别相同。林岳的弟弟林峦为锦衣千户⑥，应当也是因为林岳当了驸马的缘故。

（三）驸马林岳受赐诰命、玉带、蟒衣及相关礼制问题

驸马墓志云：“选尚宪庙德清大长公主，授驸马都尉，赐诰命及玉带、蟒衣。盖自始被选，廷谒毕，入觐两宫，赐赍已优厚，皆异数也。”明代驸马都尉受赐诰命、玉带有定制，比较普遍，但受赐蟒衣之事比较少。以下结合本篇墓志，探讨相关事实。

1. 驸马受诰命、玉带与相关礼制

因为皇女的尊崇地位，明代驸马都尉也享有较高的地位，洪武三年（1370），礼部奏：“今驸马既授官职，当依百官由西门出入，其班次品级当在百官之上，如一品在一品之上。”⑦明太祖应允了礼部的奏请。洪武四年正月，礼部正式定驸马秩从一品⑧，从而确定了驸马都尉的品秩和在朝中的地位。洪武二十七年（1394），太祖重申了驸马的官阶，“公主夫曰

① ［清］张廷玉等：《明史》卷74《职官志三·宦官条》，中华书局，1974年，第1822页。
② ［明］沈德符：《万历野获编》卷5《公主·驸马再选》，中华书局，1959年，第131页。
③ ［明］沈德符：《万历野获编》卷5《公主·驸马再选》，中华书局，1959年，第131～134页。
④ ［清］孙承泽：《思陵典礼记》卷2，收入王云五：《丛书集成初编》，商务印书馆，1935年。
⑤ ［清］张廷玉等：《明史》卷74《职官志·五城兵马指挥司条》，中华书局，1974年，第1815页。
⑥ 《明武宗实录》卷166正德十三年九月。
⑦ 《明太祖实录》卷50洪武三年三月丙午条。
⑧ 《明太祖实录》卷60洪武四年正月庚寅条。

驸马都尉，禄秩依前，比从一品”[①]。《明史·职官志》载“驸马都尉位在伯上”[②]，其地位等同公侯。

明代驸马“受诰仪”在大婚前两天，是尚公主礼仪的一个重要组成部分。洪武九年，太祖以太师李善长子祺尚临安公主，首次制定了明代册公主与命驸马的仪规。“先期告奉先殿。下嫁前二日，命使册公主。册后次日，谒奉先殿。又定驸马受诰仪，吏部官捧诰命置龙亭，至太师府，驸马朝服拜受。次日，善长及驸马谢恩。”[③]从引文知，明代公主受封用册，驸马受封用诰命。洪武二十七年七月戊戌，明太祖更定公主、郡主封号、婚礼及驸马、仪宾品秩，对驸马受诰命的仪规也有具体的规定：“先嫁期二日，公主受册，郡主、郡君、驸马、仪宾受诰。”驸马、仪宾受诰，“先成礼二日，执事官陈设诰案，并冠服于丹墀，驸马、仪宾行四拜礼，受诰，又四拜，礼毕。用鼓乐迎告于家。所司各备仪仗、鞍马，同日给赐。次日，驸马、仪宾具服谢恩”[④]。驸马都尉受诰命的时间在举行婚礼的前两天，皇帝派专门的执事官陈设诰案，“并冠服于丹墀”，接受诰命的驸马、仪宾需行四拜礼后接受诰命，再四拜。受诰命礼仪结束后，再用鼓乐迎诰命回驸马家，所需仪仗、鞍马由相关部门配给。

用诰命授从一品的驸马都尉符合明代官文书制度。洪武六年九月癸卯，明太祖命礼部尚书牛谅、侍讲学士宋濂等参考唐、宋制度，制定了明代文武官用诰命的制度，“其制，公侯一品至五品，诰命；六品至九品，敕命”[⑤]。洪武八年二月壬寅，明太祖又“重定颁赐及迎接诏诰仪”[⑥]。《明史·职官志一》亦载：“其见任则初授散阶……五品以上授诰命。”[⑦]驸马都尉官阶从一品，属五品以上，故授驸马都尉用诰命符合明朝授官公文书的规定。

明代驸马都尉所授诰命与其他五品以上朝官不同，驸马都尉与宗室、内命妇、藩王的诰命按照规定由吏部请授。《明史·职官志》载：“凡传制、诰，开读诏、敕、表、笺及上下百官往来移文，皆授以程式焉……凡宗室、驸马都尉、内命妇、蕃王之诰命，则会吏部以请。”[⑧]具体书写驸马都尉诰命的是中书科舍人，掌管诰命的是制敕房舍人。《明史·职官志》云：“中书科舍人掌书写诰敕、制诏、银册、铁券等事。凡草请诸翰林，宝请诸内府，左券及勘籍，归诸古今通集库。诰敕，公侯伯及一品至五品诰命、六品至九品敕命，勘合籍，初用二十八宿，后用《急就章》为号……制敕房舍人，掌书办制敕、诏书、诰命、册表、宝文、玉牒、讲章、碑额、题奏、揭帖一应机密文书，各王府敕符底簿。”[⑨]

墓志关于驸马都尉受赐玉带的记载也是符合明朝礼制规定的。明初舆服制度规定，只有

---

① 《明太祖实录》卷233洪武二十七年七月戊戌条。

② ［清］张廷玉等：《明史》卷76《职官志五·驸马都尉附仪宾条》，中华书局，1974年，第1856页。

③ ［清］张廷玉等：《明史》卷55《礼志九·嘉礼三·公主婚礼条》，中华书局，1974年，第1399、1400页。

④ 《明太祖实录》卷233洪武二十七年七月戊戌条。

⑤ 《明太祖实录》卷85洪武六年九月癸卯条。

⑥ 《明太祖实录》卷97洪武八年二月壬寅条。

⑦ ［清］张廷玉等：《明史》卷72《职官志一》，中华书局，1974年，第1736页。

⑧ ［清］张廷玉等：《明史》卷72《职官志一》，中华书局，1974年，第1746页。

⑨ ［清］张廷玉等：《明史》卷74《职官志三》，中华书局，1974年，第1807、1808页。

公、侯、驸马、伯及一品可以佩玉带。洪武二十四年六月己未诏："朝服之制，腰带：公、侯、驸马、伯及一品，玉带，或花或素。二品犀带。三品、四品，用金荔枝带。五品以下用乌角带。"①《明史·舆服志》亦载："腰带：一品玉，或花或素。二品犀。三品、四品，金荔枝。五品以下乌角。"②可见，玉带是规格较高的朝服腰带，是有明一代一品以上官员的朝服，有花色和素色之分。驸马都尉为从一品，其朝服腰带是玉带，遵从明代官员朝服制度的规定。

2. 驸马获赐蟒衣与相关礼制

蟒衣，又称蟒袍、蟒服，也可简称"蟒"，因在官服上绣有蟒形图案而得名。明代沈德符云："蟒衣为象龙之服，与至尊所御袍相肖，但减一爪耳。"③《明史·舆服志》云："贵而用事者，赐蟒，文武一品官所不易得也。"④明代蟒衣接近皇帝所服龙袍，十分荣贵，一般非皇帝所赐是不能穿的。

从史料记载来看，明代蟒衣之兴在永乐以后，为宦官服。"永乐以后，宦官在帝左右，必蟒服，制如曳撒，绣蟒于左右，系以鸾带，此燕闲之服也。"⑤蟒衣之初是在曳撒上左右绣蟒，是宦官所服的燕闲之服。永乐十五年（1403），苏禄国东王、西王、峒王率众"浮海朝贡，进金镂表文，献珍珠、宝石、玳瑁诸物"，明成祖并封为国王，三王辞归，各赐玉带一等，并特别赐金绣蟒龙一，礼遇甚厚⑥。玉带、金绣蟒龙是宠恩厚遇的象征。正统年间蟒衣之赐也惠及外族及有功将领。赐蟒衣给外族、少数民族、土司首领以示恩宠，笼络人心。明代沈德符云：蟒衣于"正统（1436～1449）初，始以赏虏酋"⑦。蟒衣赏赐有功将领。如毛忠为西陲人，其曾祖哈喇歹于洪武初年归附。毛忠曾协守甘肃，明景帝遣之福建，明英宗时瓦剌也先欲除掉毛忠，遂使反间计，派人诬蔑毛忠与也先交通。明英宗却以毛忠在福建屡立战功，提拔毛忠为都督同知，充左副总兵，镇守甘肃，并亲自召见，"赐玉带、织金蟒衣"⑧，以示荣宠和信任。外族及少数族首领也希望获赐蟒衣，甚至求赐蟒衣，用来维护和稳固自己的统治。明世宗嗣位，"会天方国贡玉石，九川简去其不堪者，所求蟒衣，不为奏覆"⑨。

弘治元年（1488），都御史边镛言："国朝品官无蟒衣之制。夫蟒无角、无足，今内官多乞蟒衣，殊类龙形，非制也。"⑩可见，至弘治元年国朝品官尚无蟒衣之制，宦官请赐蟒衣

---

① 《明太祖实录》卷209洪武二十四年六月己未条。
② ［清］张廷玉等：《明史》卷67《舆服志三·文武官朝服条》，中华书局，1974年，第1636页。
③ ［明］沈德符：《万历野获编》（补遗）卷2《内阁·阁臣赐蟒之始》，中华书局，1959年，第830页。
④ ［清］张廷玉等：《明史》卷67《舆服志三·内使冠服条》，中华书局，1974年，第1639页。
⑤ ［清］张廷玉等：《明史》卷67《舆服志三·内使冠服条》，中华书局，1974年，第1647页。
⑥ ［清］张廷玉等：《明史》卷325《外国列传六·苏禄列传》，中华书局，1974年，第8423页。
⑦ ［明］沈德符：《万历野获编》卷2《阁臣赐蟒之始》，中华书局，1959年，第830页。
⑧ ［清］张廷玉等：《明史》卷156《毛忠列传》，中华书局，1974年，第4280页。
⑨ ［清］张廷玉等：《明史》卷189《夏良胜列传附陈九川列传》，中华书局，1974年，第5023页。
⑩ ［清］张廷玉等：《明史》卷67《舆服志三·内使冠服条》，中华书局，1974年，第1647页。

则较多。明代内阁赐蟒衣始于弘治十六年。沈德符《万历野获编》（补遗）云："自弘治十六年二月，孝宗久违豫获安，适大祀天地，视朝誓戒，时内阁为刘健、李东阳、谢迁，俱拜大红蟒衣之赐，辅弼得蟒衣自此始。"[①]《明史·舆服志》亦云："内阁赐蟒衣，自弘治中刘健、李东阳始。"弘治以后，对阁臣、边将赐蟒愈加频繁。从正德十年到崇祯十五年，明朝皇帝以各种名目先后向夏言、徐阶、马芳、张居正、李成梁、叶向高、方从哲、张鹤鸣、孙承宗、王朴、孙应元、贺逢圣等数十位朝臣赏赐了蟒衣[②]。

起初，明政府对服蟒衣有严格规定，官吏军民不得僭用。《大明律》规定："官吏军民人等，但有僭用玄、黄、紫三色，及蟒龙、飞鱼、斗牛，器皿僭用朱、红、黄颜色及亲王法物者，俱比照僭用龙凤文律拟断，服饰器物追收入官。"[③]但随着明代纲纪败坏，蟒衣之制逐渐伪滥。据前引边镛的上奏可知，明代弘治元年朝官尚无蟒衣之制，宦官乞请蟒衣较多。《万历野获编》载边镛此次奏禁蟒衣曰："宜令内外官有赐者俱缴进，内外机房不许织，违者坐以法。"[④]弘治元年（1488）七月，张昺也曾偕同官上言："织造停矣，仍闻有蟒衣牛斗之织，淫巧其渐作乎？"[⑤]于是，明孝宗下令禁止蟒衣，但并未起到多大作用。弘治十七年时，"内臣僭妄尤多"，明孝宗曾谕阁臣刘健限制宦官服色曰："蟒龙、飞鱼、斗牛，本在所禁，不合私织。间有赐者，或久而敝，不宜辄自织用。玄、黄、紫、皂乃属正禁，即柳黄、明黄、姜黄诸色，亦应禁之。"但结果是，虽然孝宗"加意钳束，故申饬者再，然内官骄恣已久，积习相沿，不能止也"[⑥]。特别是明武宗时，宦官刘瑾等八人"奸险佞巧，诬罔恣肆，人目为'八虎'，而瑾尤甚，日以荒纵导陛下"。加之明武宗不理朝政，"日高未朝，漏尽不寝"，刘瑾等宦官"窃揽威权，诈传诏旨"，以至于"紫绶金貂尽予爪牙之士，蟒衣、玉带滥授心腹之人。附己者进官，忤意者褫职。内外臣僚，但知畏瑾，不知畏陛下"[⑦]。直到刘瑾被诛，籍没货财时，竟然搜出"蟒衣四百七十袭"[⑧]，足见宦官伪滥蟒衣服制的问题十分严重，已经达到了很难整治的程度。

不仅是宦官，朝官伪滥蟒衣之制也是如此。弘治十三年奏定："公、侯、伯、文武大臣及镇守、守备，违例奏请蟒衣、飞鱼衣服者，科道纠劾，治以重罪。"[⑨]嘉靖十六年（1537），兵部尚书张瓒与群臣于驻跸所朝见世宗时公然服蟒衣，引起世宗大怒，谕阁臣夏言曰："尚书二品，何自服蟒？"夏言解释说："瓒所服，乃钦赐飞鱼服，鲜明类蟒耳。"世宗又曰："飞鱼何组两角？其严禁之。"于是礼部奏定，"文武官不许擅用蟒衣、飞鱼、斗牛、违禁华异服

① ［明］沈德符：《万历野获编》（补遗）卷2《内阁·阁臣赐蟒之始》，中华书局，1959年，第830页。

② 宋俊华：《蟒衣考源兼谈明宫廷演剧的武将装扮》，《中山大学学报》（社科版）2001年第4期。

③ ［明］李东阳：《大明会典》（卷165），广陵书社，2007年，第2309页。

④ ［明］沈德符：《万历野获编》卷1《列朝·蟒衣》，中华书局，1959年，第21页。

⑤ ［清］张廷玉等：《明史》卷161《张昺列传》，中华书局，1974年，第4393页。

⑥ ［清］张廷玉等：《明史》卷67《舆服志三·内使冠服条》，中华书局，1974年，第1647页。

⑦ ［清］张廷玉等：《明史》卷186《杨守随列传》，中华书局，1974年，第4922页。

⑧ ［明］王鏊：《震泽长语·杂论》，中华书局，1985年，第43页。

⑨ ［清］张廷玉等：《明史》卷67《舆服志三·文武官朝服条》，中华书局，1974年，第1638页。

色”[①]。

明代蟒衣制度伪滥现象十分严重，朝野又十分推崇蟒衣，以获赐蟒衣为荣显，驸马都尉定然难以独善其身。传世典籍中少见驸马都尉赐蟒衣的记载，本方墓志资料无疑弥补了文献记载的不足。驸马都尉林岳先后获赐诰命、玉带和蟒衣，充分显示了其深得皇帝宠爱。

（四）林岳史事与驸马都尉职责

墓志云：“弘治壬戌（十五年，1502），天子有事于南郊，命公分守长安右门。迨今上命乘肩舆出入，时节若帝后忌辰，数遣祀山陵。正德丁丑（1517）孟春，享太庙礼益严，公实承诏摄行，将事祇慎。”驸马林岳参与分守长安右门、祭祀山陵、摄行太庙礼等事务，是与明代驸马都尉的职责紧密相关的，《明史·职官志》云：

> 驸马都尉，位在伯上。凡尚大长公主、长公主、公主，并曰驸马都尉……岁禄各有差，皆不得与政事。明初，驸马都尉有典兵出镇及掌府部事者。建文时，梅殷为镇守淮安总兵官，李坚为左副将军。成祖时，李让掌北京行部事。仁宗时沐昕，宣宗时宋琥，并守备南京。英宗时，赵辉掌南京左府事。其余唯奉祀孝陵，摄行庙祭，署宗人府事。往往受命，一充其任。[②]

显然，明代驸马都尉的职掌也存在前后期的变化。在宪宗以前，因为政治联姻，驸马即从功臣子弟中选择，所以有才干的驸马往往有出外领兵、守备南京和北京及参与政事的情况。如建文朝时，驸马梅殷为镇守淮安总兵官，李坚为左副将军；成祖时，驸马李让掌北京行部事；仁宗时驸马沐昕、宣宗时驸马宋琥，并守备南京；英宗婿赵辉掌南京左府事等。至明中期以后，为防止宗室姻亲利用职权对皇权形成威胁，对宗室婚姻制定禁例，驸马大部分选自平民，其职掌也一如制度规定：“不得与政事。”驸马所能参与的政治活动不过是各种朝参及“奉祀孝陵，摄行庙祭，署宗人府事。往往受命，一充其任”[③]。以下结合墓志探讨驸马林岳的职责。

1. 奉祀山陵

明初孝陵祭祀尚无定制，建文初，“定孝陵每岁正旦、孟冬、忌辰、圣节，俱行香。清明、中元、冬至，俱祭祀。勋旧大臣行礼，文武官陪祀”[④]，正式确立了由勋旧大臣主持孝陵祭祀并由文武官员陪祀的礼仪制度。洪熙元年（1425）二月戊辰，明仁宗为了削夺守备南京的

① ［清］张廷玉等：《明史》卷67《舆服志三·文武官朝服条》，中华书局，1974年，第1640页。

② ［清］张廷玉等：《明史》卷76《职官志五·驸马都尉附仪宾条》，中华书局，1974年，第1856页。

③ ［清］张廷玉等：《明史》卷76《职官志》，中华书局，1974年，第1856页。

④ ［清］张廷玉等：《明史》卷60《礼志十四·凶礼三·谒祭陵庙条》，中华书局，1974年，第1473页。

驸马都尉沐昕的权力，采用了明升暗降的办法，让其主持形式上比较荣宠的孝陵祭祀等礼仪性事务，不得再兼领守备南京，敕曰："自今孝陵四时祭祀，命尔行礼，必诚敬清洁以格神明，不可纤毫怠忽。"[①]此后，驸马都尉多主持孝陵祭祀者。如《明英宗实录》载：正统六年（1441）四月壬辰，"遣驸马都尉赵辉祭告皇高祖考太祖圣神文武钦明启运俊德成功统天大孝高皇帝"[②]。《赵辉墓志铭》亦云："奉敕主祭孝陵等处，恪秉诚敬，未尝少忽。"据刘少华统计，赵辉共祭祀孝陵达36次之多[③]。成化十四年赵辉去世后，孝陵岁时祭祀由驸马都尉石憬继任。英宗时，明确规定北京的长陵、献陵和景陵三座皇陵，"唯遣驸马一员行礼，而各衙门官随行陪祀"。英宗死后，礼部奏："今加裕陵为四，相去隔远，各官往复奔走，不无倦怠失仪，乞遣驸马二员率陪祀官分诣各陵行礼。"此奏获得批准[④]。明武宗时，下令长陵以下诸陵，"凡清明、中元、冬至，俱分遣驸马都尉行礼，文武官陪祭。忌辰及正旦、孟冬、圣节，亦遣驸马都尉行礼"[⑤]。本篇墓志记载驸马林岳"若帝后忌辰，数遣祀山陵"。

驸马林岳祭祀山陵的事在文献中记载较多，笔者根据所阅文献对林岳驸马祭祀山陵的情况进行了统计，如下：林岳驸马一生共计祭陵达94次之多，在明孝宗朝共计祭陵26次，其中帝后忌辰祭祀9次（献陵3次，茂陵2次，裕陵2次，长陵、景陵各1次），五陵共祭17次；在武宗朝共计祭陵68次，其中帝后忌辰祭祀23次（泰陵4次、献陵4次、茂陵3次、裕陵5次、长陵3次、景陵4次），六陵共祭45次。

2. 摄行庙祭

驸马墓志载："正德丁丑（十二年，1517）孟春，享太庙礼益严，公实承诏摄行，将事祗慎。"《明武宗实录》亦载，正德十二年正月壬午孟春，"享太庙，遣驸马都尉林岳代行礼"[⑥]。墓志所载正德十二年"享太庙礼益严"应与正德九年以后明武宗长期耽于玩乐不理朝政，朝会、郊庙等国家要事都非时违制的情况相关[⑦]。

明代太庙在宫城之左，与社稷相对。明洪武元年制定宗庙祭祀之制，"每岁四孟及岁除，凡五享"。洪武二年制定宗庙时享之制，"春以清明，夏以端午，秋以中元，冬以冬至，岁除如旧"。洪武九年新建太庙，更定时享之制，"孟春择上旬日，三孟用朔日，及岁除，皆合享"。洪武二十五年，再定宗庙时享之制，"若国有丧事，乐备而不作"[⑧]。按明代礼制，太庙与圜丘、方泽、社稷属大祀，需由皇帝亲祀，特殊情况下才派官员代行祭祀，"凡天子所

---

① 《明仁宗实录》卷7下洪熙元年二月戊辰条。

② 《明英宗实录》卷78正统六年夏四月壬辰条。

③ 刘少华：《明驸马赵辉墓志铭及明代驸马都尉制度考释》，《东南文化》2001年第1期。

④ 《明宪宗实录》卷7天顺八年七月丙寅条，第1680页。

⑤ ［清］张廷玉等：《明史》卷60《礼志十四·凶礼三·谒祭陵庙条》，中华书局，1974年，第1474页。

⑥ 《明武宗实录》卷145正德十二年正月壬午条。

⑦ 张仁忠：《明帝列传·正德帝》，吉林文史出版社，1996年，第98～108页。

⑧ ［清］张廷玉等：《明史》卷51《礼五》，中华书局，1974年，第1322、1323页。

亲祀者，天地、宗庙、社稷、山川。若国有大事，则命官祭告”[①]。太庙虽贵为天子亲祀的大礼，但因为有例外的情况，有明一代，遣官代行太庙礼的情况时有发生，也不乏驸马都尉主持太庙礼的情况。如永乐十八年（1420）十二月，明成祖令“享南京太庙”，驸马都尉沐昕奉命“行礼”[②]。明武宗于弘治十八年五月登基，至正德十一年止，每年五次的太庙礼共计58次，武宗共遣官代行10次，遣官代行祀太庙礼的情况并不频繁。

正德十二年严格太庙礼的一个重要原因，应该是武德九年至十一年明武宗的郊庙礼屡次违制非时，造成朝臣进谏不断，社会舆论十分关注郊祀礼、太庙礼等国家“大祀”。正德九年正月十四日，武宗大祀天地于南郊，因大祀礼成赐宴奉天殿，武宗违时至黄昏才临殿开晏。“戊寅，以大祀礼成，上御奉天殿大宴文武群臣、天下朝觐官及四夷朝使。至暮，驾始来，席前皆设烛。前此所未有也。”[③]

此后，郊庙之祀频频失误。正德十年（1515）正月初五日祀太庙，武宗到太庙时已是傍晚，史载：“躬祀太庙，不遣官是矣，但薄暮方出，行礼愆期。”[④]正德十年正月乙丑因大祀天地礼誓戒，“文武群臣致斋，比夜乃传旨免朝”。“戊辰，大祀天地于南郊，是夜漏下二鼓，上始还宫，文武群臣行庆成礼。”[⑤]

由于正德十年正月的太庙礼和郊祀礼都出现了问题，于是廷臣纷纷上疏进谏[⑥]。以兵科给事中王良佐的上书最直指要害。他指出：

> 郊庙之祀天子必省牲，必誓戒，散斋致斋有常期，有专所，当祭之日，夙驾而往，行礼之际，无贰尔心，期昭格也。迩者正月初五日躬祀太庙，不遣官是矣，但薄暮方出，行礼愆期。则夫登献夙戒之羞，不将败恶与祭，敛戢之容不寖，□□角羊□急者寡矣。及初十日郊祀，初七日当誓戒，臣等导驾与百官具朝服候至更初，忽见执驾之人一呼而散，宿卫之士群噪而奔，臣等伫集左掖，昏暗中传闻免朝，不知旨从何出，惶惧失措，徘徊久之。至初九日，圣驾当临斋宫，百官莫不晨趋以候，是日薄暮方往，至坛，夜已一鼓，竟免朝参，在坛未久，随即行礼，行礼方毕，随即下营。臣愚不知皇上此行果事天邪？抑游幸邪？及次日驾还，复至夜分，城门失启闭之常，禁闼有驰骋之杂，一切非时与制矣。又凡节令大朝贺，每至昏暮，而司晨之官，尚报卯时，传之四方，所损非细。乞自今凡祭祀、朝贺之期，经筵讲书之候，起居寝兴之

① ［清］张廷玉等：《明史》卷47《礼一》，中华书局，1974年，第1225页。

② 《明太宗实录》卷232永乐十八年十二月癸亥条。

③ 《明武宗实录》卷108正德九年春正月戊寅条。

④ 《明武宗实录》卷120正德十年春正月辛巳条；参张仁忠：《明帝列传·正德帝》，吉林文史出版社，1996年，第107页。

⑤ 《明武宗实录》卷120正德十年春正月乙丑条。

⑥ 《明武宗实录》卷120正德十年春正月乙亥条；《明武宗实录》卷120正德十年春正月庚辰条；《明武宗实录》卷120正德十年春正月辛巳条。

节，务各及时，遵制举行，则祀天奉先与凡百纲纪无不张举，天下幸甚。[①]

武宗此次郊庙之祀几乎处处违制，祭祀非时，随从“群噪而奔”，失序混乱，随行文武百官惶惧失措。

至正德十年十二月癸丑朔，日食，“是日车驾当出视郊祀牲，礼部请移于次日。且言视牲乃郊祀之始，日食乃天变之大，今大礼将举，忽遇此变，上天示戒亦昭然矣，伏望顺承天意，益加敬畏，自兹以往，皆郊祀之所，有事起居必以其道，出入必以其时，一遵祖宗典训而慎行之。至于朝贺燕享，亦莫不然。则天心感格，灾变不足弭矣”[②]。

正德十一年春正月庚寅，大学士梁储等就将要进行的南郊大祀礼仪进行了详尽条列，并上书武宗[③]。

正月十三日大祀天地于南郊，先期百官听誓戒。届期，驾晨出至坛，省牲视具，乃御斋宫，百官叩头，至晚分献，并执事等官于西天门候供事。是夜子时，上诣大祀殿行礼，礼毕，还斋宫。百官先于承天门候驾，随至奉天殿庆成称贺，贺朝廷至重至大之礼莫过于此。盖人君至尊无对，所当敬畏者唯天地，此而不用其诚，何所复用其诚耶？仰惟皇上嗣极以来，祗畏天显，率由旧章，未尝有所违越，群臣将顺不暇，夫复何言。但比岁驾出銮回，或至暮夜，切恐俎豆陈设不能蠲洁，礼乐仪容不能整备，无以称圣明敬天之意，且扈从供事数十万人，若至暮夜，则警跸不严，兵卫不肃，百官失趋跄之容，班行无等级之分，甲马或交驰于辇道，群众或喧呼于御街，非所以壮臣民之观瞻，而启四夷之尊戴也。况尘埃昏暗之中，虑有不测，禁门出入之际，尤难关防。虽圣德格天，百神呵护，万无他虞，而臣子之私忧过计不能不拳拳于此也。伏愿皇上深思大祀之重，慎惜至尊之体，驾出銮回，悉遵故事。

武宗虽未回应此奏，但此次郊祀得以顺利地按礼仪完成，“壬辰，以大祀天地，上御奉天殿誓戒，文武群臣致斋三日”[④]。“乙未，大祀天地于南郊，祀毕，上还宫，文武群臣行庆成礼。”[⑤]以致百官称颂曰：“夙驾以出，行礼有度，颁宴以时，臣工颂于朝，军民歌于市，莫不曰圣德维新，大（太）平有象矣。”[⑥]

至正德十一年十二月，武宗的南郊大祀又出了问题，史载：“丁未朔，上视郊祀牲，是日车驾暮出，比还宫已夜分，边军驰骑拥门，扈从群臣几不得入，有为蹂践者。”[⑦]

---

① 《明武宗实录》卷120正德十年春正月辛巳条。
② 《明武宗实录》卷132正德十年十二月癸丑条。
③ 《明武宗实录》卷133正德十一年春正月庚寅条。
④ 《明武宗实录》卷133正德十一年春正月壬辰条。
⑤ 《明武宗实录》卷133正德十一年春正月乙未条。
⑥ 《明武宗实录》卷133正德十一年春正月乙未条。
⑦ 《明武宗实录》卷144正德十一年十二月丁未条。

明武宗的大祀礼反复出现违制非时现象，让朝中臣要十分担忧，纷纷上书劝谏，使得武宗不得不严格太庙等大祀礼仪。

正德十二年严格太庙礼的另一个重要原因是正德十一年的宗庙礼之议。是年十月，徐文华上书言宗庙礼仪，《明史·徐文华传》载："文华既数进直言，帝及诸近幸皆衔之。会文华条上宗庙礼仪，祧庙、禘祫、特享、出主、祔食，凡五事。考证经义，悉可施行。帝怒，责其出位妄言，章下所司。礼官暗于经术，又阿帝意，遂奏文华言非是。命下诏狱，黜为民。时正德十一年十月也。"①《明武宗实录》亦记载了徐文华因论宗庙礼仪被黜之事②。徐文华上奏讨论宗庙礼仪得失，终以妄言招狱。后来，在六科给事中叶相、十三道御史牛天麟等人上章求情之下，文华赎杖还职，特黜为民③。不过，此次"言大礼"事件波及面很大，当时，詹事、翰林、给事、御史及六部诸司、大理、行人诸臣，"各具疏争，并留中不下，群情益汹汹。会朝方罢，孟春倡言于众曰：'宪宗朝，百官哭文华门，争慈懿皇太后葬礼，宪宗从之，此国朝故事也。'修撰杨慎曰：'国家养士百五十年，仗节死义，正在今日。'编修王元正、给事中张翀等遂遮留群臣于金水桥南，谓今日有不力争者，必共击之。孟春、金献民、徐文华复相号召。"于是，九卿、侍郎、都御史等近三百人"俱跪伏左顺门。帝命司礼中官劝退，众皆曰：'必得俞旨乃敢退。'"④。此次百官建言宗庙祭祀改革事件的时间为正德十一年十月，请愿虽未获成功，但徐文华奏议事件引发了朝臣的共鸣，以至于出现群臣跪伏左顺门力争不下的局面，最终迫使武宗不得不下谕劝退。这一事件，造成了朝廷对太庙礼十分敏感的政治问题，一时间朝臣不敢轻言礼制改革，相关祭祀活动谨遵旧制，这很可能就是墓志所云正德十二年孟春严格太庙礼的含意。

在这种情况下，武宗遂严格了太庙等大祀礼。但为了摆脱麻烦，脱开自己，他用遣官代行礼的方式来解脱自己，这不愧是一个既能"偷懒"又不负责任的上策。此后，直至武宗逝世，祀太庙共计22次，武宗均遣官代行礼，其中驸马代行18次（林岳1次、马诚2次、游泰5次、崔元6次、蔡震4次），会昌侯孙铭代行2次，定国公徐文祚代行1次，太保武定侯郭勋代行1次。

3. 守备京师与出镇统兵

墓志云："弘治壬戌（十五年，1502），天子有事于南郊，命公分守长安右门。"《明孝宗实录》系此事在弘治十五年正月丙戌日⑤。这与明代驸马都尉有时担任京城守备、出任皇帝的亲侍、负责皇帝安全的制度有关。

驸马都尉奉命守"长安右门"之事，早在明英宗正统八年（1443）十二月就有类似的情况，"驸马都尉焦敬荷校于长安右门"⑥。驸马都尉奉命守京师城门之事，反映了明代皇帝对

① ［清］张廷玉等：《明史》卷191《徐文华传》，中华书局，1974年，第5073页。

② 《明武宗实录》卷142正德十一年十月己未条。

③ 《明武宗实录》卷142正德十一年冬十月己未条。

④ ［清］张廷玉等：《明史》卷191《何孟春传》，中华书局，1974年，第5068、5069页。

⑤ 《明孝宗实录》卷183弘治十五年正月丙戌条。

⑥ ［清］张廷玉等：《明史》卷10《英宗前纪》，中华书局，1974年，第134页。

驸马的信任，驸马都尉是宗室成员，是皇帝比较信赖的亲信之一。明代在一些重要的时刻，驸马都尉往往被作为最信赖的成员守备京师。如永乐八年（1410），明成祖北征，命“驸马都尉袁容辅赵王留守北京”①。明成祖时，驸马李让掌北京行部事。仁宗时驸马都尉沐昕、宣宗时驸马都尉宋琥“并守备南京”②。明代宝庆公主的驸马都尉赵辉“凡事六朝，历掌南京都督及宗人府事”③。驸马都尉得皇帝信任，还反映在驸马都尉也参与负责皇帝的侍卫工作。明代锦衣卫主要负责皇帝的侍卫，“凡朝会、巡幸，则具卤簿仪仗，率大汉将军共一千五百七员等侍从扈行”④。值得关注的是，明后期，锦衣卫的大汉将军多由驸马都尉担任。如成化二十一年（1485），驸马都尉樊凯“领将军宿卫”⑤；游泰则被“廷推”领大汉将军⑥。隆庆元年前驸马都尉谢诏也曾历大汉将军⑦。隆庆元年，邬景和“兼管大汉将军”⑧。正统以后，皇帝出席经筵由“勋臣或驸马一人领将军侍卫”⑨，负责安全。崇祯时，驸马万炜“尝以亲臣侍经筵，每文华进讲，佩刀入直”⑩。驸马都尉有时还掌管神机营，如驸马都尉焦敬“管神机营”，巡视皇城四门。

此外，本篇墓志虽然没有记载林岳参与署宗人府事，但明代驸马都尉往往署宗人府事。明代宗人府，设宗人令一人，左、右宗正各一人，左、右宗人各一人，并正一品，“掌皇九族之属籍，以时修其玉牒，书宗室子女嫡庶、名封、嗣袭、生卒、婚嫁、谥葬之事。凡宗室陈请，为闻于上，达材能，录罪过”⑪。关于驸马都尉署宗人府事的情况，《春明梦余录》的记载最为全面：“初以秦王为宗人令，晋王、燕王左、右宗正，周王、楚王左、右宗人。及建都北京，永春侯王宁，洪熙、宣德中，武定侯郭铉署事。正统三年，始建府，西宁侯宋瑛；嘉靖中，京山侯崔元署事。宁、瑛、元，皆驸马都尉，铉，仁宗贵妃弟。崇祯五年壬申，推掌印，以近代多用都尉诸戚畹，太康伯张国纪辈起而争之，然竟用都尉。至己卯再推，复力争，仍用都尉万炜。”⑫除了仁宗贵妃弟郭铉之外，明代建都北京以后，直到明末，宗人府几乎都由驸马掌管。除上述宁、瑛、元等人外，明代还有井源、蔡震、赵辉、游泰、万炜、谢诏等驸马都尉都曾署宗人府事⑬。

---

① ［清］张廷玉等：《明史》卷146《陈珪列传》，中华书局，1974年，第4100页。
② ［清］张廷玉等：《明史》卷76《职官志五·驸马都尉附仪宾条》，中华书局，1974年，第1856页。
③ ［清］张廷玉等：《明史》卷121《宝庆公主列传》，中华书局，1974年，第3667页。
④ ［清］张廷玉等：《明史》卷76《职官志五·锦衣卫附旗手等卫条》，中华书局，1974年，第1862页。
⑤ 《明宪宗实录》卷273成化二十一年十二月丁酉条。
⑥ ［明］夏言：《桂洲文集》卷16，《四库存目丛书》（集部75），齐鲁书社，1997年。
⑦ 《明穆宗实录》卷8隆庆元年五月壬午条。
⑧ 《明穆宗实录》卷9隆庆元年六月庚寅条。
⑨ ［清］张廷玉等：《明史》卷55《礼志九·嘉礼三·经筵条》，中华书局，1974年，第1406页。
⑩ ［清］张廷玉等：《明史》卷121《穆宗六女·公主传》，中华书局，1974年，第3675页。
⑪ ［清］张廷玉等：《明史》卷72《职官志一》，中华书局，1974年，第1730页。
⑫ ［清］孙承泽：《春明梦余录》卷29《宗人府》，上海古籍出版社，1993年，第360页。
⑬ 刘少华：《明驸马赵辉墓志铭及明代驸马都尉制度考释》，《东南文化》2001年第1期。

朝参和陪祀是明代驸马所能参与的另一种政治活动，不参加朝参往往受到罚俸的制裁。文献即载有驸马林岳因未能按礼朝参而受制裁的事例。一次是弘治十四年正月戊辰，林岳等驸马和侯伯、都督20人，因郊祀时“不越郊坛迎驾，为鸿胪寺所劾”，虽各得上书陈状，但最后明孝宗还是以“郊祀重事，各官何得不随驾赴坛，放肆怠惰，法当重治，姑宥之，各罚俸一月，周钺不输服，罚俸两月”①。另一次是在弘治十四年十二月庚申，因驸马都尉林岳等“五百五人朝参不到，命俱宥之，各罚俸一月”②。

综合上述，本文在对德清公主和林岳驸马墓志进行释读的基础上，对公主和驸马的生平进行了梳理、考证，并对公主和驸马的相关史事进行了综合考证和分析研究。重点讨论了德清公主敬事舅姑、恩荫子孙及请赐恩赏，明代驸马都尉的选拔、驸马都尉受赐诰命、玉带、蟒衣的相关礼制，驸马参与的祭祀孝陵、代行太庙祭礼、守备长安右门等活动。墓志所反映和揭示的史事基本符合明代相关礼制的规定。

附录　公主与驸马墓志录文

1. 德清公主圹志录文

德清大长公主圹志/公主/宪宗纯皇帝第三女也，母/昭顺丽妃章氏，公主生于成化戊戌七月二十日，弘治丙辰十二月十/三日册封为德清长公主，下嫁驸马都尉林岳。正德改元，进封为德/清大长公主。辛巳，/今上登极，岁加禄米一百石。嘉靖己酉六月二十四日薨，享年七十有二。/讣闻，/上悼惜，辍视朝一日，遣官致祭，命有司营葬事。/裕王/景王/公主/泾简王妃各遣祭，皇亲、公、侯、伯、文武官、命妇各致祭焉。以是年九月二/十四日，奉/敕葬顺天府大兴县魏村社十里河之原。葬之日，/上复辍视朝一日。子男二，鹿，锦衣卫指挥佥事，先卒。鹰，正千户，今例授指/挥同知。女二，长适镇远侯顾寰。次幼卒。孙男二，体乾，鹿出，继父职。体/元，鹰出，应袭舍人。孙女五。呜呼！/公主为/国懿亲，早授荣封，安享贵富，而恪遵/训戒，孝敬仁慈之德著闻戚畹，善教诸子孙，诗礼彬彬。且承/累朝恩赉，有隆无替。/皇上存问，锡赉尤为笃厚，寿跻高年，懋膺完福，休光庆泽，异于等夷。可谓/生荣死哀也已。爰述其概，纳诸幽圹，用垂不朽云。

2. 驸马林岳墓志录文

明故驸马都尉柏冈林公墓志铭/资善大夫礼部尚书前翰林院学士经筵日讲官兼修国史太仓毛澄撰/宗人府掌府事驸马都尉奉敕续修玉牒凤阳蔡震书/中宪大夫太常寺少卿兼经筵国史官东吴刘棨篆/正德戊寅九月二十二日，驸马都尉林公以疾卒，讣/闻，/上

---

① 《明孝宗实录》卷170弘治十四年正月戊辰条。

② 《明孝宗实录》卷182弘治十四年十二月庚申条。

震悼，辍视朝一日，赐米百石，布百疋，宝镪万缗。命有司治葬，/遣官谕祭者十有三，/诸亲王皆祭如制，盖优典云。公弟，锦衣千户峦，卜其年十二月二十日，权厝于都城东水碓村祖茔之次，/前期率公子鹿等，奉周太仆子庚状，请予铭。予与公生相知，不可辞，为叙而铭之。公林姓，讳岳，字邦镇，/别号柏冈，其先浙江宁海人，洪武初徙实京师，隶水军左卫。曾祖普。祖贵。父芳，应天府学生，以公贵，授/兵马副指挥，赠承事郎。母汪氏，封太孺人。公生而秀颖，方数岁，辄知向学。稍长，通《尚书》大义，习为/举子文，明畅可读，乡先生以远器目之。年十七，选尚/宪庙德清大长公主，授驸马都尉，/赐诰命及玉带、蟒衣。盖自始被选，/廷谒毕，入觐/两宫，赐赉已优厚，皆异数也。弘治壬戌（十五年，1502），/天子有事于/南郊，命公分守长安右门。追/今上命乘肩舆出入，时节若/帝后忌辰，数遣祀/山陵。正德丁丑（十二年，1517）孟春，享/太庙礼益严，公实承/诏摄行，将事祗慎。公立朝寖久，/国家任使当益重，/眷顾方隆，夫何不能待其得年，才三十有八而已，惜哉！公为人温雅，不欲以富贵骄人，与士大夫处，敬恭/不怠。暇日闭户焚香读书，不轻出事。亲孝承事。公没，哀毁骨立，盖卧病久而后能起。太孺人少有不豫，/昼夜躬视汤药。及已病笃，值太孺人亦有疾，惧其闻而伤也，戒勿以告。家人不得已告之，比临视，哀感/愦乱，绝而复苏。戒其子鹿曰：吾母/若母，若等当务孝养。厉志读书，勉自成立，毋徒恃宠禄为。与锦衣相/好甚，凡宴集游衍必偕。视季父茂犹父，供奉殷勤，每先其意念。从兄应天府学生山，远在南都，使逆至/京邸，相见甚欢，留数月不忍别。至待诸族党，率从厚云。公二子，长即鹿，次鹰。女亦二，长许适顾寰，总督/漕运镇远侯之子。次尚幼，子女皆/德清主出也。观公之外，而知德之克合于内矣！铭曰：/相古高冈，言树之柏，烜以朝阳，沃以天泽，实嘉实茂，望之郁然，厥材孔良，有待而全。如何中宵，风雨骤/至，木坏冈存，过者兴喟，匪木之惜，我怀若人，戚畹之荣，公侯其伦，富贵非乐，满盈为虑，孝友谦恭，美矣/多誉，未见其止，孰诘彼苍，/恩之渥矣，终始辉光，励于没齿，扬于身后，已乎柏冈，是谓不朽。

历史与文物研究

燕王哙禅让及中山“崇儒”而亡
——铜器、简牍中的“尚贤”观念与战国社会

杨　博[1]　申红宝[2]

（1. 中国社会科学院中国历史研究院古代史研究所　2. 北京市文物研究所）

“尚贤”观是战国早中期普遍流行的社会思潮，并对战国历史进程产生了深刻影响。《史记·燕世家》记载了公元前316年燕王哙禅让事：

> 鹿毛寿谓燕王（哙）：“不如以国让相子之。人之谓尧贤者，以其让天下於许由，许由不受，有让天下之名而实不失天下。今王以国让於子之，子之必不敢受，是王与尧同行也。”燕王因属国於子之，子之大重。或曰：“禹荐益，已而以启人为吏。及老，而以启人为不足任乎天下，传之於益。已而启与交党攻益，夺之。天下谓禹名传天下於益，已而实令启自取之。今王言属国於子之，而吏无非太子人者，是名属子之而实太子用事也。”王因收印自三百石吏已讼而效之子之。子之南面行王事，而哙老不听政，顾为臣，国事皆决於子之。
>
> 三年，国大乱，百姓恫恐。将军市被与太子平谋，将攻子之。诸将谓齐湣王曰：“因而赴之，破燕必矣。”齐王因令人谓燕太子平曰：“寡人闻太子之义，将废私而立公，饬君臣之义，明父子之位。寡人之国小，不足以为先后。虽然，则唯太子所以令之。”太子因要党聚众，将军市被围公宫，攻子之，不克。将军市被及百姓反攻太子平，将军市被死，以徇。因搆难数月，死者数万，众人恫恐，百姓离志。孟轲谓齐王曰：“今伐燕，此文、武之时，不可失也。”王因令章子将五都之兵，以因北地之众以伐燕。士卒不战，城门不闭，燕君哙死，齐大胜。燕子之亡二年，而燕人共立太子平，是为燕昭王。①

① 《史记》卷34《燕召公世家》，司马迁撰，裴骃集解，司马贞索隐，张守节正义：《史记》，中华书局，1959年，第1555～1557页。

燕王哙禅让，是春秋战国时期特例。将军市被和太子平不服子之，禅让引起燕国内乱。齐国也乘燕内乱之际攻燕，杀燕王哙，擒子之。河北平山出土的中山三器，亦记载此事，并补充说明在内乱期间，中山国也乘机进攻，攻占了燕国方圆数百里的地方和几十座城邑，使燕国遭受很大损失①。

燕王哙禅位相国子之，最后国破君亡的惨剧，是“尚贤”观发展到极致的事件，此后“禅让”观念随之破产。值得注意的是，目前所见出土战国简牍典籍，其年代下限均在公元前300年上下，与上述燕王哙禅让事几乎同时②，为讨论“尚贤”观念，在战国早中期的传播乃至与现实社会的因应等诸层面，均提供了第一手的资料。笔者拟将新出战国时期简牍文献视为反映“尚贤”思潮的一个整体，对相关若干问题加以讨论，以供师友同好批评。

一、“尚贤”观念的现实依托

战国时期的“尚贤”观念，存在两个不同而有相互交融的路径取向：

其一是推崇古圣先贤的典型形象，以制造“偶像”；

其二是根据上述典型形象而阐发的“尚贤”具体内容。

简牍典籍中的“偶像”，既有明君圣王，又有贤臣良相。“禅让”学说的流传，更促进了对古史帝王传说事迹的整理与传播。“尚贤”观念的另一个表现，即除了关注古帝圣王之外，辅佐古帝圣王的“良臣”事迹也被纂辑起来，“良臣”观盛行：如清华《良臣》即以明君圣主缀联与之对应的贤臣，间以粗黑横线分为二十一段，依次记黄帝、尧、舜、禹、康（汤）、武丁、周文王、周武王、周成王；晋文公、楚成王、楚昭王、齐桓公、吴王光、越王勾践、秦穆公、鲁哀公、郑桓公、郑定公；（郑定公之相）子产之师，子产之辅，楚共王等著名君主的良臣。黄帝到西周是依时代顺序，春秋时期则系分国编排。其中所涉人物多有可与《汉书·古今人表》对应者，结合史籍记载来看，其中所选臣名应无遗漏③。

另外，值得注意的是战国简牍典籍中又独辟蹊径，对传世文献所贬斥的暴君、楚王等亦不乏赞颂之例。清华竹书《厚父》通篇记述“王”与“厚父”的对话，其中“王”追述夏代历史的对话中有夏王孔甲的君王形象：

> 之匿（慝）王廼渴（竭）【5】䘮（失）其命，弗用先剬（哲）王孔甲之典刑（型），真（颠）復（覆）氒（厥）德，湎（沉）缅于非彝，天廼弗若（赦），廼述（坠）氒（厥）命，亡氒（厥）邦。【6】④

① 李学勤、李零：《平山三器与中山国史的若干问题》，《考古学报》1979年第2期。

② 杨博：《论楚竹书与〈荀子〉思想的互摄——以古史人物活动事迹为切入点》，《出土文献》（第5辑），中西书局，2014年，第185、186页。

③ 李学勤：《新整理清华简六种概述》，《文物》2012年第8期。

④ 清华大学出土文献研究与保护中心编，李学勤主编：《清华大学藏战国竹简》（伍），中西书局，2015年，第110页。

"先哲王"多指前代贤明君王，如《尚书·康诰》："往敷求于殷先哲王用保乂民。"[①]《酒诰》："在昔殷先哲王迪畏天。"[②]"典刑"，古书多作"典型"，《诗·大雅·荡》："虽无老成人，尚有典型。"郑玄笺："老成人谓若伊尹、伊陟、臣扈之属，虽无此臣，犹有常事故法可案用也。"[③]简文称孔甲为先哲王，是孔甲之德能顺于天，可为后王典型。《左传》昭公二十九年记述魏献子与蔡墨的问对，其中亦有指夏王孔甲德能顺天的意蕴：

> 及有夏孔甲，扰于有帝，帝赐之乘龙，河汉各二，各有雌雄。孔甲不能食，而未获豢龙氏。有陶唐氏既衰，其后有刘累，学扰龙于豢龙氏，以事孔甲，能饮食之。夏后嘉之，赐氏曰御龙。以更豕韦之后。龙一雌死，潜醢以食夏后。夏后飨之，既而使求之。惧而迁于鲁县，范氏其后也。

孔颖达疏引《帝王世纪》云："少康子帝杼，杼子帝芬，芬子帝芒，芒子帝世，世子帝不降，不降弟帝乔，乔子帝广也。至帝孔甲，孔甲，不降子。"杜预注："孔甲，少康之后九世君也。其德能顺于天。"[④]而《国语·周语下》则云："孔甲乱夏，四世而陨。"[⑤]《史记·夏本纪》亦云："帝孔甲立，好方鬼神事，淫乱，夏后氏德衰，诸侯畔之。"[⑥]目前史学界的主流意见是依据《国语》《史记》认为孔甲是夏王朝开始崩溃的转折点[⑦]。

清人梁玉绳曾经反驳此种观点云：

> 案，孔甲见《左传》……史公取《左传》晋蔡墨所说豢龙事，其有无不可知，但《传》曰"有夏孔甲扰于有帝，帝赐之乘龙河、汉各二"。是龙降之于天，德之所致也，何言淫乱德衰乎？……所谓淫乱德衰者，盖误解《左传》扰字耳，然其误实从《周语》来。《国语》不可尽信，其言"孔甲乱夏四世而殒"，犹言帝甲乱商七世而殒，夫祖甲岂乱商者哉。[⑧]

---

① 《尚书正义》卷14《康诰》，阮元校刻：《十三经注疏》（清嘉庆刊本），中华书局，2009年，第431页。

② 《尚书正义》卷14《酒诰》，阮元校刻：《十三经注疏》（清嘉庆刊本），中华书局，2009年，第439页。

③ 《毛诗正义》卷18之一《大雅·荡》，阮元校刻：《十三经注疏》（清嘉庆刊本），中华书局，2009年，第1193页。

④ 《春秋左传正义》卷53昭公二十九年，阮元校刻：《十三经注疏》（清嘉庆刊本），中华书局，2009年，第4610、4611页。

⑤ 《国语集解》卷3《周语下》，徐元诰：《国语集解》（修订本），王树民、沈长云点校，中华书局，2002年，第130页。

⑥ 《史记》卷2《夏本纪》，司马迁撰，裴骃集解，司马贞索隐，张守节正义：《史记》，中华书局，1959年，第86页。

⑦ 徐在国：《释"咎繇"》，《古籍整理研究学刊》1999年第3期。

⑧ 梁玉绳：《史记志疑》，中华书局，1981年，第41、42页。

杨伯峻先生亦赞同这一看法，指出：

> 杜以孔甲顺于天，而《周语下》云“孔甲乱夏，四世而陨”，《史记·夏本纪》亦谓“帝孔甲立，好方鬼神事，淫乱，夏后氏德衰，诸侯畔之”，与杜注义不同。扰可训顺，亦可训乱，从下文“帝赐之”推之，杜说是。①

上述《厚父》简文即支持了梁玉绳、杨伯峻先生等人的看法。依清华竹书《厚父》，孔甲被称作“先哲王”，他的故法、常规被视为后王应该效法的准则。从《厚父》看，孔甲明君的形象是很清晰的，他甚至可能作为夏代后裔的偶像，同禹、启一道，进入类似于楚人“三楚先”这一“祀典”概念的夏人“三后”之中②。

同样，根据清华竹书《系年》的记述，楚灵王是一位大有作为的君王。简文第十五章记述在申公屈巫入晋联吴抗楚的形势下，楚灵王“伐吴，为南怀之行，执吴王子蹶由，吴人焉或（又）服于楚”，使楚国摆脱了险恶的局势。与之不同的是，《左传》却说“是行也，吴早设备，楚无功而返”，且云：“楚子惧吴。”③《系年》中则完全看不到这样的记载，简文第十八章更是描述了楚灵王的强盛武功：“灵王先起兵，会诸侯于申，执徐公，遂以伐徐，克赖、朱邡，伐吴，为南怀之行，县陈、蔡，杀蔡灵侯”，将灵王时期楚国的赫赫声威宣扬到了极致。与之相反，《左传》的叙事中，楚灵王是一个典型的暴君。他弃礼纵欲，奢侈无度，滥用民力，结果自缢而死。如《左传》所记灭蔡事，楚灵王先以重币甘言召见蔡灵侯，灵侯至，则“醉而执之”，又“杀之，刑其士七十人”，复命公子弃疾帅师围蔡。《左传》昭公十一年叔向议论道：

> 蔡侯获罪于其君，而不能其民，天将假手于楚以毙之，何故不克？然肸闻之，不信以幸，不可再也。楚王奉孙吴以讨于陈，曰：“将定而国。”陈人听命，而遂县之。今又诱蔡而杀其君，以围其国，虽幸而克，必受其咎，弗能久矣。桀克有缗以丧其国，纣克东夷而陨其身。楚小位下，而亟暴于二王，能无咎乎？天之假助不善，非祚之也，厚其凶恶而降之罚也。且譬之如天，其有五材而将用之，力尽而敝之，是以无拯，不可没振。④

所谓“天之假助不善，非祚之也，厚其凶恶而降之罚也”，即表明了态度，楚灵王“不

---

① 杨伯峻：《春秋左传注》（修订本），中华书局，2009年，第1501页。

② 赵平安：《〈厚父〉的性质及其蕴含的夏代历史文化》，《文物》2014年第12期。

③ 《左传》昭公五年：“冬十月，楚子以诸侯及东夷伐吴，以报棘、栎、麻之役……吴子使其弟蹶由犒师，楚人执之，将以衅鼓……楚师济于罗汭，沈尹赤会楚子，次于莱山。薳射帅繁扬之师，先入南怀，楚师从之……是行也，吴早设备，楚无功而还，以蹶由归。楚子惧吴……”参见《春秋左传正义》卷43昭公五年，阮元校刻：《十三经注疏》（清嘉庆刊本），中华书局，2009年，第4436、4437页。

④ 《春秋左传正义》卷45昭公十一年，阮元校刻：《十三经注疏》（清嘉庆刊本），中华书局，2009年，第4473页。

善”而胜蔡当“必受其咎，弗能久矣”。《左传》同年载郑子产言也表达了同样的看法：

> 秋，会于厥慭，谋救蔡也。郑子皮将行，子产曰：“行不远。不能救蔡也。蔡小而不顺，楚大而不德，天将弃蔡以壅楚，盈而罚之。蔡必亡矣，且丧君而能守者，鲜矣。三年，王其有咎乎！美恶周必复，王恶周矣。”①

子产认为楚灵王“大而不德”，虽得“蔡以壅楚”，而“三年，王其有咎”。《左传》的编纂者通过叔向、子产的议论表达了对楚灵王的负面评价。

“史”书之外，“语”书中的楚国故事里体现了更多的此类情况，如《申公臣灵王》也在赞扬楚灵王，简文中的楚灵王是一位宽宏大量、心胸广阔的“贤君”。《申公臣灵王》讲述了楚灵王成为楚王前因贪功，与楚国大臣“陈公”争抢俘虏，并产生仇隙；但在即位为楚王之后，不计前嫌，非常大度地接纳曾经操戈逐己之人。可见其是一位胸襟广阔的“贤君”。这样，与《系年》中所体现的灵王形象相结合，楚灵王的文治武功均与《左传》中所展现的大相径庭。

其实，“语”书中楚国故事中的楚王，均是“明主”“贤君”。《昭王毁室》中楚昭王是一位尊重庶人的祭祀风俗，宁愿毁掉自己新建之室都不去破坏礼俗的君王。《昭王与龚之脽》中的昭王，不惜委屈自己的随从，目的是为了使人民凝聚力量，团结起来重建家园。《柬大王泊旱》中的简王虽然一开始显得有点昏庸，但是经过臣下的启发教育，意识到楚国遭灾乃因自身政教不明所致，逐渐变得英明，甚至发出了“一人不能治政，而百姓以绝【14】”的感慨。其后修郊治政，终求得大雨，使得粮食丰收。《庄王既成》讲述楚庄王造大钟“以供春秋之尝，［以］【1】待四邻之宾【2】”，显然也是一位识大体、重礼仪之君，而且关心邦家的未来，足见其忧国忧民之心。《平王问郑寿》中的平王，也是一位重祀典，关心自己邦家未来，而且可能还作出了改革的君主，如简文云“君王所改多多【6】”。

与上文述楚王形象相联系，无论夏人观念中夏王的形象，还是楚人观念中楚王的形象，一方面借由楚竹书之史事记述均展现出与过去认识不同甚至截然对立的方面，启发我们对过去一些固有认识和判断方式的思考②，另一方面则呈现出“尚贤”观念广泛传播情况下“偶像”设立的强烈需要。

二、“尚贤”观念的丰富内涵

以“古史帝王”“良臣”为楷模，“尚贤”观念的内涵亦立体而丰富。《唐虞之道》《容成氏》《子羔》等与“禅让”有关的篇章，说明战国时期人们对作为一种传位手段的禅让，有着广泛的兴趣。《唐虞之道》是由爱亲尊贤而推崇禅让。《容成氏》是以叙述古史为依托，讲

---

① 《春秋左传正义》卷45昭公十一年，阮元校刻：《十三经注疏》（清嘉庆刊本），中华书局，2009年，第4474页。

② 杨博：《战国楚竹书史学价值探研》，上海古籍出版社，2019年，第184～186页。

述了尧舜以前普遍实行的禅让和汤武的征伐，表达了对禅让的重视。《子羔》则借由子羔与孔子讨论尧舜禹“三王之作”，表达了对“有德者”取得政权的期望。毋庸赘言，禅让的突出特点即在于强调君王个体的德行，而《子羔》中却同时出现了“血统”与“德行”这两个标准。

首先，《子羔》表达了如何获得政权的两种方式：其一为后世“三王”所用之“世袭制度”，其二为昔者“尧舜”所用之“禅让”方式。文中描述这种方式为：

> 昔者而弗世也，善与善相授也，故能絵（治）天下，平万邦。【1】①

这里通过对“禅让”政治下“善与善相授也”“治天下，平万邦”等良好社会状况的推许，表明其轻“世袭”主“禅让”的主张。

其次，在君王自身条件方面，《子羔》轻“血统”重“德行”。简文开始即提出了三王究竟是“天子”还是“人子”的问题。

> 子羔问于孔子曰：“厽（叁）王者之作也，虐（皆）人子也，而其父戋（贱）而不足爯（称）也欤？抑亦诚天子也欤？”【9】

相对二者而言，君王本身所需具备的条件不同——前者强调“血统”，后者强调“德行”。因此简文的前半部分，孔子对于“三王之作”问题的回答旨在说明其“天子传说”，而在后半部分强调的是尧、舜在德行上的过人之处，特别是其云：

> 孔子曰：“峑（夋，俊，舜）其可谓受命之民矣。峑（舜），人子也……【7】，而厽（叁）天子事之……”【14】

简文指出舜虽为“人子”，但却能够使“三天子事之”，可见其轻“血统”重“德行”的观点②。

最后，有德之士能否得以受命，与是否得遇明君有关。从上述两点可知，《子羔》中存在着两组对立的观念：“世袭与血统”“禅让与德行”。两组对立的观念原本各自存在于不同时代，后者存在于理想中的古代社会，前者则存在于现实中的当时社会。但简文中子羔却提出一个假设问题：

---

① 陈剑：《上博简〈子羔〉、〈从政〉篇的竹简拼合与编联问题小议》，《文物》2003年第5期。

② 艾兰先生认为在《子羔》的叙述结构中，王朝的合法性单纯是由于世袭，禅让不过是世袭制度中的一种选项，并非王朝更替制度的先例。参见〔美〕艾兰（Sarah Allan）：《楚竹书〈子羔〉与早期儒家思想的性质》，《出土文献与传世典籍的诠释——纪念谭朴森先生逝世两周年国际学术研讨会论文集》，上海古籍出版社，2010年，第233页。

如壵（舜）在含（今）之世则何若？【8】

孔子的回答是：

不逢明王，则亦不大使。【7】

此外，简文有：

子羔曰："尧之得壵（舜）也，壵（舜）之德则诚善【6】欤？抑尧之德则甚昷（明）欤？"孔子曰："均也，壵（舜）穑于童土之田，则【2】……"

在回答子羔所提，尧、舜二人究竟谁才是造成"禅让"的主要原因时，孔子说："均也"，除了肯定"舜之德则诚善"外，对于"尧之德则甚明"亦表赞扬。可见，简文中孔子认为有德之士是否"得为帝"，除自身条件外，是否得遇明君，亦是重要条件之一①。

其实《子羔》篇已提出了当时"政道"问题的关键，即世袭与禅让涉及君王的选择方式，而血统与德行则有关对君王的具体要求。需要进一步讨论的是这里提到的与"血统"有关的统治正当性问题。"尚贤"思想提倡的"禅让制度"，是在以"禅让"为主的情况下，统治的正当性并非源于"血统"，而在于统治者"德行"的卓越。在此情况下，其血统并不重要，故"人子"亦得以"受命为帝"。值得注意的是，彭裕商先生曾指出《容成氏》既推崇禅让，也肯定汤武征伐，并无"是此非彼"之意②，而《子羔》篇中亦承认在现实中的战国社会强调"血统"的"世袭"是获得政权的主要途径。所以，就现实社会情况而言，楚竹书有意识地将选择君位继承者的标准放在对德行的要求之上。

君王需要"德行"，臣下则更需"良臣"。《良臣》之外，《汤处于汤丘》《汤在啻门》《傅说之命》里的伊尹、傅说，《管仲》里的管仲，均是典型代表。大量"语"类材料的涌现，其原因之一就是说话者地位的降低引起的，而这种地位偏低的说话者，利用经典事例与俗谚雅语向君王谏言，即是"臣道"观念的体现。在"语"类史书的集大成者《国语》中，甚至把"良臣"与天命联系到一起，所谓"良臣不生，天命不祐"③。晋国大夫史黯对"良臣"即有专论：

赵简子曰："吾愿得范、中行之良臣。"史黯侍，曰："将焉用之？"简子曰：

---

① 黄武智：《上博楚简"礼记类"文献研究》，台湾中山大学中国文学系博士学位论文，2009年，第338、339页。

② 彭裕商：《禅让说源流及学派兴衰——以竹书〈唐虞之道〉、〈子羔〉、〈容成氏〉为中心》，《历史研究》2009年第3期。

③ 《国语集解》卷14《晋语八》，徐元诰：《国语集解》（修订本），王树民、沈长云点校，中华书局，2002年，第434页。

“良臣，人之所愿也，又何问焉？”对曰：“臣以为不良故也。夫事君者，谏过而赏善，荐可而替否，献能而进贤，择材而荐之，朝夕诵善败而纳之。道之以文，行之以顺，勤之以力，致之以死。听则进，否则退。今范、中行氏之臣不能匡相其君，使至于难；君出在外，又不能定，而弃之，则何良之为？若弗弃，则主焉得之？夫二子之良，将勤营其君，复使立于外，死而后止，何日以来？若来，乃非良臣也。”简子曰：“善。吾言实过矣。”①

史黯认为，对于君王来说，良臣应有的行为规范与价值准则应包括：谏过劝善，举贤荐才，经常以善败经验说服君王，服从君命，尽心办事，急难时甚至献出生命。此外，君王听从他的意见就进，不听从就退，不强求。在“子”书中我们也可以看到类似的议论，如《荀子·臣道》篇，唯区别在于《臣道》篇以“忠臣”替代了“良臣”，而其对遭到“后戮死”的伍子胥评价为“下忠”，就是强调其道德品行和政治行为的失策，云“以是谏非而怒之”②，正是不遵循“听则进，否则退”的后果③。

在对臣下要求之外，选贤举能也是执政者善治其国的重要因素之一。郭店《缁衣》说：

子曰：“大人不新（亲）其所贤，而【17】信其所戔（贱），教此以遊（失），民此以絣（烦）。”……【18】

简文论述亲近、信任“贱”而疏远“贤”的后果。联系简文所言：

子【19】曰：“大臣之不新（亲）也，则忠敬不足，而賔（富）贵已过也，邦豪（家）之不宁【20】也，则大臣不台（治），而埶臣㤵（託）也。此以大臣不可不敬，民之蕝（绝）也。故【21】君不与小悬（谋）大，则大臣不悁（怨）。”……【22】

可见简文指出执政者必须亲近贤人而疏远不肖之人。关于如何举用贤能，上博《孔子见季桓子》中孔子云：

如子亲仁，行职（圣）人之道。【4】

① 《国语集解》卷15《晋语九》，徐元诰：《国语集解》（修订本），王树民、沈长云点校，中华书局，2002年，第452页。

② 《荀子集解》卷九《臣道》，王先谦：《荀子集解》，沈啸寰、王星贤点校，中华书局，1988年，第254页。

③ 杨博：《论楚竹书与〈荀子〉思想的互摄——以古史人物活动事迹为切入点》，《出土文献》（第5辑），中西书局，2014年，第191、192页。

如此，就会出现简文所云之良好政治局面：

仁爰（援）仁而进之，不仁人弗得进矣。【9】

这种认识还见于其他篇章，如上博竹书《仲弓》：

仲弓曰："售（雍）也不悉（敏），虽有贤才，弗智（知）畧（举）也。敢问畧（举）才【9】如之何？"仲尼[曰]："夫贤才不可穽（弇）也。畧（举）尔所智（知），尔所不智（知），人其豫（舍）之者（诸）？"……【10】

此处特别提及举贤的方法"举尔所知，尔所不知，人其舍之诸？"不用担心如何寻求贤才的问题，只需举自己所知即可，只要贤才能够受到重用，他人自然会推荐①。

三、"尚贤"观的广泛传播与现实因应

"尚贤"观的广泛传播，是其作为战国早中期广泛流传的社会思潮的重要前提。

一般认为"尚贤"为墨家所推崇。清华《邦家之政》简文有"其位授能而不外""弟子不转远人，不纳谋夫"，反面表现则为"其君听佞而速变""其位用悫民""弟子转远人而争窥于谋夫"。"简文"谋夫"指非贤多事之人，这里讲的即是任贤之事，简文全篇贯彻儒家的为政理念，而在诸如节俭、薄葬、均分等方面与墨子思想有交融②。

《唐虞之道》《子羔》均是儒家作品，可知在早于孟子或与孟子同时的战国儒家中，已有人推崇禅让。崇尚"禅让"应曾是先秦儒、墨等家的一致思想，禅让说是作为一个"母题"为先秦诸子多家学派所推崇③。其时诸家言说，李零先生曾以儒家为例指出，"它（儒家）对'天'的关心，主要还是作为政治命运的关心；它对'人'的关心，也主要是作为政治动物的关心"④。均是作为现实政治目标而存在的，其目的在于在自己的地区为统一天下构画蓝图⑤。在这个一致的政治目标下，诸子虽各抒己见，但由于关涉目标相同，则不可避免会出现言语、

① 黄武智：《上博楚简"礼记类"文献研究》，台湾中山大学中国文学系博士学位论文，2009年，第281～292页。

② 李均明：《清华简〈邦家之政〉的为政观》，《清华大学学报》（哲学社会科学版）2018年第6期。

③ 裘锡圭：《新出土先秦文献与古史传说》，《中国出土古文献十讲》，复旦大学出版社，2004年，第32～35页。

④ 李零：《郭店楚简校读记》（增订本），中国人民大学出版社，2007年，"前言"第9页。

⑤ 任继愈先生曾就郭店楚简的内容说："（郭店楚）竹简内容，反映了战国中后期的社会。再过约百年．即秦汉统一，结束了战国纷争的历史……统一的前夕，各地区先知先觉的思想家、有识之士，都在自己的地区为统一天下构画蓝图。竹简也反映了这一统一天下的理想……这一时期，各国各学派都有他们的设想，方法不同，目标则一致。"参见任继愈：《郭店竹简与楚文化》，《郭店楚简国际学术研讨会论文集》，湖北人民出版社，2000年，第1、2页。

思想上的相似性。

此种相似性，被明人郎瑛用“秦汉书多同”加以归纳并发出议论：

> 予尝反覆思维，岂著书者故剽窃耶？抑传记者或不真耶？非也。二戴之于《礼记》，彼此明取删削，定为礼经，其余立言之士皆贤圣之流，一时义理所同，彼此先后传闻，其书原无刻本，故于立言之时因其事理之同，遂取人之善以为善，或呈之于君父，或成之为私书，未必欲布之人人也，后世各得而传焉，遂见其同似。于诸子百家偶有数句数百言之同者，正是如此耳。①

郎瑛之说的重要性在于他指明了古书相同的缘由：由于“立言之士”所论之“事理”相同，所得之“义理”相似，故“取人之善以为善”②。简牍文献为古人的精辟见解提供了新的论证资料，也使我们对战国早中期的“尚贤”观念的传播有了进一步的认识。

受到广泛重视的“尚贤”观念，与战国时期的社会互动亦往来不绝。上述《子羔》篇中已经意识到禅让存在于理想中的古代社会，世袭则存在于现实中的战国社会。世袭与“血统”有关，禅让则重视“德行”。当时这种君位选择论的盛行，招致了公元前318～前314年间燕王哙禅位相国子之，最后国破君亡的惨剧。学者多已揭示，此后禅让理论彻底破产。但是在禅让理论式微之后，其对君主德行的重视却延续下来，成为理想政治模式下选择君位继承者的主要标准。

当然，理想模式是“德”“位”相匹，但在战国现实社会情境下，思想知识阶层基本承认了血统在君位选择中的主导地位，但是他们紧紧抓住了“德行”这一主题，可以说是由君位选择中的唯血统论所带来的对“德”的强调。

理想状况是“德”“位”相合，但考虑现实状况，有德者不见得能够在位，在位者亦并非皆有德，故对此问题必须有所说解或回应，所以楚竹书中不少篇章对此问题提供解释。简言之，一方面通过《穷达以时》《子羔》等论述的“际遇”“时机”等，以参照是否遇时，来解释这一问题。另一方面，强调“德”，用“德高于位”的观念说明有德者即便不在位，其地位仍高于在位者。例如，上博竹书《君子为礼》中即有子羽与子贡的讨论，一一比较孔子与子产、禹、舜孰贤。逐次而言，子产有贤之名而无王之实，禹有贤之名亦有王之实，舜则有圣之名亦有王之实，三人之历史地位依序提升，而孔子一一与之相较，德行事功亦胜于三人。此外《季庚子问于孔子》中亦有述及“贤人”与“邦家”孰重孰轻的内容，其文为：

> 是故贤人大于邦，而有畧（厚）心……【18】

此种将“贤人”地位推崇至邦国之上的观念似已表示此说已开始流行。由此可联系至当时

---

① 郎瑛：《七修类稿》，上海书店出版社，2001年，第248页。

② 杨博：《新出文献战国文本的差异叙述》，《中国社会科学院研究生院学报》2018年第5期。

士人社会地位之提高。余英时先生曾举魏文侯和鲁缪公的礼贤下士和陈仲的不愿出仕，以及齐国成立的“稷下学宫”以保障知识分子的“议论权”为例，论述其时知识分子声望的提高①。这与当时各诸侯国通过求得“礼贤下士”的美名，汇聚人才以增强实力的背景是分不开的②，体现出整个战国时期广泛传播的“尚贤”政治思想与社会现实相互影响的动态历史过程。

吊诡的是，燕昭王以后诸燕王，武备之修蔚为大观。公元前311年燕昭王立，立黄金台以卑身厚币招徕人才，“乐毅自魏往，邹衍自齐往，剧辛自赵往，士争凑燕”③，燕始强。燕将秦开破东胡，东胡退千余里，设上谷、渔阳、右北平、辽西、辽东五郡。公元前284年，燕以乐毅为将，合秦、楚、赵、魏、韩五国之众伐齐，下七十余城。公元前279年，燕惠王立，以骑劫替乐毅，齐人反攻尽复失地，燕国力由始不振，后屡败于赵，至公元前222年，为秦所灭。虽最终为秦所灭，但其重武备的特点却一直保持。1973年4月，易县燕下都第23号遗址一坑内即同出有郾侯职戈、郾王职戈、郾王戎人戈、郾王詈戈、郾王喜戈等历代燕君铜兵及九年将军张戈等铜兵器108件④。

与之相反，曾趁乱攻入燕境的中山，却在国内推行重儒的治国方略。《韩非子·外储说左上》记载：

> 赵主父使李疵视中山可攻不也。还报曰：“中山可伐也。君不亟伐，将后齐、燕。”主父曰：“何故可攻？”李疵对曰：“其君见好岩穴之士，所倾盖与车以见穷闾陋巷之士以十数，伉礼下布衣之士以百数矣。”君曰：“以子言论，是贤君也，安可攻？”疵曰：“不然。夫好显岩穴之士而朝之，则战士怠于行阵；上尊学者，下士居朝，则农夫惰于田。战士怠于行阵者，则兵弱也；农夫惰于田者，则国贫也。兵弱于敌，国贫于内，而不亡者，未之有也。伐之不亦可乎？”主父曰：“善。”举兵而伐中山，遂灭也。⑤

赵武灵王使李疵侦察中山国情，得出当时中山崇尚儒学、优礼儒生的情形。在战国时期各国奖励耕战，战争形势日益严峻的形势下，儒术治国导致了“农夫惰于田。战士怠于行阵”的严重后果，使其不久即亡于赵人之手。

由燕王哙禅让与中山之亡，不由使人联想“尚贤”观念特别是“禅让”思潮在战国时期的不合时宜，是故有诸家思想在秦不兴的论断。对于诸家思想在秦何以不兴的原因，学者多引《史记·秦本纪》记有秦穆公与由余的对话：

---

① 余英时：《古代知识阶层的兴起与发展》，《士与中国文化》，上海人民出版社，1987年，第1～83页。

② 杨博：《战国楚竹书与儒家“理想社会”构建》，《南昌大学学报》（人文社会科学版）2019年第1期。

③ 《战国策》卷29《燕策一》，刘向集录：《战国策》，上海古籍出版社，1998年，第1066页。

④ 石永士：《燕下都第23号遗址出土一批铜戈》，《文物》1982年第8期。

⑤ 《韩非子》卷11《外储说左上》，王先慎：《韩非子集解》，钟哲点校，中华书局，1998年，第281、282页。

> 戎王使由余于秦……缪公怪之，问曰：“中国以诗书礼乐法度为政，然尚时乱，今戎夷无此，何以为治，不亦难乎？”由余笑曰：“此乃中国所以乱也……夫戎夷不然。上含淳德以遇其下，下怀忠信以事其上，一国之政犹一身之治，不知所以治，此真圣人之治也。”①

由后来秦穆公留由余于秦并以客礼待之的态度可知，秦国君主对于“以诗书礼乐法度为政”时时招致乱局是一开始就有疑惑，即使对由余的话未必全信，但对由余所述“一国之政犹一身之治，不知所以治”的治国之道极为向往。居于西陲、与戎久处的客观现实，也使秦国那些有志向的为政者，包括任用商鞅进行变法的秦孝公在内，均不务虚名、只重实际，不管什么学说，能用的部分直接拿来为其所用，至于名头，并不重要②。所以秦简中多可见儒、道、墨、法诸家思想汇于同篇的情形，《为吏之道》《为吏治官及黔首》《从政之经》的发现即是很好的例证③。清华竹书《治政之道》与《治邦之道》从形式到内容都有密切关联，思想也多吻合，很可能是同一作者。本篇的思想从总体上来看，多与孔孟儒家的核心价值观相合，但并不墨守一家，而是兼收并蓄，儒、墨、道、法各家思想作为公共资源被不同程度吸收，呈现出诸家融合的气象。抄本是典型的楚文字，该篇很可能是楚人之作。实际上，站在统治者甚至是读者的角度，无论何种政治思想，只要可为我所用，本身即为我可汲取之养料，这是文献流传的共性，当并非秦之个性。熊铁基先生曾解《史记·儒林列传》辕固生称《老子》书为“家人言”，意思是指它的流行之广，一般人都可以学它、讲它，体现了“黄老”书的流行程度④。故就读者（使用者）而言，思想的内容、实质的可用性要大于学派等形式。西汉宣帝所云“汉家自有制度，本以霸王道杂之”正是此理⑤。

故而，由楚竹书这一横断面体现的以德治教化为核心观念的政治思想结构，和讲求“君人南面之术”的黄老道家之学的渊源与相互运作，也对历史的纵深产生了深远的影响。《论六家要旨》中将黄老道家思想概括为“因阴阳之大顺，采儒墨之善，撮名法之要”⑥，白奚先生研究认为在黄老之学吸取的各家学说中，儒家所占的比重最大，对于黄老学理论体系的构建最重要⑦。北大竹书《周驯》的政治思想除以道、法为主外，还有一些明显出于儒、墨，如“孝悌慈仁”“慈惠温良”“尊仁贵信”等来自儒家，而选择继嗣时的“立贤”思想以及“畏天”“事神”等主张可能来自墨家。因此《周驯》的思想宗旨即可以概括为“道法为纲、杂糅

---

① 《史记》卷五《秦本纪》，司马迁撰，裴骃集解，司马贞索隐，张守节正义：《史记》，中华书局，1959年，第192、193页。

② 赵鹏璞：《战国政治地理格局研究》，郑州大学历史学院博士学位论文，2018年，第145、146页。

③ 朱玲丽：《秦统治思想新探——以简牍为中心》，苏州大学社会学院硕士学位论文，2015年，第30～37页。

④ 熊铁基：《从“稷下黄老”到“家人之言”——黄老道家的形成问题》，《中国哲学史》1993年第1期。

⑤ 《汉书》卷九《元帝纪》，班固撰，颜师古注：《汉书》，中华书局，1962年，第277页。

⑥ 《史记》卷130《太史公自序》，司马迁撰，裴骃集解，司马贞索隐，张守节正义：《史记》，中华书局，1959年，第3289页。

⑦ 白奚：《学术发展史视野下的先秦黄老之学》，《人文杂志》2005年第1期。

儒墨”[①]。蒙文通先生指出：“百家盛于战国，但后来却是黄老独盛，压倒百家。”[②]黄老道家思想在战国逐渐成为显学，直至在汉初被遵奉为治国思想，即反映了这一趋势及影响。继之而起的标榜“德治礼教”的儒家主体思想更是对中国古代社会影响深远。这亦是简牍典籍“尚贤”政治思想与战国秦汉社会现实互相影响的典型范例。

四、结　语

目前所见出土战国简牍典籍，其年代下限均在公元前300年上下，与公元前316年燕王哙禅让事几乎同时，为讨论“尚贤”观念在战国早中期的传播与现实社会的因应等诸层面，均提供了第一手的资料。

作为诸子“言公”的共通资源，简牍典籍里的“尚贤”观念，分别以圣王（禅让）、良臣（任贤）为现实偶像依托，夏人观念中夏王形象、楚人观念中楚王形象，均反映出偶像依托的强烈现实需要。面对战国中期“德”“位”是否相匹的社会现实问题，“尚贤”观念逐渐由君王下移“良臣”；“德高于位”“礼贤下士”明确体现了战国时期广泛传播的“尚贤”政治思想与社会现实相互影响的动态历史过程。

由燕王哙禅让与中山之亡，不由使人联想“尚贤”观念特别是“禅让”思潮在战国时期的不合时宜，是故有诸家思想在秦不兴的论断。简帛典籍部分篇章显示出其不墨守一家，兼收并蓄，儒、墨、道、法各家思想作为公共资源被不同程度吸收，诸家融合以为现实政治服务。“霸王道杂之”成为治国思想要旨。故而，由简帛典籍体现出以“德治”为核心观念的政治思想结构，和讲求“君人南面之术”的黄老道家之学的渊源与相互运作，也对历史的纵深产生了深远的影响。

---

① 韩巍：《西汉竹书〈周驯〉若干问题的探讨》，《北京大学藏西汉竹书》（叁），上海古籍出版社，2015年，第249～298页。

② 蒙文通：《略论黄老学》，《蒙文通文集》第1卷《古学甄微》，巴蜀书社，1987年，第276页。

隋唐时期幽州佛教兴盛的原因

董坤玉
（北京市文物研究所）

北京地区自魏晋以后佛教开始盛行，隋唐时期的佛教寺庙及遗迹众多。慧聚寺（今戒台寺）、悯忠寺（今法源寺）、兜率寺（今十方普觉寺，俗名卧佛寺）及房山磁家务的万佛龙泉宝殿均建于唐代。房山云居寺内还伫立着许多始建于唐代的佛塔，最为著名的就是唐玄宗时期的金仙公主塔。此外，房山还留有震惊世界的规模宏大的石经，自隋大业年间的佛教信徒静琬秉承先师遗愿开始刻经，历经唐、辽、金、元、明各代，历时千余载，共完成大小经版共计14278块，镌刻佛教典籍1122部，3500余卷，堪称世界上巨大的文物宝库。这些足以说明隋唐时期佛教在北京地区的盛况和影响。

名闻天下的房山石经之所以能够在幽州地区出现，佛教之所以能够在隋唐时期的幽州获得蓬勃发展，有着众多的因素，归结其主要成因，不外乎以下几点。

1. 最高统治者对佛教的支持，为幽州地区佛教的发展提供了政治前提

隋代两任皇帝对佛教有着极深的感情。隋文帝杨坚是隋代的开国之君，他生于佛寺，由来自河东的尼姑抚养成人，长大之后方才离开佛寺①。这样的成长经历让他对佛教有着很深的感情。他在即位之后注重发展佛教，具体措施有如下几项。第一，鼓励出家。开皇元年（581）隋文帝即位之初即诏告天下，境内百姓任听出家。在开皇十年（590）一年内全国剃度僧侣就达到50余万人。第二，官立寺院。开皇三年（583）隋文帝诏令京城和各州官立寺院，开皇十一年（591）又诏令天下州县各立僧、尼二寺，并且诏令在他即位前行迹所至的45州均造大兴国寺。他以国家政权的力量把北魏文成帝拓跋濬开创的郡县置寺之制分期分批地从北方推向全国，标志着以州（郡）县行政区划布局为特征的中华佛寺群系粗具规模②。第三，营造经像、佛塔。开皇元年（581），隋文帝普诏天下，境内百姓“任听出家，仍令计口出钱，营造

---

① 参见［唐］魏征等：《隋书》卷1《高祖本纪》，中华书局，1973年，第1页。“皇妣吕氏（高祖杨坚之母），以大统七年六月癸丑夜，生高祖于冯翊般若寺，紫气充庭。有尼来自河东，谓皇妣曰：‘此儿所从来甚异，不可于俗间处之。’尼将高祖舍于别馆，躬自抚养。”

② 张弓：《汉唐佛寺文化史》，中国社会科学出版社，1997年，第92页。

经像”[①]。仁寿年间（601～604），他又效法古印度孔雀王朝阿育王的做法，先后命50多个州和30个州起塔以供奉佛祖舍利。隋代的第二位皇帝隋炀帝杨广也是一位虔诚的佛教徒，他在登基前曾任扬州总管，在此期间他与天台宗的创始人智𫖮大师过从甚密，还受了菩萨戒，并自称菩萨戒弟子[②]。据统计，隋仁寿、大业（601～617）十几年间，全国190个州郡中累计30个州造了庙，100余个州建了塔[③]。隋文帝时全国佛寺3792所，大业末增至3985所[④]。正是在隋代两位皇帝的倡导与支持下，佛教在经过北周武帝灭佛的沉重打击后，在隋代恢复发展起来，房山石经也得以在此时开始刻造。

唐朝在政治、经济、文化等诸方面均取得了杰出的成就，统治者出身关陇贵族，杂有胡人血统，长期的民族大融合造就了他们胸襟开阔的外向型性格。他们在文化政策上采取兼容并蓄的原则，儒、佛、道三教共同发展，唐代儒学的发展态势并不强劲，佛教、道教影响巨大。唐太宗李世民注意扶植佛教，唐高宗、武则天统治时期，佛教更是进入蓬勃发展的时期，直至唐玄宗统治时期，佛教寺院的发展势头始终呈上升态势。据统计，唐太宗贞观二十二年（648）全国共有佛教寺院3716所，唐高宗乾封元年（666）全国佛寺增至4000余所，至唐玄宗开元末年，全国佛寺共有5358所，其中3245所为僧寺，2113所为尼寺，当时全国州（郡）府328个，县1573个，平均每个州就有16个寺，每个县就有3.4个寺，直至唐末，这个数量没有太大变化。而这个数量只是政府登记在册的数目，不包括那些无寺额的寺院及私造的兰若、山房等，如果把这些包括进去，则全国寺院的实际数量应当远远大于此[⑤]。

2. 幽州地方长官对佛教的崇信与扶植，为幽州地区佛教的发展创造了条件

隋与唐代前期，统治者对待佛教的政策促进了幽州地区佛教的发展，唐代安史之乱后，地方节度使对佛教的崇信为幽州地区佛教的发展提供了肥沃的土壤。唐玄宗天宝十四载（755）十一月，身兼范阳、平卢、河东三镇节度使的安禄山发动叛乱，开始了长达8年之久的安史之乱。唐玄宗仓皇逃往西川（治今四川成都），唐王朝的统治岌岌可危。叛乱最终在唐王朝对河北叛军妥协的基础上平定。唐王朝无力消灭河北叛军，不得不保留其武装，就地安置，并采取笼络的态度以取得他们对中央的支持和承认，形成幽州、成德、魏博三镇，三者并称“河北三镇”或“河朔三镇”。三镇成为以节度使为首的职业军人集团控制下的政权。这些节度使无一例外地支持佛教发展，史称“今燕、魏、赵、代之间，天子分命重臣，典司方岳，辟用文儒之士，以缘饰政令，服勤圣人之教，尊礼浮屠之事者，比比有焉”[⑥]。

这些节度使崇佛，除了受到社会氛围的影响外，还有着主观的精神需求，一是为了消灾免

① ［唐］魏征等：《隋书》卷35《经籍志》，中华书局，1973年，第1099页。

② 参见《全隋文》卷7《杨广·答释智𫖮遗旨文》，商务印书馆，1999年，第73页；《全隋文》卷7《杨广·宝台经藏愿文》，商务印书馆，1999年，第76页。

③ 《续高僧传》卷18《隋西京禅定道场释昙迁传》，中华书局，2014年，第666页。

④ 《辩正论》卷3《十代奉佛》，见《大正藏》第52册。

⑤ 冯金忠：《燕赵佛教》，中国社会科学出版社，2009年，第67～71页。

⑥ 《全唐文》卷579《柳宗元·送文畅上人登五台遂游河朔序》，中华书局，1983年，第5851页。

祸，二是为了祈福。

其一，消灾免祸目的。许多节度使获得这个职位都是通过血腥的军乱方式，子杀父、弟杀兄、部将犯上作乱在这个时期屡见不鲜。幽州镇的29位节度使中有16位都是借军乱之机窃取权位。血腥的杀戮不但让们节度使们心理蒙上阴影，且军将对权力的觊觎也让他们时时心有余悸，故他们力图通过皈依佛门来求得心理上的解脱，通过佛教来安定人心。最为典型的例子莫过于刘总，他本为幽州节度使刘济的幼子，其上还有兄长，按常理他并无接任节度使的机会，事实上他通过毒死父亲、杀死兄长的方式最终获得了节度使的位子。但此后，由于心理恐惧，他时常见父兄鬼魂为祟，于是命人在官署后面大建佛寺，供养僧侣数百人，让他们昼夜念经祈禳，他只有在佛寺中才能稍得片刻平静，一回到自己的卧室便又变得惊恐万分，夜不能寐，这种折磨让他无法正常生活，最后不得不上书朝廷请求为僧，以其私第为佛寺①。

其二，祈福目的。节度使们自霸一方，有权有势，过着骄奢淫逸的生活，祈求长生以便能够永远享受这种富贵荣华，即使到了另一个世界也能继续这个世界的生活。史称，“故事，每有新帅，多创招提，以邀福利”②。节度使崇佛的手段，也基本以修建寺塔，抄写、雕刻佛经，斋僧、度僧几项为主。乾元二年（759）九月，史思明攻陷洛阳，将东都佛事皆送幽州，以旧宅为龙兴寺而崇饰之③。唐穆宗长庆年间，幽州节度使刘总奏请为僧，以其私第为寺，诏赐法号“大觉”，寺名“报恩寺”。节度使崇佛的另一个重要方式就是雕刻石经和雇人抄经。《房山石经题记汇编》中收录的石经说明几乎历任幽州节度使都参与了刻经，尤以刘济、张允伸最为频繁。幽州节度使张仲武还拿出自己的俸禄派官吏之“清洁者”去江南购买纸张，厚给其家，并雇佣“善书者”抄写佛经，散给百姓④。幽州节度使违反朝廷规定私建戒坛、私自度僧的事情时有发生，设斋供给僧侣饮食也是一种常见的崇佛方式，刘总甚至长期供养僧人，“衣食浮屠数百人”⑤。

幽州节度使的自霸一方也减弱了唐武宗会昌灭佛对该地区佛教的冲击。自隋代以来至唐武宗会昌年间（841～846）是中国佛教发展的黄金时期，佛教完全实现了中国化，形成彻底的汉式佛教宗派。但佛教的发展也引发了一系列的社会问题，佛教寺院占有大量土地，僧尼享有免役特权，佛寺成为逃避课役者的避难之所。加之，唐后期经济上出现了钱荒现象，钱重而物轻，而佛寺铸造佛像却使大量铜从流通领域进入佛寺，甚至很多人为铸佛像而销毁钱币，唐文宗就曾对这种社会现象感到极度忧虑，他说“古者三人共食一农人，今加兵、佛，一农人乃为五人所共食，其间吾民尤困于佛”⑥。唐武宗即位以后，“独奋怒曰‘穷吾天下，佛也’”⑦。佛教法难势所难免。会昌五年（845），在宰相李德裕等人的支持下，唐武宗正式下诏灭佛。

① ［宋］司马光：《资治通鉴》卷241“唐穆宗长庆元年（821）二月”，中华书局，1956年，第7788页。

② 《册府元龟》卷821《总录部·崇释教》，中华书局，1960年，第9760页。

③ 姚汝能：《安禄山事迹》（卷下），上海古籍出版社，1983年。

④ 《册府元龟》卷821《总录部·崇释教》，中华书局，1960年，第9760页。

⑤ ［宋］欧阳修、宋祁：《新唐书》卷212《刘怦附刘总传》，中华书局，1975年，第5975页。

⑥ 《全唐文》卷753杜牧《杭州新造南亭子记》，中华书局，1983年，第7810页。

⑦ 《全唐文》卷753杜牧《杭州新造南亭子记》，中华书局，1983年，第7810页。

主要内容包括：长安、洛阳两京东、西两街各留一寺，节度观察使治所和同、华、商、汝四州各留一寺，其余诸寺一律拆毁；铜佛像捣毁以铸钱，僧尼还俗，没收寺院良田，奴婢收充两税户。同时，又派出御史到各地督促。日本僧人圆仁亲身经历了这次法难，他在《入唐求法巡行记》中写道："三四年已来，天下州县准敕条流僧尼，还俗已尽。又，天下毁拆佛堂、兰若、寺舍已尽。又，天下焚烧经像、僧服罄尽。又，天下剥佛身上金已毕。天下打碎铜铁佛，称斤两，收检讫。天下州县收纳寺家钱物、庄园，收家人奴婢已讫。"[①]在这次灭佛运动中，全国共计拆毁大中型寺院4600余所，招提、兰若等小寺宇40000余处，僧尼26万多人还俗，收回良田数千万顷，奴婢收充两税户约15万人。这次灭佛涉及面广，对佛教打击甚大，甚至超过了北魏太武帝和北周武帝灭佛，"从汉至唐，凡经数厄，钟厄爰甚，莫甚武宗焉"[②]。但这次法难对幽州地区的冲击要比其他地区小得多。据圆仁记载，当时幽州、魏博、成德三镇："不拆（寺）舍，不条流僧尼。佛法之事，一切不动之。频有敕使勘罚，云：'天子自来毁拆焚烧，即可然矣，臣等不能作此事也。'"[③]学术界有人据此认为幽州一带佛教并未受到会昌灭佛的波及。但据方广锠、冯金忠等先生的考证，河北地区在开始时对灭佛政策有所抵制，但后期仍然受到了冲击。由于早期对灭佛政策的抵制，导致"僧亡命多趣幽州"，宰相李德裕召邸吏前往幽州警告节度使张仲武说："刘从谏招纳亡命，今视之何益？"张仲武迫于压力，以刀授居庸关吏曰："僧敢入者斩！"[④]另据《永乐大典》卷4650天字引《元一统志》记载，"武宗会昌五年，下令毁削佛寺，幽燕八州，唯悯忠独存"[⑤]，虽然这种说法有夸张的成分，但却从一个侧面反映了幽州地区佛教寺院在会昌灭佛中大量被毁的事实。

3. 幽州军民受到全社会崇佛风气的影响与节度使的倡导，使佛教信仰高涨

唐五代期间，佛教向民间底层渗透，民间佛教活动如火如荼。在安史之乱后，朝廷与幽州节度使之间，以及各节度使之间的战争不断，军将士卒冲锋陷阵，时时冒着马革裹尸的危险，他们迫切需要冥冥之中能够得到神佛的护佑。下层百姓则在各统治阶层的层层压迫之下，辛勤劳作却时时忍饥挨饿，频仍的战乱使民众的生活更加痛苦，人们只有把精神寄托在佛祖身上，祈求今世的辛劳苦难能换来来世的福报。佛教活动成为唐后期军队生活的重要组成部分，"军中皆右执凶器，左秉佛书，诵习之声，混于刁斗"[⑥]。云居寺石经题记中有相当大一部分都是幽州地区的军将，他们出资刻经，有的是为自己和家人祈福，也有的是为节度使祈福。唐五代时期幽州地区建有大量佛寺，张弓认为，如果以唐开元十五道及南诏国为行政区划，以近千个置寺县为络结，全国大致可以分为五个疏密层次，幽州所在的河北道成为仅次于京畿道、都

① 〔日〕圆仁：《入唐求法巡行记》卷4，《大藏经补编》第18册。

② ［宋］赞宁：《宋高僧传》卷17论曰，中华书局，1987年，第435年。

③ 〔日〕圆仁：《入唐求法巡行礼记》卷4，《大藏经补编》第18册。

④ ［宋］欧阳修、宋祁：《新唐书》卷180《李德裕传》，中华书局，1975年，第5342页。

⑤ 《永乐大典》卷4650天字引《元一统志》。

⑥ 《太平广记》卷238"李延召"条，中华书局，2008年，第1837页。

畿道、江南东道的第二层即次密区[①]。据《河北通志稿》、（光绪）《畿辅通志》和《河北省志·宗教志》等记载，唐五代时河北道佛教寺院共196所，仅北京所在的幽州地区就有33所[②]。不仅州、县治所建有寺院，乡村里坊也往往建有佛堂、兰若等，还有许多人在家中设置佛堂，供奉佛像，百姓对佛教的信奉非常狂热，甚至还有人为此自残肢体，竭尽资财，史载百姓“深迷至理，尽躯命以求缘，竭资财而作福。未来之胜因莫效，见在之家业已空。事等系风，犹无所悔”[③]。

4. 幽州的地理位置为佛教发展提供了前提

幽州作为隋唐时期的东北重镇，是中原王朝守御与进攻东北少数民族的军事重镇，也是东北少数民族政权进入中原的必争之地，唐末以后的时代虽战乱绵延，但幽州的佛教在动荡中继续发展，发展机遇要好于同时期的中原腹地。唐末天下大乱，尤其黄巢领导的农民大起义席卷大半个中国，农民战争对佛教寺院有一定的破坏性，但起义军并没有进入幽州地区，故而幽州地区的佛教寺院没有受到破坏。但黄巢起义失败之后，全国陷入藩镇的割据混战中，特别是势力最为强大的朱温与李克用集团的战争使幽州地区的佛教寺院遭到一定程度的破坏，战争及各藩镇长官焚毁佛像从而造兵甲器械和铸币的行为使佛教遭受很大损失，幽州地区在唐武宗灭佛中幸免于难的征应塔“近因兵革而废矣”，在唐末藩镇割据的战火中被毁。五代时期，基本继承了唐王朝对待佛教的政策，大体采取了扶持政策，但又采用各种措施加以限制。后唐统治者曾对佛教私建寺院的行为屡加禁止，明宗天成元年（926）十一月敕令“今日已前修盖得寺院，无令毁废。自此后不得辄有建造。如有愿在僧门，亦宜准佛法格例，官坛受戒，不得衷私剃度”[④]。这些措施实施的目的都是为了更好地将佛教纳入国家轨道。但这些措施从另一方面反映了当时民间私建寺院、私自剃度的行为仍然很兴盛。五代时期对佛教影响最大的事件就是后周世宗的灭佛事件。周世宗显德二年（955）对佛教进行了大规模的沙汰：“诸道州府县镇村坊，应有敕额寺院，一切仍旧，其无敕额者，并仰停废，所有功德佛像及僧尼，并腾并于合留寺院内安置。天下诸县城郭内，若无敕额寺院，只于合停废寺院内，选功德屋宇最多者，或寺院僧尼各留一所，若无尼住，只留僧寺院一所。……今后并不得创造寺院兰若。……男子女子如有志愿出家者，并取父母、祖父母处分，已孤者取同居伯叔兄处分，候听许方得出家。……如有私剃头者，却勒还俗，其本师主决重杖勒还俗，仍配役三年……如有私受戒者，其本人、师主、临坛三纲、知事僧尼，并同私剃头例科罪。应合剃头受戒人等，逐处闻奏，候敕下，委祠部给付凭由，方得剃头受戒……每年造僧账两本，其一本奏闻，一本申祠部，逐年四月十五日后，勒诸县取索管界寺院僧尼数目申州，州司攒账，至五月终以前文账到京，僧

① 张弓：《汉唐佛寺文化史》（上册）“寻蓝篇”之“唐‘州别一寺’与一统群系”，中国社会科学出版社，1997年。

② 冯金忠：《燕赵佛教》，中国社会科学出版社，2009年，第90、91页。

③ 《全唐文》卷30《唐玄宗·禁僧徒敛财诏》，中华书局，1983年，第339页。

④ ［宋］王溥：《五代会要》卷12《寺》，中华书局，1998年，第149页。

尼籍帐内无名者，并勒还俗。其巡礼行脚，出入往来，一切取便。”[①]拆毁非官颁寺额的寺院30336座，僧尼勒令还俗的达61200人，铜制佛像一律没收铸钱。这次灭佛运动范围广、力度大，河北道除幽州之外大部分地区均被周世宗以武力收复，许多寺院、佛像在这次法难中被毁，如建于隋开皇六年（586）的龙藏寺、镇州（治今河北正定）原大悲寺［建于唐大历三年（768），五代时毁于石晋之乱］的大悲菩萨像也在这次运动中被毁。幽州却因被割让给契丹而免遭此次法难。五代后唐的河东节度使石敬瑭反后唐自立，他以割让幽云十六州之地为条件向契丹求援，天福三年（938），石敬瑭把幽云十六州之地献出来，幽州自此成为辽的属地。后周世宗北伐取得了一系列胜利，收复了瀛、莫、易三州之地，瓦桥关以南之地归于后周，但幽州等地依旧为契丹控制。因此，后周灭佛运动并未影响幽州地区。相反，由于契丹族也信奉佛教，幽州地区的佛教迎来了进一步发展的机会，因为当时后周境内大量的佛教徒为躲避法难而大量流亡到了契丹控制下的幽州地区。房山刻经事业在这个时期进一步发展，成为石经史上仅次于唐代的兴盛时期，北郑村辽塔就是在这个时期修建的。

① ［宋］薛居正等：《旧五代史》卷115《世宗本纪》，中华书局，1976年，第1529～1531页。

唐幽州城与辽南京

夏连保
（北京市文物研究所）

唐代幽州治蓟城，自隋朝对辽东用兵以后这里便成为东方的军事重镇。五代后唐清泰三年（936），河东节度使石敬瑭以割让幽、蓟等十六州（俗称“燕云十六州”）为条件，在契丹的扶植下建立后晋政权。契丹得燕云十六州后，于会同元年（938）把幽州定为陪都之一，称南京或燕京，从此，幽州城由北方军事中心转变为国家的政治中心，翻开了北京建城以来新的一页。

辽南京是在唐幽州城的基础上建立起来的，要研究辽南京，就必须先研究唐幽州城。但是，有关唐代幽州城的资料，文献记载十分有限，因此，要想弄清楚唐幽州城，还必须同时结合辽南京的一些情况进行综合分析。

一、过去考古界对唐幽州城的形制和周长的推测存在问题

根据乐史《太平寰宇记》引《郡国志》的记载①，唐时“蓟城南北九里，东西七里，开十门”。乐史（930～1007），字子正，宜黄（今属江西）人。北宋著名文学家和地理学家。他不仅是由五代入宋的人，而且入宋后曾为著作佐郎，召为三馆编修，迁著作郎、直史馆，晚年判西京留司御史台。其所引《郡国志》一书，虽然今天我们已经无法看到其原貌，但作为一个曾经在史馆监修国史的官员，其对史料的征引应当是经过认真斟酌的。按照这一记载，唐时幽州城应当是一个形制相对较为规整的南北长、东西短的长方形，其城垣周长应当在三十二里左

① 《太平寰宇记》中共计引有354条“《郡国志》”逸文。由于乐史在《太平寰宇记》序言中提到“元和有《郡国志》”一句话，所以学者通常都认为其书中所引《郡国志》即《元和郡国志》。清严观作《元和郡县补志》，辑补今本唐李吉甫《元和郡县图志》阙文时，即将《太平寰宇记》所引《郡国志》34条文字认作《元和志》佚文收入。其余条目则以“尽是稗官小说，多与正史不合，未敢滋入”为由，未予收录。考《太平寰宇记》中所引用的354条《郡国志》逸文，其中有36条在今本《元和郡县图志》中存在着相同条目，但两者的内容却有着明显的差异。另外的313条在今本《元和郡县图志》中并不存在同一条目。由此可知，《太平寰宇记》所引《郡县志》与《元和郡县图志》并不是同一本书。

右。根据学者的研究，唐代的一里约合今之530.82米①。虽然在唐代的不同时期或许有细微的差别，但大致相差不会太远。以此计算，则唐代幽州城的周长应当在16986米左右。

自20世纪70年代以来，考古工作者根据文献记载，结合考古出土的一些唐代墓志材料，对唐幽州城的四至做了许多研究，其研究方法，主要是利用在北京地区出土的唐代墓志材料，根据志文记述的与幽州城的方位和距离，结合对实地地形进行探查，来推测唐幽州城的四至。最后大致确认：其东垣在今烂漫胡同稍偏西；西垣在会城门稍东。莲花河过甘石桥之小河，大约就是唐幽州城西之故壕；南垣约在今陶然亭迤西之姚家井一线以北、白纸坊东西街一带；北垣应在头发胡同一线。白云观北之河向东流，穿东西太平胡同，达头发胡同之北的受水河胡同（原臭水河），大约应当就是唐幽州城之北护城河②。这一结论自发表以来几成定论。根据这一结论，我们大致可以利用现代网络地图测距的方法，绘出唐幽州城故址大致位置如图一。

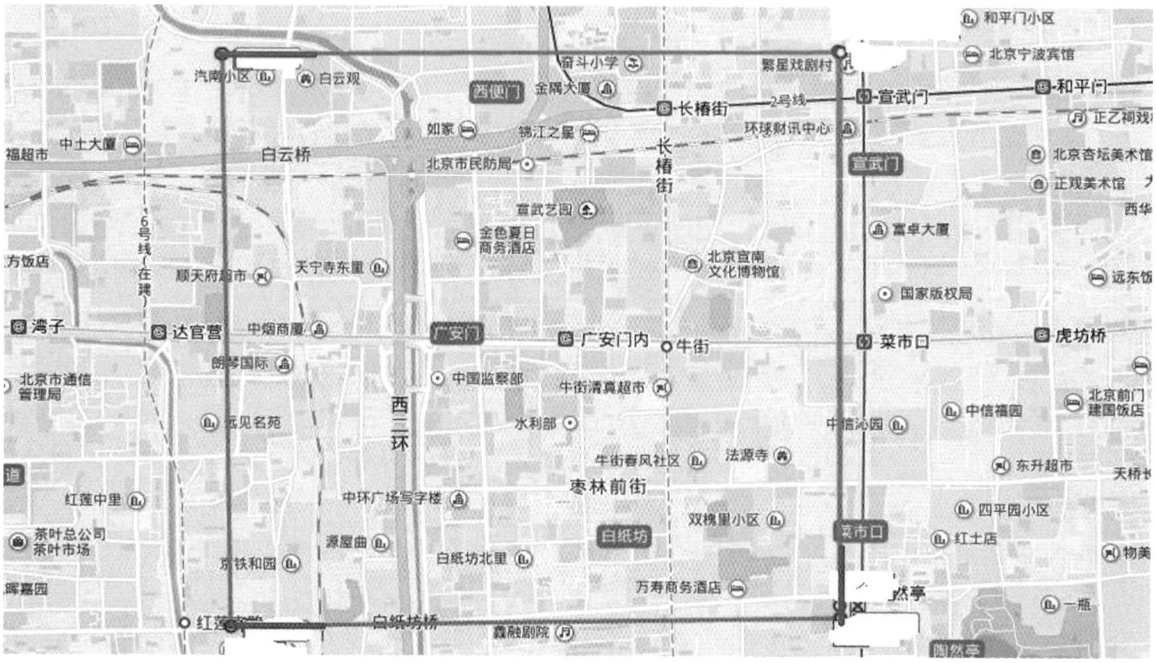

图一　唐幽州城故址示意图

但是，从地图上我们可以看出，根据这一结论绘制出的唐幽州城的四至范围，其城垣基本是一个正方形，每边城垣按照GPS定位的数据显示，也分别只有3000米左右，其周长总计最大值也才12000米左右③。这与《郡国志》的记载至少还差将近4000米。况且其南北与东西长度之比也不符合古人记载的南北长、东西宽的比例。

我们都知道，“辽南京城基本上还是沿用唐代幽州城，只是把城墙重加修筑，并没有进

① 参考梁方仲《中国历代度量衡之变迁及其时代特征》及吴慧《中国度量衡通史》。

② 参考北京市文物研究所：《北京考古四十年》，北京燕山出版社，1990年；侯仁之主编：《北京城市历史地理》，北京燕山出版社，2000年。

③ 这一数据是根据GPS网络测距的方法得出的数据。由于在网络地图上，四至的定位不可能十分精确，故实际的长度可能存在一定的误差，但相距绝不会太远。

行大规模的城市改造”[①]。这也就是说，辽南京与唐幽州城的四至基本上完全一致。据《辽史·地理志》的记载，辽南京“城方三十六里”，比《郡国志》记载的数字又多了四里。倘若“辽南京城基本上还是沿用唐代幽州城”，那么，对于辽南京城的城垣周长，《辽史》的记载怎么会比《郡国志》的记载多了四里？

原来，《辽史》《金史》《宋史》都是元脱脱主持编修的。《辽史》记载说辽南京“城方三十六里”，其实并不是辽南京扩大了唐幽州城的城垣，而是元代的里的长度与唐时里的长度不同造成的。我们知道，唐太宗李世民规定以自己的步为标准，300步为一里[②]。而据元人陶宗仪的《辍耕录》记载，元代则以240步为一里。这样看来，《郡国志》说唐幽州城城垣为三十二里，按照唐人300步为一里的计算方法，应当是9600步，而元人则按240步为一里的方法计算，三十六里才8640步。两者实际的误差才960步。据两唐书记载，唐太宗身高八尺，在古代应当属于比较高的。考虑到元人的“步”与唐太宗的“步”实际长度的差别，应当说，《郡国志》与《辽史》对唐幽州城和辽南京城城垣长度的记载，基本是吻合的。这不仅从另一个角度证明了辽南京城基本上沿用了唐幽州城，并没有进行大规模的城市改造这一论断是完全正确的；而且也进一步佐证了《郡国志》对唐幽州城的记载的可靠性。

如果《郡国志》和《辽史》对唐幽州城和辽南京城垣周长的记载都是准确的，那么，过去学术界对于唐幽州城垣四至的推测就肯定还有问题。否则，利用GPS定位在网络地图上按照以往的推测绘制出来的唐幽州城的形制和周长，怎么会与文献记载存在着如此大的差距？

二、对唐幽州城形制和周长的再考证

《房山石经题记汇编·诸经题记》中，收录了一篇《佛说八部佛名经》题记，其中有“会昌元年四月八日，幽州蓟县西角开阳坊邑主僧克存邑人等同献”一句话。会昌是唐武宗的年号，会昌元年即公元841年。从这句话中可知，唐幽州城中曾有一个里坊叫开阳坊，其位置是在幽州城蓟县治所的“西角”。根据《旧唐书·地理志二》记载：“幽都县管郭下西界，与蓟分理。”也就是说，蓟县在当时主要是管理幽州的东部，故蓟县的治所也应当是在东部一带。因此，题记中所说的“蓟县西角”，仍然是在幽州城的东部一带。这样看来，幽州城的开阳坊也应当是在城东部。

另据《辽史·地理志》记载，辽南京的东南门叫开阳门。辽南京开阳门与唐幽州城门有没有承袭关系，史无明确记载。但辽南京的开阳门，与幽州城的开阳坊必定有着很大的关系。或者是幽州城的十门中原就有开阳门，也有可能是辽南京开阳门的命名本之于幽州城中的开阳坊，这都是有可能的。

---

① 侯仁之主编：《北京城市历史地理》第四章“辽金元时期北京城的规划与建设”，北京燕山出版社，2005年，第80页。

② 古人以左右脚各走一步为“步”。唐太宗李世民规定以自己的左右脚各迈一步为“步”的长度单位，并规定以300步为一里。

今考北京市从右安门桥至开阳桥路段的南侧，至玉林路北一带的地方，就叫开阳里。现这一带不仅有开阳里一街、二街、三街，也有开阳里东巷、开阳里西巷等一系列与开阳里有关的街道名，并有以“开阳里”为名的居民小区六七个。种种迹象表明，这一带应当就是从唐至辽一直沿用至今的一个古老地名，就是唐时幽州开阳里或开阳坊的所在位置无疑。

《郡国志》记载唐幽州城垣南北长九里。今以学者们考定的幽州城的北垣东部即今头发胡同为起点，按照GPS定位地图定位，向南延伸约九里的地方，正好就在今北京的开阳桥以南玉林路一带，也就是上述的开阳里小区一带，这绝不是巧合（图二）。

图二　唐幽州城垣示意图

综上所述，笔者认为唐幽州城和辽南京城的南部城垣，并不在过去认定的今北京白纸坊东西街一带，而应当在今开阳桥以南的玉林南路一带。玉林路南侧的河道才应当是当时幽州城的南部护城河，也即是辽南京的南护城河。

三、唐代幽州城的城坊及辖治问题

我们知道，从西周直到秦汉，城邑中居民聚居的基本单位，叫作里。里中只能有一条直通的道路，由官府在道路的一头或两头设里门（即所谓“闾”），任命小官管理，检查出入之人。所以古时有“里域不可以横通”之说①，东汉以后，宫中贵族的住处始有称为“坊”的。到北魏建都平城时，对城中居民的“里”也开始称“坊”，且有时候“里”与“坊”互用。唐幽州城中的里坊就常常互用，有时候就把“某坊”又称为“某里”，就是沿用了古人对里坊称

① 《管子·八观篇》：“大城不可以不完，郭周不可以外通，里域不可以横通，宫垣关闭不可以不修，……里域横通，则攘夺窃盗者不止，闾闬无阖，外内交通，则男女无别。”

谓的一种习惯，这种现象在唐人墓志中并不鲜见。比如1965年朝阳区高碑店出土的《唐高行晖墓志》说，高氏于“大历元年（766）七月二十九日终于幽州平朔里之私第”。而1969年西直门拆南城墙时发现的《唐侯元知墓志》则说：“元和二年二月二十八日，属纩于幽都县平朔坊之私第。”这两方墓志中的“平朔里”和“平朔坊”，其实就是同一个地名。

里坊是唐五代时期城邑中居民聚居的基本单位。唐代对里坊的管理是非常严格的。“唐代规定，无论都鄙，坊门早晚都要定时开关。”①唐代的长安、洛阳等都城，日落之后，街上就不再允许行人出入行走，一旦犯禁，按律都要受二十笞刑。幽州作为北方重镇，对里坊的管理应当更为严格。

唐时的幽州城是由蓟县与幽都二县分治的。按《旧唐书·地理志》：蓟城（即幽州城）本为古燕国之国都，自晋至隋，幽州刺史皆以蓟为治所。天宝元年（742）析置广平、广宁二县，至天宝三载（744）废。至德后，复置广平县，与幽都县依郭蓟城（幽州城）。幽都县原为燕州所领之辽西县，武德六年（623）自营州迁于幽州城中，开元二十五年（737）徙治幽州北桃谷山。建中二年（781），燕州及所领辽西县为朱滔所灭，因废为幽都县，由幽州北桃谷山迁治幽州城燕州旧署，在府北一带。从此幽州属县遂增加幽都县，并开始出现了幽州城内蓟与幽都二县依郭并治的局面。

唐代幽州城的城坊到底有多少，史无明确记载。宋人路振《乘轺录》说辽南京“城中凡二十六坊，坊有门楼，大署其额。有罽宾、肃慎、卢龙等坊，并唐时旧名”。路振在这里只列举了当时辽南京26里坊中的3个唐幽州的坊名，但并没有说唐时的幽州有多少个里坊。后世学者或因此推测“唐代的幽州城也应当有二十六坊”②。这一说法是否可靠，有待将来新的考古资料进一步证实。

根据文献记载和新中国成立以来的考古资料，现将已发现的可确认为唐幽州城中的里坊名及其相关情况列表如表一。

表一　目前发现的唐代幽州城坊名及其相关情况

序号	里坊名	文献或考古资料摘录	资料来源	里坊辖属	备注
1	卢龙坊	（一）1956年永定门外安乐林村《大公报》宿舍工地出土《唐故棣州司马姚府君墓志铭》：“建中元年（780）十月廿八日，终于卢龙坊。” （二）1958年西郊温泉白家疃出土《唐故陇西郡要氏夫人墓志铭》：“以中和四年（884）五月六日，殁于卢龙坊之私第。”	（一）首都博物馆藏碑 （二）首都博物馆藏碑		

① 杨宽：《中国古代都城制度史研究》，上海古籍出版社，1993年。

② 鲁晓帆：《唐幽州诸坊考》，《北京文博》2008年第4期；侯仁之主编：《北京城市历史地理》，北京燕山出版社，2000年，第80页。

续表

序号	里坊名	文献或考古资料摘录	资料来源	里坊辖属	备注
2	燕都坊	1976年西城区北海中学教学楼前出土《唐故前蓟州刺史幽州节度押衙银青光禄大夫检校太子宾客兼侍御史上柱国宋府君夫人蔡氏合祔墓志铭》："以大中十二年（858）十一月十八日，归全于蓟县界燕都坊之私弟。"	首都博物馆藏碑	蓟县	考古所见唐代墓志中"燕都坊"名所见最多，且多为职务较高之官员。燕都坊之得名，或与战国以来燕都于蓟有关
3	花严坊	1970年10月广安门外马连道中出土《故汝南郡夫人周氏墓记》："以元和三年（808）七月五日，终于花严坊私第。"	首都博物馆藏碑		《房山石经题记汇编·无能胜幡庄严陀罗尼经》："施生燕京市内院了遵、京北花严寺惠澄，共化到钱续造此经。"由此可知，唐时燕京城北有花严寺。"花严坊"之名或因寺在其坊内而得
4	归仁里	1976年12月西四羊肉胡同西口出土《幽州故右厢节度衙前讨击付使任希墓志》："贞元己巳岁（789）十二月二十日，奄化于蓟县归仁里之私第。"	首都博物馆藏碑	蓟县	
5	时和里	1971年8月石景山首钢院内出土《南阳郡张氏夫人墓志铭》："大中二年（848）戊辰岁在五月三日谢于幽都县界时和里之私第。"	首都博物馆藏碑	幽都县	《元一统志》："归义寺，在旧城时和坊内。"据考证归义废寺在今广安门大街以北一带
6	遵化里	1972年4月房山县崇各庄公社焦庄大队出土《唐焦西鸾夫人郑氏墓志铭》："以贞元二年（786）三月乙巳，终于幽都县遵化里之私第，春秋廿有六。"	首都博物馆藏碑	幽都县	《元一统志》引《幽州善化院故禅尼大德实行录》："侍中张公崇敬别卜禅居于遵化坊吉地，辟开梵宇。"由此可知遵化坊内唐时有善化寺
7	平朔里	1965年朝阳区高碑店出土《唐故正议大夫试怀州别驾赐紫金鱼袋赠户部尚书渤海高府君墓志铭》："以大历元年（766）七月廿九日，终于幽州平朔里之私第。"	首都博物馆藏碑		
8	辽西坊	1975年9月阜成门外甘家口出土《唐姚季仙墓志》："以咸通四年（863）三月廿二日，卒于辽西坊私第。"	首都博物馆藏碑		辽西县是幽都县的前身。唐武德六年（623）迁辽西于燕州（今内蒙古土默特右旗西），寄理于幽州城内。建中二年（781）朱滔废燕州，改辽西县为幽都县。辽西坊得名或与辽西县有关

续表

序号	里坊名	文献或考古资料摘录	资料来源	里坊辖属	备注
9	肃慎坊	阜成门外迤南铁旗杆庙附近出土《幽州大都督府录事参军蓟州刺史陆日岘妻王氏墓志铭》："以元和九年（814）四月二十六日遘疾，终于肃慎坊私第，享年四十八。"	首都博物馆藏碑		《旧唐书·地理志》："幽都县管郭下西界，与蓟分理，建中二年取罗城内废燕州廨署置幽都县，在府北一里。"按：幽州城有子城、外城，罗城当指外城，而府城则指大总管府、大都督府所在地幽州城
10	蓟宁里	（一）《有唐故处士纪公墓志铭》："天宝十二载（753）正月五日，卒于范阳郡蓟宁坊之第也。" （二）1985年丰台区永定门外市邮局汽车修理厂出土《大唐故天水赵府君墓志铭》："以大历十二年（777）二月十一日，终于蓟宁里之私第。"	（一）首都博物馆藏碑 （二）《新中国出土墓志·北京》（壹），文物出版社，2003年		《旧唐书·地理志二》：幽州"天宝元年，改范阳郡，属范阳"，治幽州城
11	东通阛里	1949年石景山庞村出土《唐乐邦穗墓志》："乾符四年（877）夏五月廿二日，在疚奄然就木于蓟县界东通阛里之私第。"	《新中国出土墓志·北京》（壹），文物出版社，2003年		按：《唐温令绶墓志》云"以咸通十五年（874）二月廿二日，殁于幽都县通阛坊之私第"，可知，通阛里属幽都县所辖，而此志则云"就木于蓟县界东通阛里"，故知时通阛里在城之西界，属幽都县管，而东通阛里因在通园里之东，故称东通阛也。两坊紧相为邻，一在街左，一在街右。在右者虽称东通阛，然却在蓟县界之西侧
12	来远坊	1985年丰台永定门外西罗园小区出土《唐卢龙征马使游击将军守左武卫大将军赐紫金鱼袋曹朝宪故夫人太原陶氏墓志铭》："大和元年（827）九月三日，终于幽都县来远坊私弟。"	《新中国出土墓志·北京》（壹），文物出版社，2003年	幽都县	
13	玉田坊	《唐故幽州节度衙前兵马使检校太子宾客兼监察御史济阴董府君夫人太原郡君王氏墓志铭》："以咸通十一年（870）四月廿五日终于蓟县界玉田坊之私第。"	《新中国出土墓志·北京》（壹），文物出版社，2003年	蓟县	
14	通阛坊	1981年10月海淀区万寿路出土《唐温令绶墓志》："以咸通十五年（874）二月廿二日，殁于幽都县通阛坊之私第也。"	《新中国出土墓志·北京》（壹），文物出版社，2003年	幽都县	

续表

序号	里坊名	文献或考古资料摘录	资料来源	里坊辖属	备注
15	通肆坊	1984年11月海淀区甘家口外出土《唐茹弘庆墓志铭》："乾符五年（878）秋季月下旬五日，□□蓟县通肆坊私第。"	《新中国出土墓志·北京》（壹），文物出版社，2003年	蓟县	
16	归化里	（一）民国初年西直门外出土《唐故居士河内常府君墓志铭》："以大历十有四年（798）三月廿四日，逝于辽西县归化里之私第。" （二）1956年北京市西城区旃檀寺西街出土《唐故幽州卢龙节度都押衙银青光禄大夫检校太子宾客使持节檀州诸军事檀州刺史兼殿中侍御史充威武军团练等使汝南周府君墓志铭》云：周元长"以开成二年（837）十月廿日，终于幽都归化里之私第。"	（一）罗振玉《京畿冢墓遗文》 （二）首都博物馆藏碑	幽都县	按：辽西县乃幽都县之前身，唐建中二年，改辽西县为幽都县
17	铜马坊	《唐故中山郡郎氏夫人墓志铭》："大中元年（847）十一月而遘疾焉，十二月十日，终于铜马坊之私弟。"	罗振玉《京畿冢墓遗文》（下）		《元一统志》："铜马门在旧城东南隅，昔慕容儁铸铜马置之东掖门，后人因名铜马门为坊。"
18	蓟北坊	房山云居寺《大般若波罗密石经题记》："大唐幽州蓟县界蓟北坊檀州街西店弟子刘师弘、何惟颇、侯存纳、贾师克等造大般若石经。"	《房山石经题记汇编》，书目文献出版社，1987年	蓟县	由此可知，蓟北坊紧挨蓟县界，并有檀州街及街中商铺西店
19	开阳坊	房山云居寺《佛说八部名经》："会昌元年四月八日，幽州蓟县西角开阳坊邑主僧克存邑人等同献。"	《房山石经题记汇编》，书目文献出版社，1987年	蓟县	此云"幽州蓟县西角开阳坊邑主"，则蓟县治所即在开阳坊之东侧可知。按辽南京东南门曰开阳门，盖其门得名之由，缘于门开于开阳坊之旧地耳。由此可知，开阳坊与蓟县之治所均在幽州城之东南门处。其地约在今北京西城区南樱桃园一带
20	军都坊	（一）房山云居寺《大般若波罗密多经题记》："燕京北军都坊住人，故秦晋国王府前行、摄涿州录事参军王寿等，合家施财，镌刻经字。" （二）西直门外出土《唐故幽州随使节度押衙正议大夫检校国子祭酒兼侍御史上柱国太原王府君夫人清河张氏合祔墓志铭》："以咸通十一年（870）庚寅岁夏六月二日属纩于蓟县军都坊之私第。"	（一）《房山石经题记汇编》，书目文献出版社，1987年 （二）《顺天府志》	蓟县	

续表

序号	里坊名	文献或考古资料摘录	资料来源	里坊辖属	备注
21	招圣里	《唐故太子洗马博陵崔府君墓志铭》："以元和十四年（819）五月廿三日遘疾，终于幽州蓟县招圣里之私第也。"	［清］朱士端《宝禄堂收藏金石记》	蓟县	里以"招圣"名，或缘于战国时燕昭王设黄金台，招揽天下贤士之故事
22	劝利坊	《大唐幽州节度随使押衙银青光禄大夫检校国子祭酒太原王公夫人清河张氏墓志》："以咸通四年（863）正月廿日寝疾，至五月廿四日，终于幽州幽都县界劝利坊私第。"	［清］朱士端《宝禄堂收藏金石记》	幽都县	
23	罽宾坊	［宋］路振《乘轺录》："（辽南京）有罽宾、肃慎、卢龙等坊，并唐时旧名。"	［宋］路振《乘轺录》		罽宾国又称劫宾国、羯宾国，汉唐时西域之国名。其王居遏纥城，唐高宗时遣使来朝，唐于其王城置修鲜都督府，以罽宾国王为修鲜都督。幽州城罽宾坊之名，或与此事有关
24	敬客坊	1949年丰台区出土《唐故衙前散将游击将军守立羽府中郎将和公墓志铭》："元和十一年（816）春秋□有卅，寝疾终于蓟县敬客坊之私第也。"	丰台区文物管理所藏碑	蓟县	
25	析津坊	1995年11月北京石景山老古城出土《有唐幽州庐龙节度左都衙银青光禄大夫检校国子祭酒摄檀州刺史充威武军使兼御史中丞上柱国晋昌论公墓志铭并序》："咸通乙酉（865）重五，聘东垣迴暍，疾于路，迄秋分永逝于蓟城南郭析津坊。"	陈康：《从论博言墓志谈吐蕃噶尔氏家族的兴衰》，《北京文博》1999年第4期		按：唐幽州子城在城西南隅，此志文明言析津坊之方位在蓟城之南郭，则析津坊当在其子城之东侧位置，应与开阳坊相距不远
26	宁里	1949年后丰台区出土《唐故幽州节度押衙银青光禄大夫检校国子祭酒兼监察御史□韩府君墓志铭》："以乾符六年（879）五月遘疾，廿四日丑，终于幽州蓟县宁里之私第，享年五十。"	丰台区文物管理所藏碑		按：唐时幽州城坊中蓟县治辖下有蓟宁里，而此处又见"宁里"一名，且亦属治于蓟县，殊觉可怪。考幽州城坊多以三字命名，未见有二字者。疑此"宁里"即"蓟宁里"之误，刻石时漏刻"蓟"字。尚待发现新材料证实

从表一中可以看出，目前文献记载和考古资料已发现的幽州城坊名恰好也有26个。但这26个坊名中，"宁里"一名尚值得怀疑，这一点在表一的备注中已作了说明，兹不赘言。倘若"宁里"一名不是幽州之里坊名，则现在实际可以考知的幽州城里坊实际就只有25个。

唐幽州城中的里坊位置已有不少学者有过研究，但至目前为止，我们仍不能完全恢复其原有格局。甚至现已考知的里坊，尚有卢龙、花严、辽西、蓟宁、肃慎、铜马、罽宾、平朔、析津9坊，我们还不知道它们的属治，尚需有新的考古发现来进一步证明。

四、辽南京的周长及城门

关于辽南京城的大小，北宋路振在《乘轺录》中说“幽州城周二十五里”①。辽亡以后，宣和七年（1125）宋人许亢宗出使金国，途经宋燕山府（即辽南京，宋改称燕山府），他在《宣和乙巳奉使金国行程录》中又记云“城周围二十七里”。按照路振和许亢宗两书的记载，似乎辽南京城的周长反而比唐时的幽州城还少了5～7里。

我们知道，辽据有幽州后，其南京城池的规模基本沿袭唐五代之旧，并没有太大的改易，所以路振和许亢宗两书的记载显然是有问题的。这一问题我们猜想应当是古书传写的讹误，而不是路、许二人的失误。古人书写用毛笔，习惯从右至左竖写。“三”“十”两个字连书时，极易令人误读为“二十”。至于“三十五”和“三十七”两个数中的个位之数的差异，或许是因为二人皆为出使北国的使者，不可能对辽南京的周长进行实地的丈量，只是根据耳闻，举了一个大约数字而已。这都与《太平寰宇记》所引《郡国志》及元脱脱主持修纂的《辽史》记载的里数基本一致。

前文我们已经对唐幽州城的四至和周长进行了新的考查。如果我们的推测不误，那么，辽南京的四至也就应当与唐幽州城的四至基本一致。其四至：西北角大约在今新文化街东头与头发胡同交叉处一带，西南角大约在今玉林路北开阳小区一带，东北角大约在今中国人民公安大学北侧与永定河引水渠拐角以南一带，东南角大约在今菜户营万泉寺小区一带。这与之前学者们认为的辽南京城的四至相比，主要区别就是南垣的位置。把原来推测的南垣位置在白纸坊东西街一带，再向南延伸1300～1500米。也就是说，金中都的南北垣之间的距离，应当是与辽南京南北垣距离相等。这不仅与《郡国志》所记述的唐幽州城的东西和南北墙垣比例基本相合，而且也与《辽史》所记的周长基本一致。后来的金中都只是把原辽南京的南北垣各向东西作了一些延长而已。

辽升幽州城为南京后，除了对原城垣做了加筑、修补等工作以外，外郭的变化主要是城门。

根据《太平寰宇记》引《郡国志》的记载，唐时“蓟城南北九里，东西七里，开十门”。而辽南京只有八个门，比唐幽州城少了两个门：“东曰安东、迎春，南曰开阳、丹凤，西曰显西、清晋，北曰通天、拱辰。”②这可与许亢宗《奉使行程录》所说的“城开八门”相互印证。而路振在《乘轺录》中则说：“东南曰水窗门，南曰开阳门，西曰清音门，北曰北安门。三门不开，止从宣和门出入。”他只列举了四个城门，而且这四个城门的名字也与《辽史·地理志》不甚相合。于得源先生认为，这其中的原因“有些属传写之讹，如‘清音’应属‘清晋’之讹；有些或属民间俗称。犹如今日北京居民称正阳门为前门一样，北安门当即通天

① 按此处所谓幽州，当即为辽南京。宋人以辽为敌国，故仍以幽州称之，而不称南京。

② 《辽史》卷40《地理志四》。

门”[①]。其说甚是。

另外，根据《三朝北盟会编》的记载，宣和四年（1122）十月二十四日，郭药师攻入辽南京，旋败，想从东门出城，“燕人皆曰：‘……今已断了诸门吊桥，幸无遽出，以决死耳。’”由此可知，辽南京诸城门外的城壕上都架有木吊桥。

城内的布局，根据《辽史·地理志》的记载：“大内在西南隅。皇城内有景宗、圣宗御容殿二，东曰宣和，南曰大内。内门曰宣教，改元和；外三门曰南端、左掖、右掖。左掖改万春，右掖改千秋。门有楼阁，球场在其南，东为永平馆。皇城西门曰显西，设而不开；北曰子北。西城巅有凉殿，东北隅有燕角楼。坊市、廨舍、寺观，盖不胜书。”

许亢宗在宣和乙巳年（1125）辽败后奉使使金，路经燕山府（即辽南京。宋与金约攻辽，许灭辽后以城归宋。宋宣和五年（1123），金人许将燕京归宋，宋即改辽南京为“燕山府”），他眼中的燕山府是这样的：“城北有三市，陆海百货萃于其中。僧居佛宇，冠于北方；锦绣组绮，精绝天下。膏腴蔬蓏、果实、稻粱之类，靡不毕出；而桑柘麻麦、羊豕雉兔不问可知。水甘土厚，人多技艺，民尚气节。秀者则向学读书，次则习骑射，耐劳苦。未割弃以前，其中人与夷狄斗，胜负相当。城后远望，数十年间，宛然一带回环缭绕，形势雄杰，真用武之国，四明四镇皆不及也。……城周围二（当为‘三’之讹）十七里，楼壁共四十丈，楼计九百一十座，地堑三重，城开八门。”在这一段话中，许亢宗说辽南京城内“地堑三重”，是则辽南京城曾有三道护城河。但这三道护城河究在什么位置，尚需进一步考证。

五、辽南京的里坊变化

前文已述及，辽南京中的里坊，根据宋人路振《乘轺录》的记载共有26坊。但这一说法只能代表路振使辽的那个时期。我们知道，宋路振使辽是在宋真宗大中祥符元年，即辽圣宗统和二十六年（1008）。自路振使辽之后到辽亡，其间尚经历了117年，辽南京的里坊肯定也会发生一些变化。目前在已经出土的辽代墓志及《房山石经题记》和《元一统志》等材料中发现了一些新的坊名，例如：隗台坊、永平坊、北罗坊、齐礼坊、显忠坊、棠阴坊、大田坊、归厚坊、市骏坊、仙露坊、甘泉坊、水平坊、奉先坊、单罗坊等。这些坊名到目前为止，尚没有考古资料能够证明是唐代的遗名。估计其中多数坊名都是在辽南京时期或路振使辽之后的117年内产生的，说明了辽南京时期里坊的变化情况。这些还有待新的考古资料的发现来进一步加以证实。

---

① 于德源：《辽南京（燕京）城坊宫殿苑囿考》，《中国历史地理论丛》1990年第4期。

元朝御容的奉安与元大都佛教

孙　勐
（北京市文物研究所）

元朝是我国北方草原地区蒙古族建立的大一统的封建政权。忽必烈时，正式建立了元朝，定都于北京，并于1279年最终灭亡了南宋，结束了我国历史时期从唐末五代以来形成的长达300余年的分裂割据、政权对峙的局面，为南北方经济的恢复、文化的交流、科技的发展、民族的融合等产生了巨大的作用。为了加强和巩固统治，元朝统治者对各民族和不同区域的文化采取了积极吸收和借鉴的政策，通过不断的融合与交流，缔造出了一种缤纷繁盛的气象，其整体文化面貌呈现出了开放性、多样性、多元化的特征。其中，宗教文化是最有代表性的一个重要方面。“成吉思汗命其后裔切勿偏重何种宗教，应对各教之人待遇平等”①，这大体被元朝后来的历代继承者所遵守，即在不危害其政治统治的前提下，允许并支持各种宗教的传播和发展，因而元朝时期在宗教方面采取了兼容并蓄的政策。

作为元朝政治象征的都城——元大都，是当时中西交往、南北汇集的中心区域，同时也是整个王朝宗教文化的中心，如宣政院、集贤院、回回哈的司、崇福司等各种宗教的最高管理机构均设置于此，寺观星罗棋布，僧道遍布朝野，极大地推动了北京地区宗教文化空前繁荣局面的形成。在各种宗教派别之中，佛教占有最为重要的地位，据统计，元大都的各类佛教寺庙多达数百所，僧尼人数众多，仅仅帝王所建的十余所庙宇就有僧尼3000余人，可见元大都佛教之盛。除此之外，元大都佛教的发展还表现在拥有大量田地民户、接受赐钞赏银、获得赐经、享有免除租税赋役的特权等。其中，在佛教寺庙中安奉皇帝、皇后的御容加以祭祀和供奉是元朝佛教的一大特色。

一、御容奉安的历史考察

御容一般专指封建王朝皇帝、皇后的写真图像，宽泛地讲，也可包括太子、公主的真容，主要用于供奉和祭祀。御容，主要为封建王朝的最高统治者所独有，因此当其发展进入宗教领

① 〔瑞典〕多桑：《多桑蒙古史》（第一卷），中华书局，1962年，第158页。

域，将会真实且清晰地反映出当时上层社会和人物的信仰倾向和偏好，从而影响到整个社会的宗教需求。

御容最早出现于魏晋南北朝时期，《魏书·刘裕传》中记载了南朝刘宋政权几位皇帝的御容，“（刘）子业皆令庙别画其祖父形象……”[①]。北魏文成帝信奉佛教，曾“诏有司为石像，令如帝身。既成，颜上足下，各有黑石，冥同帝体上下黑子”[②]。隋文帝杨坚推崇佛教，“乃召匠人铸等身像，并图仙尼，置于帝侧”[③]，则是将真容造像供奉于寺庙之内。从南北朝时期到隋代，奉安御容的场所主要集中在皇家宗庙和佛教寺庙之中，且只有零星的出现，属于个别现象，尚未普遍化和制度化。

奉安御容是唐代社会一个颇为普遍的现象，常出现在道教宫观、皇家宫殿、佛教寺庙、山川名胜等场所。“唐玄宗于别殿安置太宗、高宗、睿宗御容，每日侵早，具服朝谒。此今日奉先殿之所自立也。”[④]这是在大明宫的别殿之中供奉先朝圣容。“华清宫温泉有七圣堂，当堂塑元元皇帝，以太宗、高、中、睿、玄、肃及窦太后……”[⑤]景教寺庙中也奉安有皇帝的御容。据《大秦景教流行中国碑》记载，贞观十二年（638）七月，唐太宗下诏“所司即于京义宁坊造大秦寺一所，度僧二十一人……旋令有司将帝写真，转模寺壁”。即在景教寺院内也奉安了皇帝御容。当然，在数量和规模上还要数佛教寺庙和道教宫观。天宝三年（744）三月，唐玄宗诏令“两京及天下诸郡，于开元观、开元寺以金铜铸元宗等身、天尊及佛各一躯”[⑥]。这样一来，将其御容设置于天下各地的官方道观、寺庙之中成为一项制度化的措施。唐代宗还曾“肖祖宗像，分供塔庙”[⑦]。

宋、辽、金三朝大体继承了隋唐时期的御容传统。如宋宣祖和昭宪皇后的神御殿设在资福寺，宋太祖的神御殿设在太平兴国寺开元殿、应天禅院西院、扬州建隆寺章武殿、滁州大庆寺端会殿等处，宋太宗的御容设置于启圣禅院和并州崇圣寺统平殿及西院等处。宋英宗治平四年（1067），“凡七十年间，神御在宫者四，寓寺观者十有一”。宋神宗元丰五年（1082），京师地区寺院内的帝后神御多数被并入了扩建的景灵宫内[⑧]。辽朝时期，辽景宗驾崩后，其子圣宗先后为景宗及景宗后雕刻了许多石像，辽南京延寿寺就有一尊，“夏四月辛卯，幸南京……戊戌，以景宗石像成，幸延寿寺饭僧”[⑨]。景福元年，辽兴宗诏写其父圣宗御容，“丁巳，上谒大行皇帝御容”[⑩]。辽西京也有诸帝后的石像、铜像等，“清宁八年建华岩寺，奉安诸帝石

① ［北齐］魏收：《魏书》卷97《刘裕传》，中华书局，1974年，第2146页。
② ［北齐］魏收：《魏书》卷114《释老志》，中华书局，1974年，第3036页。
③ ［清］陆增祥：《八琼室金石补正》卷26，文物出版社，1985年，第172页。
④ ［清］顾炎武著，黄汝成集释：《日知录集释》卷14，上海古籍出版社，2006年，第832页。
⑤ ［宋］程大昌：《考古编》卷7，中华书局，2008年，第115页。
⑥ ［宋］王溥：《唐会要》卷50，中华书局，1955年，第880页。
⑦ ［宋］欧阳修、宋祁：《新唐书》卷181，中华书局，1975年，第5355页。
⑧ ［元］脱脱等：《宋史》卷109《礼志十二》，中华书局，1977年，第2624、2625页。
⑨ ［元］脱脱等：《辽史》卷13《圣宗本纪四》，中华书局，1974年，第144页。
⑩ ［元］脱脱等：《辽史》卷18《兴宗本纪一》，中华书局，1974年，第212页。

像、铜像”[①]。金代多建原庙，奉安御容于其内。金世宗大定二年，“以睿宗御容奉迁衍庆宫。五年，会宁府太祖庙成，有司言宜以御容安置。先是，衍庆宫藏太祖御容十有二：法服一、立容一、戎衣一、佩弓矢一、坐容二、巾服一，旧在会宁府安置；半身容二、春衣容一、巾而衣红者二，旧在中都御容殿安置，今皆在此。诏以便服容一，遣官奉安，择日启行”[②]。金哀宗迁蔡后，于“天兴二年七月丁巳，太祖、太宗及后妃御容至自汴京，奉安乾元寺”[③]。

二、元朝御容奉安的佛教寺庙

元朝时期御容的奉安和设立大体上沿袭了宋金的旧制。唐代时，御容奉安之所尚无固定称谓，但已偶有“影堂”之称，“万安观，公主影堂”[④]。宋代则多称神御殿，“神御殿，古原庙也，以奉安先朝之御容”[⑤]。金代习称御容殿。元代则常称为神御殿或者影堂，“神御殿，旧称影堂。所奉祖宗御容……既而，复以祖宗所御殿尚称影堂，更号神御殿。殿皆制名以冠之”[⑥]。唐宋时期神御殿或御容常常设置于寺庙、宫观等宗教场所及皇家宫殿、宗室宅邸之中，甚至名山大川、百姓家居之内，遍布天下各处。元代神御殿或御容的设置集中在元大都，其中供奉于佛教寺庙的数量占有绝对优势。

1. 大护国仁王寺

又称高梁河寺、大都寺，位于元大都城西的高梁河畔，始建于至元七年（1270）十二月，至元十一年三月建成[⑦]。大德五年（1301）正月，元成宗“奉安昭睿顺圣皇后御容于护国仁王寺”[⑧]，即为元世祖皇后察必之像。

2. 大圣寿万安寺

即今阜成门内的白塔寺，原为辽永安寺废址。至元九年开始重建，至元二十五年主要建筑完成[⑨]。该寺内设置有元世祖、世祖的第二子真金（裕宗）、仁宗夫妇的御容。元成宗时，“置世祖影堂于殿之西，裕宗影堂于殿之东，月遣大臣致祭”。元英宗至治元年（1321）七月“己亥，奉仁宗及帝御容于大圣寿万安寺”[⑩]。元文宗天历元年（1328）十月“己亥，幸大圣

① ［元］脱脱等：《辽史》卷41《地理志五》，中华书局，1974年，第506页。

② ［元］脱脱等：《金史》卷33《礼志六》，中华书局，1975年，第788页。

③ ［元］脱脱等：《金史》卷39《乐志上》，中华书局，1975年，第886页。

④ ［唐］张彦远：《历代名画记》卷3，《画史丛书》（第1册），上海人民美术出版社，1982年。

⑤ ［元］脱脱等：《宋史》卷109《礼志十二》，中华书局，1977年，第2624页。

⑥ ［明］宋濂等：《元史》卷75《祭祀志四》，中华书局，1976年，第1875、1876页。

⑦ ［明］宋濂等：《元史》卷7《世祖本纪四》、卷8《世祖本纪五》，中华书局，1976年，第132、154页。

⑧ ［明］宋濂等：《元史》卷20《成宗本纪三》，中华书局，1976年，第433页。

⑨ ［明］宋濂等：《元史》卷7《世祖本纪四》，中华书局，1976年，第144页。

⑩ ［明］宋濂等：《元史》卷27《英宗本纪一》，中华书局，1976年，第613页。

寿万安寺，谒世祖、裕宗神御殿”①。元朝末年，至正二十八年（1368）六月，大圣寿万安寺发生了一起火灾，“唯东西二影堂神主及宝玩器物得免，余皆焚毁”②。

3. 大兴教寺

位于顺成门里街西，建于至元二十年（1283）。同大圣寿万安寺一样，大兴教寺也是由阿尼哥主持修建的，并为朝仪的演习场所。元英宗至治二年十月，建太祖神御殿于其内③。

4. 大天寿万宁寺

位于大都金台坊鼓楼东。元成宗大德九年（1305）二月建，泰定四年五月作成宗神御殿于其内④，“以奉安成宗御像，名天寿万宁寺”⑤。该寺由阿尼哥主持修建，供奉着藏传佛教塑像。

5. 大承华普庆寺

爱育黎拔力八达为追思裕圣皇后而建，始于大德四年，后来“乃命大创佛宇，因其地而扩之，凡为百亩者二……既成，赐名曰大普庆寺”⑥。元英宗至治元年二月“己酉，作仁宗神御殿于普庆寺”⑦。至治三年，将本在翰林国史院的元太祖、太宗和睿宗三人的御容迁至普庆寺⑧，在恢复翰林国史院供奉此三人御容之前，多由翰林国史院官员奉旨前往普庆寺祭祀⑨。此外，泰定帝于泰定元年（1324）四月“作昭献元圣皇后御容殿于普庆寺”⑩。加之元顺宗的御容，可以说大成华普庆寺是奉安元朝帝后御容最多的寺庙之一。

6. 大崇恩福元寺

始建于至大三年（1310）十二月，皇庆元年（1312）四月落成⑪。至大四年十月“己巳，敕绘武宗御容，奉安大崇恩福元寺，月四上祭”⑫。“武宗及二后，为东西二殿。藏玉册十有

---

① ［明］宋濂等：《元史》卷32《文宗本纪一》，中华书局，1976年，第715页。

② ［明］宋濂等：《元史》卷51《五行志二》，中华书局，1976年，第1101页。

③ ［明］宋濂等：《元史》卷28《英宗本纪二》，中华书局，1976年，第624页。

④ ［明］宋濂等：《元史》卷21《成宗本纪四》、卷30《泰定帝本纪二》，中华书局，1976年，第462、679页。

⑤ A.［清］吴长元辑：《宸垣识略·内城二》卷6，北京古籍出版社，1982年，第110页。

B.［清］于敏中等：《日下旧闻考·城市》卷54，北京古籍出版社，2001年，第867页。

⑥ ［元］赵孟頫：《大元大普庆寺碑铭》，《全元文》（第19册），江苏古籍出版社，2000年，第288、289页。

⑦ ［明］宋濂等：《元史》卷27《英宗本纪一》，中华书局，1976年，第610页。

⑧ ［明］宋濂等：《元史》卷75《祭祀志四》，中华书局，1976年，第1877页。

⑨ ［明］宋濂等：《元史》卷29《泰定帝本纪一》、卷30《泰定帝本纪二》、卷33《文宗本纪二》、卷34《文宗本纪三》，中华书局，1976年，第650、677、730、760页。

⑩ ［明］宋濂等：《元史》卷29《泰定帝本纪一》，中华书局，1976年，第646、661页。

⑪ ［明］宋濂等：《元史》卷23《武宗本纪二》、卷24《仁宗本纪一》，中华书局，1976年，第530、552页。

⑫ ［明］宋濂等：《元史》卷24《仁宗本纪一》，中华书局，1976年，第547页。

二牒，玉宝一纽，有姚燧撰碑。”[①]元仁宗延祐元年闰三月，依隆禧院官员的奏请，依例在大崇恩福元寺调军守卫武宗影堂[②]。

7. 大永福寺

又称青塔寺，位于阜成门。始建于延祐五年（1318），完工于至治元年二月[③]。“（延祐五年十一月）敕大永福寺创殿，安奉顺宗皇帝御容。”[④]“（延祐七年）二月壬子，罢造永福寺……建御容殿于永福寺。”[⑤]泰定帝二年正月，又“奉安显宗像于永福寺，给祭田百顷”[⑥]。显宗即为真金之长子、泰定帝之父甘麻剌。此外，大永福寺还奉安有英宗帝后的御容[⑦]。

8. 大天源延圣寺

原为唐代的卢师寺，泰定帝时重建，并在其中设置了显宗影堂，“（泰定三年二月）丙申，建显宗神御殿于卢师寺，赐额曰大天源延圣寺”[⑧]。另据《元史·祭祀志四》记载：“泰定二年，亦作显宗影堂于大天源延圣寺，天历元年废。”[⑨]致和元年（1328）三月，在大天源延圣寺置总管府以司财赋[⑩]。元文宗登上皇位后，认为泰定帝继位不合法，不许其进入太庙享受祭祀，因而也废除了泰定帝为其父显宗所建的影堂。元顺帝为明宗的长子，因而在大天源延圣寺为明宗设置了神御殿[⑪]。

9. 大承天护圣寺

位于玉泉山北，因其在瓮山泊之畔，故又称西湖寺。始建于天历二年（1329）五月，至顺三年（1332）告竣[⑫]。该寺之内“二阁在水中坻……西曰寿仁，上所御也。曰神御殿，奉太皇太后晬容于中。日有献，月有荐，时有享”[⑬]。晬容，在这里即指御容，可证以“会列圣之晬容”[⑭]。“（至顺四年十月）庚辰，奉文宗皇帝及太皇太后御容于大承天护圣寺。命左丞相撒

---

① ［清］吴长元辑：《宸垣识略》卷9《外城一》，北京古籍出版社，1982年，第168页。

② ［明］宋濂等：《元史》卷99《兵志二》，中华书局，1976年，第2536、2537页。

③ ［清］吴长元辑：《宸垣识略》卷8《内城四》，北京古籍出版社，1982年，第145页。

④ ［明］宋濂等：《元史》卷26《仁宗本纪三》，中华书局，1976年，第587页。

⑤ ［明］宋濂等：《元史》卷27《英宗本纪一》，中华书局，1976年，第598页。

⑥ ［明］宋濂等：《元史》卷29《泰定帝本纪一》，中华书局，1976年，第653页。

⑦ ［明］宋濂等：《元史》卷75《祭祀志四》，中华书局，1976年，第1875页。

⑧ ［明］宋濂等：《元史》卷30《泰定帝本纪二》，中华书局，1976年，第668、674页。

⑨ ［明］宋濂等：《元史》卷75《祭祀志四》，中华书局，1976年，第1876页。

⑩ ［明］宋濂等：《元史》卷30《泰定帝本纪二》，中华书局，1976年，第685页。

⑪ ［明］宋濂等：《元史》卷40《顺帝本纪三》、卷75《祭祀志四》，中华书局，1976年，第855、1875页。

⑫ ［明］宋濂等：《元史》卷33《文宗本纪二》，中华书局，1976年，第734页。

⑬ ［元］虞集：《大承天护圣寺碑》，《全元文》（第27册），凤凰出版社，2004年，第184页。

⑭ ［宋］吕本中：《紫微诗话》，《宋诗话全编》（第三册），江苏古籍出版社，1998年，第2888页。

敦为隆祥使，奉其祭祀。”[①]元朝末年，元顺帝至元三年八月元大都发生了一次大地震，导致西湖寺神御殿墙壁倒塌，祭器也被损毁[②]。

10. 石佛寺

位于咸宜坊乾石桥西南劈柴胡同，其内奉安元太祖、太宗、睿宗三朝御容[③]。“（至元六年正月）甲戌，立司禋监，奉太祖、太宗、睿宗三朝御容于石佛寺。”[④]泰定四年，在石佛寺修建了影堂[⑤]。

11. 崇源寺

元武宗皇后伯颜忽笃以其于昌平史村的赐田兴修而成，始建于泰定元年，用时三年完工。“正殿位佛，后殿栖经，翼舍其傍，武宗神御冠其北。”[⑥]

12. 顺圣寺

元武宗皇后伯颜忽笃出资兴建，位于大都咸宜坊内，始建于至治二年春，历时十年方告完成。“三门夹峙，大殿屹立，后建重屋，奉圣母神御。……皇上孝治天下，事佛之宇，列圣神御在焉。”[⑦]

元朝在诸佛寺之中的神御殿分别有专名：世祖曰元寿，昭睿顺圣皇后曰睿寿，南必皇后曰懿寿，裕宗曰明寿，成宗曰广寿，顺宗曰衍寿，武宗曰仁寿，文献昭圣皇后曰昭寿，仁宗曰文寿，英宗曰宣寿，明宗曰景寿[⑧]。这些奉安御容的佛寺均为皇家兴建，殿堂众多，规制宏大，壮丽无比，确有“招提拟乎宸居”[⑨]之势。元朝御容的奉安，除了佛寺，还见于道观和官署之中，如中统二年七月，元世祖命道士在真定修筑了道观玉华宫，其内孝思殿即为睿宗帝后的影堂[⑩]。位于长春宫东南的崇仙宫内有顺宗影堂[⑪]。元世祖在翰林国史院中设立了太祖、太宗、睿宗御容，由院官春秋致祭。但是，比较之下，无论在数量上还是规模上，奉安御容的道观和官署都远不及佛寺。我们还可以将视野放得更宽一些，在我国历代封建王朝中，皇家祭祀祖先

---

① ［明］宋濂等：《元史》卷38《顺帝本纪一》，中华书局，1976年，第818页。

② ［明］宋濂等：《元史》卷39《顺帝本纪二》、卷51《五行志二》，中华书局，1976年，第841、1112页。

③ A.［清］吴长元辑：《宸垣识略》卷6《内城二》，北京古籍出版社，1982年，第136页。
B.［清］震钧：《天咫偶闻》卷5，北京古籍出版社，1982年，第122页。

④ ［明］宋濂等：《元史》卷40《顺帝本纪三》，中华书局，1976年，第853页。

⑤ ［明］宋濂等：《元史》卷75《祭祀志四》，中华书局，1976年，第1877页。

⑥ ［元］许有壬：《敕赐崇源寺碑记》，《全元文》（第38册），凤凰出版社，2004年，第326页。

⑦ ［元］许有壬：《敕赐顺圣寺碑记》，《全元文》（第38册），凤凰出版社，2004年，第328页。

⑧ ［明］宋濂等：《元史》卷35《文宗本纪四》，中华书局，1976年，第780页。

⑨ ［元］黄文仲：《大都赋》，《全元文》（第46册），凤凰出版社，2004年，第133页。

⑩ ［明］宋濂等：《元史》卷4《世祖本纪一》，中华书局，1976年，第72页。

⑪ ［元］熊梦祥著，北京图书馆善本组辑：《析津志辑佚》，北京古籍出版社，1983年，第93页。

主要是在宗庙中完成的，且以儒家礼制为根据和指导，宗庙祭祀在整个国家祭祀体系中居于最高地位，宗庙祭祀权等同于政治权力，宗庙的存毁即象征着国家的存亡。御容的奉安，本质上来讲是皇家祭祖的一种方式，因而一般情况下无论御容设置于佛寺还是道观之中，宗庙祭祀在国家祭祀体系中的重要性和主导性都是毋庸置疑的，即便是在御容奉安最盛的唐宋时期也是如此。然而在元代，宗庙祭祀并未受到大多数皇帝的充分重视，不按时举行祭典的事情常有发生，在儒臣的多次劝谏之下仍旧没有太多改变，甚至还发生过宗庙神主被盗之事。同时，元代皇帝却热衷于在佛寺之中修建御容殿，不仅以时致祭，还给予丰裕的赏赐。可以说，元朝佛寺中的御容奉安侵夺了宗庙祭祀权，也就大大削弱了儒家礼制的权威性。通过以上种种情况，从御容奉安这一方面来讲，佛教对元朝帝王的影响大大超过了儒、道二教。

综上所述，在元朝御容奉安的体系中，皇家寺庙占据了绝对优势，并且以元大都为核心区域，这与元朝皇室尊崇佛教、元大都为元帝国佛教中心的地位是一致的。

北京地区明清考古的回顾与展望

李伟敏
（北京市文物研究所）

一、北京地区明清考古概况

北京地区真正科学意义上的明清考古工作肇始于1951年8月北京西郊董四墓村明代嫔妃墓的发掘。如今，北京地区明清考古工作已经走过了60余年，回顾北京地区明清考古工作历程，大体可以分为以下两个阶段。

（一）北京明清考古工作的形成和初步发展阶段

北京地区明清考古起步较早，20世纪50年代至80年代末期为第一阶段。这一阶段为北京明清考古的形成和初步发展阶段，这一时期无论是主动性发掘还是配合基本建设的抢救性发掘数量均很有限，部分考古发现仅做简单清理，没有留下详细的发掘资料。考古发现以墓葬为主，墓葬等级较高。这一阶段重要的考古发现包括明代北京城垣、明十三陵的勘察、定陵、明代嫔妃墓葬、明清品官墓葬、明代太监墓及明清时期的平民墓葬等。考古资料尚处于积累阶段，刊布较少，相关的研究成果也比较少。这一阶段公开发表的重要简报有《北京西郊董四墓村明墓发掘记——第一号墓》、《北京董四墓村明墓发掘续记——第二号墓》、《定陵试掘简报》、《定陵试掘简报》（续）、《北京南苑苇子坑明代墓葬清理简报》、《北京西郊小西天清代墓葬发掘简报》、《北京市郊明武清侯李伟夫妇墓清理简报》、《北京香山明太监刘忠墓》等。此外，学者在对明十三陵边墙、山口及陵区陪葬嫔妃墓进行实地调查的基础上发表了《明十三陵边墙山口查勘记》《明十三陵的陪葬墓——兼论东西二井陪葬墓的墓主人》。还有学者对发现的明清墓志进行了相关考证，如《明代妃嫔陵园及圹志》《明神宗纯懿皇贵妃王氏圹志考》等。傅公钺结合历史文献与实际的考古调查，阐述了明代北京城垣的修筑经过、城垣结构、筑城材料及用工等。

（二）北京明清考古工作的继续发展阶段

20世纪90年代至今为第二阶段，这一阶段为北京明清考古工作的继续发展阶段。与第一阶段相比，最大的不同在于，随着北京城市建设的大规模展开，配合基本建设的明清考古数量猛增；文物保护意识增强，本着“保护为主、抢救第一、合理利用、加强管理”的文物工作方针，考古发掘为文物保护服务，保护了北京大量明清时期的珍贵遗存。其中配合城市基础设施建设及北京古建复原修缮过程中，发掘清理了大量明清时期的各类遗存，其中城址、宫苑署邸遗址、寺庙宫观遗址、居址等城市遗址考古工作的开展为研究北京城市的发展演变和城市的文化、生活提供了大量极为重要、科学的史料，考古调查与研究所获的有关城池、建筑、街巷道路、宫殿苑囿、手工业生产作坊、城市的河湖水系等的各种实物资料丰富了北京史研究的内容。从20世纪90年代后期开始，国家加大了对大遗址的保护力度，在此背景下，北京开始对圆明园遗址进行科学的考古发掘工作，对圆明园遗址的调查、勘探发掘是这一阶段北京地区明清考古最主要的收获，也对圆明园遗址的保护和利用起到了积极的促进作用。这一阶段明清考古的重要收获还包括：在配合各项基本建设的考古发掘中清理出数量众多的中小型明清墓葬，开展了北京清代园寝等课题研究工作。这一阶段相关考古报告、简报资料大量公布，如《圆明园长春园宫门区遗址发掘报告》《圆明园长春园含经堂遗址发掘报告》《北京工商大学明代太监墓》《北京玉河2007年度考古发掘报告》《毛家湾——明代瓷器坑考古发掘报告》《北京皇家建筑遗址发掘报告》《北京寺庙宫观考古发掘报告》《北京奥运场馆考古发掘报告》《北京朝阳安外小关发现的一座清代砖室墓》《海淀香山军科院明太子墓发掘简报》《北京华能热电厂明墓发掘简报》《北京市朝阳区明赵胜夫妇合葬墓发掘简报》《北京市丰台区李文贵墓》《海淀清河永泰庄遗址发掘简报》《清和硕和嘉公主园寝发掘简报》《北京市通州区大稿村明清墓葬发掘简报》《北京市海淀区东升乡明清墓葬发掘简报》等。一些研究成果也陆续出现，赵光林对清代火葬墓的根源、表现形式和终结进行了研究①。崔学谙认为北京地区发现的明清时期八角砖穴和六角砖穴并非墓葬，而是墓地中置放买地券等明器的迷信厌胜设施，实际上是由古代的明堂演变而来的，穴内的器物都是明器，其类别和摆放位置，都是按照堪舆家的风水学说安排的②。陈光采用地层学和类型学的方法，对北京地区已发现的清代小型墓葬及其随葬品进行了考古分期和年代判定，提出清代小型墓分为早、中、晚三期，墓葬中容器类随葬品基本沿袭了明代小型墓的风格和种类，其中女性装饰品多有趋吉辟邪、祈福求财的特色，男性装饰品如鼻烟壶、顶戴都是清代特有的，晚期还出现了具有西洋风格的装饰品③。宋大川、夏连保在对相关清代文献资料梳理的基础上，结合实地考古调查，对清代园寝制度产生的社会历史背

① 赵光林：《北京出土的青花罐与清代火葬》，《首都博物馆文集》，北京燕山出版社，1990年。

② 崔学谙：《明清砖穴综述》，《首都博物馆文集》，中国民间文艺出版社，1992年。

③ 陈光：《北京城区清代小型墓的考古研究》，《庆祝张忠培先生八十岁论文集》，科学出版社，2014年。

景进行了深入的分析，并对不同类别、不同等级的园寝规制进行了探讨[①]。这一阶段出现了一些综合性研究成果，如北京市文物研究所主编的《北京考古四十年》《北京考古发现与研究》《北京考古史》等，对北京地区明清考古发现及研究进行了全面、系统的总结。

二、北京地区明清考古存在的问题

回顾北京地区明清考古工作历程，不难发现北京地区明清考古面临的一些问题。

（一）明清考古定位不清，导致明清考古长期得不到重视

明清考古在理论和实践中得不到重视，首先与中国考古学的性质定位或价值取向有关。中国考古学自诞生起就将复原和重建中国古史视为最高目标，中国考古学者们所提出的各种理论也都是围绕着如何重建古史而展开的。“从傅斯年揭举古史重建，李济以考古学来实践，历经夏鼐、苏秉琦前后70年，中国考古皆以重建历史为基调。”[②]史前史除了传说材料外，没有任何文献记载，因此，史前史的重建完全依赖于史前考古学，夏商周三代虽有文字记载，但文献资料极端缺乏，因此，借助实物资料搭建起一个历史的时空框架对于缺少文献的史前及夏商周三代考古，对于古史的重建尤为重要。考古学界也因此有了“古不考三代以下”的说法。相比之下，历史时期因为有大量文献佐证，似乎考古学的作用显得不重要。至于明清遗存，因为距今仅600余年，且对于古史重建毫无价值，自然不受考古学重视。此外，作为历史考古学一部分的明清考古，在实践中应该如何通过获取、整理、分析和研究明清时期遗留的各类遗存，进而阐明历史发展过程中的规律、解释历史学的现象，这些方面还面临诸多问题。实践中有观点认为，明清时期留下浩如烟海的文献史料，历史进程的时空图上已几乎没有什么空白可供填补，因此明清考古在历史研究中没有什么作用。还有观点认为，明清考古即使在历史研究中有作用，其作用也仅仅是为明清史研究提供实物资料，明清考古只是发现实物资料的一个手段而已。似乎明清考古只能站在历史框架巨厚的阴影下，以空前丰富和宝贵的材料做一些修修补补的琐碎工作，反复去证明一种业已被确立的历史认识。在考古实践中，对于各地发现的明清遗存，考古界长期存在着清理与不清理两种态度。这种态度导致早期发现的大量明清遗存没有经过科学的发掘清理。目前，考古学界也很少有人专门研究明清，即便有，也大多附着于宋元研究。大学考古专业教材中明清部分明显不够分量。国内各类考古杂志上发表的有关明清考古成果的文章较少见到，已经出版或发表的各类考古发掘报告或简报中涉及明清文化遗存的章节不多见。观点的分歧和实践中的困惑，迫切要求对明清考古的研究对象、定位等问题进行深入的思考和系统的研究，以便更好地为明清考古实践提供支撑。

---

① 宋大川、夏连保：《清代园寝制度研究》，文物出版社，2007年。

② 杜正胜：《新史学与中国考古学的发展》，《文物季刊》1998年第1期。

（二）明清考古学理论探索不足

张光直先生曾指出：“考古学在这 20 多年的进步，不是理论，而是技术。”[①]学者刘岩亦曾指出：“中国考古学的进步大多是在研究的问题、方法以及田野考古方面，而在考古学理论方面，则十分欠缺。”[②]明清考古作为考古学研究的一个组成部分，同样面临理论探讨不足的问题。

自20世纪50年代以来，北京地区明清考古发现类型众多、数量惊人，但其成就主要体现在考古材料的积累上。60余年来，北京地区明清考古发现了数量众多的各类遗存，如城垣城墙、宫殿衙署、寺庙宫观基址、园林水系、窑址、窖藏，以及大量的明清墓葬等，为复原研究明清时期北京地区的政治、经济、社会生活等提供了重要的实物资料。但就总体而言，明清考古成果主要反映在考古材料的积累方面，考古发现与研究多以为历史学提供材料论据为目的，考古沦为“证经补史”的附庸。尤其在考古实践中，常常会下意识地把有文字的遗存看得比没有文字的遗存重要，把有史料可稽的发现看得比不见经传的材料重要。正如陈胜前在《思考考古学》中指出的：“中国考古学研究是以材料发现为中心的。大量的文字都是关于考古遗存特征描述的，其中又以描述器物的形态特征为主，而于考古遗存的其他特征未予以同等程度的关注，仿佛只有器物才是最最重要的。”[③]

正是理论探索的薄弱导致考古学与狭义历史学形成了较严重的隔阂状态，以致难以与历史学在更多的共同感兴趣的问题方面进行对话和交流。正如学者葛兆光先生指出的那样：“考古文献专用的术语概念，造成了考古与思想学术的历史的第二层隔膜，它的‘文化’‘类型’‘地层’，在发掘报告中有它特定的涵意，那种看上去规范而整齐的考古简报常常冷冰冰地使人无法运用他的想象力，多年以来，考古学尽管在大学总是与历史系有缘，但是，他们的论文和著作却始终自我封闭地在运用很接近自然科学的语言、格式，当外行人读他们的报告时，要么觉得他们的话让人难懂，要么觉得他们是在自言自语。再次，考古学家对于思想学术等属于精神史方面的问题的有意回避，使考古与思想学术的历史有了第三层分离，尽管我们同意‘无征不信’的原则，但并不赞同过分严厉的谨慎，有时候这种过分严厉的谨慎是用自然科学的规则来裁判人文学科的运作，历史尤其是思想文化的历史在时间上已经消逝，重建这些历史有时不得不运用适度的推理、演绎甚至想象，考古发现的图像、器物、遗址、骨骸已经提供了推理、演绎和想象的基础，没有必要保持过度的矜持和小心，否则，考古发现的资料虽然是博物馆或文物室中经过编号的陈列品，却并不是经过重新理解和阐释了的历史。”[④]北京地区明清考古理论探索的严重不足，导致在复原明清北京历史的研究中，考古资料与传世文献史料

---

① 陈星灿：《中国考古向何处去——张光直先生访谈录》，《华夏考古》1996年第1期。

② 刘岩：《中国考古学的当代反思——一个考古学理论的视角》，《南方文物》2011年第2期。

③ 陈胜前：《思考考古学》，科学出版社，2014年。

④ 葛兆光：《槛外人说槛内事》，《读书》1996年第12期。

难以紧密地结合。

（三）北京地区明清考古综合研究力量薄弱

北京是明清时期王朝都城的所在地，其地上地下留存了众多的文化遗存，但与北京地区内容丰富的明清考古发现相比，北京明清考古综合研究力量较为薄弱，主要表现在以下几方面：基础研究较为薄弱；研究力量分散，具有明显优势的科研团队较少；承担战略性、综合性、长远性的系统性科研项目较少；课题意识不强。

1. 北京地区明清考古基础研究较为薄弱

北京地区明清考古虽已走过60余年历程，但基础研究依然较为薄弱。北京地区明清考古工作坚持“保护为主、抢救第一”的文物工作基本原则，在实际的考古工作中，以配合基建或抢救性的考古发掘为主。新中国成立以来，北京地区的基本建设日新月异，城市建设更是迅猛发展，由此而来的发掘、清理让基层考古工作者应接不暇。配合基建项目的考古发掘和研究多停留在基础研究层面，如文化属性的判定、分期断代。因受到时间、地点和行政因素的制约，考古工作者无暇开展以理论为导向的研究，也少有创新的方法，导致考古实物材料信息链缺失，资料被碎片化。北京明清考古内容丰富，但截至目前，发现的遗迹遗存类型较少，难以复原明清时期北京丰富多彩的城市社会生活。明清北京城作为古今重叠型城市的典型代表，其城市发展脉络至今尚未完全搞清楚，城市规划布局的变化发展、作为城市骨架的街道系统和排水系统、城市格局、大建置（如宫苑、衙署、寺观、仓库、宅第府舍）变化等均尚不清楚。墓葬资料虽多，但大部分没有经过整理研究，墓葬考古资料的分期编年进展缓慢，墓葬反映的丧葬习俗及其变化等均未能得到很好的揭示。

2. 研究力量分散，具有明显优势的科研团队较少

北京地区明清考古涉及范围极为广泛、内容十分丰富，凡是明清时期北京遗留下来的遗迹和遗物都在其考古发现和研究的范围内。但北京明清考古力量比较分散，目前除了集中开展圆明园考古外，其余研究均为零星开展，未能形成具有明显优势的科研团队开展深入研究。

3. 承担战略性、综合性、长远性的系统性科研项目较少

目前北京地区明清考古除开展了清代园寝、圆明园等少数系统性科研项目外，尚未系统开展或承担一些综合性的科研项目。

4. 课题意识不强

北京地区明清考古以配合基建考古为主，受时间、条件等限制，在开展基建考古过程中未能增强课题意识，主动寻求与学术研究结合，提升北京地区明清考古研究水平。

（四）明清考古方法及技术手段较为落后

北京地区的田野考古若从1927年发掘周口店猿人遗址算起，至今已有90余年的历史，经过几代考古工作者的艰苦奋斗和不懈的探索，已经积累了一系列行之有效的田野考古技术和方法，成为我们的宝贵财富。但是，随着自然科学方法和新技术手段广泛应用于考古中，考古学正呈现出前所未有的发展之势，这种发展使得现代意义上的考古学与以往的传统考古学有很大的不同。与科学技术迅猛发展的趋势相比，北京地区明清考古方法及技术手段略显陈旧，通过传统的地层学和类型学所搜集和获得的考古资料已经不能满足考古研究的需要了，必须借助于各种先进的科学方法与技术手段，尽最大的努力去收集能为考古研究利用的古代人类所遗留下来的信息。

三、北京地区明清考古展望

（一）重视和加强北京明清考古

重视明清考古是考古学研究的内在要求，也是考古学学科建设的需要，更是进一步提升北京考古发展水平的要求。

中国考古学界基本认同考古学属于广义历史学科，以古代人类遗留下来的各种遗存和与人类生存、发展有关的各种非人工遗存之间的相互关系为研究对象，其终极目标是研究人类古代社会和历史。考古学研究对象丰富且庞杂，按照研究的年代范围，考古学可以划分为史前考古学和历史考古学，其中历史考古学研究的是有文字记载以来的人类历史，根据中国传统历史学观点，夏代及其以后都属于历史考古学研究的范围。那么，作为中国古代历史发展重要阶段的明清时期理应属于历史考古学研究的范围。

中国考古学在长期的发展过程中逐步确立了一套完善的、具有中国特色的工作程序和研究方法，考古学学科的逻辑结构不断发展成熟，考古学已经成为一门真正的科学。2011年，国务院学位委员会决定，考古学由原来的二级学科提升为历史学门类下的一级学科，同时规定考古学下设6个二级学科，即考古学理论与考古学史、史前及夏商周考古、秦汉至元明清考古、科技考古、文化遗产与博物馆、专门考古。考古学成为独立的一级学科表明考古学的学科建设更加成熟，考古学支系逐渐完善，重视明清考古是考古学学科建设和发展的需要。

明清时期是北京历史发展中最为重要的阶段，明清考古是北京考古工作的重要内容，同时也是北京考古的特色和优势。北京作为明清时期王朝都城的所在地，其地上、地下遗留了众多的文化遗存，如城垣、陵寝、宫苑署邸、寺庙宫观、园林水系及大量墓葬。自20世纪50年代起，北京的考古工作者发现了大量的明清时期的各类遗存，为我们了解和研究明清时期北京的城市建设、经济、文化及社会生活提供了重要的实物资料。凭借这些资料，历史变成了可以直接面对的、可以直观观察的、可以触摸的、可以对话的对象，而不再是记录在纸上的记忆。明清考古作为北京史研究的一个基础和准备，不仅具有不可忽略的学术价值，而且存在一个广阔的学术空间，理应受到更进一步的重视。此外，北京不仅保留了丰富的明清遗存，更保留了卷帙浩繁的明清档案及其他各种官方、私人文献，其丰富程度为世界上大多数国家所不能及。考古资料和文献资料两者有机结合，有助于更好地、更加全面地复原明清北京史，也必将有力地推动北京史研究的进一步深入发展。

（二）重视和加强明清考古学理论研究

理论对考古学而言是十分重要的，是考古学中最精华的部分，对考古学研究具有强烈的指向性，无时无刻不在影响着考古学家及他们所从事的工作，为考古工作提供观念、问题与视角，为考古材料的阐释提供指导框架。

有学者曾经指出："历史考古是最奢侈的考古学分支。考古学研究讲究'透物见人'，即通过古代遗存了解过去。我将这个过程分为五个环节或层次（考古材料特征的获取、考古材料形成过程、人类行为推导、社会历史文化或行为研究、本体论—认识论—价值论层面的反思），历史考古很少在第一、二个环节中遇到困难，困扰史前考古与旧石器考古的年代问题对历史考古来说是小菜一碟，遇到有历史纪年的材料，甚至能够知道年月日。……在人类行为推导这个环节，历史考古天然地具有'直接历史法'的优势，很多材料令人就知道其功能，更何况还有历史文献资料的帮助，辅之以少量的科学分析就能够实现史前与旧石器考古梦寐以求的行为推导目标。……也就是说，历史考古是不大需要在较低的层次上耗费研究精力的，它的层次很高，一上来就是要探讨社会、历史、文化或行为，以及更深层面的哲学问题。我有一种认识，历史考古学家首先应该是历史学家或是社会学家或是文化、行为方面的研究专家，然后才是考古学家；否则，当他们拿到考古材料的时候，就可能茫然不知其所以然。"①

北京地区明清考古获得了文献之外的大量的实物史料，为北京史及明清史研究增添了许多新的证据。但是，北京地区明清考古工作的基本任务仍以发掘和公布材料为主，明清考古研究仍以材料为中心，主要工作是对所获得实物资料的分类整理，包括详细的描述、统计甚至是科学测试。然而，这样的实物材料究竟说明了怎样的历史问题，具有怎样的文化意义，我们的研究相对较少。缺乏考古学理论的指导与跟进，考古人员很难自觉自主地对考古材料做出进一步的解释。

（三）积极探索北京地区明清考古的新方法和新技术

考古学是从古代人们生活遗留下来的实物遗存去研究历史的。古代人们的生活是多种多

① 陈胜前：《思考考古学》，科学出版社，2014年。

样的，他们遗留下来的遗存也是极为丰富的，大可到长城、故宫等宏伟建筑，小到植硅石、孢粉等肉眼无法观察到的微小物质，而要尽可能全面地复原过去的历史和人们的生活，就必须尽最大努力去收集过去人们留下来的信息。考古学诞生伊始，就有很多自然科学方法、技术在考古学中找到了用武之地，从19世纪地质学和生物学对考古学的巨大影响，到20世纪50年代由于^{14}C测年技术的发明而引发的考古学革命，随着现代自然科学技术的大量运用，利用各种现代科学技术手段，考古学可以从考古遗存中获取更多的资料和信息，为考古学研究古代社会提供了更多的有用资料和技术支撑。作为考古学和自然科学技术相结合的产物的科技考古，方兴未艾，蔚为大观，已成为从事考古学研究时获取古代信息的重要途径。为了尽可能全面地复原和把握历史，北京地区明清考古应该开拓引进一切可能的新技术、新手段，并努力将这些技术组合起来，以形成解决某些问题的有效方法。

（四）强化北京地区明清考古综合研究

1. 加快北京明清考古资料的整理

60余年来，北京地区明清考古清理发掘了大量遗址、墓葬，积累了大量考古资料。但由于配合基建考古工作繁重，考古工作忙于应对基本建设中的抢救性考古发掘，无时间整理资料，或整理进展缓慢，导致大部分资料未经整理。发现、发掘这些遗存并将其整理成科学研究资料，是考古工作的首要任务，也是进行考古研究的第一步。为此，要加快北京明清考古资料的整理，加强各种出土文物的分类整理和研究，尽快形成科学详尽的文字、图片及影像记录，或进行永久保存，或公开发表，夯实北京地区明清考古研究的资料基础。

2. 积极推进北京地区明清考古相关重点课题研究

城市是诸种社会关系的总和，也正是由于其重要性和独特性，关于古代城市的研究，也就理所当然地成为中国考古学、历史学和相关学科研究的龙头课题。徐苹芳先生指出："城市考古包括的内容十分丰富，凡是这个城市所遗留下来的遗迹和遗物都在城市考古的范围内。"①作为我国封建社会后期城市规划代表的北京，其城市考古仍有许多工作要做，如对北京城市规划布局、北京城市发展演变过程、城市生活风貌、文化生活等方面的研究都有待深入。因此，北京明清考古首先要继续推进城市考古研究，构建明清北京城市开发与发展的基本脉络，并以此由点到面，形成对中国古代城市的宏观认识。北京地区明清墓葬资料已经积累了很多，在此基础上如何进行分期、等级划分等文化因素分析，开展专项研究，有根据地将墓葬资料置于适当的社会背景下考察其所反映的历史实际。此外，北京地区明清墓葬不仅数量众多，而且既有等级较高的帝陵、园寝、品官墓、平民墓，还有其他地区较为少见的太监墓，应该系统地开展专题研究。

---

① 杭侃：《地方考古工作者义不容辞的责任——古今重叠型地方城址的研究方法》，《中国文物报》2011年11月11日。

3. 推进北京明清考古，为文物保护工作服务

随着文化遗产概念逐渐深入人心，考古工作和文化遗产保护的关系越来越密切。一方面，考古发掘实际上就是在配合各类建设项目过程中对文化遗产进行抢救；另一方面，考古学的调查、发掘与研究成果开始成为评估文化遗产价值、制定保护措施及最终的保护决策与规划的科学基础。

作为历史文化名城的北京，所面临的城市文化建设中的重大课题就是如何正确处理历史文化名城保护与城市现代化建设的关系，最大限度地保护北京历史文化遗产。徐苹芳先生曾经说过："在古今重叠的现代城市中所保留的古代城市遗痕，是这个城市历史发展的见证，它为我们研究这种类型的城市考古，探索出了一个科学的方法。除此之外，也为这个城市保留它自身的历史遗迹提供了科学的依据。"①北京地区明清考古必须清醒地认识考古与文化遗产保护的关系，加强考古学与文化遗产保护的结合，推进北京明清考古为文化遗产保护服务。

① 徐苹芳：《现代城市中的古代城市遗痕》，《中国城市考古学论集》，上海古籍出版社，2015年。

草原世界的展开与马匹利用的开始

川又正智[1]著　王　策[2]　周　宇[2]编译
（1. 日本国士馆大学　2. 北京市文物研究所）

［按语］有种说法，今天世界各地家马及非洲斑马的祖先，都来自于美洲，虽然后来它们在那里灭绝了。斑马跨过白令海峡、穿越欧亚大陆、再到达非洲草原，繁衍出三个品种，这一旅程颇不同凡响。然而，与此相比较，家马的命运更让人动容，它们被人类征服，却也改变了人类的历史。

关于马的驯化与传播，是国际考古学界研究的一个热点，国内对此虽多有绍述，但皆简略。本文是日本学者藤川繁彦主编的《中央欧亚的考古学》①一书第一章的第二节，由川又正智执笔，是一篇较为详赡的综述，今稍作编译，以备观览。

除了食用乳肉、对皮毛骨进行加工利用，驯化马的最主要目的在于用做役畜。作为役畜，马的用途表现为三种形态，即骑乘、牵引和驮载，也可以归纳为骑乘和牵引两种形态。

自1979年利陶尔等人发表综合性专著以来，迄今有关马、马车、骑术、马具、马书和与马相关的东西方交流的研究，迄今积累的成果已相当可观。其中以下三点，大致已成定论。其一，马的驯化晚于绵羊、山羊和牛。其二，中央欧亚草原是马的驯化之地。其三，导致马在欧亚广泛传播的关键，不在于骑乘，而是由马牵引的马车；尽管骑马术的出现应早于马车的出现，但骑马术的普及却要滞后于马车的普及，马车在欧亚全境的普及大约在公元前第2千纪的中叶便已实现。

驮载的历史应该更为古老，并且很可能并非肇始于马。

虽然野牛已经灭绝，但因有可靠的原牛骨骼和岩画被保存下来，故家牛和野牛的区别是清楚的。

驴与马同属于马科马属，但不同种。家驴是在非洲与西亚之间的地区被驯化的。

今天世界各地的所谓野马，其实都是家马再度野化的产物，真正的野马业已无存。也正因为如此，对于驯化初期家马与野马在骨骼上的区分，至今尚无定论。

---

① 〔日〕藤川繁彦：《中央欧亚的考古学》，同城社，1999年。

关于家马祖先的讨论，主要围绕着塔潘马（Tarpan）和蒙古野马展开。塔潘马也叫欧洲野马，或译为泰斑马和大盘马。一般认为塔潘马是再度野化的家马，也有人认为其是蒙古野马的一个亚种。真正的塔潘马业已无存，现在恢复的塔潘马是其与家马杂交后的品种，与远古的绘画相比较，呈现出家马的形体特征，不具参考价值。最新观点认为，塔潘马与蒙古野马、家马在骨骼上各不相同。

蒙古野马最初是由俄国探险家普尔热瓦尔斯基（Nikolai Mikhaylovich Przhevalsky）发现，故又称普氏野马。其与家马是近种，染色体为二倍体，蒙古野马有66条，家马有64条。两者可以生出有生育能力的杂交品种。新近的线粒体DNA分析显示，蒙古野马与蒙古马等东亚马相近，因此其可能与一部分家马并无渊源。蒙古野马的外貌与欧洲旧石器时代岩画中的野马相宛然，鬣短且直立，背部和四肢分布有狭窄条纹，此类特征在现在再度野化的品种上也能见到①。

问题的关键在于，如何从遗存中辨别驯化的家马？

就犬、羊和猪的情况来看，驯化似乎并没有给骨骼带来显著的变化，马与驯鹿、骆驼相类，如果出土遗骨保存状况欠佳的话，据以判断的难度会更大。饲养马匹看重的是马的运动能力，因而大多采用的是近乎自然方式的放牧，也就是说，尽管属于家畜，但与野生的状态非常接近，由此可能不易导致体质的变化，以及较少造成根本性的遗传变异。此外，相较于其他饲养动物，马的驯化时间也比较短。

马匹个体的体量变化幅度很大，据此及年龄、性别所占的比例等来推定驯化与否，并非十分牢靠。长期驯化引起的外观（毛色变成多样，鬣鬃变长倒伏，出现了额发，条纹消失，等等）和行为方式的变化固然易于把握，但在遗传层面，通常难以辨识。另外，分布区的变化很可能与从事驯化的人类存在密切的关系，换言之，就特定地区而言，某种不曾作为狩猎对象存在过的动物，倏然开始出土，那么它就很可能是由人类驯化带来的结果，而且该地区不应被视为这一动物的驯化之所。

骑乘、牵引和驮载离不开相应的器具，比如衔勒等。如果能发现这类器具，或是在马匹的遗骸上找到这些器具在使用过程中留下的痕迹，比如牙齿上留下与马衔的磨痕，比如附加的载荷和长时间役使给椎骨和蹄脚带来的变形，这些都能够变成马匹驯化的证据。当然，更不要说役使马的绘画、雕刻和相关记载了。然而，在上古时期所有这一切都是不可想象的，因为那时可能即使基本的器具也还没有产生。

再有，应该注意的是，野马可以直接捕捉来驯化，而如果饲养仅仅是为了食用，那也无需什么器具。

不管怎样，一切还得从遗存入手。

1. 德列夫卡（Dereivka）遗址出土的马骨

讨论家马和骑马术的起源，就得来到乌克兰的德列夫卡遗址（图一）。该遗址位于第聂

① 近来的遗传学研究倾向于认为，蒙古野马也是再度野化的品种。http://www.xinhuanet.com/2018-02/23/c_1122442225.htm

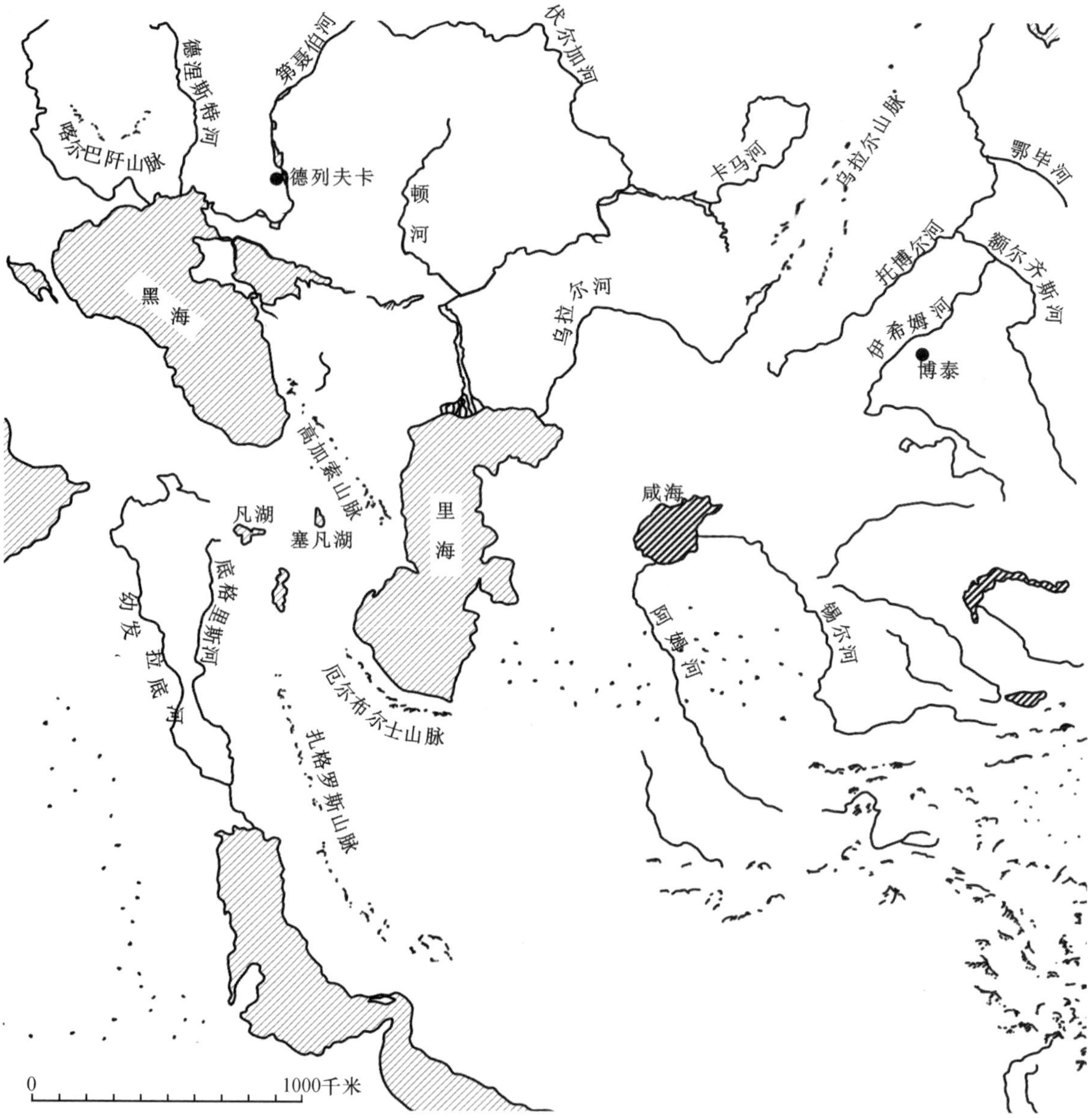

图一　德列夫卡和博泰遗址

伯河畔的基辅与黑海之间，处于草原向森林草原过渡的地带。这是一处定居遗址，家畜饲养、农耕、狩猎、渔捞和采集等经济手段都得到应用，红铜制品开始出现，隶属于斯里第尼·斯托克文化（Sredny Stog Culture），^{14}C校正值大约为公元前4000年，应该是最早开始利用马匹的遗址。

以下探讨以德列夫卡遗址最终考古发掘报告的英文版为据，主要介绍的是安东尼（Anthony）的观点。原考古发掘报告的撰写存在着某些不足，但川又正智在转述时似也不无疏失。

该遗址中出土的哺乳动物骨骼，鉴别出的有16个品种，骨骼总数为3938块。关于野生哺乳动物与家畜骨骼的比例关系，川又曾两度提及，一处说得比较粗疏——野生动物的骨骼占不足

2成，家畜骨骼占8成以上；而另一处则较为具体——野生哺乳动物的骨骼占总数的17%；那么两者的数字可推算为：

野生哺乳动物骨骼 3938×17%＝669.46块

家畜骨骼 3938×（1−17%）＝3938×83%＝3268.54块

家畜包括马、牛、绵羊、山羊、猪、狗等，而马骨占到了家畜骨骼总数的74%，牛骨占19%，具体数字就可推算为：

马骨 3268.54×74%＝2418.7196块

牛骨 3268.54×19%＝621.0226块

可是这些数字十分可疑，因为另一处又说，总数3938件哺乳动物类骨骼中，马骨有2412块，占总数的占61%；牛骨虽然没有提到具体数字，但提到了占比，为16%；按这两个比例得出的牛马骨骼的数字是：

马骨 3938×61%＝2402.18块

牛骨 3938×16%＝630.08块

如此，马骨就有了三个数字，而牛骨也有两个数字：

马骨 2418.7196块、2412块、2402.18块

牛骨 621.0226块、630.08块

如果用给定的数字逆推，则马骨在全部哺乳动物骨骼中所占的比例就是：

2412÷3938＝61.249%

野生哺乳动物只提到数量最多的赤鹿[①]，其骨骼占全部哺乳动物骨骼的10%，即：

赤鹿骨 3938×10%＝393.8块

根据骨骼的块数，可对动物的最少个体数进行估算。所谓最少个体数，就是由鉴定骨骼可以拼对出相对完整的动物个体，也就是说，实际数字应该远大于此。这样的个体总数有183个，其中的马数量为52匹，占总数的29%，牛和野生赤鹿的个体只有占比数字，分别为10%和26%，即：

马 183×29%＝53.07匹

牛 183×10%＝18.3头

赤鹿 183×26%＝47.58头

马匹数有细微差别，若以52匹为准逆推的话，其占比应该是28%稍强：

52÷183＝0.28415

以上数字中存在的差异，究竟是川又转述之误，还是原考古发掘报告本来如此？查考川又给出的百分比，莫不是整数，但由此推算的马、牛、赤鹿的骨骼数和个体数却均带尾数。反过来，由给定数值逆推得出的两个百分比又都非整数，且与川又给出的比值极为接近。故知川又的转述对百分比的数值进行了取舍，即上述数字偏差并不是由原考古报告造成的。

此外，52匹马中，头骨分属于18个个体：年轻的牡马15匹、牝马2匹、祭祀埋纳的马1匹，

① 也叫马鹿、红鹿。

表一　德列夫卡遗址出土的几种哺乳动物骨骼

		16种哺乳动物	家畜	野生动物	马			牛	赤鹿
					年轻牡	牝	未详		
	18个马头骨				15	2	1		
骨骼数	**给定值**	3918			2412				
	据占哺乳动物骨骼总数比例		3268.54（1%～17%）	669.46（17%）	2402.18（61%）			630.08（16%）	
	据占家畜骨骼比例				2418.7169（74%）			621.0226（19%）	393.8（10%）
最少个体数	**给定值**	183			52				
	据占哺乳动物个体总数比例				53.07（29%）			18.3（10%）	47.58（26%）
备注	黑体字是川又给定的数值，余为根据各种比例推算出的数值 据给定数值逆推，则马骨在全部哺乳动物骨骼中所占的比重是2412÷3938=61.249% 据给定数值逆推，则马匹个体在全部哺乳动物最少个体总数中占比为52÷183=0.28415%								

性别不详。总的情况可归纳为表一，以见马骨之盛。

德列夫卡遗址一带早于斯里第尼·斯托克文化的是第聂伯河-顿涅茨河文化[①]（Dnieper-Donets Culture）。该文化所出马骨在动物骨骼中占了6.6%、产肉量占21.4%。

在斯里第尼·斯托克文化的其他遗址中，马骨在兽骨中所占的比重为18.5%。

由第聂伯河往东至伏尔加河，比德列夫卡遗址稍早的有伏瓦鲁因斯克遗址和塞捷埃遗址，在这两处遗址中，马占据了食用动物的10%～15%（表二）。

表二　马在相关遗址出土的动物骨骼中所占的比重

	马	动物骨骼中的占比	产肉量占比	食肉动物中的占比
稍早	第聂伯河-顿涅茨河文化			
	伏瓦鲁因斯克和塞捷埃遗址			10%～15%
同时	德列夫卡遗址	61.249%	59.7%	
	斯里第尼·斯托克文化的其他遗址	18.5%		
备注	食用动物中的占比与产肉量占比，两个概念是否对等并不明确，权且分列			

比较起来，德列夫卡遗址马所占的比重要多得多，并且只见青壮年的马骨，而无老马和幼马的骨骼。就性别而言，公马占到了80%以上[②]。马匹利用的增加，被推测与驯养相关。

① 第聂伯河-顿涅茨河文化（Dnieper-Donets Culture），东欧森林草原地带的新石器时代文化。亦名篦纹-戳刺纹陶文化。主要分布于第聂伯河中游、下游左岸及北顿涅茨河中游、白俄罗斯南部。年代为公元前第5千年中至前第3千年中。该文化起源于当地的中石器文化，最后融入竖穴墓文化之中。

② 这个数值大概是由马头骨中牡马的数量推算：15÷18=83.33%。

安东尼认为，如果考虑马的体量（产肉量），马肉的重量占到了59.7%；而如果把马看成是家畜，那么狩猎的比重就会降低，但即便如此，狩猎和渔捞在肉食中所占的比重仍然很高。不过不管怎么说，相较于狩猎，德列夫卡遗址居民的生活当以家畜饲养为主，并且是以马作为食物的最主要来源。

德列夫卡遗址中还有一处祭祀遗迹值得特别关注。这里刻意埋葬了2匹马，如前所述，其一为马的头骨。此外，还出土了犬骨。自古以来，马和犬始终是备受欧亚各地宗教青睐的动物，因此，这一发现非比寻常。同时，这处埋纳遗迹位于发掘区的东端，应该也是聚落的东端，或以为与日出的方向相关。

马骨和犬骨附近存在着灶（H6）和灰坑（P8）遗迹。灶H6内有炭、灰、石头和陶器。偏北的灰坑P8出土了马骨、陶器、石头和3件黏土塑像，其一呈猪形。还有2枚镳状物，应该也出自于这附近。H6和P8之间另有成排的石头，再往周边，还可见到石头、陶器和石器碎片。

马骨被放置在犬骨之上。那具马的头骨带有马衔磨痕，属于一匹七八岁的牡马。另有1根马的左前肢，属于另一个更为年轻的个体，其体高在整个遗址中可归入最高一等。犬骨亦分属2个个体，一由头骨和脊椎骨、另一由头骨和两条前肢骨构成。考古发掘报告将马、犬骨骼与H6、P8及成排的石头视为一个整体。

这具马头骨比普通蒙古野马的头骨略大。而据伴出的肢骨推定，另一个体的体高约为144厘米，落入现代蒙古野马的体高范畴：124 ~ 147厘米。四蹄动物的体高是指，从地面到鬐甲的垂直高度，鬐甲也称背峰、肩隆（图二）。以现代的眼光来看，这一高度只能算作小型马——

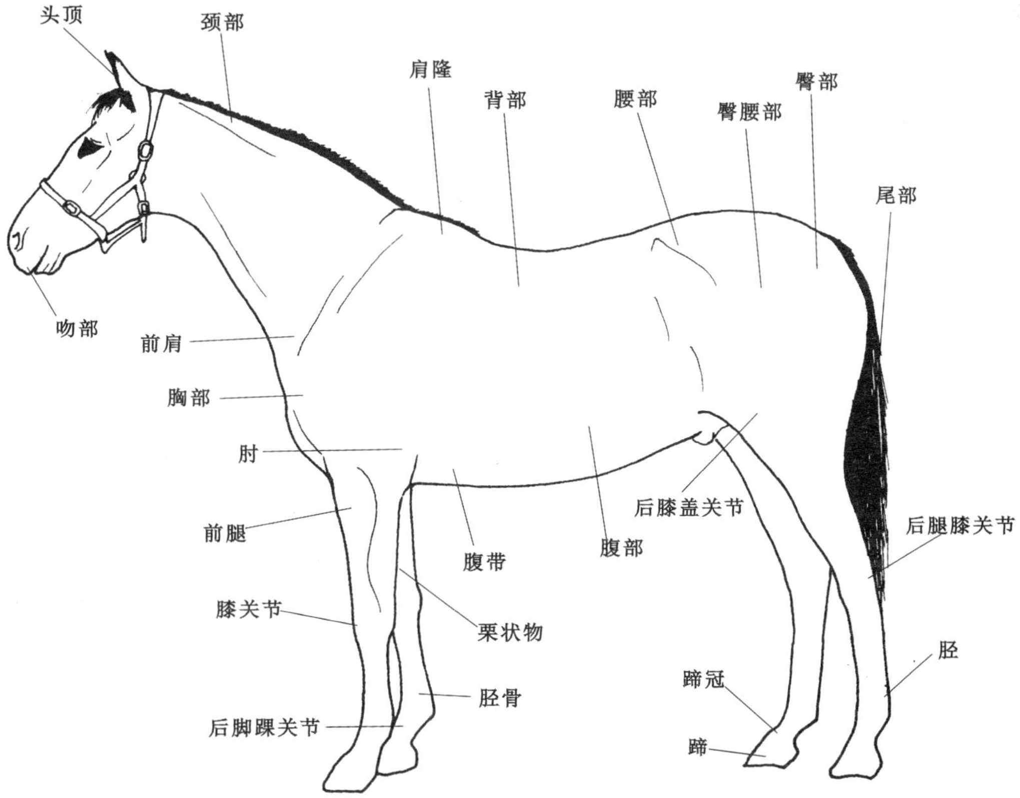

图二　马匹各部位的名称

因为今天的良种赛马体高为160～170厘米，但在古代则应进入大型马之列，并且足够供人骑乘。

就整个德列夫卡遗址的出土情况而言，马的体高在126～144厘米，多数在132～140厘米，平均值为136厘米，大致与现代吉尔吉斯马、塔潘马中的大型者相当。与古代的资料相对比，和斯基泰古墓出土的马相一致，但在阿尔泰巴泽雷克（Pazyryk）及周边古墓出土马匹的四级分等中，就只能算在第二、三等级（Vitt1952）；亚述和罗马的马匹体型则稍大。以上情况可汇入表三。

表三　马匹体高的比较

	塔潘马	蒙古野马	德列夫卡马	博泰马	亚述马	斯基泰马	巴泽雷克	罗马马	吉尔吉斯马	现代良种赛马
体高（厘米）	同	124～147	126～144	136～144	稍高	同	与四级中的2、3级同	稍高	同	160～170
备注	大致按时代排列；“同”字是与德列夫卡马相较；吉尔吉斯马在现代应属小型马									

与蒙古野马和塔潘马相比，德列夫卡遗址马的头骨形态与后世的家马更为接近。有人正是据此，将德列夫卡遗址的马匹归入家马的范畴。

然而，李维（Levine）却对德列夫卡遗址出土的马匹是否为家马表示怀疑。他在发掘结束数年之后，对该遗址出土的部分马骨进行了复核，并对151枚牙齿做了性别和年龄分析。这151枚牙齿至少隶属于16匹马的个体，大部分为5～8岁的壮年牡马，由此推定，它们更可能是猎获物。其理由如下。

就繁殖和役使而言，5～8岁正值黄金年龄，但作为肉用，就显得有些老了。虽说有些个体要发育到5岁左右，但整体却在2～3岁就已大致成熟。而且出于畜群管理的需要，牡马如不去势，大概也要在成年前被杀。换言之，如果作为家畜的话，德列夫卡遗址的牡马年龄有些偏大。

反之，在野生种群迁徙过程中，走在最前面的往往是牝马，壮年牡马则多滞留在末尾，一是为了驱动马群，一是对抗捕猎者，因此成年牡马被猎获的概率更大。

李维的观点不无道理，只是在德列夫卡遗址确有一匹马的头骨——那具用于祭祀的马头，其2枚牙齿留下了马衔的磨痕。马衔的存在就意味着缰绳的存在，而肉用家畜不必使用缰绳，因而这就同时成为马的驯化与马匹役使的证据。合而观之，德列夫卡出土的马骨应该包括了野马和家马两个品种。

但问题远非那么简单。家畜定义的一个标准就是由人来控制其繁殖，以此审之，野生种虽然也可以被训练、役使，但却不能被视为家畜。因此，役使和变为家畜是两回事。

接下来，作者借用安东尼的观点，为马的驯化过程勾勒了一幅图画。

德列夫卡遗址原本只是以马和其他动物作为狩猎对象，但由这一带往西，早在公元前的第6千纪就已出现西亚式的农牧复合经济，那里的居民掌握了畜牧绵羊和牛的技术。作为大型家畜，牛群的构成与马相似，饲养牛的经验应该能为马的驯化提供借鉴。当牧牛术传播到德列夫卡，当它被应用于野马的时候，马的驯化就完成了，而实现这一飞跃的，正是那些既饲养牛又狩猎野马的居民——第聂伯河-顿涅茨河文化和斯里第尼·斯托克文化的居民。

马是快速移动的大型动物，不借助骑乘万难徒步饲养，没有马匹的饲养，牵引车辆也就无从谈起。那么德列夫卡带马衔磨痕的马是被用来骑乘的？驯化马的初衷为的是狩猎野马？

环顾草原地带，这里缺少丰产的植物可供食用，离开家畜，人的生存无以为继，因此，最先进入大草原的，一定是那些驱赶着绵羊和牛群的人们。而大草原对于马匹而言，却是一片安适场所，甚至大雪覆盖的时候它们也能泰然处之，在这一点上，它们比起牛、羊更具优势，可以借助蹄力刨开积雪，啃食深埋的枯草，而后两者却只能求助于人的帮助，或是咀嚼马的残羹冷炙。那么，马的饲养大约肇端于肉用，但驯化之门也随之敞开，而骑马术，则最初应该是在养熟了的马匹中进行尝试。

如果在德列夫卡遗址已经实现了骑乘，那么马匹驯化的努力应当在此之前很久就已开始摸索。若马匹未经相当程度的驯养，那么马衔也是不可能被装上去的。

问题远未就此结束。马衔是在何时何地发明的？马衔是在捕捉到野马、驯熟后安装上去的？发明马衔之前，骑乘就已开始？该怎样去理解西亚居民对驴的骑乘呢？该如何考量对牛和骆驼的骑乘？对动物的骑乘是否只有一个共同的起源？动物因种类不同，使用的器具、骑乘的姿势、扶助手段及调教方式也会各不相同，而所有这一切又是从什么时候开始的？

2. 带马衔磨痕的牙齿

役使动物，除了要避免其逃逸，还得将人的指令传达给它，并将它的力气输导出来，这就让缰绳、辔头、环、袋等器具变得不可或缺。约束颈部的方式被用于许多动物，牛一类长角的动物可以捆缚角，也有对动物的头部进行捆扎，还有捆绑躯干和四肢的方式。从吻鼻部下手的亦复不少，或是围扎口鼻、佩戴笼和袋子，或是使用穿鼻环及鼻木。依对象动物、役使目的及时代和地域之别，各种用具和手段花样繁多，没有确切的证据能够说清何者是最为古老的。考虑到役畜的体型，再联想投索、套马竿和脖圈，在颈部施加绳索也许是最为原始的手段吧。后来利用役畜进行牵引，一开始也是从颈、肩和胸等部位着力。不过，比起颈部，操控役畜吻鼻部的方法更为便捷，役畜对于这种刺激的反应也更敏感。就马而言，还有捆缚下颚这样一种独特的方式（图三）。

通常，役使马匹有一样东西是须臾不离的，那就是缰绳。马缰可能是最为古老的马具，用以将人类的指令传递给马匹。从考古和民俗学的实例来看，佩戴马缰的方式可以粗略划分为两种，一是“衔”法，一是“禁口”法。“衔”法是将物品插入马的口腔，“禁口”法是围住吻鼻周围（图四）。用绳索环绕外侧的方法存在各种各样的变体，被广泛应用于马、牛、驴、骆驼和驯鹿，可被视为禁口头络的早期形态。戴在耳后的颈绳就是后来的颈革/带[①]（图五），再对吻鼻部加以环绕，就形成头络的基本形态（图六）。为达紧致，还可用木、骨角、金属制品加以约束，捆扎的方式因而显得姿态各异。除了前面提到的捆缚下颚的形式，还有一种置于口中的捆绑方法也让人联想起马衔（图七）。那么，马衔又是怎样安装的呢？

---

① 颈革/带也叫顶革。

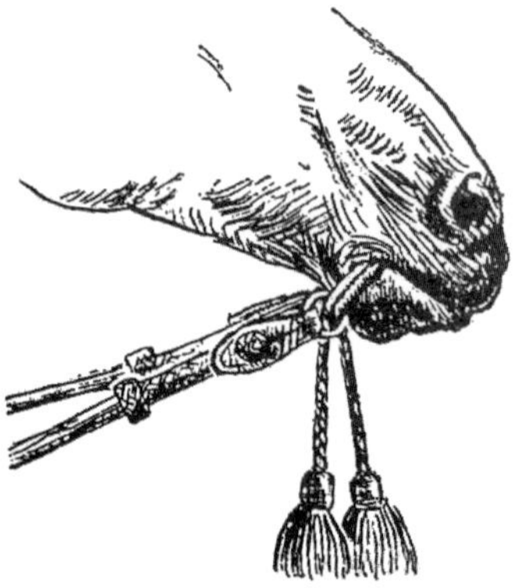

图三　捆缚下颚的缰绳

图四　现在常用的欧罗巴型禁口头络和南美的勃萨鲁头络

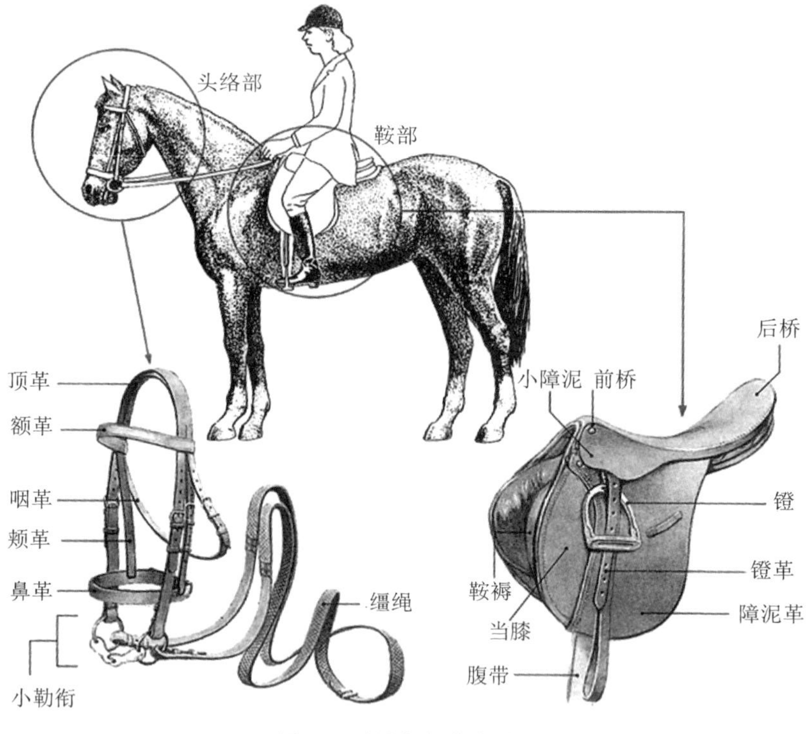

图五　马具各部位名称

马一类的动物，其门齿与臼齿之间存在着一段无齿的空隙，叫作齿槽间隙，马衔即被置于此，故也有径直称其为“衔受”（图八）的。前述绑缚下颚之举，也是利用了这一结构。该结构还常被人借来以单手控驭马匹：手指由下颚两侧或一侧插入齿槽间隙，由此引导马首。

齿槽间隙恰邻唇角，马衔不致后移，但开口时却会脱落，为此，古代常在马衔的两端配以马镳，再用革绳吊挂于马首额顶、耳后。头络或辔的基本结构，就是在禁口头络上加装马衔。无论是马齿咬噬，还是马衔的碰撞，都会对齿槽间隙后面的第二前臼齿[①]造成伤害，臼齿前部的珐琅质遂受磨损，而第二前臼齿前端的马衔磨痕也就成为马被驯化、役使的证据。但因马衔

① 第一前臼齿退化，故马衔与第二前臼齿相触。

图六　捆缚方法的当代实例

图七　置入口中的捆缚方法（现代）

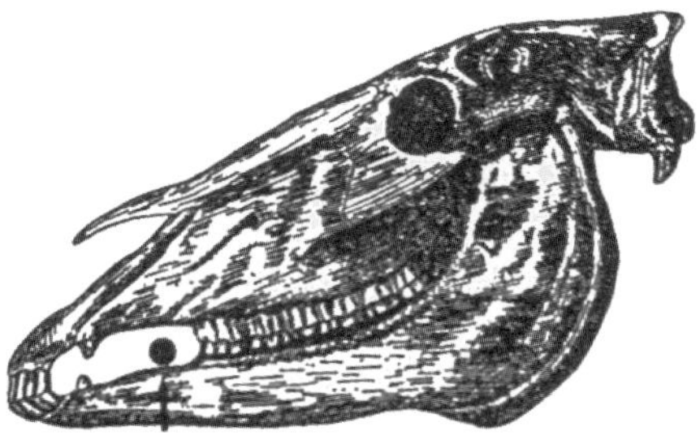

图八　齿槽间隙

形状、使用方式及马的癖性不同，并不是所有加装马衔的马匹都会留有马衔磨痕。

配有缰绳的禁口头络即使不加装马衔，也可用于牵引和控驭，只是所约束的马匹往往用于食肉或乳用，而不被役使。但不管怎样，在马衔出现以前，或许有过一个只用禁口头络控驭马匹的时期。

是时候回到德列夫卡遗址，回到那具用于祭祀的马头。根据安东尼（Anthony）的测量，其右齿磨耗掉3毫米，左齿磨耗掉4毫米，而所谓3毫米或4毫米，指的是磨耗斜面前端的垂直距离。加装现代衔的马匹，牙齿磨耗在2毫米以上。但不装衔的马匹，牙齿也有自然磨耗，有一例现代马的自然磨耗竟达到了3毫米，而据说在野马当中也存在着自然磨耗。这么看来，单纯的臼齿磨耗并不能作为百分之百可靠的证据。

虽然有着上述的纷争，但奇怪的是，在年代早于德列夫卡遗址的马骨材料中第二前臼齿的前部却不见一例带有磨痕。

另外，电子显微镜微痕观察，能够对不同材质马衔留下的磨痕做出区分。据后来安东尼的实验分析，德列夫卡遗址的这一例可能是由骨制马衔留下的，并且按照磨耗程度推算，该马的装衔时间总计在300小时以上。

附带一提的是，由带皮的马头与蹄腿组成的埋纳，在以后的中央欧亚草原相沿成习。照此来看，德列夫卡的马、犬骨骼原本也应该是与皮相连的。另外，在草原上也见有牛头与马腿共出的例子。马腿中，又以左腿为多。

在比德列夫卡稍早的伏瓦鲁因斯克遗址，只出土牛、马和绵羊的骨骼，见有绵羊与牛的头、肢骨相配的特殊组合，并且与马共同埋葬。与伏瓦鲁因斯克遗址大致同时的塞捷埃聚落遗址，肉食的对象包括马、牛、绵羊、猪和鹿，其中有一实例，9个人被埋葬在墓底，旁边放置有2个马头、红色的氧化铁和若干陶器。

这种将马头与一部分肢体共同埋纳的传统，虽然在大草原上一直延续到近代，但斯基泰系诸文化[①]流行的时期，却是以整马来安葬的，这也包括中国的商周时代。

3. 与角制镳形物相关的问题

德列夫卡遗址出土的6件[②]遗物，被发掘报告推定为马镳（图九）。推定的依据只是形状，出土环境方面并没给出有价值的信息，因为它们并非出自马的唇角附近。

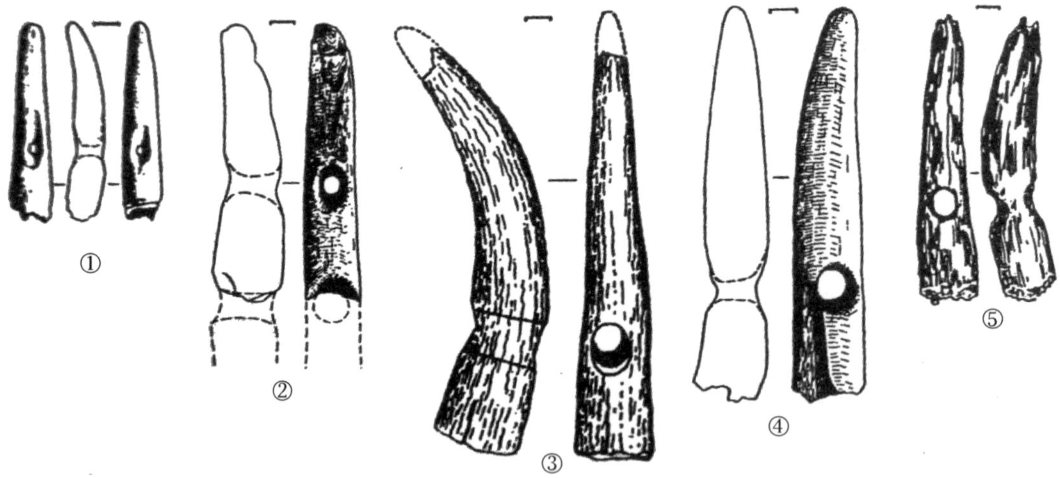

图九　马镳

①～④出土于德列夫卡遗址　⑤出土于同一时期邻近的维诺克拉多涅遗址

6件遗物全由赤鹿角制成，通长8～14厘米。带穿孔，孔径0.4～1厘米，均为对穿。孔有磨损，应被使用过。有5件为单孔，细锐的一端为鹿角的尖部，未经加工。其中4件粗端折断，完整的1件则被“切割得十分整齐”。只有4件的出土地点约略可知。

标本①出土于德列夫卡遗址北部的居住区，孔径甚小，似非镳。粗端有束腰，并且就在束腰处折断。

① 阿尔赞、巴泽雷克古墓应包括其中。

② 原考古报告提到了6件遗物，但这里仅列举了5件。

标本②出土于德列夫卡遗址东北部的贝壳层中，是唯一一件带双孔的标本，也有人将其复原作3孔。

标本③形状完整。

标本④出土于德列夫卡遗址东南部的灶H7附近[①]，似与陶片、骨器共出。或以为形态完整，但也有认为是残件。

据川又介绍，H7靠近祭祀遗迹，并怀疑③、④皆出在祭祀马骨的附近。

考古报告指出，有几件标本近孔处因经捆缚而磨损变细，但川又通过观察线图和图版认为，除标本①外，其余都不明显。所谓磨损变细处，据下文可知，系指标本①的束腰。

如果认定是马镳，那它们又是怎样安装的呢？而衔又是用什么制成？头络的整体又作何形状？因为安东尼的实验结果表明，德列夫卡遗址祭祀马头的马衔磨痕是由骨制马衔留下，川又遂依此展开推理。

骨制马衔当用长骨制成，长骨呈管状，中穿革绳。革绳本可作为马衔，但虑及唾液的腐蚀和牙齿的咬噬，故套以管状长骨。若镳为单孔，则套在长骨中的革绳自镳孔穿出，与缰绳连接；而磨损的束腰应用来捆缚颈带，将马镳挂于马的额顶。

这一复原显然参考了后世角制细长形双孔马镳的系挂方式（图一〇）。但不同的是，后世用细长形的双孔马镳穿过衔端的圆环，而德列夫卡遗址却是由马衔革绳穿过镳的上圆孔，与后世以单杆马衔中穿圆盘状马镳（图一一、图一二）的做法相近。

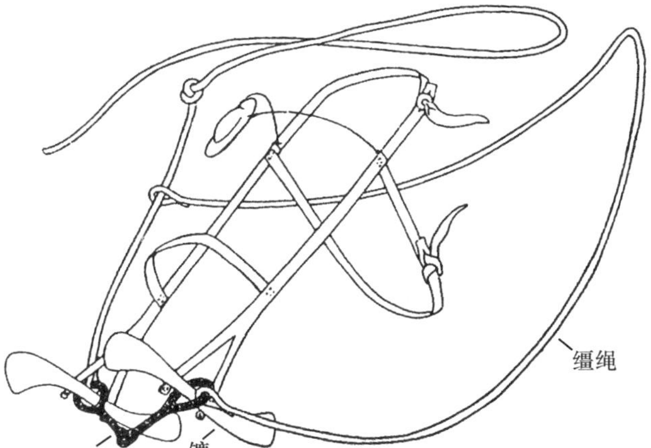

图一〇　头络与缰绳全图（巴泽雷克古墓出土）

就最早的角制细长形镳而言，如果是单孔或三孔（上下2孔用于连接头络，中间1孔用来穿镳）镳，则是用衔穿过镳孔；如果是双孔（双孔与头络相连）的话，就是由镳穿过衔的端环。这当是大体的原则。

虽然川又没有提及，但瑞士湖上居住遗址出土的一件衔镳却值得注意。其中的镳带有四孔，但可用来联想三孔镳的系挂方式（图一三）。

另有一件遗物可能是与头络相关的约束具（图一四），出于德列夫卡遗址居住区的西部，

① 据前面的H6、P8的编号方式，可以推知H7也是灶坑。

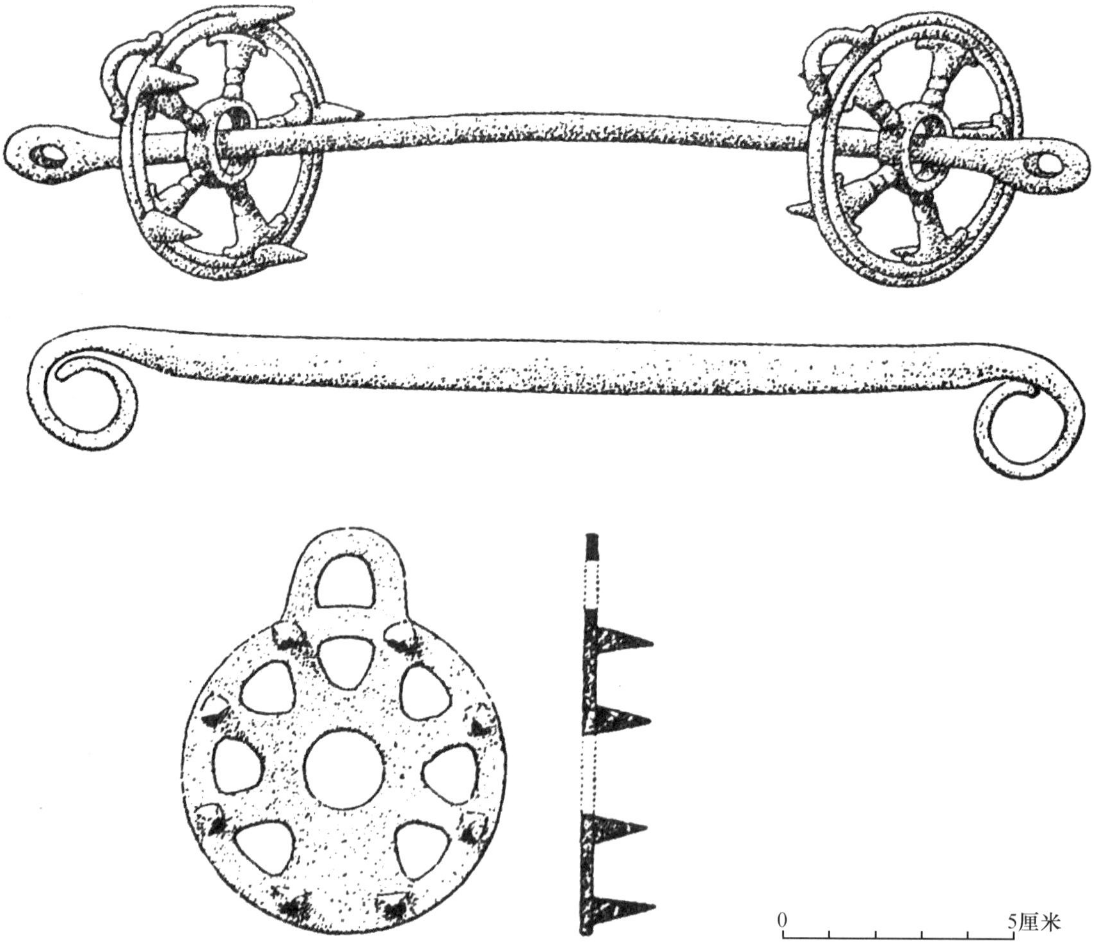

图一一　早期金属单杆式马衔和马镳

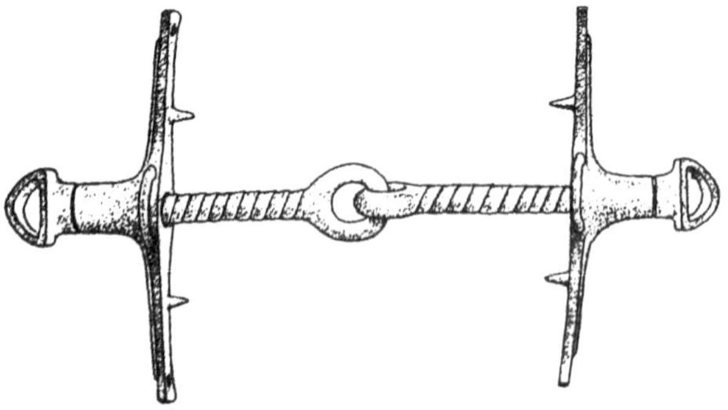

图一二　早期金属双联式马衔和马镳

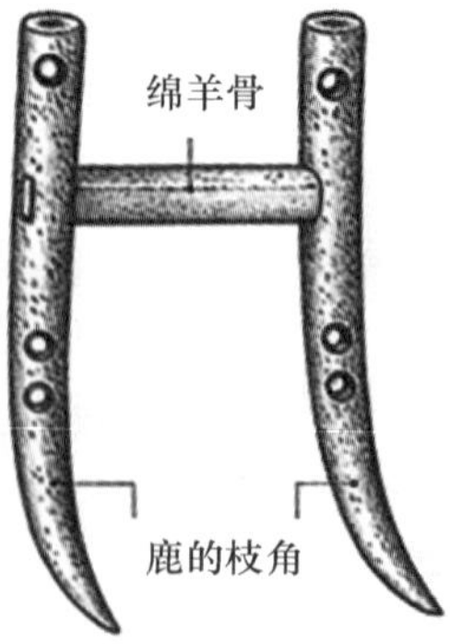

图一三　瑞士湖上居住遗址出土的骨角衔镳

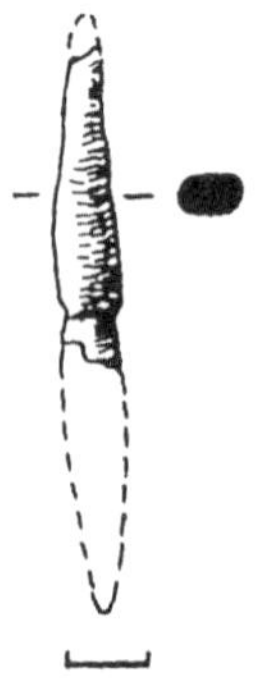

图一四　约束具（德列夫卡遗址出土）

骨或角制，径0.8、残长5厘米。

比德列夫卡遗址年代稍晚的博泰（Botai）遗址，马匹的遗骸上也见有马衔磨痕。博泰遗址位于北哈萨克斯坦中部，出土140座半地穴式房屋和墓葬，其中一座3.5米×2米的墓室铺满了马的头骨。自1980年以来，博泰遗址共发掘出了35万块以上的动物骨骼，其中99.9%为马骨，其余0.1%为家犬及原牛、鹿等野生动物骨骼。马匹体高128～152厘米，中间水平的占69%，高度为13～144厘米。因马匹体高的变化幅度大，可以推定为家畜。骨骼保存状况较好的19例为成马，其中第二前臼齿可以观察到马衔磨痕的有5例，也就是说，约占1/4，由此得出，博泰遗址有相当多的马匹佩戴了马衔。电子显微镜观察显示，博泰遗址与德列夫卡遗址的情况不同，似乎是由软质的绳索马衔留下的痕迹。博泰居民只饲养马和犬，依靠马肉为生，骨器也由马骨制成，故而可能是出于狩猎野马的需要才骑上了马背，与后来美洲印第安人骑马狩猎野牛相类。由此可以认为，这一时期骑马的风俗开始在部分草原地带传播。

据安东尼推测，塞捷埃遗址等的马齿也应可观察到马衔磨痕，只是现在已无法核实，因为该遗址马的头骨并没有保存下来。

在乌拉尔山西麓草原，与博泰同时期的是颜那亚文化。作为斯里第尼·斯托克文化的赓续，骑马游牧文化的各种要素——骑马、牛车、羊群及铜制装饰品和武器都已为颜那亚文化所具备，并且也有镳状物出土。但在乌拉尔山以东，与博泰遗址相通的就只有骑马这一项要素，似乎唯有骑马之风向东扩散了。

位于斯里第尼·斯托克文化以西的，是特里波利耶文化①。该文化初期，马骨在家畜骨骼中占了0.5%，后期上升至9.6%，而在靠近斯里第尼·斯托克文化的遗址中，则逐渐超过了20%。

斯里第尼·斯托克文化之后，马在第聂伯河以东占据了上风，西方以牛为盛，而北高加索和高加索地区也以牛为主。

在西方和东方确立起来的利用马匹的文化，都是由斯里第尼·斯托克文化传授，最早到达的是南乌拉尔，继而再向东传播到阿凡纳谢沃文化。随后在公元前的第3千纪开始向草原以外地区广泛扩散，到公元前第2千纪及于鼎盛②。

马匹的利用最终导致了社会发生丕变，这由近代马匹引入美洲平原后的情形可以得到证明（表四）。由于欧亚大陆古代还存在美洲所不见的车战与骑马游牧，马匹利用的影响应该更加深远。

4. 马衔和马镳的发明

探讨马衔发明的几条线索如下。

其一，推定德列夫卡遗址已有角制单孔镳（另外可能还有双孔或三孔镳）。

其二，推定德列夫卡遗址已有骨制马衔（后世确有骨制马衔）。

其三，推定博泰遗址存在软质的马衔（由其五来看，应是捻搓而成）。

其四，早期金属单杆式马衔采用衔穿镳的方式安装（图一一）。

---

① 特里波利耶-库库泰尼文化（Tripolye-Cucuteni Culture），东欧的铜石并用时代文化。因乌克兰境内的特里波利耶遗址和罗马尼亚境内的库库泰尼遗址而得名。主要分布于罗马尼亚东喀尔巴阡山至乌克兰第聂伯河中游一带。年代为公元前4000～公元前2250年。

② 马的驯化与传播的进程，似应参照李水城等人的文章进行修正，参见附记。

表四　马匹利用给美洲草原的社会经济带来了影响

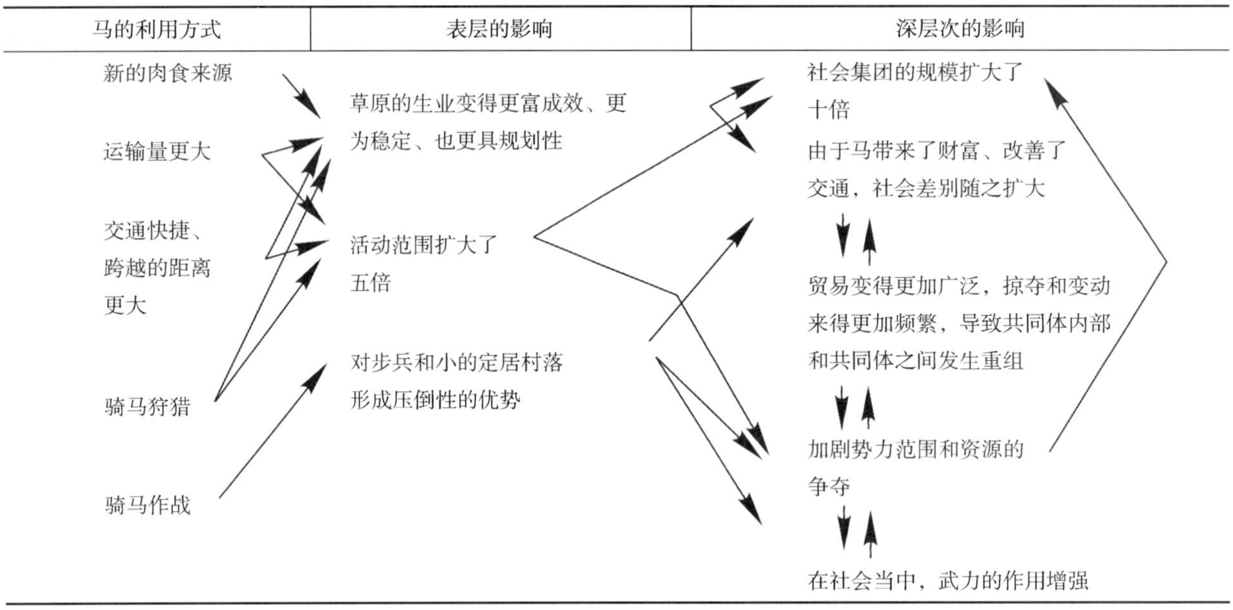

其五，早期金属双联式马衔多呈捻搓绳形（图一二）。单杆式马衔也有作绳形的样式。

其六，与早期金属衔相伴的及更为古老的马镳，与马颊相接处的内侧多带突起（图一一、图一二）。

其七，早期金属马衔不仅施用于马，也用于驴、骡（也是由牙齿磨痕推定）。如以色列的狄鲁哈洛尔（公元前1600年前后）、叙利亚的狄鲁布拉克（公元前2200年前后）及伊朗的狄拜马尔扬遗址等。

其八，后期的双联式金属马衔，多用角制细长形双孔镳穿过马衔（图一〇）。

其九，不在马的口腔中插入物品、从外部控制马的禁口头络和口笼等形式也经常被使用。绑缚下颚的方式也不罕见。

早于其四、其五、其七的时代，也即是说，在金属马衔出现以前，有镳的实物出土，但却不见衔的踪迹。此外，早期金属衔不见于中央欧亚，但在公元前第2千纪中期的西亚却有出土。

就以上情况来看，衔的发明很可能是受到绑缚下颚（图三）及图七那类做法的启发。有机质的皮绳等因咬噬、牙齿碰撞及唾液的腐蚀而不耐用，为此，产生了两种应对措施：A. 用长骨制成马衔取代有机质的衔，B. 对有机质马衔勤加更换。由此衍生出两类衔镳谱系。

A，①角制单孔镳（可能还有双孔或三孔镳）、②骨制马衔、④采用衔穿镳的金属单杆马衔（图一七）、⑥内侧带突起的马镳。

B，③软质的马衔、⑤绳形双联式金属马衔[①]、⑥带突起的马镳、⑧后期镳穿衔的双联式金属衔。

时至今日，通常所见的只有两类衔：小勒衔和大勒衔。小勒衔为双联式的，应属B类，但

① 川又似乎忘记了，A谱系单杆金属马衔也有做成绳形的样式。

镳已消失，被两个大游环替代。大勒衔则是单杆式的，属A类，仍保留有镳，但常被称为枝、夹杆等。无论是大勒衔还是小勒衔都是由游环和镳穿过衔端的小环，即镳穿衔的B类样式。

在西亚的都市地区，鼻环似乎首先用于牛，但在驴和马中也有使用。鼻环用于驴、马只是一时一地的现象，仅限于公元前2000年前后。

此外，安东尼认为，骑兵最初是被作为小股部队首先出现于都市地区而非草原地带。上古的骑兵，似乎更适合被称为骑马的步兵，骑在马背上射击或是战斗是不可想象的。另外，现有的材料显示，都市地区车战出现时间远比骑马作战来得早得多。再有，早期骑马武士的图像也以在都市地区出现得为早。

5. 马车——进入中原的道路

马匹利用在各地的普及，要晚于马车的发明。

车辆/车轮是在西亚和中央欧亚西部之中的某一地区被发明的。尽管美索不达米亚的资料完备，但仍有人主张发明地应在高加索和中欧之间。以美索不达米亚的材料为据，原始的车轮出现于公元前第4千纪的中期，是用纵向剖成的木板制成。四轮车和双轮车都出现得很早，采用单辕的形式，辕上横置车衡。最初用牛牵引，以后又用于驴、马等。公元前2000年前后，辐条式车轮被发明了出来。

辐条式双轮车被认为是由马牵引，装配了金属衔，用于驾驭、狩猎、战争和阅兵，这类快捷的马车也就是古代的战车。本来施于牛身上的衡，加装上轭，拢住了马匹，牵引的方法得到了改良。传统观点认为，这类战车于公元前第2千纪的前期到中期之间出现于今北高加索、北叙利亚和南土耳其一带，近来也有主张首先发轫于草原地区①，因为车轭不易保存，最重要的年代证据还在于金属马衔。不管怎么样，很快这些战车就在不列颠、埃及和殷商现身，马匹的利用连同马车在亚非欧各地铺散开来。

在东亚，殷墟之前不见与车轮相关的材料②，也未出土过家马。殷墟出土的战车，基本结构与西亚的相同，尽管年代相去不远，但确有可能由异域传来。与西亚相比，殷墟的车轮轮径更大、辐条数多、车体宽敞、轨距跨度大，但这些也正是中央欧亚草原地区辐条式车辆的特色，从而让传播的途径昭然若揭。骑马风习及小麦的种植也极有可能是取道草原东来。但交流从来都是双向的，到了战国时代的后半期，延续至今的双辕式马车在中国被发明了出来，到了东汉就已普及，并且没过多久它们就奔驰在罗马的大道上。

最后，可用表五来进行总结。

---

① 东西方马车的关系，参见附记中提到的文字。

② 偃师商城、二里头遗址都发现了车辙的痕迹。

表五　马匹利用方式的改变与车型的演变及它们的传播

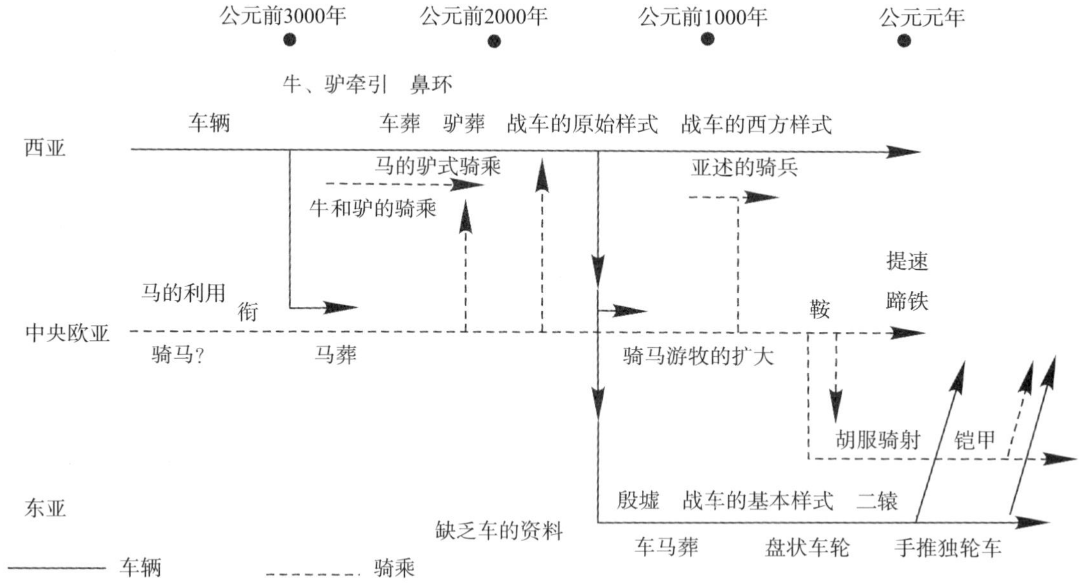

附记：《中央欧亚的考古学》出版于1999年，其中的某些观点已有重新探讨的必要，例如：关于马的驯化之地与德列夫卡、博泰遗址研究，可参看李水城、吴小红、王恺《马的管理与驯化：科技考古的最新成果》①，关于中西方马车的关系，可以参看王海城《中国马车的起源》②、吴晓筠《商周时期车马埋葬研究》③等。这里只想结合现代马术用具就马镳、马衔的安装做些臆测。

现代马术的马衔，究其大端，可分为两类，即小勒衔和大勒衔。小勒衔大致是由图一〇那种衔镳演变而来，只不过镳已简化为游环。小勒衔按衔身又可分为带关节者和直衔两种。所谓带关节的类别，就是衔身分段，中间以关节相连，即如正文中提到的双联式马衔。直衔式其实就是单杆式马衔（图一五）。前者有两个优点：一是给马舌带来更大的自由度，二是让操控缰绳变得更轻巧，同样也减少了对马口腔内部结构的伤害。增大舌头的活动空间很好理解，改变缰绳的操控原理也无不同：双联式马衔有一定的旷量，松散状态下，在口腔内形成“V”形；轻抖缰绳，马衔即成直线，马即有了感应；而不需要像单杆马衔那样用力抻拽，自然对马的伤害也少。

川又提到，无论是单杆式还是双联式金属马衔都存在模仿革绳的样式，因此在使用软质马衔的时期，两种马衔的区分或许就已存在。但从性能上看，双联式显然是由单杆式或直衔式进化而来，并且如果把游环视为镳的话，那么现代直衔式小勒衔也属于镳穿衔的类型。所以，川又区分的A、B两类谱系，未必确切。

瑞士湖上居住遗址出土的骨角衔镳，应该就是今天大勒衔的前身。大勒衔与镳连成一

① http://blog.sina.com.cn/s/blog_4ac539700100g65o.html

② 王海城：《中国马车的起源》，《欧亚学刊》（第3辑），中华书局，2002年。

③ 吴晓筠：《商周时期车马埋葬研究》，科学出版社，2009年。

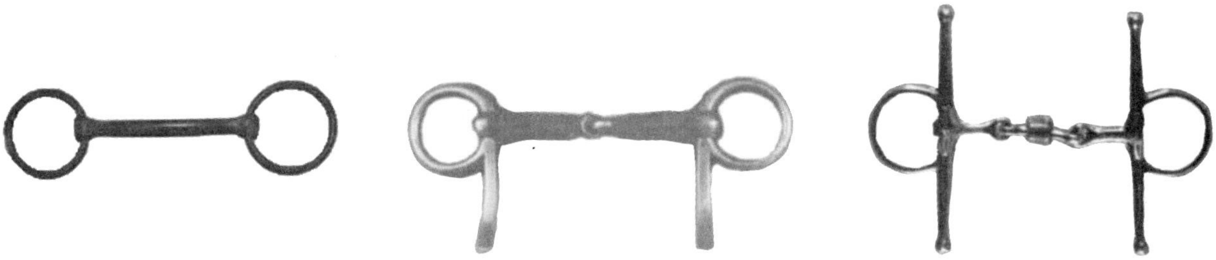

直衔式　　半颊式　　布里斯托式

图一五　小勒衔

体，也称固定式衔。因为借用杠杆原理工作，所以也叫杠杆衔铁。镳上端的孔/环与顶革连，和固死的衔一道，确保衔不从口腔脱落；镳下端的孔/环与缰绳相接，用以调动整个衔铁、传达指令。镳变为杠杆，卡于唇角和齿槽间隙中，既能将刺激信号传输给马的口腔，又是杠杆的支点。此外，还有一个好处，上面的孔/环随着杠杆联动，牵拉顶带，给马的顶部施压，这就增加了一种信号。所以大勒衔传达的指令比普通衔更丰富、更细腻。相较于瑞士骨角衔镳，现代大勒衔在衔中部增加了一个弯曲，提升了对马腭的刺激，降低了振缰的用力（图一六）。总之，遇到三孔/环以上的镳，对其安装方式应多做一些思考。川又的概括不免有些简单。

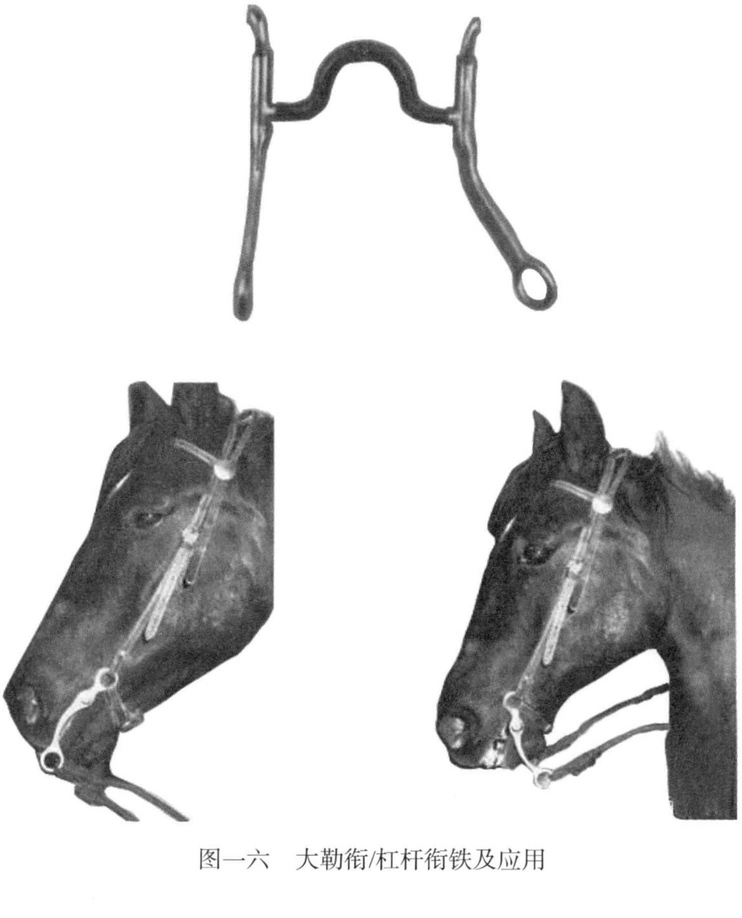

图一六　大勒衔/杠杆衔铁及应用

再来看看单孔镳。现代小勒衔中的半颊[1]和布里斯托衔铁（图一五），或可视为它的孑遗。顶革穿过镳上的单孔并与衔的端环相连——虽然马缰也连在这个端环上——使两者结为一体，这就形成布里斯托衔的雏形[2]，镳截去一半遂成半颊的形式。这么看来，单孔镳的安装方法也不能一概而论。此外，单孔镳与解扣用的觿也很相像，复原时也应予以留意。

最后，普通的小勒衔辽金、两宋时就已在中国完成了对传统衔镳的替代，并且显然是由北方惠馈中原。但在西方小勒衔的使用究竟始于何时、小勒衔的起源之地是否可以归于东亚草原，这些都还有待研究。不过有意思的是，尽管唐以后，并未断绝与大陆和朝鲜半岛的联系，特别是在“蒙古来袭”之际，还曾见识小勒衔在元朝骑兵中大规模应用，但日本的衔镳并没有因此吐故纳新，甚而还特化出一套颇为繁复的结构。直到明治维新，东瀛才假手西洋，接受了近邻已沿用数百年的旧物。马镫的情形，大抵也是如此，但日人却假其名曰“洋镫”（图一七）。

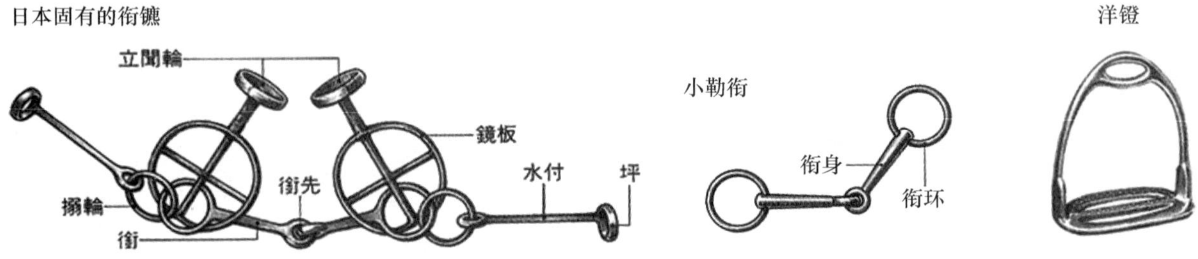

图一七　小勒衔、日本固有的衔镳和洋镫

① 现代马术常常把马镳称为“颊杆”。

② 类似形式的马镳，似乎在唐五代就已见于中国，另文讨论。

科技考古与文物保护

太行山以东—燕山以南地区旧—新石器时代过渡时期的人类活动与农业起源的几个问题

金和天[1]　赵静芳[2]
（1. 北京市文物研究所　2. 中国科学院大学考古与人类学系）

“人类起源”“农业起源”和“文明起源”是考古学最重要的三大国际性学术课题。而旧石器时代向新石器时代过渡的时期与农业起源问题息息相关。旧—新过渡时期（以下简称“过渡时期”）是指大约距今1万年的一个时间段。在这短短数千年，人类的生存方式发生了翻天覆地的变化：从延续了上百万年的狩猎采集生活转变为定居的农耕生活。与此相应，人类还学会了驯化动物、制作陶器、磨制石器、建造房子等重要的生存技能，这些巨大的变革对未来的工业社会甚至现代社会都有着深远的影响。因此，英国著名考古学家柴尔德称这一伟大的变革为“农业革命”。在欧洲和西亚，旧—新过渡时期被视为与旧石器时代、新石器时代同样重要的“中石器时代”。而在中国，尤其是在中国北方地区，这个时代的考古学工作尚未大范围开展。

太行山以东、燕山以南地区涵盖了太行山东部与燕山交会的北京市、天津市、河北省等行政区域，以及辽西、内蒙古地区的一小部分。太行山以东、燕山以南的京津冀地区地貌以平原为主，气候为典型的北温带半湿润大陆性季风气候。

自1921年在北京周口店发现了古猿人化石以来，京津、华北地区一直有早期人类活动遗迹的发现。北京地区称得上是京津冀地区甚至华北地区人类活动的起源与核心区域。同时，北京地区对早期人类的研究和发掘工作在全国范围内起步最早，北京猿人和山顶洞人的发现和研究都获得了具有国际水平的成就。

但近年来北京地区过渡时期的考古学发掘和研究工作却收获甚微。相邻的河南、山西等省份，过渡时期的相关考古学研究工作稳步开展，出现了大量受到国内外学术界关注的研究成果。京津冀地区作为核心区域，相关考古工作却远比不上上述兄弟省份。因此，大力发展京津冀地区旧—新过渡时期的考古学研究，应该成为当前该区域考古工作协同发展的一个重要的方向。

一、考古发现

目前京津冀地区已经发现的与旧—新过渡相关的遗址有30余处。其中较为重要的如下。

（一）北京地区

经学者研究，北京地区缺乏旧石器时代晚期之末的遗址①，因此该地区的过渡时期遗存需到更早的阶段去寻找。山顶洞人和王府井东方广场这2个遗址属于旧石器时代晚期偏早的遗存。

山顶洞人遗址位于北京房山周口店龙骨山，20世纪30年代由发现北京猿人的裴文中先生主持发掘，并发表了英文版的考古报告②。山顶洞人是迄今为止在东亚地区发现的数量最为丰富、保存状态最为完好的更新世晚期人类化石。文化遗物包括少量的石制品、骨角制品及丰富的装饰品。另外，该遗址还发现了可能是埋葬死者的现象。^{14}C测年结果为，距今2.7万年（上窨）和距今3.4万年（下窨）③。

王府井东方广场遗址，位于北京王府井闹市区，于1996年发现。经抢救性发掘，得到2000余件标本，包括石制品、骨制品，另还发现丰富的灰烬遗存。经^{14}C测定，上文化层为距今24240±300年，下文化层为距今24890±350年。经热释光测定，上文化层为距今19000~距今15000年，下文化层为距今26000~距今22000年④。

北京地区发现的新石器时代早期遗址材料较为丰富，包括东胡林遗址、转年遗址。

东胡林遗址位于北京西部门头沟区，于1966年发现，后经历了多次发掘。进入21世纪后又进行了4次发掘。遗迹、遗物都比较丰富。遗迹包括墓葬、火塘、灰坑等。文化遗物包括打制石器、细石器、少量的磨制石器及60余片陶片、大量的动物骨骼和植物种子。对出土的骨骼、木炭等标本进行^{14}C测年，确定遗址年代范围为距今11000~距今9000年⑤。

转年遗址位于北京怀柔北部山区、白河二级阶地上，1992年发现，经多次发掘，发现各类遗物18000件，包括打制石器、细石器、陶器、磨制石器等。打制石器中既有用锤击法加工的石核、石片等，也有典型的细石器。锥状、楔状与柱状细石核均有发现。还有细石器工业中常见的端刮器、雕刻器等。磨制石器有石磨盘、石磨棒、石斧、石钵。^{14}C测定年代有两个，一

① 郭京宁：《北京考古史》（史前卷），上海古籍出版社，2012年。

② Pei W C. The upper cave industry of choukoudien. *Paleaontolgia Sinica*. New Series D, 1939.

③ A. 陈铁梅等：《周口店山顶洞遗址年代的加速器质谱法再测定与讨论》，《人类学学报》1989年第3期。
B. 陈铁梅：《山顶洞遗址的第二批加速器质谱^{14}C年龄数据与讨论》，《人类学学报》1992年第2期。

④ 李超荣等：《北京市王府井东方广场旧石器时代遗址发掘简报》，《考古》2000年第9期。

⑤ A. 周国兴等：《北京东胡林村的新石器时代墓葬》，《考古》1972年第6期。
B. 北京大学考古文博学院：《北京市门头沟区东胡林史前遗址》，《考古》2006年第7期。

个距今9200余年，一个距今9800余年，校正后达到距今1万年左右[①]。

（二）天津地区

天津市的旧石器时代考古工作开始于21世纪初。目前主要是在蓟县发现了20余处旧石器时代晚期或新石器时代早期地点，填补了这一区域的空白[②]。蓟县位于天津的北部，毗邻北京市，同属燕山南麓地理单元。

（三）河北地区

位于河北省北部的泥河湾盆地，发现了到目前为止中国最早的旧石器时代遗址。在泥河湾盆地，从距今180万年以来直到新石器时代，人类活动的历史绵延不绝。旧—新过渡时期的材料比较丰富的代表是于家沟遗址。于家沟遗址位于河北省阳原县桑干河二级阶地，于1995～1998年进行了连续发掘。遗址地层包含了从旧石器时代晚期至新石器时代的连续文化堆积，是华北地区旧—新过渡时期的典型剖面。共出土文化遗物3万余件，包括细石器传统工艺石制品、磨制石制品、磨制骨角器、陶片、装饰品、烧骨和破碎动物骨骼等。其年代经初步释光、^{14}C等方法测定，为距今14000～距今6000年[③]。泥河湾盆地是京津冀地区至今唯一持续进行考古工作的遗址。

新石器时代早期的南庄头遗址位于河北省保定市徐水县。该遗址所在地区属于山前倾斜平原区，西距太行山余脉15千米，东距白洋淀35千米。该遗址于1986年发现并试掘，在1987年、1997年进行了两次发掘，揭露了厚达近1.5米的文化堆积，发现了一批重要的遗物和一些难得的遗迹现象。遗物有陶片（部分有钻孔）、石磨盘和磨棒、骨镞、骨锥等；遗迹包括用火遗迹和灰沟。经^{14}C测定，年代为距今1万年左右[④]。

---

① 郁金城等：《北京转年新石器时代早期遗址的发现》，《北京文博》1998年第3期。

② A. 盛立双、王春雪：《蓟县大星峪旧石器地点调查简报》，《文物春秋》2013年第4期。
B. 王春雪、盛立双：《天津蓟县北台旧石器地点调查简报》，《中原文物》2013年第4期。
C. 王春雪、盛立双：《天津蓟县小平安旧石器地点调查简报》，《北方文物》2013年第4期。

③ 梅惠杰：《泥河湾盆地旧、新石器时代的过渡——阳原于家沟遗址的发现与研究》，北京大学博士学位论文，2007年。

④ A. 保定地区文物管理所等：《河北徐水县南庄头遗址试掘简报》，《考古》1992年第11期。
B. 河北省文物研究所：《1997年河北徐水南庄头遗址发掘报告》，《考古学报》2010年第3期。

二、人类活动和农业起源的几个研究要点

近些年来，尤其是进入21世纪以来，京津冀地区旧—新过渡时期的研究工作稳步开展，在联结旧—新过渡的剖面、环境、陶器、石器、骨角器、墓葬装饰品及动植物考古方面取得了相应的研究成果。

（一）年代序列

本文所涉及的遗址均有^{14}C年代数据，个别遗址还进行了热释光测年。根据^{14}C测年结果，本文主要遗址的年代序列大致如下：山顶洞遗址最早（上窨为距今2.7万年，下窨为距今3.4万年），其次是王府井东方广场遗址下层和上层，年代在距今3万～距今1.5万年；南庄头（距今1万年）、东胡林（距今11000～距今9000年）、转年遗址（距今1万年）年代相当，略有重合，均在距今1万年左右；而于家沟遗址年代跨越0.6万～1.4万年，该遗址最重要的变革时代即陶器和磨光石器出现在距今1.1万年左右。

（二）遗址分布和气候植被

在整个旧石器时代，环境对人类影响相当大，可以说环境对人类的生存方式、经济生活起着决定性的作用，这种影响直到新石器时代中晚期人类依靠农耕生产满足生活需求时才有所改变。因此，对距今1万年左右的旧—新过渡时期人类文化研究，必须要考虑到环境因素。

遗址位置方面，东胡林遗址分布在清水河北岸三级阶地，海拔390～400米，转年遗址位于白河二级阶地，于家沟遗址位于泥河湾盆地二级阶地，海拔865米，而南庄头遗址位于山前洪积扇平原，海拔21米。可以看出，遗址多位于河流或盆地的二、三级阶地，仅南庄头遗址位于山前平原。从海拔可以看出，南庄头遗址的海拔非常低。位置较低，可能是南庄头遗址在细石器文化方面不如其他遗址发达的原因。

气候、植被方面，旧—新过渡时期与环境学上的末次冰消期和冰后期有相当的耦合关系，其中新仙女木期（12.9～11.5 ka BP）作为最著名的降温事件在本文中几个重要地点有所体现，以东胡林和于家沟遗址为例。

对东胡林遗址进行了地貌调查、剖面观察、年龄测定、粒度分析和孢粉分析等多种环境考古分析，得到的结论是东胡林人主要活动在11000～9600cal a BP这一期间，恰好对应于新仙女木事件结束之后的气候升温时期，当时气候环境发生了明显的改善，出现了温和较干的温带草原与温暖湿润的温带草甸草原交替的植被环境。东胡林人生活的地貌部位是河漫滩平原，地势

平坦，水热条件好[①]。

于家沟遗址剖面跨越旧、新两个时代，给予我们的信息时间跨度大，气候变化体现得更明显。通过孢粉分析、氧碳同位素、碳酸钙含量、有机碳含量等多个环境考古指标的分析，得到的结论是，13.7～2.1 ka BP这一期间，也就是从第7层至第2层，气候环境经历了寒冷干燥的疏树草原气候—持续温暖干燥的草原和疏树草原气候—温暖湿润的森林草原气候的变化。其中12.2～11.9 ka BP发生了急剧变化和转型，到11.9 ka BP以后则气候趋于稳定，为持续温暖干燥环境[②]。

（三）早期陶器遗存

陶器的产生与农业起源、栖居形态的变化关系密切，因而受到学者们的密切关注，曾一度被作为新石器时代开始的标志。南方地区最早的陶器时代已经达到距今1.8万年[③]。而北方地区李家沟遗址、灵井遗址也发现了距今1万年左右的陶片。京津冀地区的东胡林遗址、于家沟遗址、南庄头遗址、转年遗址均有早期陶片发现。

东胡林遗址发现50余片陶片，器形有罐、钵等平底器，制法为泥条（泥片）斜倾拼接，烧成温度600～700℃，外壁有制作留下的刮磨痕迹；纹饰有刻槽、按压绳纹、附加堆纹等[④]。转年遗址发现90余片陶片，器形为罐、盂等平底器，制法为泥条（泥片）斜倾拼接等，外表面经打磨，以素面为主，个别口沿外饰附加堆纹。南庄头遗址发现50余片陶片，质地疏松，烧成温度较低，550～900℃，陶土中多掺和大小悬殊的石英粒、云母或蚌壳末；器类也十分简单，仅有罐和钵，以平底炊器为主，表现出原始特征。但器物多饰绳纹和附加堆纹，表明并非最初出现的陶器。于家沟发现10余片陶片，为平底器，胎壁较厚，多夹砂，有的夹云母、蚌屑、石英颗粒等，有的保留有捏压刮抹痕迹。总体来讲，京津冀地区早期陶器器类简单、烧成温度低、质地粗糙，陶土中多掺和大小不等的颗粒，素面者有刮抹痕迹，亦有饰绳纹、附加堆纹等特点。

（四）植物遗存及旱作农业起源研究

近年来，随着浮选法、植硅体与淀粉粒分析方法的运用，植物考古学发展较快，为我们探讨旱作农业起源提供了直接证据。

---

① 夏正楷等：《10000 a BP前后北京斋堂东胡林人的生态环境分析》，《科学通报》2011年第34期。

② 夏正楷等：《我国北方泥河湾盆地新—旧石器文化过渡的环境背景》，《中国科学》（D辑）2001年第5期。

③ A. 吴小红等：《湖南道县玉蟾岩遗址早期陶器及其地层堆积的碳十四年代研究》，《南方文物》2012年第3期。
B. 吴小红等：《江西仙人洞遗址两万年前陶器的年代研究》，《南方文物》2012年第3期。

④ 王涛：《中国早期陶器研究》，北京大学博士学位论文，2005年。

吕厚远等对磁山遗址47份炭化样品进行植硅体分析，认为黍是北方最早驯化的谷类作物，驯化年代为距今1万年；粟的驯化年代为距今8700年①。但由于缺乏可靠的地层等考古学证据，也缺乏大量植物遗存，这个研究成果受到学者们的质疑②。

赵志军运用浮选法对东胡林遗址的炭化籽粒研究表明，这里的粟粒在形态上已经具备了栽培粟的基本特征，这是迄今为止获得的认可度较高的中国最早的栽培植物③，距今11000～距今9000年，但是尺寸很小。

淀粉粒的研究主要是针对石磨盘、石磨棒或其他器具表面提取残留淀粉粒并进行种属鉴定。刘莉等对东胡林遗址的1件石磨盘和1件石磨棒进行了残留淀粉粒研究，表明东胡林前期磨制石器主要是用来处理橡子等植物果实④。

杨晓燕等对南庄头遗址和东胡林遗址磨盘、磨棒上残留的粟、黍淀粉粒进行了分析研究⑤。结果表明，在距今11000～距今9500年这一时期，粟正处于驯化的过程之中，或者说有可能处于与野生近缘种混杂生长的状态。作者指出，粟由野生稻驯化的进程持续了2000年之久。

（五）动物遗存及早期驯化

本区除转年遗址没有报道外，其他遗址都出土了动物遗存。

南庄头遗址1987年发掘动物遗存包括水生动物、鸟类和哺乳动物，种类有中华圆田螺、珠蚌、萝卜螺、未定种螺、鹤、鳖、鸡、狗、家猪（后定为野猪）、狼、麝、马鹿、麋鹿、麅、斑鹿等。1997年发掘动物种类有蚌、鱼、鳖、雉、鸟、鼠、兔、狗、野猪、斑鹿、小型鹿科、水牛这12种。其中在第一次发掘中，由于没有证据，家猪被定为野猪。最重要的是，南庄头遗址的狗是目前所知最早的狗。除狗以外，余均为野生动物，说明当时人获取肉食资源的方式属于依赖型。另外，水牛的存在可能指示遗址周围存在面积较大的水域。

东胡林遗址的动物数量很多，多为鹿类动物的肢骨、角及颚骨、牙齿等，还发现有猪、獾的骨骼和牙齿，软体动物如螺、蚌、蜗牛等的壳，说明在人类的食谱中水生动物和脊椎动物所占比例很大，也是渔猎经济发达的表现。总体来讲，仍然是依赖野生动物的肉食资源获取方式。

于家沟遗址的动物遗存极为丰富，多破碎，可鉴定种类有鸵鸟、鼢鼠、狐狸、野马、野驴、牛、马鹿、羚羊、黄羊、野猪等，均为野生种。

---

① Lu H, et al. Phytoliths analysis for the discrimination of foxtail millet (setaria italica) and common millet (panicum miliaceum) . *PLoS ONE*, 2009, 4(2).

② 秦岭：《中国农业起源的植物考古研究与展望》，《考古学研究（九）——庆祝严文明先生八十寿辰论文集》，文物出版社，2012年。

③ 赵志军：《中国古代农业的形成过程——浮选出土植物遗存证据》，《第四纪研究》2014年第1期。

④ Liu L, et al. A functional analysis of grinding stones from an early holocene site at Donghulin, north China. *Journal of archaeological science*, 2010, (37).

⑤ Yang X Y, et al. Early millet use in northern China. *PNAS*, March 6, 2012.

三、结　论

太行山以东—燕山以南地区目前旧—新过渡时期的考古发现和几个研究要点，大致可以概括为以下四个问题。

（一）“广谱革命”问题

“广谱革命”是指更新世晚期之末至全新世早期之初，在环境和人口压力之下，人类的食谱从以往大型猎物转向以往很少开发利用的小型资源，包括鱼类、贝类、坚果类、根茎类等①。广谱经济应该是旧石器时代采集狩猎经济发展到极致的表现，同时，农业也正在酝酿当中。因而与旧—新过渡时期相联系的经济形态首先要考虑广谱经济。与广谱经济直接相关的问题有动物、植物的驯化方面。另外，细石器的空前繁盛、复合工具的使用、骨角器的利用及装饰品的材料等也表明了采集、狩猎、捕鱼技术达到了相当高的水平，人类对周围的资源利用越来越深入和广泛。

除了实物材料，对环境的研究也给我们提供了广谱经济发展的背景。尤其应该注意新仙女木期前后人类行为的变化。

（二）农业起源问题

农业起源与“广谱革命”之间存在因果关系。旱作农业起源是北方地区旧—新过渡时期研究的中心议题。植物考古学的进展使我们认识到了东胡林遗址存在最早的栽培粟。

除了直接的植物学证据之外，磨制石器的发现、石磨盘和石磨棒的发现都应当与植物的集中采集有关。早期陶器的产生、定居的发生也与农业起源关系密切。

（三）陶器起源问题

陶器的起源与对动植物的储存与烹煮相关。京津冀是北方地区发现早期陶器数量最多的区域，对于早期本身的特点研究也较为深入。

---

① A. Binford L R. Post-Pleistocene adaption. In: Binford S R, Binford L R (ed). *New pespectives in archaeology*. Chicago: Aldine publishing company, 1968.

B. Flannery K V. The ecology of early food production in Mesopotamia. *Science*, 1965, 147(3663).

（四）栖居形态的转变问题

栖居形态的转变在旧—新过渡时期主要是指人类从流动的狩猎采集社会转变为定居的农业社会。过渡阶段是栖居形态转变的关键时期，与栖居形态转变相关的问题有早期陶器、石容器、石磨盘、石磨棒的发现等。

可见，以上四个问题不是孤立的，而是相互之间有相当密切的关系。如陶器的起源应该与广谱经济和农业的产生有很大的关系，同时，陶器的产生也是栖居形态变化的一种表现形式。再如广谱经济的发展，将会带来采集植物的集中化，可能会导致植物的驯化、农业的产生；同时，农业的产生也会最终导致人类从流动的栖居方式最终转变为定居。目前，这四个问题的时间和顺序还没有厘清。从性质上看，广谱经济应该在农业起源之前；从目前的测年看，陶器应该在广谱经济阶段就已经产生。但是，栖居形态的变化从何时开始、在什么条件下转变的，还不清楚。由于这些问题都与农业起源问题相关，因此，可以认为，本区域过渡时期的研究重点集中于农业起源问题。

通过本文的梳理发现，整个太行山以东—燕山以南的京津冀地区，在旧—新过渡时期有遗址发现时间早、遗址数量众多的特点和优势，区域内广泛存在人类活动的遗迹、遗存，具备良好的旧—新过渡时期的研究基础。特别是在粟、黍旱作农业的起源和传播方面，其研究意义应该是不容忽视的。从目前考古发现来看，太行山以东—燕山以南地区、西辽河流域及黄河中游这三大区域，都可能是粟作农业起源的核心区域。而位于中心位置的太行山以东—燕山以南地区，因其独特的地理位置，最早出现农业的可能性较大。

但是由于遗址发掘的时间、发掘者的观念、研究者的背景、公布材料的详细程度等实际情况的限制，上述发现和研究提供的考古学信息充满了不平衡性。目前得出关于广谱经济、旱作农业起源、早期陶器起源、栖居形态的变化方面，甚至上升到社会组织结构方面的结论，都为时尚早，更多的是根据零星的材料所进行的探索、推测。可以说，京津冀地区旧—新过渡时代的考古研究刚刚拉开序幕，需要我们的考古学者们尤其是本区域的考古工作者们投入更大的努力，通过更多细致科学的发掘工作，以及对以往资料的全面整理和公布，获得更多的科学数据，相信未来可以对上述各大问题有实质性推动。

石景山明代宦官墓实验室考古与保护

刘乃涛

（北京市文物研究所）

一、实验室考古背景及目的

明代宦官墓地位于北京市石景山区五里坨街道隆恩寺社区敬德寺村。自2017年9月开始，北京市文物研究所在市重点工程石景山南宫住宅小区土地一级开发项目用地范围内开展考古调查、勘探、发掘工作，发现了该处明代宦官墓地。墓主均为明代内官监太监，M1木棺内出土的丝织品为墓志所载皇帝赏赐之蟒衣。M2出土的彩绘髹漆木棺，保存状况极佳，为研究明代宦官葬制提供了重要的资料。

由于考古发掘现场工作条件的限制，石景山明代宦官墓出土文物难以在现场开展清理工作，而且考古发掘现场也不利于文物保护。我们对石景山明代宦官墓M1出土的漆木棺及M2出土的漆木棺椁进行了整体套箱提取，运送至实验室进行清理与保护（图一～图六）。解决了受考古发掘现场清理条件限制造成的文物信息提取不全，无法在现场进行文物保护和妥善提取等一系列问题。

2017年11～12月，为了妥善保护好运送至实验室的石景山明代宦官墓木棺及其中的文物，北京市文物研究所与首都博物馆联合成立了工作组，开展实验室考古与文物保护工作。在北京地区的考古工作中，这是首次开展实验室考古工作。

实验室考古是在考古现场发掘清理基础上发展起来的文化遗产保护研究新门类，是一次更细致、更科学的考古发掘，是现场发掘在实验室里的延续，是融考古发掘、文物保护、科学研究和展示利用于一体的多学科考古，是新时期考古发掘向着全面精细化转化的要求和必然趋势。实验室考古最大的优势是可以做到环境可控，使精细发掘成为可能，从而保证发掘质量，并实现文物的同步保护。实验室考古与保护工作采用考古发掘的方法，从上至下，在逐层提取文物的过程中观察肉眼可见的一些考古信息。通过检测分析，揭示了肉眼不能分辨的一些信息等。完成了安全提取文物和发现新的遗存、新的考古现象和信息等多重要求。

实验室考古与保护的工作特点和性质，决定了文物得到有效保护成为可能和现实，尤其为石景山明代宦官墓出土的漆木棺、丝织品等脆弱文物的处理和保护争取了最佳时机。相对于传

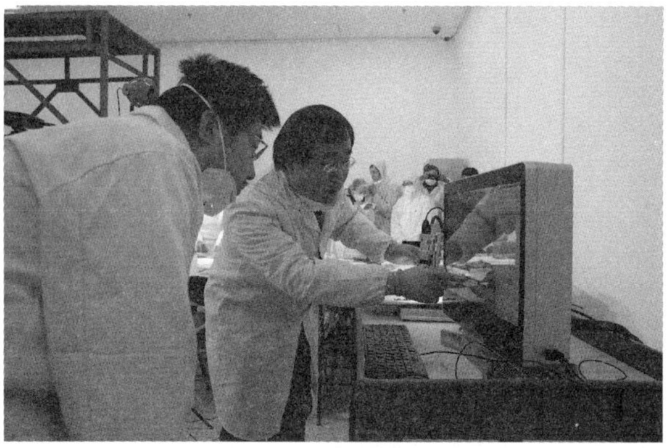

图一　检测分析

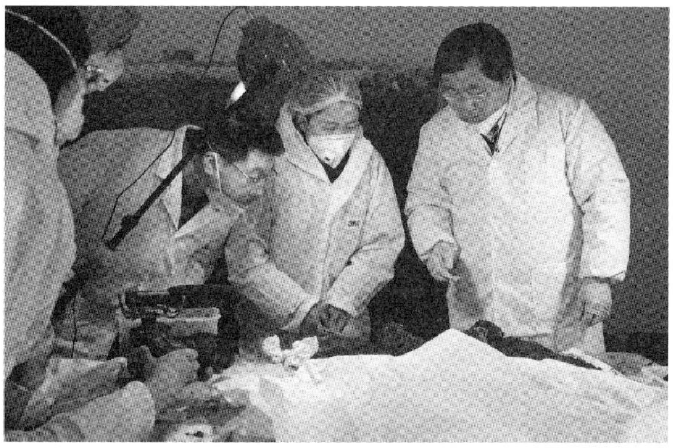

图二　研究方案

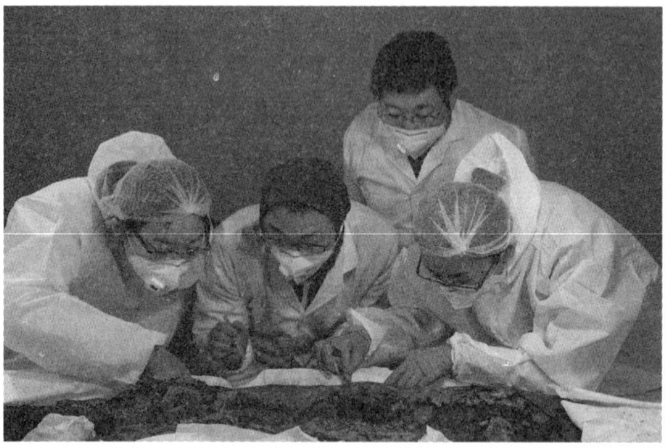

图三　保护处理

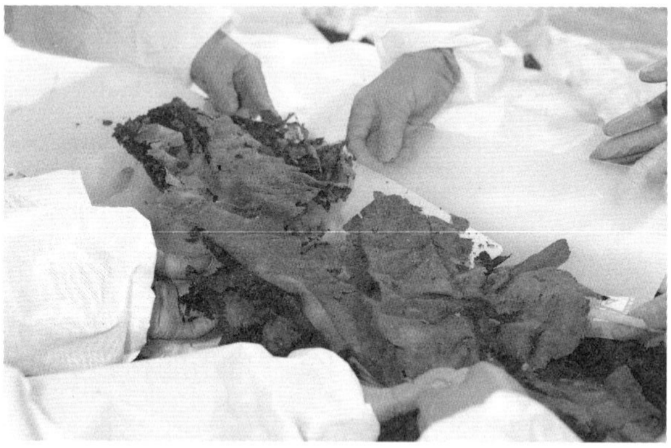

图四　提取残片

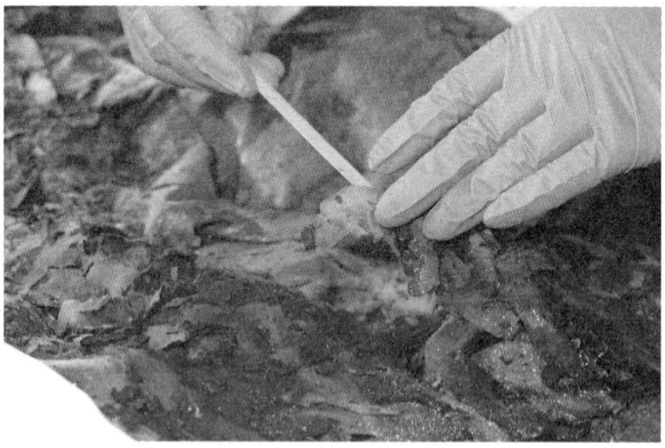

图五　织物提取

图六　蟒衣细部

统的田野考古工作，实验室考古具有环境可控、时间可控、节奏可控的特点，具有可运用各种仪器设备、更好的安全保障等优势，使考古工作更细致，获得的信息更翔实。

二、实验室考古工作方法和步骤

在实验室考古与保护工作开始之前，我们制定了相应的工作流程和步骤，即实验室环境控制，无损探伤，信息采集，分层、分区、分类提取，检测分析，保护处理等内容。同时，运用多种科技手段、多种提取方法、多种保护技术开展实验室考古与保护工作，并遵循在实验室考古过程中最大限度地提取文物信息、保护脆弱文物的工作原则。

（一）实验室环境控制

做好实验室考古与保护环境的控制，具有十分重要的意义，故我们也必须重视对实验室环境的控制。漆木棺出土时都有不同程度的木胎糟朽，漆皮起翘、开裂、脱落等病害。我们研究了漆木棺出土时的保存状况、保存条件及在运往实验室过程中保存环境变化的情况，以便做好实验室环境控制工作。

考古发掘出土文物长期处于封闭的埋藏环境中，在较长的时间范围内埋藏环境逐步稳定，导致文物腐蚀和劣化的因素得到抑制，反应速度缓慢甚至停止，埋藏文物与引起腐蚀及劣化的因素处于脆弱的平衡之中[①]。随着考古发掘工作的进行，埋藏环境的骤变打破了文物保存相对的平衡状态。石景山明代宦官墓出土文物所处的环境经历了埋藏环境和出土环境两种状态。当文物发掘出土后，文物的保存环境由地下状态过渡到地上状态，此时地上保存环境和地下保存环境相比较，变化主要体现在光照、温度、湿度等方面。随着保存环境的改变，文物大都会伴随产生一些劣变，特别是石景山明代宦官墓出土的文物为漆木棺、丝织品等脆弱文物。

我们对实验室环境进行了控制，使漆木棺保存环境和出土前的温度、湿度基本保持一致。将实验室光源更换为无紫外线的冷光源，并遮蔽室外自然光。实验室配备可控制的大型加湿机、室内空气过滤净化设备等，尽量维持恒温、恒湿的实验室环境，营造出有利于文物保护的保存环境，提高文物对环境的适应能力，降低保存环境的变化对文物造成的危害，为出土文物提供了相对稳定的环境，进而可以研究文物劣变机理，制定保护方案。

（二）无损探伤

为了探明漆木棺中文物保存情况，以保证安全地提取漆木棺中的文物，我们先进行了无损探伤工作，采用软X射线进行检测分析。通过软X射线探伤确定了部分文物的位置关系，发现漆木棺中存在玉石类文物，发现部分金属文物呈现破碎状、腐蚀严重。我们对漆木棺拍摄了软X射线照片，以照片为指导，基本了解各区域文物分布情况，为下一步的实验室考古和保护工作提供相对准确的参考资料。

对于在软X射线照片上反映不出来的有机质类文物，清理保护时一定要小心谨慎，以便使保护工作的每一个细节做到尽善尽美，尽可能地保存好发掘中出土的所有文物的完整信息。

① 于宗仁等：《文物出土现场保护移动实验室在考古发掘现场应用支撑研究中分析体系的构建》，《敦煌研究》2013年第1期。

（三）信息采集

石景山明代宦官墓实验室考古与保护工作，处理过程中，考虑到提取的文物保存着许多重要的信息，我们在运用现有的技术手段，在安全提取、保护好脆弱文物的同时，尽量获取文物中包含的各类信息。

实验室考古要像在现场发掘一样，按照发掘程序进行操作。信息资料的提取始终贯穿在每一个工作环节中，以保证最大限度地提取和保存清理过程中所揭示的各类信息。在开始清理之前，首先对文物现状进行三维扫描。在清理过程中，对清理工作进行全程摄像，对清理的每个区域及随葬品进行拍照、摄像和绘图，同时，对清理过程中观察到的遗痕拍摄显微照片。这样，可最大限度地提取并保存漆木棺内所包含的各类信息。

在实验室里，不同的工作人员各司其职，在做每一层清理时，都会相应地采集丰富的资料。然后，调动各方面的专家，对出土文物进行分类检测研究。实验室考古是一个多学科结合、对出土遗迹、遗物实施有效处置和保护的研究过程。

与现场发掘相比，实验室考古还可随时、方便地借助现代化的仪器设备进行全方位的探索，获取比现场更全面更细致的信息资料，并在发掘的同时及时地对文物进行保护，从而保留比现场发掘更多、更丰富的考古实物资料。

（四）分层、分区、分类提取

在石景山明代宦官墓实验室考古与保护工作过程中，我们采取了分层、分区、分类提取的工作方法。提取、保护的文物主要分为四大类，第一类是丝织品类，第二类是漆木器类，第三类是玉石器类，第四类是金属类。

由于丝织品文物极易受到紫外线和空气的影响而变色，因此在提取过程中要避免阳光的直射。在实验室清理时使用冷光源，避光保存。同时，丝织品文物在提取和清理过程中进行保湿处理，不能让丝织品在提取过程中完全干燥，否则极易粉化。

提取丝织品的时候要掌握好干湿度。当丝织品的含水率过低时，它的纤维没有弹性，机械强度很差，容易断裂，甚至碎成粉末。因此，在遇到丝织品干燥的时候，借助一定的技术手段，提取时进行回潮处理，增加丝织品纤维的含水量，待丝织品湿润后，有了一定的强度，抚平皱褶，展开折叠，剥离粘连后，再进行提取。

实验室考古过程中，控制实验室的温湿度，把提取出的丝织品文物放置在冰柜里暂存。丝织品提取时，把宣纸预湿后盖于丝织品上，用毛笔或竹签将丝织品慢慢剥离，边揭取边在剥离开的丝织品的另一面也用潮宣纸垫好，待完全剥离并垫护妥当后从一端开始翻转揭取，揭取时保证丝织品受力均匀。

实验室考古与保护是一个较为复杂的系统工程，利用田野考古的方法进行细致的室内清理，收集好第一手研究资料，并随时根据出现的新情况、新问题，及时调整工作程序，采取有效的应变对策，对文物进行分层、分区、分类提取。

（五）检测分析

在石景山明代宦官墓实验室考古与保护过程中，针对不同区域、不同类型、不同材质的文物要采用不同的提取保护方法。要针对文物自身的情况，制定科学、合理的提取保护方案。形成科学的方案就要依赖于对文物本身状况有一个科学的认识。通过现代科学分析仪器检测分析，我们可以获取多层次的文物信息，为文物清理、提取、保护提供依据。我们采用了软X射线照相技术、傅立叶变换红外线光谱分析、X射线荧光光谱分析、拉曼光谱分析、光学显微镜、扫描电子显微镜、能量色散X射线荧光光谱分析、超景深三维显微镜分析等现代科学分析技术用于实验室考古与保护中。

石景山明代宦官墓考古发掘出土的文物，由于长时间在地下埋藏，自身材料组成、结构和性能不断老化，同时，受到各种外界环境因素的影响，导致文物产生了一系列物理、化学变化，使文物遭受到不同程度的破坏，出土后受外界环境的影响又会发生剧烈变化。特别是丝织品文物，它们是生物材料，主要由蛋白质构成，决定了其天生脆弱、易损、难以保存①，包括水、光、热、微生物等在内的各种因素都能导致丝织品的老化②。发掘出土的丝织品文物实际上已经发生了严重的降解，因为丝织品文物经长期在地下埋藏，出土时普遍存在严重糟朽、层间黏结的状况，出土后颜色黯淡，质地变粉、变脆，机械强度大幅度降低。为了了解丝织品文物发生这种变质的原因，从而寻求适用可行的清理、提取及保护的方法，进行检测分析是十分必要的。

（六）保护处理

我们借助现代科技手段和先进仪器设备对文物进行全方位的分析、探索，获取比考古发掘现场更全面、更细致的信息。同时，在发掘清理的同时及时对濒临破坏的文物进行保护处理，从而保留比发掘现场更多、更丰富的考古实物资料。

石景山明代宦官墓提取的文物糟朽、易碎，而且堆积关系比较复杂。面对如此脆弱的文物及其复杂的埋藏关系，保护小组面临一系列问题：怎样的保护处理方法才能保证文物的安全和文物承载的信息不被丢失，以及对带有信息的遗迹如何进行保护处理等。

---

① Peacock E E. Biodegradation and characterization of water-degraded archaeological textiles created for conservation research. *International biodeterioration & biodegradation*, 1996, (1): 49-59.

② 李玲：《古代丝绸的老化及其保护》，《江汉考古》2002年第2期。

实验室考古过程中，及时、有效地对出土的遗迹、遗物采取保护处理措施，保持温度和湿度，避免紫外线照射，及时灭菌处理，对脆弱文物进行加固处理，使漆木棺、丝织品等文物不干裂、不发霉，阻止或延缓文物劣化进程，使出土文物逐渐适应新的环境。

三、结　语

石景山明代宦官墓实验室考古与保护运用多种科技手段、多种提取方法、多种保护技术，在实验室内进行发掘清理、提取处理、检测分析、保护处理等保护和研究工作。根据文物保存状况、相关检测分析结果及时实施文物保护工作。在可控环境、可控时间、可控空间内对遗迹、遗物及时进行保护处理。通过对相关遗迹、遗物的现场观察、分析、实验，以探索、研究更多的细节。石景山明代宦官墓实验室考古与保护工作目标明确，思路清晰，保护措施得当，取得了显著的成果，达到了预期的目标，对未来实验室考古与保护工作的探索和实践具有推动作用。

通过实验室考古工作，使这批文物在相对稳定的状态下得到保护。这是一个边清理、边保护、边探索的过程，以充分研究、更多地揭示文物信息、最大化地保护文物为目标。此外，邀请考古、保护专家共同会商，可确保实验室考古与保护朝着正确、科学的方向稳步推进。

提取保护的文物主要分为四大类。第一类是丝织品类文物，如铭旌、衣服（蟒衣、缎袍、丝棉袄）、被褥、枕头、帽子、皂靴、衣服配饰等。第二类是漆木器类文物，如漆椁、漆棺、彩绘漆棺、木质腰牌等。第三类是玉石器类文物，如玉带。第四类是金属类文物，如嵌角质铜带、铜钱等。脆弱的丝织品文物得到了有效的保护，为研究丝织品的织造工艺、剪裁工艺、刺绣风格及明代宦官的穿着文化等提供了难得的实物资料。M2漆棺漆画主要内容为丧葬礼仪等，为明代丧葬制度的研究补充了生动详细的实物资料。

目前仅是阶段性的工作，下一步我们还要对提取的文物进行保护修复，以充分还原其历史、艺术、科学价值。

1. M1（西—东）

2. M4（南—北）

北臧村汉墓M1、M4

图版二

1. M6（南—北）

2. M13（西—东）

北臧村汉墓M6、M13

1. M14（西—东）

2. M18（西—东）

北臧村汉墓M14、M18

1. M17（东—西）

2. M17墓室西北部随葬品

北臧村汉墓M17

1. M3（南—北）

2. 陶案（M17：23）

北臧村辽金墓M3和汉墓M17出土陶案

图版六

1. 壶（M1：1）

2. 壶（M1：2）

3. 鼎（M1：3）

4. 器盖（M1：4）

5. 罐（M1：5）

6. 耳杯（M4：3）

7. 盆（M4：4）

8. 磨（M4：5）

北臧村汉墓M1、M4出土陶器

1. 陶灶（M4：7）

2. 陶狗（M4：8）

3. 陶双系壶（M6：1）

4. 陶釜（M13：1）

5. 铜镜（M13：5）

6. 陶罐（M14：1）

北臧村汉墓M4、M6、M13、M14出土器物

图版八

1. 罐（M14：3）

2. 罐（M17：2）

3. 楼（M17：6）

4. 灯座（M17：7）

北臧村汉墓M14、M17出土陶器

1. 灯（M17：8）

2. 甑（M17：9）

3. 灶（M17：11）

4. 鸡（M17：13）

5. 圈、猪（M17：17、M17：18、M17：19）

6. 磨（M17：20）

7. 狗（M17：21）

8. 罐（M18：1）

北臧村汉墓M17、M18出土陶器

图版一〇

1. 陶博山炉（M18：2）

2. 陶壶（M18：3）

3. 瓷罐（M3：3）

4. 瓷盏（M3：4）

5. 陶砚台（M3：5）

北臧村辽金墓M3、汉墓M18出土器物

1. M47（南—北）

2. M48（南—北）

朔各庄村西晋墓M47、M48

图版一二

1. M51（北—南）

2. M56（北—南）

胡各庄村北朝墓M51、M56

1. M68（北—南）

2. 铭文砖（M51：2）

3. 铭文砖（M56：2）

胡各庄村北朝墓M68及M51、M56铭文砖

图版一四

1. 器盖（M47：1）

2. 钵（M47：2）

3. 罐（M47：3）

4. 盆（M47：4）

5. 钵（M48：1）

6. 罐（M48：2）

7. 狗（M48：3）

8. 碗（M48：4）

胡各庄村西晋墓M47、M48出土陶器

1. 陶磨（M48：5）

2. 陶罐（M51：1）

3. 陶罐（M56：1）

4. 陶罐（M68：1）

5. 石器（M47：5）

6. 铜簪（M47：6）

胡各庄村西晋墓M47、M48和北朝墓M51、M56、M68出土器物

图版一六

1. 半釉（M20：3）

2. 半釉双系（M20：5）

3. 半釉（M23：1）

4. 半釉（M32：1）

5. 半釉（M34：1）

6. 酱釉（M29：1）

密云第六中学明墓M20、M23、M29、M32、M34出土瓷罐

1. 瓷瓶（M16：1）

2. 瓷瓶（M21：1）

3. 瓷碗（M22：1）

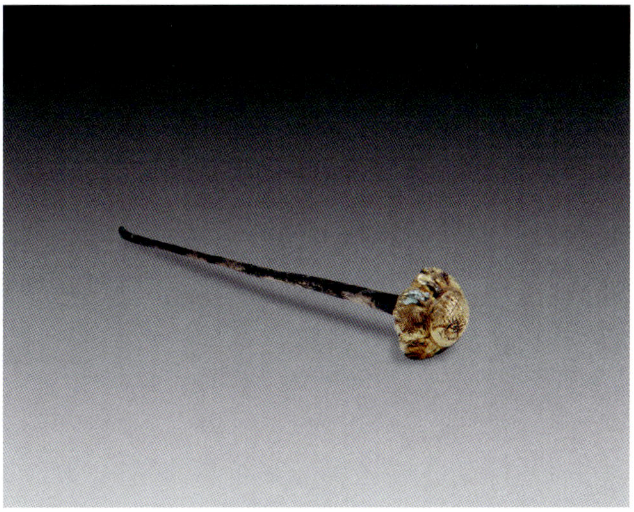

4. 铜簪（M20：2）

5. 铜烟锅（M35：1）

6. 玉烟嘴（M35：2）

密云第六中学明墓M16、M20、M21、M22和清墓M35出土器物

1. M1

2. M1后室墓门

玉渊潭明墓M1

1. M1后室

2. M1棺床

玉渊潭明墓M1

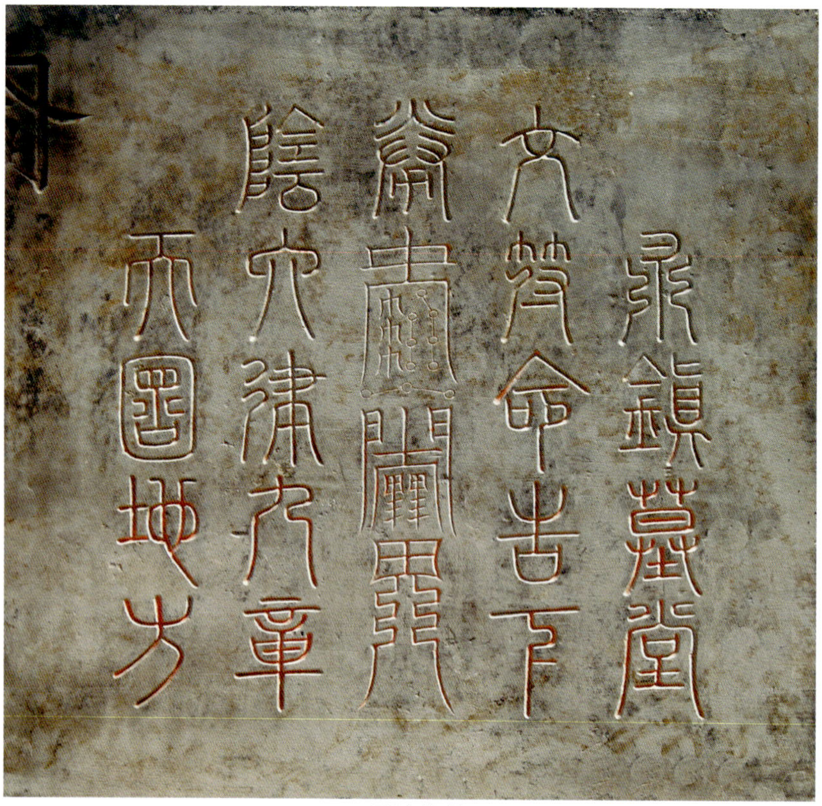

1. 买地券盖

2. 买地券文

玉渊潭明墓M1买地券（M1：13）

1. 陶器座（M1：1）

2. 瓷罐（M1：2）

3. 瓷瓮（M1：3）

4. 瓷碗（M1：4、M1：5、M1：6、M1：7）

5. 瓷流（M1：8）

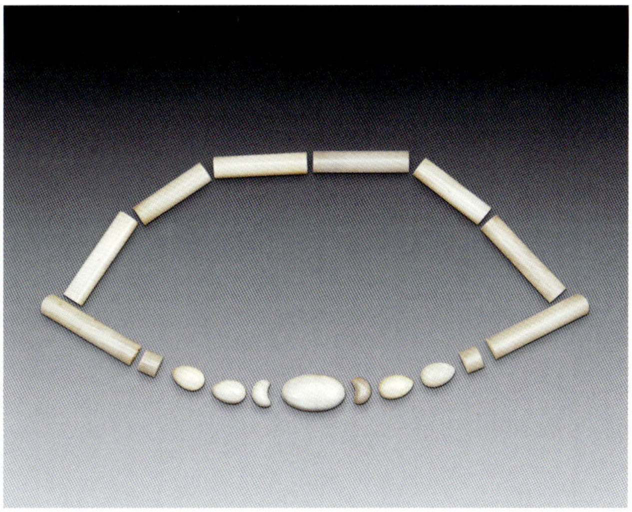

6. 玉带（M1：9）

玉渊潭明墓M1出土器物

图版二二

1. 铁铺首衔环（M1：10-1）

2. 铁铺首衔环（M1：10-2）

3. 铁铺首衔环（M1：10-3）

4. 铁铺首衔环（M1：10-4）

5. 铁铺首衔环（M1：10-5）

6. 瓷瓮（M4：1）

7. 瓷瓮（M6：1）

8. 瓷瓮（M6：2）

玉渊潭明墓M1和清墓M4、M6出土器物

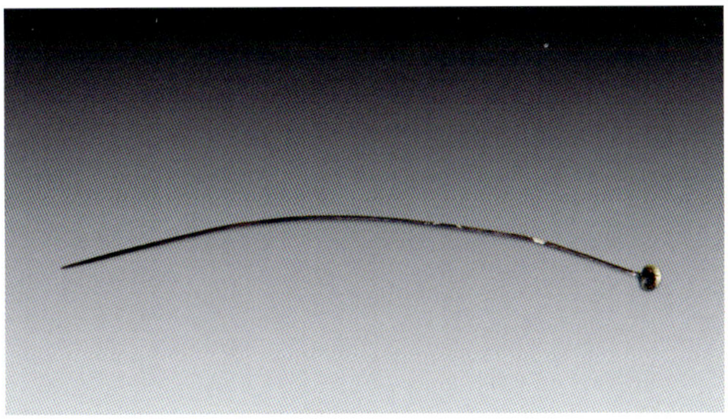

1. 簪（M4：2）

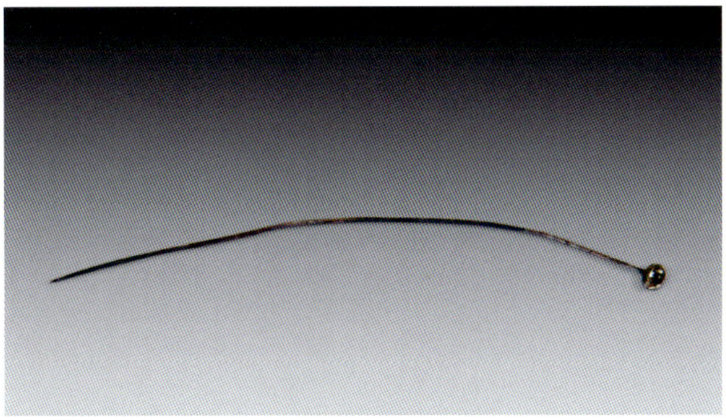

2. 簪（M4：3）

3. 簪（M4：4）

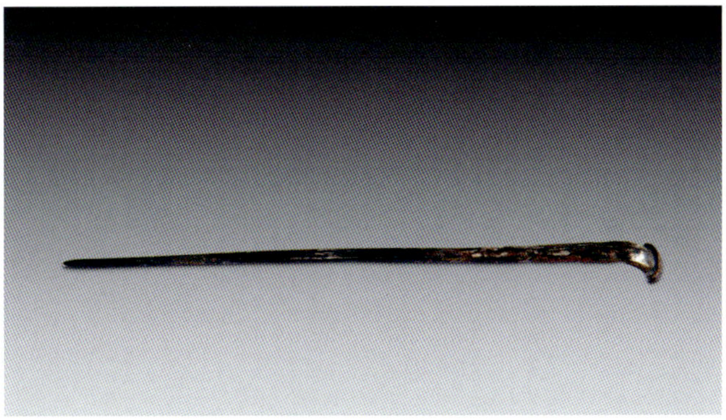

4. 簪（M4：5）

5. 簪（M5：1）

6. 簪（M5：2）

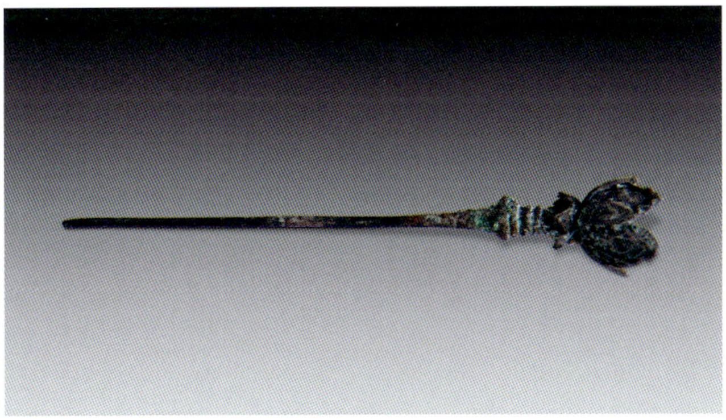

7. 簪（M5：3）

8. 耳环（M4：6）

玉渊潭清墓M4、M5出土银器

1. 银耳环（M4：7）

2. 银耳环（M4：8）

3. 铜扁方（M4：9）

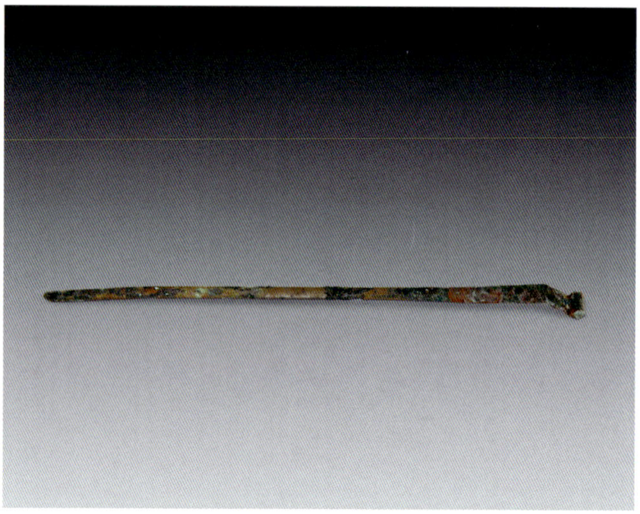

4. 铜扁方（M5：5）

5. 铜饰（M4：10）

玉渊潭清墓M4、M5出土器物

1. 铜扣（M4：11、M5：6）

2. 料饰（M4：12）

3. 料珠（M2：1）

4. 银钱（M1：11）

5. 铜钱（M1：12）

6. 铜钱（M3：1）

玉渊潭明墓M1和清墓M2、M3、M4、M5出土器物

图版二六

1. A区T0138东壁

2. B区T0120南壁

3. C区T0109南壁

玉河遗址南区一期考古发掘地层剖面

1. 水闸（西—东）

2. 水闸

玉河遗址南区一期考古发掘水闸

1.北闸墙第一道闸槽

2.北闸墙第二道闸槽

玉河遗址南区一期考古发掘水闸

1. 南闸墙墙身底部条石

2. 南上迎水雁翅

1. 北闸墙墙身底部条石

2. 北上迎水雁翅

1. 水闸底石（西—东）

2. 底石的铁锭锁（南—北）

玉河遗址南区一期考古发掘水闸

图版三二

1. 1号石桥桥基（西—东）

2. 1号石桥东雁翅侧面

玉河遗址南区一期考古发掘石桥

1. 建筑基址（南—北）

2. 建筑基址西基础内侧

玉河遗址南区一期考古发掘建筑基址

图版三四

1. 唐青釉碗（14DYT0137③：001）

2. 元青釉碗（14DYT0136③：104）

3. 明青白釉折腹盘（14DYT0137③：044）

4. 明宣德龙泉青釉折腹盘（14DYT0137②：073）

5. 明正统青花海水云气纹碗（14DYT0137②：094）

6. 明正统—天顺青花缠枝苜蓿纹盘（14DYT0137②：095）

玉河遗址南区一期考古发掘出土瓷器

1. 陶罐（M3：1）

2. 陶罐（M9：1）

3. 釉陶罐（M6：1）

4. 釉陶罐（M7：1）

5. 釉陶罐（M8：1）

6. 釉陶罐（M10：1）

西铁营清墓出土器物

1. 釉陶罐（M12：1）

2. 釉陶罐（M15：1）

3. 釉陶罐（M15：2）

4. 釉陶罐（M16：1）

5. 釉陶罐（M16：2）

6. 瓷罐（M6：2）

西铁营清墓出土器物

1. 瓷罐（M11：1）

2. 瓷罐（M11：2）

3. 瓷罐（M12：2）

4. 银扁方（M18：1）

5. 银押发（M1：2）

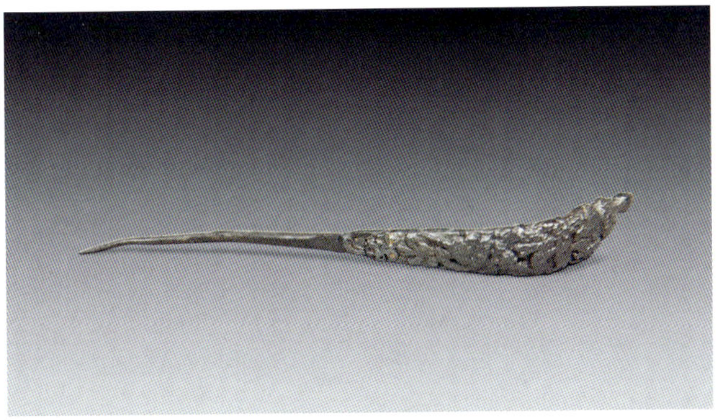

6. 银押发（M1：3）

7. 银镯（M6：7）

8. 银戒指（M6：8）

9. 银戒指（M6：9）

西铁营清墓出土器物

图版三八

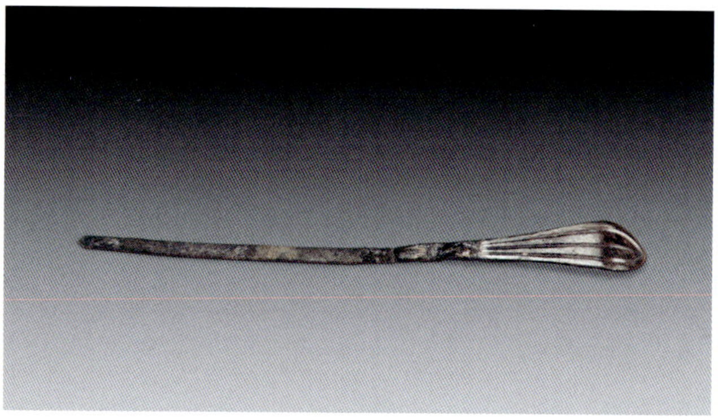
1. 押发（M17：1）

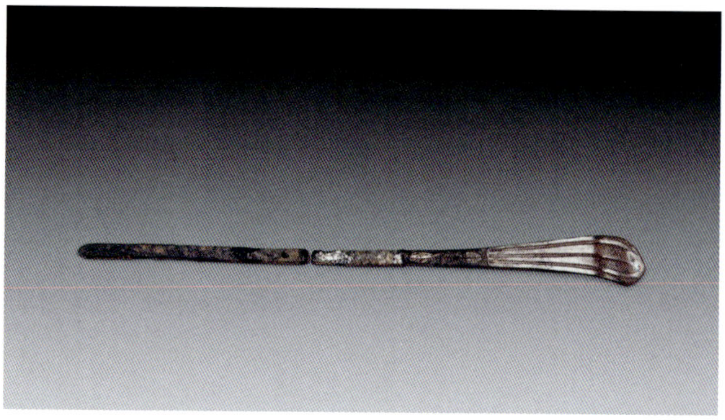
2. 押发（M17：2）

3. 簪（M1：1）

4. 簪（M6：5）

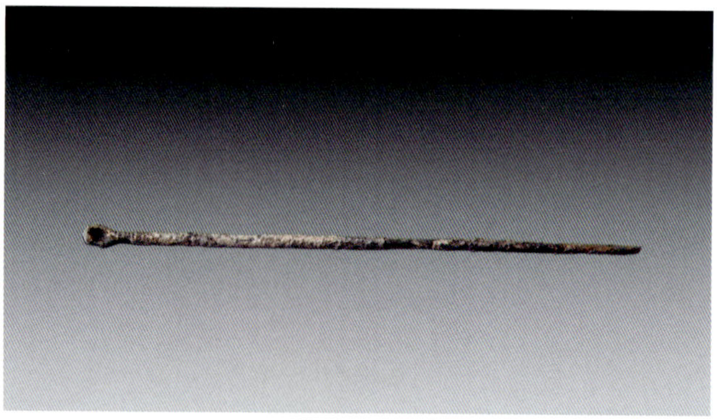
5. 簪（M9：2）

6. 耳环（M12：3）

7. 耳环（M17：4）

8. 镯（M6：6）

西铁营清墓出土银器

1. 南城墙西段（Q4）现状

2. 南城墙西段（Q4）夯层

蔡庄土城遗址南城墙

图版四〇

1. 陶器口沿

2. 陶鬲足

3. 陶纺轮

4. 铜箭镞

蔡庄土城遗址采集器物